北京大学中国古文献研究中心集刊

第十八辑

北京大学中国古文献研究中心　编

编委会（以姓氏笔画为序）

王　岚　　刘玉才　　安平秋
杨　忠　　杨海峥　　吴国武
董洪利　　漆永祥　　廖可斌

图书在版编目 (CIP) 数据

北京大学中国古文献研究中心集刊. 第十八辑 / 北京大学中国古文献研究中心编. —北京：北京大学出版社，2019.8
ISBN 978-7-301-30684-0

Ⅰ.①北… Ⅱ.①北… Ⅲ.①古文献学—研究—中国—丛刊 Ⅳ.① G256.1-55

中国版本图书馆 CIP 数据核字 (2019) 第 170653 号

书　　　名	北京大学中国古文献研究中心集刊 第十八辑 BEIJINGDAXUE ZHONGGUO GUWENXIAN YANJIU ZHONGXIN JIKAN DI SHIBA JI
著作责任者	北京大学中国古文献研究中心　编
责 任 编 辑	王　应
标 准 书 号	ISBN 978-7-301-30684-0
出 版 发 行	北京大学出版社
地　　　址	北京市海淀区成府路 205 号　100871
网　　　址	http://www.pup.cn　　新浪微博：@ 北京大学出版社
电 子 信 箱	dianjiwenhua@ 163.com
电　　　话	邮购部 010-62752015　发行部 010-62750672　编辑部 010-62756449
印 刷 者	北京虎彩文化传播有限公司
经 销 者	新华书店
	787 毫米 ×1092 毫米　16 开本　18.75 印张　340 千字 2019 年 8 月第 1 版　2019 年 8 月第 1 次印刷
定　　　价	47.00 元

未经许可，不得以任何方式复制或抄袭本书之部分或全部内容。
版权所有，侵权必究
举报电话：010-62752024　电子信箱：fd@pup.pku.edu.cn
图书如有印装质量问题，请与出版部联系，电话：010-62756370

目 录

《周易·坤卦》经传注疏校勘记（上） ………………………… 顾永新（ 1 ）
《周礼·载师》任地之法详解 ……………………………………… 王 勇（ 18 ）
古读、汉读与郑读：清儒对三礼郑注异文之理解 ……………… 朱明数（ 40 ）
祁寯藻本《说文解字系传》刊刻考 ………………………………… 董婧宸（ 57 ）

从睡虎地秦简看人日的起源 ……………………………………… 刘 瑛（ 84 ）
《史记》秦国史札记四则 …………………………………………… 徐志超（ 91 ）
敦煌所存法成讲《瑜伽师地论》写卷之系年与辨伪 …… 徐 键 张涌泉（100）
宋国史艺文志及其集部著录新变考析 …………………………… 翟新明（117）

《庆湖遗老诗集》编刻与现存版本考略 ………………………… 杜 雪（137）
游酢文集版本源流考 ……………………………………………… 李凌云（157）
如如居士颜丙生平与著作版本考述 ……………………………… 许红霞（180）
《全宋诗》杂考（六） ………………………… 刘 杰 吴 娟 何思雨等（202）
《新平妖传》吴语拾零及其作者考辨 …………………………… 林 嵩（218）
曹雪芹与西洋文明的接触及其意义探考 ………………………… 向 彪（236）
新见竹垞书札释证 ………………………………………………… 张宗友（262）
朝鲜燕行使与乾嘉考据学人交流考论 …………………………… 陈俊谕（281）

征稿启事 ……………………………………………………………………（295）

《周易·坤卦》经传注疏校勘记(上)*

顾永新**

【内容提要】 群经之中,《周易》传世版本类型最为齐备,经注本(又有单纯经注本和经注附《释文》本)、单疏本、八行本(又有宋刻宋印本和宋刻宋元递修本)、元刻十行本(又有元刻元印十行本和元刻明修十行本)及明清"十三经注疏"汇刻本等皆有传本。此外,其他载体的异文资料也相当丰富,上海博物馆藏战国楚竹书、马王堆汉墓帛书、阜阳汉简、熹平石经、开成石经以及敦煌写本、日系古钞本等都保存了全部或部分《周易》文本。同时,清代以降相关校勘成果也相当丰硕,最著者如山井鼎《考文》、浦镗《正字》、卢文弨《拾补》、阮元《校勘记》等。本文广校众本,并博采古今中外的相关校勘成果,加以客观去取,审慎按断,去伪存真,择善而从,旨在建构相对精准、完善的《周易》经传、注疏文本。

【关键词】 《周易》 坤卦 校勘 文本

2015年以来,笔者致力于《周易》经传注疏的校勘工作,继完成乾卦校勘记之后,①又着手校勘坤卦,遍校众本,详记异文,校异同兼校是非;并广泛吸纳前人校勘成果或异文资料,荟萃诸家,博采众长,在此基础之上,去伪存真,择善而从。兹将底本、参校本及前人校勘成果和相关异文资料胪述如下:

底本

日本足利学校遗迹图书馆藏南宋初两浙东路茶盐司刻八行本《周易注疏》,1973年汲古书院影印本,以下简称足利八行本。

校本

经注本八种

中国国家图书馆(以下简称国图)藏南宋淳熙抚州公使库刻递修本《周易

---

* 本文系教育部人文社会科学重点研究基地重大项目"经学文献学研究"(项目批准号:15JJD770002)和"儒家经典整理与研究"的阶段性成果。

** 本文作者为北京大学中文系、北京大学中国古文献研究中心研究员。

① 顾永新《〈周易·乾卦〉经传注疏校勘记》,载沈乃文主编《版本目录学研究》第八辑,北京:北京大学出版社,2018年,第245—308页。本文所据参校各本、前人校勘成果和异文资料,以及校勘凡例,尽皆参见拙作,兹不赘述。

注》，《四部丛刊》影印本，以下简称抚本；

国图藏清宫天禄琳琅旧藏南宋刻本《周易注》，以下简称天禄琳琅本；

国图藏南宋初建阳坊刻本《周易注》，2003 年北京图书馆出版社《中华再造善本》影印本，以下简称建本；

台北"中央图书馆"藏周锡瓒旧藏南宋建刻本《纂图互注周易》，以下简称纂图互注本；

国图藏元相台岳氏荆溪家塾刻本《周易注》，《中华再造善本》影印本，以下简称岳本；

日本国立公文书馆藏林罗山旧藏室町写本《周易注》十卷，以下简称古本；

京都大学清家文库藏庆长十年（1605）伏见版活字本《周易注》六卷，以下简称伏见版活字本；

京都大学近卫文库藏庆长十年涸辙子祖博跋、正运刊活字本《周易注》十卷，以下简称正运活字本；

日系古活字本源流较为复杂且异文多歧者，另参校京都大学清家文库藏清原宣贤朱墨点古活字本《周易注》十卷，以下简称清家无刊记活字本；

单疏本四种

国图藏南宋刻递修本《周易正义》，2003 年北京图书馆出版社《中华再造善本》影印本，以下简称单疏本；

日本室町写本《周易正义》二，一本为京都大学清家文库藏本，以下简称京大本；

又一本，富冈谦藏旧藏，今藏京都大学人文科学研究所，以下简称京文研本；

刘承幹据狩谷棭斋求古楼藏旧钞单疏本翻刻本《周易正义》，民国三年（1914）刘氏刊行《嘉业堂丛书》本，以下简称嘉业堂本；

八行本二种

国图藏南宋初两浙东路茶盐司刻宋元递修本《周易注疏》，《古逸丛书三编》影印本，以下简称陈本；

明末清初钱求赤钞本（钱本），国图（韩应陛旧藏）和湖北省图书馆（张尔耆旧藏）分别藏有毛氏汲古阁本《周易兼义》一部，皆有清人过录之卢文弨校语（后者据前者过录），据之转录钱本异文；

十行本六种

元刻元印本《周易兼义》，美国柏克莱加州大学东亚图书馆藏，2014 年中华书局《柏克莱加州大学东亚图书馆藏宋元珍本丛刊》影印本，以下简称元印十行本；

元刻明修补本四，一本今藏国图，以下简称国图十行本；

又一本,今藏北京大学图书馆,以下简称北大十行本;

又一本,今藏北京市文物局,《中华再造善本》影印本,以下简称文物局十行本;

又一本,今藏台湾"中央图书馆",以下简称"央图"十行本;

明永乐二年(1404)刻本,平馆书,今藏台北"故宫博物院",2013年国家图书馆出版社《原国立北平图书馆甲库善本丛书》影印本,以下简称永乐本;①

明代"十三经注疏"汇刻本三种

京都大学人文科学研究所藏明嘉靖中李元阳刻本《周易兼义》,以下简称闽本;

德国巴伐利亚国立图书馆藏明万历中北京国子监刻本,以下简称监本;

东京大学东洋文化研究所藏明崇祯中毛氏汲古阁刻本,以下简称毛本;

清代"十三经注疏"汇刻本二种

马宗霍先生旧藏乾隆四年(1739)武英殿刻本《周易注疏》,以下简称殿本;

嘉庆二十年(1815)南昌府学刻本《周易兼义》,2007年台湾艺文印书馆影印本,以下简称阮本。

其他载体《周易》文本

马王堆汉墓帛书《六十四卦》,裘锡圭主编《长沙马王堆汉墓简帛集成》(叁),中华书局,2014年,以下简称裘释;于豪亮《马王堆帛书〈周易〉释文校注》,上海古籍出版社,2016年,以下简称于释;《张政烺论易丛稿·马王堆帛书〈周易〉经传校读》,中华书局,2015年,以下简称张释;丁四新《楚竹书与汉帛书〈周易〉校注》,上海古籍出版社,2011年,以下简称丁释;

阜阳汉简《周易》,韩自强《阜阳汉简〈周易〉研究》释文,上海古籍出版社,2004年;

熹平石经《周易》,屈万里《汉石经周易残字集证》,1961年"中央研究院"历史语言研究所初版,后收入《屈万里先生全集》第二辑,第11卷,台北联经出版公司,1984年,以下简称《集证》;马衡先生遗著《汉石经集存》,科学出版社,1957年,以下简称《集存》;

敦煌写本《周易注》,许建平《敦煌文献合集·敦煌经部文献合集》,中华书局,2008年,以下简称敦煌本《易注》;

开成石经,台北"中央图书馆"景照李石曾旧藏明拓本,参考前人相关考释成果诸如钱大昕《唐石经考异》、臧庸《唐石经考异补》,2005年北京图书馆出版

---

① 永乐本行款为八行十八字,但笔者经过研究发现,它并不出自八行本,当出自宋刻十行本,详参拙作《〈周易〉注疏合刻本源流系统考——基于乾卦经传注疏异文的完全归纳法》,北京大学《儒藏》编纂与研究中心主编《儒家典籍与思想研究》第九辑,北京:北京大学出版社,2017年,第18—44页。

社《历代石经研究资料辑刊》影印民国十年上海商务印书馆《涵芬楼秘笈》本，第 8 册；王朝璩《唐石经考正》，同上书影印嘉庆五年刻本；严可均《唐石经校文》，同上书影印光绪八年(1882)元尚居重刊《四录堂类集》本；日本天保十五年(1844)松崎慊堂缩刻开成石经后附《校讹》；

日本古写本，经注本一通，单疏本二通，说见上文；日本宫内厅书陵部藏金泽文库旧藏鎌仓写本《群书治要》，以下简称金泽文库本《治要》。

相关校勘成果或异文资料

唐陆德明《经典释文·周易音义》，1985 年上海古籍出版社影印国图藏宋刻宋元递修本，以下简称《释文》；参校卢文弨《抱经堂丛书》本《经典释文》及《考证》；

李鼎祚《周易集解》，2000 年北京图书馆出版社影印明嘉靖三十六年(1557)朱睦㮮聚乐堂刻本，以下简称《集解》；参校李富孙《周易集解校异》，国图藏道光二年(1822)刻本；

旧题唐郭京《周易举正》，日本东京大学东洋文化研究所藏嘉靖四年范氏天一阁刊《范氏二十一种奇书》本，以下简称《举正》；参校民国间罗振玉《宸翰楼丛书》影印谦牧堂影宋本；

宋吕祖谦《古易音训》，《中华再造善本》影印国图藏元至正六年(1346)虞氏务本堂刻本，以下简称《音训》；

朱熹《周易本义》，《中华再造善本》影印国图藏宋咸淳元年(1265)吴革刻本，以下简称《本义》；

魏了翁《周易要义》，《中华再造善本》影印国图藏宋淳祐十二年(1252)魏克愚刻本，以下简称《要义》；

毛居正《六经正误·周易正误》，台湾商务印书馆影印文渊阁《四库全书》本，第 183 册，以下简称《正误》；参校国图藏嘉靖二年郝梁刻本和康熙中《通志堂经解》本；

清惠栋《九经古义·周易古义》，1988 年上海书店影印学海堂刊《皇清经解》本，第 2 册，卷三五九至三六〇，以下简称《古义》；

日本山井鼎考文、物观补遗《七经孟子考文补遗·易》，昌平坂学问所旧藏享保十六年(1731)初刻本，以下简称《考文》；

浦镗《十三经注疏正字·易》，台湾商务印书馆影印文渊阁《四库全书》本，第 192 册，以下简称《正字》；

殿本《周易注疏·考证》，马宗霍旧藏武英殿本，以下简称殿本《考证》；

翟均廉《周易章句证异》，台湾商务印书馆影印文渊阁《四库全书》本，第 53 册，以下简称《证异》；

卢文弨《群书拾补·易经注疏校正》，《续修四库全书》影印乾隆中抱经堂

刻本,第1149册,以下简称《拾补》;辅以前引国图和湖北省图书馆藏毛本所过录之卢文弨校记,简称卢校;

武亿《经读考异》,《续修四库全书》影印乾隆五十四年小石山房刻本,第173册;

周春《十三经音略》,清咸丰四年(1854)南海伍氏刊《粤雅堂丛书》二编第十一集本,以下简称《音略》;

王引之《经义述闻》,1985年江苏古籍出版社影印道光七年京师寿藤书屋重刊本;

阮元《宋本十三经注疏并经典释文校勘记·周易注疏校勘记》,《续修四库全书》影印嘉庆十一年文选楼刻本,第180册,以下简称《校勘记》;

王龑《学易五种·周易校字》,《续修四库全书》影印清道光二年炉雪山房刻本,第28册,以下简称《周易校字》;

徐堂《周易考异》,《续修四库全书》影印国图藏稿本,第33册;

李富孙《易经异文释》,《续修四库全书》影印《皇清经解续编》本,第27册,以下简称《异文释》;

宋翔凤《周易考异》,《续修四库全书》影印《皇清经解续编》本,第28册;

朱骏声《六十四卦经解》,中华书局1958年排印本,以下简称《经解》;

丁晏《周易解故》一卷,《续修四库全书》影印光绪十九年广雅书局刊《广雅书局丛书》本,第31册;

瞿镛《铁琴铜剑楼藏书目录》卷一宋刊本《周易兼义》附校勘记,1990年中华书局影印光绪二十四年常熟瞿氏刊本,以下简称瞿校;

日本海保渔村《周易校勘记举正》,关仪一郎编《儒林杂纂》本,东洋图书刊行会,1938年,以下简称海保;

钟麐《易书诗礼四经正字考》,1994年上海书店出版社《丛书集成续编》影印嘉业堂刊《吴兴丛书》本,第17册;

孙诒让《十三经注疏校记·周易正义校记》,中华书局,2009年,以下简称孙氏《校记》;

于鬯《香草校书·易》四卷,中华书局,1984年;

王树枏《费氏古易订文》,《续修四库全书》影印光绪十七年新城王氏文莫室刊本,第40册,以下简称《订文》;

刘承幹《周易单疏校勘记》,民国间刘氏刊《嘉业堂丛书》本,以下简称刘校;

孟森《宋本周易注附释文校记》,1928年日本东京文求堂影印瞿氏铁琴铜剑楼旧藏南宋初建阳坊刻本《周易注》(即前引国图所藏建本),后附孟森所撰《校记》,以下简称孟校;

长泽规矩也《周易校勘记补遗（一）》，1935 年发表在《书志学》第五卷第四号，以下简称长泽；

　　台湾马光宇《周易经文注疏校证》，1962 年发表于《台湾省立师范大学国文研究所集刊》第六号，以下简称马校；

　　日本野间文史《广岛大学藏旧钞本〈周易正义〉考附校勘记》，1995 年发表在《广岛大学文学部纪要》特辑号，以下简称野间。

　　《乾卦校勘记》先成，虽殚精竭虑，用功甚勤，犹有遗憾，始知前人所谓校书犹如秋风扫落叶之叹，良有以也。于是摹效刘向校雠旧式，由笔者完成底本的校录，施以新式标点，考察各种版本类型《正义》所出位置、内容分合及标示起止文字之异同；并录入前人相关校勘成果及异文资料，然后延请北京大学中文系"《周易》校读会"诸位同学（章莎菲、种方、朱明数、王景创、班莉、刘兆轩等）进行集体校勘，通校前引诸刻本（笔者逐句诵读底本经传注疏文字，所谓"一人持本"；诸位同学每人各持参校本若干，报其异文，所谓"一人读书"。再由笔者记录各本异文），最后由笔者总其成，通考全部异文及前人校勘成果或异文资料，斟酌去取，审核按断，形成最终校记。① 兹特逐录参伍考校所得，以成是记，尚以俟好古之君子。

---

① 校记完成之后，曾请北中文系博士生张钊同学审读，承蒙见告卓识不少，谨志谢忱。

周易注疏卷第二①

国子祭酒上护军曲阜县开国子臣孔颖达奉
敕撰

☷坤下坤上 坤，②元亨，利牝马之贞。③

---

① 卢校："'周易注疏卷第二'，钱本分卷，次行有孔衔名，同前。"《校勘记》："钱本、宋本此卦前题'周易注疏卷第二'。"海保曰："按是本坤至讼为第三卷。《校勘记》云云。按诸本皆失当日之旧，宜从是本为正。"新案：《周易》各种版本类型的内容构成和卷次分合有所不同，故坤卦所在卷次容有不同，经注本属卷一，十行本亦属卷一，这是一个系统。单疏本为卷三首卦（卷一"八论"独立成卷，卷二为乾卦），八行本为卷二首卦，这是另外一个系统。

② 清华简《筮法》第二十二节"乾坤运转"坤作巛，注释以为"即坤字，见《碧落碑》《汗简》等，也是辑本《归藏》的特征"（《清华大学藏战国竹简》之四，中西书局，2013 年，第 109 页）。马王堆帛书《六十四卦》及《衷》所引卦名皆作川。于释："川即坤。……是古籍亦多作川。《说卦》云：'乾，健也；坤，顺也。'顺从川得声，川、顺、坤古音相近，故得通假。帛书作川，知川为本字，坤为假借字。"张释："汉石经同，王弼本作坤。汉碑引《易》均作川，无作坤者。坤为《易》之卦，已见《说文》，不知起于何时。川、坤古音近通假。"丁释："川，卦名，帛书《系辞》《衷》《缪和》同，汉石经作𠂢，今本作坤。……案：𠂢即川字之隶写。川读作坤。传世汉籍有以巛为坤字者。……王引之《经义述闻》云云。巛即川字，王氏言之颇详，可以相信。……汉熹平石经阴爻画与今本无异，帛书作⌐⌐形，楚简本、阜本作八形，均为曲勾之状。坤经卦卦画与卦名川字绝不相类，其别卦则更无由相近矣。其实，考察六十四卦卦画与卦名，二者之间均无形体上的联系；卦名根本不以卦画形状为本源。据此，可知王引之说无误。"《说文》："坤，地也，《易》之卦也。从土申，土位在申也。"段注："此说从申之意也。《说卦传》曰：'坤也者，地也，万物皆致养焉，故曰致役乎坤。'坤正在申位，自仓颉造字已然。后儒乃臆造乾南坤北为伏羲先天之学，《说卦传》所定之位为文王后天之学。甚矣，人之好怪也！或问伏羲画八卦，即有乾、坤、震、巽等名与不？曰有之。伏羲三奇谓之乾，三耦谓之坤，而未有乾字、坤字。传至於仓颉，乃后有其字。坤、𣌾特造之，乾、震、坎、离、艮、兑，以音义相同之字为之。故文字之始作也，有义而后有音，有音而后有形，音必先乎形。名之曰乾坤者，伏羲也；字之者，仓颉也。画卦者，造字之先声也，是以不得云☷即坤字。"熹平石经作𠂢。《集存》："《释文》云云。今汉碑坤字皆作𠂢，无作坤者。盖所谓'今字'者，汉以来相传之隶书，注疏本改作坤，不知始于何时也。"敦煌本《易注》作坤同。《释文》："坤，本又作巛；巛，今字也，同困魂反。《说卦》云：'顺也。'八纯卦，象地。"抱经堂本《释文》："巛，本又作坤；坤，今字也。"下同。《释文考证》："旧大书坤，下云'本又作巛；巛，今字也'，宋本已如此。案以巛为今字，其谬显然。今从雅雨本。盖注疏本作坤，后人误并此改之。浦氏镗从旧本，但于'本又作'下云'巛、坤，古今字也'，增二字，义差可通。巛六画中不连，连者系川字。"《集解》、开成石经、《本义》《要义》作坤同。《音训》引《释文》云云（上字作巛，下字作巛）。《正误》："《释文》'坤，本又作巛；巛，今字也'，二巛字皆误作巛。案巛字三画作六段，象小成坤卦。古字乾作☰，坤字作巛，水字作巛象坎卦，火字作八象离卦，震、巽、艮、兑，亦象其卦。但衷变既久，古文已泯，不可复考耳。陆氏以巛为今字误矣。今本作巛，非，巛，乃扁旁川字之误。"《五经异文》："坤，古文作巛。"胡煦《周易函书约注》卷二："古作巛，《归藏易》作𠂢。"殿本《考证》："《坤》音义云云。毛居正云云。臣（张）照按：《音义》'巛，今字也'句当作'坤，今字也'。陆德明之意，盖谓巛古坤字也。今书坤者，乃今字也，无以巛为今字之理。"《证异》："《归藏》作𠂢。"孔广森《大戴礼记补注·保傅》："汉隶书写坤皆为巛，象坤卦三画中断。"《经义述闻》卷一："《坤》释文云云（上、下字皆作巛）。毛居正《六经正误》云云。郑樵《六书略》曰：'坤卦之☷，必纵写而后成巛字。'引之谨案：《说文》云云，是坤字正当作坤；其作巛者，乃是借用川字。考汉孔龢碑、尧庙碑、史晨奏铭、魏孔羡碑之乾坤，衡方碑之剥坤，郙阁颂之坤兑，字或作𠂢，或作𢘋，或作儿，皆隶书川字。是其借川为坤，显然明白，川为坤之假借，而非坤之本字。故《说文》坤字下无重文作巛者，《玉篇》坤下亦无巛字，而于川部𠂢字下注曰：'注渎曰川也。古为坤字。'然则本是川字，古人借以为坤耳。《家语·执辔篇》'此乾巛之美也'，王肃注曰：'巛，古坤字。'亦谓古字假借。……《广韵》二十二魂'坤'下列巛，注曰：'古文。'始误以假借之字为本字，而《集韵》《类篇》并沿其误矣。坤得借用川字者，古坤、川之声，并与顺相近。《说卦传》'乾，健也；坤，顺也，'乾与健声近，坤与顺声近。《乾·象传》'天行健'，健即是乾。《坤·象传》'地势坤'，坤即是顺，是坤与顺声相近也。《大雅·云汉篇》'涤涤山川'与'焚熏闻遯'为韵。《说文》顺、训、驯、𩢿、巡等字，皆从川声，是川与顺亦相近也。坤、顺、川声并相近，故借川为坤。川字篆文作巛，故隶亦作巛。浅学不知，乃谓其象坤卦之画，且谓当六段书之。（转下页）

注云：坤，贞之所利，利于牝马也。马，在下而行者也，①而又牝焉，②顺之至也。至顺而后乃亨，③故唯利于牝马之贞。④

（接上页）夫坤以外尚有七正卦，卦皆有画，岂尝象之以为震、巽、离、坎等字乎？甚矣，其凿也！卢氏绍弓《周易音义·考证》谓《六画中不连，连者是川字，殆为曲说所惑》，"《校勘记》"："石经、岳本、闽、监、毛本同。"又引《释文》云云。《周易校字》引抱经堂本《释文》，"案古八卦皆即卦即名。《释文》於坤犹存其概耳"。《异文释》："《释文》云云（上、下字皆作巛）。案巛字，《说文》不录，《隶释·华山庙碑》云'乾巛定位'如此作，则为隶体。《大戴记·保傅》坤字作巛。《诗·采薇》笺释文：'坤，本亦作巛。'《天作》笺释文：'坤作巛。'《广雅》亦有巛字。此皆从隶体。《乾凿度》以八卦之画为古文天、地、风、山、坎、火、雷、泽字，是古坤作☷，此即转横画而为巛耳。（原注：毛氏居正云云。毛氏谓巛乃偏傍川字非是，盖字中断不连，卢本不误。）"**宋翔凤《周易考异》**："《音义》云云（引文略同抱经堂本，巛作巛）。按《古文易》於卦首坤作巛，《象》《象》《文言》之坤字，则不作巛。葆琛先生（庄述祖）曰：巛即川字，古音坤，川川同类，故字可通用。或改巛为巛字，作六断者，非也。"《经解》："古作巛，盖假借川字为之。《归藏》作㚣，或作㚣。"**《周易解故》**："案《释文》作巛，云：'坤，今字也'。《文选》谢宣远诗注引《易·灵图》，汉韩勑修孔庙后碑'受象乾巛'，史晨祠孔庙奏铭'乾巛所挺'，西岳华山庙碑'乾巛定位'，司隶杨君石门颂'巛灵定位'。《续汉书·舆服志》'黄帝、尧、舜垂衣裳而天下治，盖取诸乾巛'，孔龢碑'则象乾巛'，刘熊碑'寔惟乾巛'，周憬碑'乾巛剖兮建两仪'；又作巛，孟郁修尧庙碑'乾巛见征'，咸阳灵台碑'则軋巛之象'；又作巛，魏受禅表'軋巛之德'，魏修孔子庙碑'崇配乾巛'。"**俞樾《群经平议》**卷一："巛即川字，非坤字也。疑巛当读为顺。……此作巛者，乃顺之假字。"**《香草校书》**："此坤字疑本作巛，巛当读为顺，非坤字也。俞荫甫太史《平议》云云，甚是。"**《订文》**："盖古文以巛为坤，后则以巛为川矣。……《说文》顺、馴、紃、𢼊等字皆从古之坤声，非川声，据此《说文》必有巛字。……则《古易》必作巛，不作坤。郑为费学，而《天作》笺曰'巛以简能'，则郑本作巛，于此尚可证。许书坤下夺重文，而顺、馴等字遂概以为川声矣。"**新案**：上博简缺坤卦，川字作巛、巛。马王堆帛书、熹平石经及诸多汉碑坤坤均作川，当即清人如胡煦、王树柟等所谓古作巛。《说文》及敦煌本《易注》、《释文》、《集解》卦名皆已作坤。坤作为卦名起于何时不可考，立于东汉延光二年（123）的《嵩山开母庙石阙铭》（小篆）"比性乾坤"，坤作坤，这应该是除《说文》之外较早明确以坤为卦名的材料。《释文》所谓"巛，今字"，原本不误，当如马衡先生所说，指汉代通行的隶书，相对于古文而言。毛居正不明此意，始将卦形与卦名联系起来，区分巛六画中不连为坤，巛连者系偏旁川字。卢文弨沿袭其说，臆改《释文》，孔广森、李富孙、王甗等略同此意。段玉裁虽不解川、坤通假之意，但从字义、音、形三者的关系驳斥了坐实卦即卦名的论点。王引之论证巛即川字，川为坤之假借，坤、顺、川音并相近，故借川为坤。宋翔凤、朱骏声等并同此说，俞樾、于鬯进一步以为巛是顺之假借字。王引之以为坤为本字，川为借字；于豪亮先生提出相反的观点，以为川为本字，坤为假借字，是也。

上页③ **马王堆帛书**《衷》引作"牝马之贞"。《证异》："程子以利（一字句），牝马之贞（句），云：'利牝马之贞'句，则坤便止三德。郭忠孝、郑汝谐、王申子、徐在汉从之。朱子、黄宗炎云不可将利字句。虞翻、王弼、干宝'利牝马之贞'（句）。"《经读考异》："亿案旧读并作'利牝马之贞'，利字连下为义。考《程传》：'坤，乾之对也，四德同而贞体则异。乾以刚固为贞，坤则柔顺而贞，牝马柔顺而健行，故取其象曰"牝马之贞"。'是以'利'为一读，'牝马之贞'另为句。与乾四德媲，义较密。"

① 《要义》同。《考文》："行下（古本）三本有地字。"《拾补》《校勘记》引《考文》云云。**新案**：抚本、天禄琳琅本、建本、纂图互注本、岳本、伏见版活字本、正运活字本、陈本、元印十行本、国图十行本、北大十行本、文物局十行本、"央图"十行本、永乐本、闽本、监本、毛本、殿本、阮本同，古本行下有地字。

② 《要义》焉作马。《考文》："（古本）三本、足利本焉作马。"《校勘记》："岳本、闽、监、毛本同。（古本）焉作马，非，足利本同。"**马校**："按据《正义》释之曰'牝马是至顺'证之，焉或为马之误。"**新案**：《校勘记》是而马校非也。抚本、天禄琳琅本、建本、纂图互注本、岳本、陈本、元印十行本、国图十行本、北大十行本、文物局十行本、"央图"十行本、永乐本、闽本、监本、毛本、殿本、阮本同，古本、伏见版活字本、正运活字本本焉误马。

③ 《要义》同。**新案**：抚本、天禄琳琅本、建本、纂图互注本、岳本、古本、伏见版活字本、正运活字本、陈本、元印十行本、永乐本、闽本、监本、毛本、殿本、阮本同，国图十行本、北大十行本、文物局十行本、"央图"十行本亨误享。

④ 《要义》同。《考文》："下（古本）二本有也字。"《校勘记》："岳本、闽、监、毛本同。"又引《考文》云云。**马校**："至于句末之也字，凡此之类，古本、足利本等多如是也。"**新案**：抚本、天禄琳琅本、建本、纂图互注本、岳本、伏见版活字本、正运活字本、陈本、元印十行本、国图十行本、北大十行本、文物局十行本、"央图"十行本、永乐本、闽本、监本、毛本、殿本、阮本同，古本下有也字。

君子有攸往，①先迷后得主利。②西南得朋，东北丧朋，③安贞吉。④

（注云）：西南，致养之地，与坤同道者也，故曰"得朋"。⑤ 东北，反西南者

---

① 马王堆帛书《六十四卦》同。《释文》："有攸，音由，所也。"《集解》、开成石经、《本义》《要义》与底本同。**新案**：抚本、天禄琳琅本、建本、纂图互注本、岳本、古本、伏见版活字本、正运活字本、陈本、元印十行本、永乐本、闽本、监本、毛本、殿本、阮本同，国图十行本、文物局十行本、"央图"十行本往误仕，北大十行本墨笔改往字。

② 马王堆帛书《衷》引主字绝句。《集解》《音训》利字绝句。依《程传》，"先迷后得"为句，"主利"为句，意谓坤道唯是主利。《本义》从之，解为"阳先阴后，阳主义，阴主利"，"则先迷后得而主于利"。胡煦《周易函书约注》卷二："虞仲翔、王介甫、吴幼清、俞玉吾、郝楚望、王虚舟皆以'后得主'为句。"《本义辨证》以为主句，利句得之（张惠言、姚配中不赞同惠氏说，皆以利属下。曹元弼以为马、荀、虞氏注释"西南得朋，东北丧朋"皆不及利字，惠读为详。详见《周易学》卷五"解纷"）。《证异》："李鼎祚引卢氏'先迷'（句），'后得主利'（句）。孔颖达引周氏'先迷后得主利'（句）。朱震引《子夏传》'先迷后得主'（句）。陆希声、王安石、程子、朱子以'先迷后得'（句），'主利'（句）。陆云：'主利，主守也。'程云：'万物利主于坤。'朱云：'阴主利。'郑汝谐、王申子、胡炳文、陈仁锡诸人同。张子、苏轼、朱震'后得主'（句），'利'（句），郭雍、项安世、杨简、王宗传、俞琰、金贲亨、郑维岳、熊过、樊良枢、刘石闾、陆时位、查慎行、惠栋同，言后则得主乃利也。梁寅、陆振奇'后得'（句），'主利'（句）。姚舜臣、程竹山、张振渊同，言居后则得而主于利也。张浚、吴澄、徐在汉'先迷后得主'（句），利属下读。谨案《周易折中》《周易述义》'先迷后得主'（句），利字属下，两句读。"《经读考异》："亿案旧读并以利字属上主字为句。考此宜以'后得主'绝句，利字属下'西南'读。《文言》曰'后得主而有常'，则主字绝句。又塞'利西南'、解'利西南'，则利字属下，又可举证。"《周易校字》："《子夏传》作一句读，程子说非。《本义辨证》云云，则利字属下读者是。"徐堂《周易考异》引魏伯阳《参同契》"先迷失轨，后为主君"，"案二语盖本坤卦《彖辞》，是汉读以'先迷后得主'五字为句，利字属下读。"《周易解故》："案魏伯阳《参同契》云云。《通典》四十四博士秦晋议《易》曰：'坤为土，土为西南，成德在未。《易》曰：'坤，利西南得朋，东北丧朋。''据此，则汉唐以前皆以主字断句，而以利字属下读。证以塞'利西南'、解'利西南'，正与他卦句法一例。故《文言》曰'后得主而有常'，则当以'后得主'为句无疑矣。自庄氏、卢氏误以'主利'为句，程子并疑《文言》'后得主'下当有利字。考虞氏注：'震为主，为常。'何栖凤注《象》云：'后顺于主，保其常庆。'孔疏云：'若在事之后，不为物先，即得主也。'皆无利字。《文选·石阙铭》注引《易》'后得主而有常'，亦无利字。《本义》用伊川之说，皆由误从'主利'属读也。"《香草校书》："此当于主字绝句，利字属下。"《订文》："案此当以'先迷后得主'为句，利字属下读。《文言传》明言'后得主而有常'，则圣人读主字绝句无疑。费氏以十篇解经，不自为章句，当如此读。"曹元弼《周易集解补释》："高堂隆议引《易》，以利字属下读（《通典·礼部》）。"**新案**：汉唐以前句读多以"先迷后得主"为句，利字属下。宋元以降众说纷纭，程子以"先迷后得"为句，"主利"为句，朱子从之。清人大多坚持汉唐旧说，而惠栋、曹元弼则以为主句，利句得之。

③ 马王堆帛书《衷》引作丧同，《六十四卦》丧作亡，于释、张释以为亡通丧。帛书《六十四卦》作朋同，《衷》引作崩，阜阳汉简作倗。丁释："倗、崩均通朋。"敦煌本《易注》与底本同。《释文》出文"丧朋"，**抱经堂本**丧作𠭯。《释文考证》："𠭯，《说文》从哭从亾。书内多用之，此独作丧，后人改也。今依旧本。"《集解》、开成石经、《本义》《要义》与底本同。**新案**：参校诸本并无异文。

④ 阜阳汉简吉下有"卜□"二字，乃卜事之辞。《集解》、开成石经、《本义》《要义》与底本同。**新案**：参校诸本并无异文。

⑤ 《要义》同。《考文》："下（古本）三本有也。"《校勘记》引《考文》云云。**新案**：抚本、天禄琳琅本、建本、纂图互注本、岳本、伏见版活字本、正运活字本、陈本、元印十行本、国图十行本、北大十行本、文物局十行本、"央图"十行本、永乐本、闽本、监本、毛本、殿本、阮同，古本下有也字。

也，故曰"丧朋"。① 阴之为物，必离其党，之于反类，而后获安贞吉。②

[疏]③《正义》曰：此一节是文王于坤卦之下陈坤德之辞。但乾、坤合体之物，④故乾后次坤，言地之为体，⑤亦能始生万物，各得亨通，故云"元亨"，与乾同也。"利牝马之贞"者，此与乾异。乾之所利，⑥利于万事为贞。此唯云"利牝马之贞"，坤是阴道，当以柔顺为贞，假借柔顺之象，⑦以明柔顺之德也。牝对牡为柔，⑧马对龙为顺，假借此柔顺以明柔道，⑨故云"利牝马之贞"。牝马，外物自然之象，

---

① 敦煌本《易注》下有也字，《要义》与底本同。《考文》："下（古本）三本有也。"新案：抚本、天禄琳琅本、建本、纂图互注本、岳本、伏见版活字本、正运活字本、陈本、元印十行本、国图十行本、北大十行本、文物局十行本、"央图"十行本、永乐本、闽本、监本、毛本、殿本、阮本同，古本下有也字。

② 《要义》同。《考文》："（古本）下有者也二字，三本同。"《校勘记》："岳本、闽、监、毛本同。"又引《考文》云云。新案：抚本、天禄琳琅本、建本、纂图互注本、岳本、伏见版活字本、正运活字本、陈本、元印十行本、国图十行本、北大十行本、文物局十行本、"央图"十行本、永乐本、闽本、监本、毛本、殿本、阮本同，古本下有者也二字。

③ 卦辞《正义》所出位置及其内容分合，各本颇有异同。单疏本、八行本《正义》归总置其末，先释经文（八行本不标示起止；单疏本标示起止，"坤元亨"至"安贞吉"），后释注文（单疏本和八行本标示起止同；注"坤贞"至"牝马之贞"，注"西南"至"贞吉"）。十行本《正义》分解为两个内容单元（"坤"至"利牝马之贞"和"君子有攸往"至"安贞吉"），割裂单疏本《正义》分置各单元之末，分释经、注文（首单元标示经文起止："坤元亨利牝马之贞"（元印十行本、国图十行本、北大十行本、文物局十行本、央图十行本亨误享，永乐本不误），标示注文起止：注"至顺而后乃亨"至"故唯利于牝马之贞"；二单元标示经文起止："君子有攸往"至"安贞吉"，标示注文起止：注"西南致养之地"至"后获安贞吉"）。

④ 《要义》同。《考文》出文"盖乾、坤合体之物"，"宋板盖作但"。《校勘记》出文与《考文》同，"闽、监、毛本同。宋本盖作但，是也"。刘校亦以为作但是也。新案：单疏本、京大本、京文研本、嘉业堂本、陈本、元印十行本、永乐本同，国图十行本但乾二字处为墨钉，北大十行本、文物局十行本、央图十行本、闽本、监本、毛本、殿本、阮本但误盖。

⑤ 《要义》同。新案：单疏本、京大本、陈本、元印十行本、国图十行本、北大十行本、文物局十行本、"央图"十行本、永乐本、闽本、监本、毛本、殿本、阮本同，京文研本、嘉业堂本地误坤。

⑥ 《要义》同。《考文》出文"乾之所贞，利于万事"，"（宋板）贞作利"。[谨按]："正德、嘉、万三本利字阙，崇祯本强补作贞，当以宋板为正也。"《校勘记》出文与《考文》同，"十行本、闽、监本贞字缺，毛本如此。钱本、宋本作利"。马校："按山井鼎氏之意，及经文'利牝马之贞'证之，当作利是也。"新案：单疏本、京大本、嘉业堂本、陈本、钱本、元印十行本、永乐本、殿本同，国图十行本、北大十行本、文物局十行本利字处为墨钉；"央图"十行本为空格；闽本亦为墨钉；监本为空格；毛本、阮本利误贞。

⑦ 《要义》同。《考文》出文"当以柔顺为贞正"，"（宋板）正作假，属下"。《校勘记》出文"正借柔顺之象"，"闽、监、毛本同，钱本、宋本正作假"。新案：单疏本、京大本、京文研本、嘉业堂本、陈本、钱本、永乐本、殿本同，元印十行本假字漫漶，国图十行本为墨钉，北大十行本、文物局十行本、"央图"十行本、闽本、监本、毛本、阮本假误正。

⑧ 整理本《校勘记》："补：毛本下牝字作牡，案所改是也。"刘校以为阮本作牝误。马校："按以下文'马对龙为顺'证之，马与龙为异物，此处亦当有异，凝（疑）牝或为牡之误也。"新案：元印十行本、国图十行本、北大十行本、文物局十行本、"央图"十行本、永乐本、阮本同，单疏本、京大本、嘉业堂本、陈本、闽本、监本、毛本、殿本下牝字作牡。

⑨ 《考文》出文"还借此柔顺"，"（宋板）还作假"。卢校于上文"假借柔顺之象"校曰："钱假，下同。宋并同。"但韩应陛藏本又有朱笔校语："钱□作还。"不见于张尔耆过录本。《校勘记》出文与《考文》同，"闽、监、毛本同，钱本、宋本还作假"。新案：单疏本、京大本、京文研本、嘉业堂本、陈本、永乐本、殿本同，元印十行本假字处断版，朱笔补还字；钱本、国图十行本、北大十行本、文物局十行本、"央图"十行本、闽本、监本、毛本、阮本假误还。

此亦圣人因"坤,元亨,利牝马之贞"自然之德以垂教也。不云牛而云马者,牛虽柔顺,①不能行地无疆,无以见坤广生之德。马虽比龙为劣,所行亦能广远,②象地之广育。

"君子有攸往"者,以其柔顺利贞,故君子利有所往。"先迷后得主利"者,③以其至阴,当待唱而后和。④ 凡有所为,若在物之先,即迷惑;若在物之后,即得主利。以阴不可先唱,犹臣不可先君,卑不可先尊故也。"西南得朋"者,此假象以明人事。⑤ 西南坤位,是阴也,今以阴诣阴,是得朋,⑥俱是阴类,不获吉也。犹人既怀阴柔之行,又向阴柔之所,⑦是纯阴柔弱,故非吉也。"东北丧朋,安贞吉"者,西南既为阴,东北反西南,即为阳也。以柔顺之道,往诣于阳,是丧失阴朋,故得安静贞正之吉,以阴而兼有阳故也。若以人事言之,象人臣离其党而入君之朝,女子离其家而入夫之室。庄氏云:"'先迷后得主利'者,唯据臣

----

① 《要义》同。**新案**:单疏本、京大本、嘉业堂本、陈本、北大十行本、文物局十行本、"央图"十行本、闽本、监本、毛本、殿本、阮本同,元印十行本、国图十行本、永乐本牛误生。

② 《要义》同。《考文》出文"马虽比龙为劣钝,而亦能广远","(宋板)钝而作所行"。[谨按]:"注疏三本比字,所字阙,崇祯本补比为是;所作钝,属强补当,当从宋板改正补写也。"《正字》出文"马比龙为劣钝","监本比钝二字阙"。《校勘记》出文"马虽比龙为劣","十行本、闽、监本比字缺,毛本如此"。又出文"所而亦能广远","闽、监本缺所字,毛本作钝,属上句,非也。钱本、宋本而作行,是"。**海保本**与底本同,"按是本正作比,足以见毛本之是矣"。**马校**:"按山井鼎之意甚是,作所行较长。"**新案**:单疏本、海保本、京大本、京文研本、嘉业堂本、陈本、钱本、永乐本、殿本同,元印十行本比字处断版,国图十行本、北大十行本、文物局十行本为墨钉,"央图"十行本为空格,阮本作比同,以上诸十行本所字皆不误,行皆作而;闽本比字、所字皆为墨钉,监本皆为空格,毛本作比同,所作钝,以上明刻诸本行皆作而。

③ 《要义》同。**新案**:单疏本、京大本、京文研本、嘉业堂本、陈本、北大十行本、文物局十行本、"央图"十行本、永乐本、闽本、监本、毛本、殿本、阮本同,元印十行本、国图十行本主误王。

④ 《要义》同。《考文》出文"以其至柔,当待唱而后和","(宋板)柔作阴"。《校勘记》:"闽、监、毛本同。"又引《考文》云云。**新案**:单疏本、京大本、京文研本、嘉业堂本、陈本、元印十行本(以其二字间断版)、永乐本、殿本同,国图十行本阴字处为墨钉,钱本、北大十行本、文物局十行本、"央图"十行本、闽本、监本、毛本、阮本阴误柔。

⑤ 《要义》同。**新案**:单疏本、京大本、陈本、元印十行本、国图十行本、北大十行本、文物局十行本、"央图"十行本、永乐本、闽本、监本、毛本、殿本、阮本同,京文研本、嘉业堂本此误是。

⑥ 《要义》同。《考文》出文"今以阴诣阴,乃得朋","(宋板)乃作是"。[谨按]:"是字三本阙,说同于前。"《正字》出文与《考文》同,"监本乃字阙"。《校勘记》出文与《考文》同,"十行本、闽、监本乃字缺,毛本如此。钱本、宋本作是"。**新案**:单疏本、京大本、嘉业堂本、陈本、钱本、永乐本、殿本同,京文研本是作更,元印十行本是字处断版,依稀可辨,朱笔补乃字;国图十行本、北大十行本、文物局十行本、闽本为墨钉;"央图"十行本为空格;监本为空格;毛本、阮本是误乃。

⑦ 《要义》同。《考文》出文"又向阴柔之方","(宋板)方作所"。《校勘记》出文与《考文》同,"闽、监、毛本同"。又引《考文》云云。**新案**:单疏本、京大本、京文研本、嘉业堂本、陈本、永乐本、殿本同,元印十行本所字处断版,依稀可辨,朱笔补方字;国图十行本为墨钉;北大十行本、文物局十行本、"央图"十行本、闽本、监本、毛本、阮本所误方。

事君也。'得朋''丧朋',唯据妇适夫也。"其理褊狭,非《易》弘通之道。①

注"坤贞"至"牝马之贞" 《正义》曰:"至顺而后乃亨,故唯利于牝马之贞"者,案牝马是至顺,"牝马"在"元亨"之下,在"贞"之上,应云"至顺而后乃贞"。今云"至顺而后乃亨",倒取上文者,辅嗣之意,下句既云"牝马之贞",避此"贞"文,故云"乃亨"。但亨、贞相将之物,故云至顺之贞,亦是至顺之亨,此坤德以牝马至顺乃得贞也。下文又云"东北丧朋",②去阴就阳,乃得贞吉。上下义反者,但《易》含万象,一屈一伸。此句与乾相对,不可纯刚敌乾,故利牝马。下句论凡所交接,不可纯阴,当须刚柔交错,故丧朋吉也。

注"西南"至"贞吉" 《正义》曰:坤位在西南。③《说卦》云:"坤也者,地也,万物皆致养焉。"坤既养物,若向西南,④与坤同道也。"阴之为物,必离其党,之于反类,而后获安贞吉"者,若二女同居,其志不同,必之于阳,是之于反类,乃得吉也。凡言"朋"者,非唯人为其党,性行相同亦为其党。假令人是阴柔而之刚正,亦是离其党。

《彖》曰:至哉坤元!万物资生,乃顺承天。坤厚载物,德合无疆。⑤含弘光大,品物咸亨。牝马地类,行地无疆。

注云:地之所以得无疆者,以卑顺行之故也。乾以龙御天,坤以马行地。⑥

---

① 《考文》出文"其褊狭,非复弘通之道","(宋板)其下有理字,复作易"。[谨按]:"易字三本阙。"《正字》出文"非复宏通之道","监本复字阙"。《校勘记》出文与《正字》同,"十行本、闽、监本缺复字,毛本如此。宋本作易,钱本无此字。又钱本、宋本其下有理字"。马校:"按有理字是也。复作易,于义亦长,此处乃谓易理弘通也。"**新案**:单疏本、静嘉堂本、京大本、京文研本、嘉业堂本(弘作宏)、陈本、殿本同,钱本无复字,其下有理字;元印十行本作易同,长泽十行本易误复,国图十行本、北大十行本、文物局十行本易字处为墨钉,"央图"十行本为空格,永乐本作易同(褊误偏),闽本为墨钉,监本为空格,毛本、阮本易误复,以上十行本系统诸本皆脱理字。

② 单疏本、京大本、京文研本、嘉业堂本、陈本、北大十行本、文物局十行本、"央图"十行本、永乐本、闽本、监本、毛本、殿本、阮本同,元印十行本、国图十行本下误少。

③ 《考文》出文"坤位居西南","(宋板)居作在"。《校勘记》出文与《考文》同,"闽、监、毛本同"。又引《考文》云云。马校:"按居与在,其义一也,无伤文意。"**新案**:单疏本、静嘉堂本、京大本、京文研本、嘉业堂本、陈本、永乐本同,元印十行本居字处断版,依稀可辨;长泽称十行本"阙在字";国图十行本为墨钉;北大十行本、文物局十行本、"央图"十行本、闽本、监本、毛本、殿本、阮本在误居。

④ 单疏本、京大本、京文研本、嘉业堂本、陈本、北大十行本、文物局十行本、"央图"十行本、永乐本、闽本、监本、毛本、殿本、阮本同,元印十行本南字处断版,依稀可辨,国图十行本修版南误年。

⑤ 《说文》"畺"字段玉裁注:"今则疆行而畺废矣。惟《周礼》有畺。"《释文》:"疆,或作壃,同居良反。下及注同。"《集解》、开成石经、《本义》与底本同。《校勘记》:"石经、岳本、闽、监、毛本同。"又引《释文》云云。《周易校字》:"《释文》云'或作壃'。案《说文》无此字。"《异文释》:"案《说文》云:'畺,界也。或作疆。'是壃又为俗体。"《周易解故》:"案《说文》云云。《广韵》:'疆亦作壃。《史记·晋家》'惜也出壃乃免',与疆同。"《订文》:"案《说文》疆为畺之或字,今经典通用疆,鲜用畺者。壃为疆之省,钟鼎文多省土为强。"**新案**:参校诸本并无异文。

⑥ 敦煌本《易注》作"而行地也"。《考文》:"(古本)下有也字"《校勘记》引《考文》云云。**新案**:抚本、天禄琳琅本、建本、纂图互注本、岳本、伏见版活字本、正运活字本、陈本、元印十行本、国图十行本、北大十行本、文物局十行本、"央图"十行本、永乐本、闽本、监本、毛本、殿本、阮本同,古本下有也字。

柔顺利贞，君子攸行，先迷失道，后顺得常。西南得朋，乃与类行；东北丧朋，乃终有庆。①安贞之吉，应地无疆。②

注云：地也者，③形之名也。坤也者，用地者也。④ 夫两雄必争，⑤二主必危，有地之形，与刚健为耦，⑥而能永保无疆，⑦用之者不亦至顺乎？若夫行之不以牝马，利之不以永贞，⑧方而又刚，柔而又圆，求安难矣。⑨

---

① 《说文》："迺"字段玉裁注："《诗》《书》《史》《汉》发语多用此字，作迺，而流俗多改为乃。按《释诂》曰：'仍、迺、侯，乃也。'以乃释迺，则本非一字，可知矣。"《集解》、开成石经、《本义》同。《异文释》："《汉书·律历志》乃引作迺。案《说文》云云。《诗·緜》《公刘篇》迺、乃二字并用。《释诂》注云：'迺即乃。'《史》《汉》多用此字。"**新案**：参校诸本并无异文。

② 《集解》、开成石经、《本义》同。《校勘记》："石经、岳本同，闽、监、毛本无误无。"马校："按据'应地无疆''德合无疆'例之，宜作无，且《易经》中无字均作无，鲜作无者，疑后人所改也。"**新案**：抚本、天禄琳琅本、建本、纂图互注本、岳本、伏见版活字本、正运活字本、陈本、元印十行本、国图十行本、北大十行本、文物局十行本、"央图"十行本、殿本、阮本同，古本、永乐本、闽本、监本、毛本无作无。

③ 《举正》同。**新案**：抚本、天禄琳琅本、建本、纂图互注本、岳本、古本、伏见版活字本、正运活字本、陈本、永乐本、闽本、监本、毛本、殿本、阮本同，元印十行本皆字漫漶，依稀可辨；国图十行本、北大十行本、文物局十行本、"央图"十行本者误皆。

④ 《举正》用地作用形，"形字误作地字。地是定体之名，坤是用形之称。体即形也，只合用坤顺之体用，不合用定体之地名"。殿本《考证》引郭京云云，臣（朱）良裘曰："按此注与乾卦《彖》注互看，则郭京所谓误者并见。"**新案**：参校诸本并无异文。

⑤ 《校勘记》："十行本'夫两雄'三字，夫字、雄字笔画舛误，两误用。闽本亦作用，缺夫字。岳本、监、毛本如此。"**新案**：抚本、天禄琳琅本、建本、纂图互注本、岳本、古本、伏见版活字本、正运活字本、陈本、永乐本、监本、毛本、殿本同，元印十行本两字漫漶；国图十行本、北大十行本、文物局十行本、"央图"十行本夫字残泐，两误用；闽本夫字处为墨钉，两误用；阮本两误用。

⑥ 《考文》："（古本）与上有而字，三本同。"《校勘记》："岳本、闽、监、毛本同。"又引《考文》云云。**新案**：抚本、天禄琳琅本、建本、纂图互注本、岳本、伏见版活字本、正运活字本、陈本、元印十行本、国图十行本、北大十行本、文物局十行本、"央图"十行本、永乐本、闽本、监本、毛本、殿本、阮本同，古本与上有而字，耦作偶。

⑦ 《考文》出文"而以永保无疆"，"（古本）以作能，三本、足利本、宋板并同"。《正字》："能误以，从卢本校。"《校勘记》出文与《考文》同，"闽、监、毛本同，岳本、宋本、古本、足利本以作能"。**新案**：抚本、天禄琳琅本、建本、纂图互注本、岳本、古本、伏见版活字本、正运活字本、陈本、钱本、永乐本、殿本同，元印十行本能字处断版，究为能字抑或以字不可辨，永误水；国图十行本能误以，永误水，无误元；北大十行本（无误元）、文物局十行本（无误元）、"央图"十行本、闽本、监本、毛本、阮本能误以，永字不误。

⑧ 抚本、天禄琳琅本、建本、纂图互注本、岳本、古本、伏见版活字本、正运活字本、陈本、北大十行本、文物局十行本、"央图"十行本（以上三本以字为字不全）、永乐本、闽本、监本、毛本、殿本、阮本同，元印十行本（以字处断版，依稀可辨）、国图十行本永误水（以字为字不全）。

⑨ 《考文》："（古本）下有哉字，一本、足利本作难哉。"《校勘记》："岳本、闽、监、毛本同。"又引《考文》云云。孟校建本矣作哉，"岳、十行哉作矣，阮无校"。**新案**：抚本、天禄琳琅本、岳本、陈本、元印十行本、国图十行本、北大十行本、文物局十行本、"央图"十行本、永乐本、闽本、监本、毛本、殿本、阮本同，建本、纂图互注本、伏见版活字本、正运活字本矣作哉，古本矣下有哉字。

[疏]①《正义》曰:"至哉坤元"至"德合无疆",此五句总明坤义及元德之首也。②但元是坤德之首,故连言之,犹乾之元德,与乾相连共文也。③"至哉坤元"者,叹美坤德,故云"至哉"。至谓至极也,言地能生养至极,与天同也。但天亦至极,包笼于地,非但至极,又大于地。故乾言"大哉",坤言"至哉"。④"万物资生"者,言万物资地而生。初禀其气谓之始,成形谓之生。乾本气初,故云"资始";坤据成形,故云"资生"。⑤"乃顺承天"者,乾是刚健,能统领于天;⑥坤是阴柔,以和顺承奉于天。⑦"坤厚载物,德合无疆"者,⑧以其广厚,故能载物,有此生长之德,合会无疆。凡言"无疆"者,其有二义:⑨一是广博无疆,⑩二是

① 整理本《校勘记》出文"《象》曰至行合无疆","补:案合当作地"。**新案**:《象》辞《正义》所出位置及其内容分合,各本颇有异同。单疏本、八行本《正义》归总置其末,先释传文(八行本不标示起止;单疏本标示起止:"《象》曰至哉"至"无疆"),后分释注文(单疏本和八行本标示起止同;注"若夫行"至"难矣",注"西南"至"贞吉")。十行本《正义》分解为两个内容单元("《象》曰"至"行地无疆"和"柔顺利贞"至"应地无疆"),首单元释传文(标示起止:"《象》曰"至"行地无疆"。元印十行本地字处断版,国图十行本、北大十行本、文物局十行本、"央图"十行本地误合,永乐本不误);二单元分释传、注文(标示传文起止:"柔顺利贞"至"应地无疆";标示注文起止:注"行之不以牝马"至"求safe难矣")。
② 《考文》出文"及二德之首也","(宋板)二作元"。《正字》出文与《考文》同,"二当四字误"。**卢校**以为作元是也,首当义。《校勘记》出文与《考文》同,"闽、监、毛本同"。又引《考文》云云。**新案**:单疏本、静嘉堂本、京大本、京文研本、嘉堂本、陈本、钱本、永乐本、殿本同,元印十行本元字处断版,依稀可辨;长泽十行本、国图十行本、北大十行本、文物局十行本、"央图"十行本、闽本、监本、毛本、阮本元误二。
③ 《考文》出文"与乾相通共文也","(宋板)通作连"。《校勘记》出文与《考文》同,"十行本通字模糊,闽、监、毛本如此,钱本、宋本作连是也"。长泽称十行本通字模糊。马校:"十行本通作道。按作道者,显然为形似之误。由上文'故连言之'证之,作连是也。"**新案**:单疏本、静嘉堂本、京大本、京文研本、嘉业堂本、陈本、钱本、元印十行本、永乐本同,长泽十行本、国图十行本、北大十行本、文物局十行本、"央图"十行本连字误作一字,似道又似通,难以辨识;闽本、监本、毛本、殿本、阮本连误通。
④ 《要义》同。**新案**:单疏本、京大本、京文研本、嘉业堂本、陈本、元印十行本、北大十行本、文物局十行本、"央图"十行本、永乐本、闽本、监本、毛本、殿本、阮本同,国图十行本坤误由。
⑤ 《要义》同。**新案**:单疏本、京大本、京文研本、嘉业堂本、陈本、北大十行本、文物局十行本、"央图"十行本、永乐本、闽本、监本、毛本、殿本、阮本同,元印十行本资字残泐,国图十行本修版资误贞。
⑥ 《要义》同。**新案**:单疏本、京大本、京文研本、嘉业堂本、陈本、元印十行本、文物局十行本、"央图"十行本、永乐本、闽本、监本、毛本、殿本、阮本同,国图十行本、北大十行本领误须。
⑦ 《要义》同。《考文》出文"以和顺承平于天","(宋板)平作奉"。《正字》出文与《考文》同,"平当奉字误"。《校勘记》出文与《考文》同,"闽、监、毛本同。钱本、宋本平作奉,是也"。马校:"按今以《坤·文言》疏云'言坤道柔顺,承奉于天,以量时而行'证之,此处之平当为奉之误也。"**新案**:单疏本、静嘉堂本、京大本、京文研本、嘉业堂本、陈本、钱本、永乐本、殿本同,元印十行本奉字处断版,究为奉或平无法辨识,长泽十行本、国图十行本、北大十行本、文物局十行本、"央图"十行本、闽本、监本、毛本、殿本、阮本奉误平。
⑧ 《要义》同。**新案**:单疏本、京大本、京文研本、陈本、永乐本、闽本、监本、毛本、殿本、阮本同,元印十行本、国图十行本、北大十行本、文物局十行本、"央图"十行本合误台。
⑨ **卢校**:"新具,下多作其。"**新案**:单疏本、京大本、京文研本、嘉业堂本、陈本、钱本、元印十行本、国图十行本、北大十行本、文物局十行本、"央图"十行本、永乐本、闽本、监本、毛本、阮本同,殿本其作具。
⑩ 《要义》同。刘校以为阮本博作傅误。马校:"按此字当作博,今本因近似而误作傅,非也。"**新案**:单疏本、京大本、京文研本、嘉业堂本、陈本、元印十行本、国图十行本、北大十行本、文物局十行本、"央图"十行本、永乐本、闽本、监本、毛本、殿本同(博或作愽),阮本博误傅。

长久无疆也。① 自此已上，论坤元之德也。② "含弘光大，品物咸亨"者，包含弘厚，③光著盛大，故品类之物，④皆得亨通。但坤比乾，⑤即不得大名，若比众物，其实大也，故曰"含弘光大"者也。此二句释"亨"也。"牝马地类，⑥行地无疆"者，以其柔顺，故云"地类"，以柔顺为体，终无祸患，故行地无疆，⑦不复穷已。此二句释利贞也。故上文云"利牝马之贞"是也。

"柔顺利贞，君子攸行"者，重释利贞之义，⑧是君子之所行，兼释前文"君子有攸往"。"先迷失道"者，以阴在物之先，⑨失其为阴之道。"后顺得常"者，以

---

① 《要义》作无同，无也字。《考文·补遗》出文"长久天疆"，"宋板天作无"。《正字》："无，毛本误天。"《校勘记》："钱本、宋本、闽、监、毛本同，毛本无误天。"新案：单疏本、京大本、京文研本、嘉业堂本、陈本、钱本、元印十行本、国图十行本、北大十行本、文物局十行本（以上四种十行本疆作懼）、永乐本、闽本、监本、殿本、阮本同，"央图"十行本无误元（疆作懼），毛本无误天。

② 《考文》出文"自此已上，论坤元之义也"，"（宋板）义作德"。《校勘记》出文与《考文》同，"闽、监、毛本同，钱本、宋本义作德"。马校以为作德是也。新案：单疏本、静嘉堂本、京大本、京文研本、嘉业堂本、陈本、钱本、永乐本同，元印十行本德字残泐，依稀可辨；长泽十行本、国图十行本德误寒；北大十行本、文物局十行本、"央图"十行本、闽本、监本、毛本、殿本德作义；阮本德作气。

③ 《考文》出文"包含以厚"，"（宋板）以作弘"。《校勘记》出文与《考文》同，"闽、监、毛本同，钱本、宋本以作宏（弘），是也"。马校："按依经文'含弘光大'证之，当作弘，或作宏。"新案：静嘉堂本、京大本、京文研本、嘉业堂本、陈本、钱本、永乐本、殿本同，单疏本弘字漫漶不可辨，元印十行本断版，长泽十行本、国图十行本、北大十行本、文物局十行本、"央图"十行本、闽本、监本、毛本、阮本弘误以。

④ 《校勘记》："闽、监、毛本同，钱本作'故品物之类'。"海保以为钱本误。新案：单疏本、海保本、京大本、京文研本、嘉业堂本、陈本、元印十行本、国图十行本、北大十行本、文物局十行本、"央图"十行本、永乐本、闽本、监本、毛本、殿本、阮本同，钱本误作"故品物之类"。

⑤ 《考文》出文"但坤比元"，"（宋板）元作乾"。《正字》出文与《考文》同，"元当乾字误"。《校勘记》出文与《考文》同，"闽、监、毛本同，钱本、宋本元作乾"。马校："按此文本欲以乾坤二德相比，系文意当作乾，以单疏、宋板为正。"新案：单疏本、静嘉堂本、京大本、京文研本、嘉业堂本、陈本、钱本、元印十行本、永乐本、殿本同，长泽十行本、国图十行本、北大十行本、文物局十行本、"央图"十行本、闽本、监本、毛本、阮本乾误元。

⑥ 单疏本、京大本、京文研本、嘉业堂本、陈本、元印十行本（地字处断版，依稀可辨）、永乐本、闽本、监本、毛本、殿本、阮本同，国图十行本、北大十行本、文物局十行本、"央图"十行本地误之。

⑦ 《考文》出文"顺行地无疆"，"（宋板）顺作故"。《校勘记》出文与《考文》同，"闽、监、毛本同，钱本、宋本顺作故，是也"。马校："按作故是也，'顺行地无疆，'于义难通。"新案：单疏本、静嘉堂本、京大本、京文研本、嘉业堂本、陈本、钱本、元印十行本（故字处断版，依稀可辨）、永乐本、殿本同，长泽十行本、国图十行本、北大十行本、文物局十行本、"央图"十行本、闽本、监本、毛本、阮本故误顺。

⑧ 《考文》出文"重释利贞之善"，"（宋板）善作义"。《校勘记》出文与《考文》同，"十行本之下一字笔画舛误，闽、监、毛本如此，钱本、宋本作义"。马校："按作蕁者，乃义字之省也。作善者，乃义字之误也。"新案：单疏本、静嘉堂本、京大本、京文研本、嘉业堂本、陈本、钱本、永乐本、殿本、阮本同，元印十行本之字下一字处断版，不可辨，长泽十行本、国图十行本、北大十行本、文物局十行本、"央图"十行本不成字，似等字；闽本、监本、毛本义误善。

⑨ 《考文》出文"以阴在事之先"，"（宋板）事作物"。《拾补》出文与《考文》同，"宋本、钱本事作物"。《校勘记》出文"以阴在是之先"，"钱本、宋本是作物。闽、监、毛本作事"。马校："按以下文'以阴在物之后，阳唱而阴和'证之，当作物是也。"新案：单疏本、京大本、京文研本、嘉业堂本、陈本、钱本、元印十行本（物字处断版，依稀可辨）、永乐本同，长泽十行本、国图十行本、北大十行本、文物局十行本、"央图"十行本、阮本物误是，闽本、监本、毛本、殿本物误事。

阴在物之后，阳唱而阴和，①乃得主利，②是"后顺得常"。"西南得朋，乃与类行"者，以阴而造坤位，是乃与类俱行。"东北丧朋，乃终有庆"者，以阴而诣阳，初虽离群，③乃终久有庆善也。"安贞之吉，应地无疆"者，安谓安静，贞谓贞正。④地体安静而贞正，人若得静而能正，⑤即得其吉，应合地之无疆，⑥是庆善之事也。

注"若夫行"至"难矣"《正义》曰："行之不以牝马"，牝马谓柔顺也；"利之不以永贞"，永贞谓贞固刚正也。言坤既至柔顺，而利之即不兼刚正也。"方而又刚"者，言体既方正，而性又刚强，即太刚也，所以须牝马也。"柔而又圆"者，谓性既柔顺，体又圆曲，谓太柔也，故须永贞也。若其坤无牝马，又无永贞，求安难矣。云"永贞"者，是下用六爻辞也。东北丧朋，⑦去阴就阳，是利之永贞。

《象》曰：地势坤。⑧

---

① 马校："十行本和作利。按作利者，显然因形似而误也。"**新案**：单疏本、静嘉堂本、京大本、京文研本、嘉业堂本、陈本、元印十行本(和字处断版，依稀可辨)、永乐本、闽本、监本、毛本、殿本、阮本同，长泽十行本、国图十行本、北大十行本、文物局十行本、"央图"十行本和误利。

② 《考文》出文"人得主利"，"(宋板)人作乃"。《正字》出文"人得生利"，"当即'得主利'之误"。《校勘记》出文与《考文》同，"闽本同，钱本、宋本人作乃，监、毛本主误生"。马校："按作乃是也，毛本主利作生利，恐非也。今以经文'君子有攸往，先迷后得，主利'(依马氏句读)证之，仍以'主利'为是。"**新案**：单疏本、静嘉堂本、京大本、京文研本、嘉业堂本、陈本、钱本、元印十行本、永乐本、殿本同，长泽十行本、国图十行本、北大十行本、文物局十行本、"央图"十行本、闽本、监本、毛本、阮本乃误人，监本、毛本主误生。

③ 单疏本、京大本、京文研本、嘉业堂本、陈本、北大十行本、文物局十行本、"央图"十行本、永乐本、闽本、监本、毛本、殿本、阮本同(群或作羣)，元印十行本羣字处断版，依稀可辨；国图十行本修版群误君。

④ 单疏本、京大本、京文研本、嘉业堂本、陈本、北大十行本、文物局十行本、"央图"十行本、永乐本、闽本、监本、毛本、殿本、阮本同，元印十行本正字处断版，依稀可辨；国图十行本修版正误而。

⑤ 《考文·补遗》出文"人君得静"，"(宋板)君作若"。《正字》："若，毛本误君。"《校勘记》："闽、监本同，钱本、宋本。毛本若作君。"海保本与底本同，以为毛本若作君误。**新案**：《校勘记》有误。单疏本、海保本、京大本、京文研本、嘉业堂本、陈本、钱本、元印十行本、长泽十行本、国图十行本、北大十行本、文物局十行本、"央图"十行本、永乐本、闽本、监本、殿本、阮本同，毛本若误君。

⑥ 单疏本、京大本、京文研本、嘉业堂本、陈本、北大十行本、文物局十行本、"央图"十行本、永乐本、闽本、监本、毛本、殿本、阮本同，元印十行本疆字处断版，依稀可辨；国图十行本修版疆误人。

⑦ 单疏本、京大本、京文研本、嘉业堂本、陈本、元印十行本、永乐本、闽本、监本、毛本、殿本、阮本同，国图十行本、北大十行本、文物局十行本、"央图"十行本朋误明。

⑧ 《集解》、开成石经、《本义》同。《周易校字》："案《考工记》'审曲面埶''埶之征也'，《礼运》'在埶者去'，《汉书·高帝纪》'地埶便利'。《说文》徐氏曰'经典通用埶'，则知《易》古本不加力也。"《异文释》："《汉书·叙传》云'坤作墬埶'，张晏注引亦作埶。案《说文》，墬为籀文地字，势字大徐新坿云：'经典通用埶字，'盖埶本就穜字，古多通假用之。"《周易解故》："汉宋衷曰：'地有上下九等之差，故以形势言其性也。'案《汉书·叙传》'坤作墬埶，高下九则'，张晏引《易》'地埶坤'，刘德曰：'九则，九州岛土田上中下九等也。'师古曰：'墬，古地字。'"《易书诗礼四经正字考》："《说文》无势字，新坿有之，徐氏云云。"又引钮树玉说，以为《史》《汉》等书所引，"皆不作埶"。**新案**：参校诸本并无异文。

注云：地形不顺，①其势顺。②

君子以厚德载物。

　　［疏］③《正义》曰：君子用此地之厚德，容载万物。言"君子"者，亦包公卿诸侯之等；但厚德载物，随分多少，非如至圣载物之极也。

　　注"地形不顺，其势顺" 《正义》曰：地体方直，是不顺也；④其势承天，是其顺也。

---

① 《集解》引王弼曰："地形不顺矣。"**新案**：参校诸本并无异文。

② 敦煌本《易注》下有也字。《考文》："（古本）下有也字，二本同。"《校勘记》引《考文》云云。**新案**：抚本、建本、纂图互注本、岳本、伏见版活字本、正运活字本、陈本、元印十行本、国图十行本、北大十行本、文物局十行本、"央图"十行本、永乐本、闽本、监本、毛本、殿本、阮本同，天禄琳琅本脱下顺字，古本下有也字。

③ **卢校**："钱在下疏后，有'正义曰'。"《校勘记》："钱本此疏在'君子厚德载物'疏后，'正义曰'上标注'地形不顺其势顺'七字。"**长泽**曰："按钞本，刘本亦在'君子以厚德载物'疏后，标注'注地形不顺其势顺'八字。"**新案**：《大象》辞《正义》所出位置及其内容分合，各本颇有异同。单疏本、八行本《正义》归总置其末，先释传文（八行本不标示起止；单疏本标示起止："《象》曰地势"至"载物"），后释注文（单疏本和八行本标示起止同；注"地形不顺其势顺"）。十行本分解为两个内容单元（"《象》曰：地势坤"和"君子以厚德载物"），割裂单疏本《正义》分置各单元之末（首单元释注文，二单元释传文，皆不标示起止）。

④ 《考文》出文"地势方直，是不顺也"，"（宋板）势作体"。《校勘记》出文与《考文》同，"闽、监、毛本同，宋本势作体"。**马校**："按依经'地势坤'及注文'地势顺'证之，作势是也。"**新案**：马校非是。坤卦《正义》每言及"地体"，如"地体安静而贞正""极于地体""地体不动"等，此处体、势对举，知其作体无疑矣。单疏本、静嘉堂本、京大本、京文研本、嘉业堂本、陈本、钱本、永乐本、殿本同，元印十行本、国图十行本、北大十行本、文物局十行本、"央图"十行本、闽本、监本、毛本、阮本体误势。

《周礼·载师》任地之法详解

王 勇*

【内容提要】《周礼》对王畿土地的规划,主要具于《载师》的任地之法。通过梳理《载师》任地之法,可以窥见《周礼》建国制度的周密,有细致入微者,有宏阔疏简者,言约旨远。以对经义的阐发是否合于《周礼》本经为准绳,比较郑玄与郑司农、孙诒让的异说,知郑注优长,胜于先师后儒。遵循郑注明示或暗示的路径,可以获得对《周礼》土地规划的最佳理解。

【关键词】《周礼·载师》 郑玄 孙诒让 土地制度 井田

《周礼》一书,其建国之制甚为该备。但经文言约而旨远,经刘歆、杜子春、郑兴、贾逵、郑众数代经师钻研,至郑玄,始集其大成,裁汰旧说,附以新义,贯彻首尾,使全书融铸成一个统一的、内部逻辑自洽的整体。

《周礼》本是三《礼》中内容最为庞杂的,是以清人主张读书"先《仪礼》《礼记》,次《周礼》","《礼记》难于《仪礼》,《仪礼》止十七件事,《礼记》之事多矣","《周礼》门类较多,事理更为博大"。① 唐贾公彦作《周礼疏》,较之他的《仪礼疏》和孔颖达的《礼记疏》,读起来更为简洁明快,不似后二者那般烦琐,朱熹曾评论说:"五经中,《周礼疏》最好。"② 但从另一方面来说,《周礼疏》的这一优点又恰好是它的缺点,因为它遗漏了经注中的很多问题没有处理。宋代以后说《周礼》者异论蜂起,一定程度上正是源于贾疏留下的空白太多。

迟至孙诒让,以总结的姿态出现,有志平息千年聚讼,自云:"遂博采汉唐宋以来迄于乾嘉诸经儒旧诂,参互证绎,以发郑注之渊奥,裨贾疏之遗阙。"③《周礼正义》体大思精,只是孙诒让并未完全回到郑玄,在"宗郑"的名义下,他实际构建了一套自己独有的《周礼》诠释体系。前有贾公彦的漏略,后有孙诒让的背离,这就造成了《周礼》郑注中还有不少疑难点有待发掘、辨析。王畿任

---

* 本文作者为北京大学中文系古典文献专业2015级博士研究生。

① 〔清〕张之洞《輶轩语·语学》,见〔清〕张之洞编撰、范希曾补正、孙文泱增订《增订书目答问补正》附三,北京:中华书局,2011年,第660、661页。

② 〔宋〕黎靖德编、王星贤点校《朱子语类》卷八十六《礼三·周礼·总论》,北京:中华书局,1986年,第2206页。

③ 〔清〕孙诒让著、汪少华整理《周礼正义·序》,北京:中华书局,2015年,第5页。

地之法,便是一例。

《周礼》规划王畿土地之法,备于《载师》。本文就《载师》任地之法,细绎经注,梳理贾疏、孙疏未曾阐明者,说明郑注虽然简括,但意蕴丰满,对经文的阐发有胜于前贤后儒之处。《载师》:

> 以廛里任国中之地,以场圃任园地,以宅田、士田、贾田任近郊之地,以官田、牛田、赏田、牧田任远郊之地,以公邑之田任甸地,以家邑之田任稍地,以小都之田任县地,以大都之田任疆地。

此处不过七十二字,而所包含的封土置邑之制,甚为纤微。

王畿方千里,由内而外,每一百里为一个区域。距王城百里以内为"郊",百里外至二百里以内为"甸",二百里外至三百里以内为"稍",三百里外至四百里以内为"县",四百里外至五百里内为"疆"。《载师》下文又云"甸稍县都",则"疆"又称为"都"。郊又分为近郊、远郊,以距王城五十里为界,以内为"近郊",以外为"远郊"。以此差之,"国中"指王城之内,"园地"指城外郭内。兹由内而外分述之,自廛里始,终于采地。

一、廛里、场圃:城郭之地

"廛里",郑注云:

> 廛里者,若今云邑居里矣。廛,民居之区域也。里,居也。

"场圃",郑注云:

> 圃,树果蓏之属,季秋于中为场。

孙诒让云:"国中居人至众,必有专地以树蔬菜麻枲果木,乃足备用。此园地在国中及近郊之间,盖于国门之外郭门之内空闲之地为之。"[1]

廛里是城内的住宅区,场圃是郭内种蔬菜瓜果的地区。城内人口众多,在城郭之间或者城池边缘,种一些蔬菜瓜果,以便向城内居民及时供应新鲜的产品。在园地中负责场圃的民众,即《大宰》九职中的"园圃,毓草木"。《闾师》云:"任圃以树事,贡草木。"也即《大司徒》十二职事中的"树艺"。

《大宰》九职云:"一曰三农,生九谷;二曰园圃,毓草木;三曰虞衡,作山泽之材;四曰薮牧,养蕃鸟兽;五曰百工,饬化八材;六曰商贾,阜通货贿;七曰嫔妇,化治丝枲;八曰臣妾,聚敛疏材;九曰闲民,无常职,转移执事。"除闲民外,其余八职可分为农、工、商三类。三农、园圃、虞衡、薮牧、嫔妇、臣妾凡六职,皆

---

[1] 〔清〕孙诒让著,汪少华整理《周礼正义》卷二十四,第1140页。

是农事。而其中"嫔妇"专指妇女,"臣妾"指家庭中供役使的仆人,乃是特例。正常的农事,也就农、圃、虞、牧四类。《载师》"场圃任园地",正是农民的一种。

廛里、场圃,不限于王城,实际上遍布畿内。"以廛里任国中之地,以场圃任园地",此句实是以王城为例,说明畿内所有大小城郭、聚邑,都有"国中""园地"之分,都设置"廛里""场圃"。

(一) 畿内城郭不限于王城

城郭,以王城为最大。除王城之外,自郊内至于畿界,还分布有其他诸多大小不等的城郭或聚落。比如在地方行政长官(如乡大夫、遂大夫、公邑大夫)的驻地,或者采地主君的驻地(称为"鄙"),都会有规模相对较大的城郭。《周礼》中的居民不是分散居住,而是聚居于这些城郭和聚落之内。旦则出耕于城外之田,暮则归息于城内之宅。

《载师》郑注:

> 以廛里任国中,而《遂人职》授民田,夫一廛,田百亩,是廛里不谓民之邑居在都城者与?

遂人所授之廛,是远郊外聚邑中之住宅地,与王城无涉。郑意以为,《载师》既云"以廛里任国中",则"廛"必是城郭内之居住地,而《遂人职》授野民田也云"廛",这说明遂人所掌的郊外野地也有城郭。《遂人》云"掌邦之野",此"野"指郊外除采地之外的地域,遍布甸、稍、县、都。因此,不论是郊内,还是郊外的甸、稍、县、都,其人民的居住形态,都应是聚居于城郭之内,不散居。

郑云"都城",明"廛里"之制,不限于王城,实乃畿内居民的通制。所以,《大司徒》"凡造都鄙,制其地域而封沟之,以其室数制之",郑注云:"城郭之宅曰室。""都鄙"即采地。郑玄谓采地的人民也都居住于"城郭"之内,与郊内和郊外野地同。也就是说,《载师》的廛里、场圃自王城开始,遍布王畿千里之内,不定在一处。

(二) 附论六乡

既说王城,则应于此附论六乡。《载师》任地之法,不数乡遂,但乡遂实为经野之大端,与公邑、采地紧密相连,不容回避。六乡在郊内,与王城密切相接,故本文于城郭之下附说六乡;六遂在甸地,与公邑密切相接,故本文于公邑之下附说六遂。

这里说六乡,主要讲两个问题,一是六乡本身的结构,二是六乡与王城的关系。

1. 以五家为基础的结构

我们先看看六乡本身的结构。

《大司徒》云:"五家为比","五比为闾","四闾为族","五族为党","五党为州","五州为乡"。据此,闾二十五家,族百家,党五百家,州二千五百家,乡万二千五百家。六乡,则有七万五千家。

需要指出的是,既然《周礼》是以五家为基本单位来划分行政单元,则可推知,其人民居住方式与八家为井之制绝不相同,不可混淆。《孟子·滕文公》赵岐注和《公羊传》鲁宣公十五年何休注所说的八家为井之法,是八家聚于一处,与此《周礼》"五家为比"之制格格不入。比、闾、族、党、州、乡的制度,只有在聚居的情况下才有可能实施。上文据郑注以论述人民聚居于都城之说,得此可以进一步佐证。

而《遂人》郑司农注云:"廛,居也。扬子云:'有田一廛,谓百亩之居也。'"其所谓"百亩之居",正是据八家为井之法而言。方里为井,一井九夫,每夫为地百亩。八家各受私田百亩,其中百亩为公田;在公田之中,又分其中央二十亩地为八份,每份二亩半,授予同井之八家以为居宅。均之,每家耕种私田百亩、公田十亩、受居宅二亩半,即何休所说的"凡为田一顷十二亩半"。据彼法,人民分散居住于田野,不聚居于城邑也。郑司农用八家为井之制以释《周礼》,与乡遂五家为比邻之制显违。故郑玄在《遂人》注中纠正道:"廛,城邑之居。"

六乡结构说毕,现在来看王城与六乡的关系。

2. 六乡与王城的关系

六乡是郊内居民的主体,过去有的学者因为没有搞清楚六乡与王城的关系,以致发生了误会,曲解了经注。六乡与王城紧密相连,但它们实际是不同层次上的概念:六乡为政区,有制度意义,而王城则仅就其城池而言,并不是独立的行政单元,严格地说它只是一种地理形态。六乡之民也并非都居住在王城之内。

王城之大小,《考工记·匠人》云:"匠人营国,方九里,旁三门。国中九经九纬,经涂九轨。左祖右社,面朝后市,市朝一夫。"即王城之制。城外有郭。《逸周书·作雒解》云:"乃作大邑成周于土中,城方千七百二十丈,郛方七十里。"孙诒让校改为:"城方千六百二十丈,郛方二十七里。"并云:"《周礼·典命》郑注谓城方九里者,宫当方九百步,九百步即三里也。若然,周王宫方三里,城方九里,郭方二十七里,皆以三乘递加,衰分正合。"[1] 郛即郭。六尺为步,一里三百步,为一千八百尺。"千六百二十丈",即九里,与《考工记》"营国方九

---

[1] 〔清〕孙诒让撰,雪克点校《周书斠补》卷二《邶墉卫考》,北京:中华书局,2010年,第233页。

里"正合。郭之大小,不知是否如孙诒让所云,但王城九里,却是无误。

刘敞曾质疑道:

> 匠人营国,方九里,以为天子之居,太狭,乱于上公。又《诗》云:"上入执宫功。"言乡井之民至冬皆当入保城也。井田之制,城中之宅率一家二亩半,计地算居,九里之城不能容七万五千家。①

王城九里,确实容不下六乡之民。方里为井,九里之王城,其地共八十一井。一井九百亩,凡七万二千九百亩。以一家受廛二亩半计之,可授二万九千一百六十家,不足以容六乡之民。若以二十七里之郭计,倒是可以容纳七万五千家。不过,上文说过,城外郭内,有园地任场圃,不能尽为民居。且城中之地,除民宅外,还有王宫、官府、涂巷等。因此,王城不足以容纳六乡之民,确如刘敞所言。

刘敞的失误,在于误以为四郊之内只有王城一座城,故必求将六乡之民全部纳入王城之中。其实四郊之内,地方四百里,岂容全部人民皆聚于王城这一点,而空置王城外数百里之地?且六乡之民受田,遍于四郊。《大司徒》云:"不易之地家百亩,一易之地家二百亩,再易之地家三百亩。"以平均一家受田二百亩计,六乡凡受田一千五百万亩。百亩为一夫,六乡受田,为地凡十五万夫。郊内方四百里,为地三十六万夫,依《王制》"山陵、林麓、川泽、沟渎、城郭、宫室、涂巷三分去一"之法,余下二十四万夫。十五万夫,占去二十四万夫的大半,由此可知,六乡所受田绝不能仅限于王城缘边,必有离王城甚遥远者。六乡之民,岂有受居宅于王城之内,而日日往返耕作于数十里之外乎?六乡之民不能集中于王城一处,由授田法可以确凿推知。

事实上,《礼记》将"乡"与"国"对言,明六乡与王城不能等同。如《王制》《内则》二篇皆云:"五十养于乡,六十养于国。""六十杖于乡,七十杖于国。"刘敞疏忽,未细检《礼记》,以致误解《周礼》经注之旨。

至于"乱于上公",上公本是人臣之极,自于其封国筑九里之城,与天子同,又有何嫌?上公本就有权使用部分天子之礼,如上公夫人可服袆衣,而袆衣是王后最尊贵的服装,是上公夫人可与王后等。何况上公之城的面积虽与天子相同,但门制、涂制、城墙之制等,都要略降,并不完全一样。是上公城九里,亦不为僭天子。

六乡之民实际遍布郊内百里之中,有的可能居于王城之内,但其主体应是居于王城外其他聚邑之中。而王城与郊内的其他聚邑,也不是可以各自独立

---

① 〔宋〕刘敞《公是先生七经小传》卷中,《四部丛刊续编》第63册,上海:商务印书馆,1934年,第12叶A面。

的,而是受制于乡、州、党、族、闾、比等行政单元,由它们来统一管理的。打个比方,《周礼》这个制度,相当于现今美国、日本、德国等通行的"县管市",城市只是行政区下面一个人口相对密集的区域而已,不具备特殊的身份,这与我们熟悉的、中国现行的"市管县"模式截然不同。中国现行这套模式只是一种特殊历史时期的产物,并不是天然形成的。相比之下,《周礼》的制度倒是更符合城市与行政区发展的自然规律。

进一步讲,从前的中国农村,多是分散居住,有的地方甚至方圆数里之内仅有一户人家。而今天中国的新农村建设,采取集中居住的方式,在一块土地上集中规划、建造农民的住宅区,即"廛里",而其所耕作的田地则与住宅区相分离,这与《周礼》的制度冥合。新农村的每一块集中住宅区,都有公共的自来水、道路、广场,甚至集市。《周礼》中连片的"廛里",也有共同的公共生活,如《闾胥》云:"凡春秋之祭祀、役政、丧纪之数,聚众庶;既比,则读法,书其敬敏任恤者。"《里宰》云:"以岁时合耦于锄,以治稼穑,趋其耕耨,行其秩叙,以待有司之政令,而征敛其财赋。"还有共同的治安防御,如《小司徒》"以比追胥",注云:"追,逐寇也。""胥,伺捕盗贼也。"它们已经俨然具备了一个小城镇的所有功能,是王城等大都会的缩小版。

王城中居民的主体,是在官府服务的各级贵族、庶人、工贾等。不过应注意的是,并非所有官员都在王城之内。倘若官府在王城之内,则其员属必须居住在王城才能方便办公。对那些官府不在王城的,当然就不必住在王城,比如司关在关上,遂士在郊,县士在野,都宗人、家宗人在采地,此皆不居王城之官。除在官者外,可能有一部分是六乡之民也住在王城,但可以肯定的是,不会是全部。

二、郊内七等田

"以宅田、士田、贾田任近郊之地,以官田、牛田、赏田、牧田任远郊之地",这是郊以内、城郭以外的七等田。郊内之地,以六乡为主,此七等田乃六乡外之余地,与六乡杂居并处。

(一) 宅田

宅田,是贵族退休之后以供养老之田。郑注云:"宅田,致仕者之家所受田也。《士相见礼》曰:'宅者在邦则曰市井之臣,在野则曰草茅之臣。'"

宣公元年《公羊传》云闵子"退而致仕",何休注云:"致仕,还禄位于君。"《王制》"七十致政",郑注云:"致政,还君事。"是致仕之后,不再履职,故不再享有俸禄,是以另外给予"宅田"。致仕的贵族,本身可以居于王城之中,也可以居于王城之外,故《士相见礼》有"在邦""在野"之别,郑玄彼注云:"致仕者,去官而居宅,或在国中,或在野。"此处的"野",泛指王城之外,与《遂人》"掌邦之野"乃"郊外曰野"之义不同。不管居住于王城内还是王城外,其所受"宅田"则恒在城外,因为"宅田"实际上也是农田,受田的领主食其租税。"宅田"并不是住宅地。

先郑释云:"民宅曰宅。宅田者,以备益多也。"贾疏解释道:"司农意,以宅本一夫受一区,恐后更有子弟,国中不容,故别受宅田于近郊,以备于后子弟益多,出往居之。"①意谓宅田为民居,恐城中居民多,容不下,故预先于近郊分配一批土地,留待以后新增加的人口居住。先郑据井田旧说以释《周礼》,认为《周礼》的井田也是八家为井、中有公田,公田之中心又有二十亩地作为八家之居宅。但他在这里所说的"宅田",却不是井田之中二亩半的居宅,而似指一批专用的宅基地。"以备益多",就是说在城市规划时,除开已有的建成区外,预留一部分建设用地,为城市的扩张留下空间。既是专用的宅基地,则与旧有之聚邑无别,皆可视为"城郭"。照先郑这样解释,则"宅田"已不能视为近郊之田了,而应视为"以廛里任国中之地",与经文显戾。先郑一方面承认平民聚居于城郭之内,另一方面又认为他们须分散居于井田之中,散居、聚居,依违不定,其说难以贯通,病征的根源在于不能彻底摆脱井田旧说的干扰。

(二) 士田

士田,郑注云:"士读为仕。仕者亦受田,所谓圭田也。《孟子》曰:'自卿以下,必有圭田,圭田五十亩。'"

这是贵族专用于祭祀的田。古人重祭,自天子以下,其祭祀所用之物皆由指定的一片土地"特供"。天子诸侯祭祀专用之田,称为"籍田",其所收获者唯用于祭祀,不得做他用。《祭义》:"是故昔者天子为籍千亩,冕而朱纮,躬秉耒;诸侯为籍百亩,冕而青纮,躬秉耒。以事天地、山川、社稷、先古,以为醴酪、齐盛于是乎取之,敬之至也。"《祭统》:"天子亲耕于南郊,以共粢盛。""诸侯耕于东郊,亦以共粢盛。""身致其诚信,诚信之谓尽,尽之谓敬,敬尽然后可以事神明,此祭之道也。"《甸师》:"掌帅其属而耕耨王籍,以时入之,以共粢盛。"《廪人》:"大祭祀,则共其接盛。"郑注:"大祭祀之谷,籍田之收藏于神仓者也,不以给小用。"卿大夫以下祭祀专用之田,称为"圭田",即《孟子》所说是也。"圭"取其洁,"籍"谓借取民力,其实籍田亦必洁,圭田亦必借民力以耕,非卿大夫身自耕种,二名虽别,而含义可互通。

先郑释"士田"云:"士田者,士大夫之子得而耕之田也。"但士大夫之子,大

---

① 彭林整理《周礼注疏》卷十四,上海:上海古籍出版社,2010年,第468页。

部分免农,以士大夫之禄足以供养家庭,不必另外受田。《王制》云:"上农夫食九人,其次食八人,其次食七人,其次食六人,下农夫食五人。庶人在官者,其禄以是为差也。诸侯之下士视上农夫,禄足以代其耕也。中士倍下士,上士倍中士,下大夫倍上士,卿四大夫禄,君十卿禄。次国之卿三大夫禄,君十卿禄。小国之卿倍大夫禄,君十卿禄。"是诸侯下士之禄,即可食九人。差次而上,天子之士大夫,禄必更厚,其家人不必另行受田耕种也。若谓下士之禄视上农夫,近于庶人在官者,其家人应另有受田,则此田也应归于下之"官田",因其同为在官者家人所受,而与圭田不同类也。

孙诒让谓"士田"不当改字,应包括"卿大夫命士之圭田,士之子及未仕之士家所受田"。① 其误有二。第一,孙诒让所谓"士之子及未仕之士",盖指学士而言。《大司徒》十二职事之"十曰学艺",即此。学士尚在求学,未任官,故无常禄。但依《王制》"王大子、王子、群后之大子、卿大夫元士之嫡子、国之俊选,皆造焉",则学士之来源有二:一是贵族之子,即"王大子、王子、群后之大子、卿大夫元士之嫡子",他们径直入学,不经选拔;二是平民之子,即"国之俊选",他们是从"命乡论秀士"开始,经过乡、司徒、大学一步步选拔上来的。不论是贵族之子还是平民之子,其家人自有恒业,都没有另外授田的必要。是学士不单独受田也。第二,圭田乃专用于供养鬼神者,怎可与生人之田混淆?天子诸侯的籍田都有其独立性,则卿大夫士之圭田亦不可与其他农田混杂,应单列为一类。因此,即使承认存在"士之子及未仕之士家所受田",孙说也仍然不能贯通。孙诒让欲求包容众家,将先后郑平等视之,博览兼采,不专守后郑家法,失之泛滥,条理不明。

至如刘敞《七经小传》改"士"为"工",谓下文有"贾田",而工贾等,则此必有"工田"。不知工贾既等,则工所受田,可纳入"贾田"之内,不必改经字以就己意。江永云:"其在民间为工者,亦予以田,如贾人之例。"②即工贾同受"贾田"之意。刘说改经,唯以意推之,无他凭据,不足为法。

(三) 贾田

贾田,郑注云:"在市贾人其家所受田也。"

此谓在民间经商者,不包括《叙官》中那些为官府服务的在官工贾,如贾师,泉府下属的"贾八人"等。同时要注意的是,这是贾人"其家"所受田,不是贾人自身受田。贾人自身以货殖为业,不耕地;其家人不货殖,故国家别授之

---

① 〔清〕孙诒让著,汪少华整理《周礼正义》卷二十四,第1143页。
② 〔清〕江永《周礼疑义举要》卷二,《景印文渊阁四库全书》,第101册,台北:台湾商务印书馆,1986年,第731页。

田,使之就农耕,以有稳定产业和收入,不致随贾人而波荡。

"在市",谓司市所掌国中之市,王后所立者。王立朝而后立市,阴阳相成。《司市》:"朝市,朝时而市,商贾为主。"郑注:"商贾家于市城。"彼即"在市贾人"。但贾人所居实不限于市,而是遍布畿内。哪里有钱赚,他们就跑到哪里。《司关》注:"商或取货于民间,无玺节者,至关,关为之玺节及传出之。"这就是直接在民间和邦国之中做生意的,从民间取货之后,直出王畿边关,至诸侯国中贩卖,不入王城之市。对于这些贾人,他们的家人所受之田,亦当随其所居而授之,如居于甸则授以甸地,居于都则授以都地,不定在百里郊内。郑云"在市贾人",是举其大者而言。

(四) 官田

官田,郑注云:"庶人在官者其家所受田也。"

这里所谓"庶人在官者",不仅包括府史胥徒,也包括在官工贾。这些人都没有爵位,他们是各官府的长官根据《叙官》的定员自由招募的,其员额由御史统一掌管,《御史职》云:"凡数从政者。"郑注:"自公卿以下至胥徒凡数,及其见在空缺者。"后世有所谓"开府",官吏有权自置僚属,不受天子辖制,究其源头,即出于《周礼》所赋予官员的充分用人自主权。"人事部门"(御史)只管编制,招聘则由用人部门自行落实,这与现代的人事管理体制略有不同。

要注意的是,在官庶人与贵族的差异,在于是否有爵位,而与是否有命数无关。在官庶人一定没有命数,但没有命数的不一定都是庶人,因为有爵即非庶人,而有爵不一定有命数。在官庶人,包括府史胥徒和工贾等,《礼记》称为"庶士"。《祭法》:"适士二庙一坛","官师一庙","庶士、庶人无庙,死曰鬼。"郑注云:"适士,上士也。官师,中士、下士。庶士,府史之属。"据《典命》,子男之士不命,虽不命,仍为有爵者,当属"适士""官师",不可误认为是"庶士"。"庶士"乃指无爵者。

这些"庶士"也享受国家提供的廪食,但廪食的数量相对有爵者而言则比较少,能养活本人,但无法负担家庭的开销,故国家对其家人另有授田,称为"官田"。黄以周云:"官田,非谓庶人在官者之田,谓其家之所受也。庶人之在官者,给以稍食,禄足以代耕,其身免农,其子不免农。"①

先郑以为:"官田者,公家之所耕田。"公家没有人手耕田,只能借民力耕之。《周礼》无八家为井之法,则此"官田"必非八家所共养之公田。孙诒让认

---

① 〔清〕黄以周撰,王文锦点校《礼书通故》第三十五《井田通故》,北京:中华书局,2007年,第1543页。

为:"若南郊籍田千亩,甸师徒二百人耕之是也。后公桑在北郊,亦同。"① 先郑义,或如孙诒让所言。但籍田与公桑皆以供祭祀之用,其所出产本就全部归公家所有,不应再另外收税,"若官田是公家所耕,何得有税乎?"② 而《载师》下文明云郊内税率"近郊十一,远郊二十而三",是郊内田有税也。先郑说难通,不如后郑理顺。

(五) 牛田、牧田

牛田、牧田,郑注云:"畜牧者之家所受田也。"

《大宰》九职"四曰薮牧,养蕃鸟兽",《闾师》"任牧以畜事,贡鸟兽",《大司徒》十二职事"四曰阜蕃",此即畜牧者。

郑注于"贾田"云"在市贾人其家",于"官田"云"庶人在官者其家",皆言"其家";于"宅田"云"致仕者之家",于"牛田""牧田"云"畜牧者之家",皆言"之家"。言"其家",则不包在市贾人、庶人在官者本身;言"之家",则包致仕者、畜牧者本身。此二者文例之不同。

牛田、牧田,非用于农耕之田,乃用于畜牧之田,畜牧者本人与其家人不别业,对贾人与其家人别业,二者不同。黄以周谓"畜牧者亦免农,其子不免农",③则以牛田、牧田为畜牧者家人所受田,用于农耕。但既名曰牛田、牧田,则不可视为农田,黄说名实相戾,不够细密。

先郑说:"牛田者,以养公家之牛。""牧田者,牧六畜之田。"谓此牛田、牧田即牛人、牧人所掌之田,专为公家放牧者。但公家所牧,不当收税。税本以充国用,而牛人、牧人所掌即国用,何必再税?据《载师》下文可知,此载师所任之地,自廛里以至于大都,皆有税。因此先郑说不妥。

此牛田、牧田,指民间畜牧者所受之田。《小司徒》:"乃经土地而井牧其田野。"郑注云:"隰皋之地,九夫为牧,二牧而当一井。"是牧人与农人一样,都依授田制而获得土地。

若牛人、牧人所掌公家放牧之地,当亦在远郊以外,只不过不在此"牛田""牧田"之内而已。实际上,当牧人的牲畜不够用时,还要另从民间征用。《遂人》:"凡国祭祀,共野牲。"《遂师》:"凡国祭祀,审其誓戒,共其野牲。"遂师收集甸、稍、县、都畜牧者之家所缴纳的牲畜,交给遂人,遂人再统一供给牧人。有时则直接购买。《羊人》:"若牧人无牲,则受布于司马,使其贾买牲而共之。"是公家牲畜不足之时,借助于民间也。

---

① 〔清〕孙诒让著,汪少华整理《周礼正义》卷二十四,第1135页。
② 彭林整理《周礼注疏》卷十四,第468页。
③ 〔清〕黄以周撰,王文锦点校《礼书通故》第三十五《井田通故》,第1543页。

牛田、牧田分为二，犹牧人、牛人分为二官。牧人"掌牧六牲"，亦包括养牛，故《夷隶》云"掌役牧人养牛马"，明牧人亦掌牛。但因为用牛之处特多，而用马、羊、豕、犬、鸡等其余六畜者较少，故在牧人之外另设一官专职养牛，曰牛人。

为什么用牛之处特多？这不是因为它用于耕田。《周礼》耕田使用二人耦耕之法，用人力不用畜力。《里宰》："以岁时合耦于锄，以治稼穑。""合耦"即合二人为耦以并耕。《考工记·匠人》："耜广五寸，二耜为耦；一耦之伐，广尺，深尺，谓之甽。"郑注："古者耜一金，两人并发之。"皆人力耕地之证。

牛的重要性不在耕田，而在于拉"货车"。人乘坐的车，是马车，做工比较精细，在《考工记》中由轮人、舆人、辀人合作完成；载货的车是牛车，做工比较粗糙，在《考工记》中由车人一官制作。只有有一定身份的贵族才能乘马车，故《曲礼》："夫为人子者，三赐不及车马。"郑注："三赐，三命也。凡仕者，一命而受爵，再命而受衣服，三命而受车马。车马而身所以尊者备矣。""车马"是限于贵族使用的。但牛车不同，从公家到民间都可以使用，是庶人生产生活必需之物。《巾车》："庶人乘役车。"郑注："役车，方箱，可载任器以共役。"《牛人》："凡会同、军旅、行役，共其兵车之牛，与其牵傍，以载公任器。""公任器"即会同、军旅、行役所用公家之器，牛用于拉载有"公任器"的车。"役车"也就是用牛拉的货车。除公家之外，民间也普遍使用牛车，所以田间道路的广狭也以牛车为计量标准。《遂人》："夫间有遂，遂上有径；十夫有沟，沟上有畛"，郑注云："径容牛马，畛容大车。"大车即牛车。因此在《周礼》中，牛的使用量远远超过了马，所以牛人、牧人别官，牛田、牧田别田。

另外要说明的是，《周礼》六畜皆放养，与后世多圈养不同。以豕为例，不是在家宅附近造一个"猪圈"，而是放在城外牧田中让它自由活动。家宅附近只树桑麻，不造畜栏。《载师》："凡宅不毛者，有里布。"先郑注云："宅不毛者，谓不树桑麻也。"是民宅必树桑麻，否则有罚。但牲畜却是另外放养于牧地的。《汉书·公孙弘传》："家贫，牧豕海上。"（《汉书》卷五十八）《后汉书·刘盆子传》："盆子与茂留军中，属右校卒史刘侠卿，主刍牧牛，号曰牛吏。"（《后汉书》卷十一）《吴佑传》："常牧豕于长垣泽中，行吟经书。"（《后汉书》卷六十四）《孙期传》："家贫，事母至孝，牧豕于大泽中，以奉养焉。"（《后汉书》卷七十九上）《梁鸿传》："学毕，乃牧豕于上林苑中。"（《后汉书》卷八十三）可见汉代牲畜仍然放养。因其放养，故必须有大片土地用于畜牧，此牛田、牧田所以必不可缺之由也。

（六）赏田

赏田，先郑注云："赏赐之田。"后郑意同。

此是有功者所受，《司勋》云："掌六乡赏地之法，以等其功。""凡赏无常，轻重视功。凡颁赏地,参之一食,唯加田无国正。"赏地在一定程度上与采地、封国性质相同,都是臣下在天子手下积功累德所致,既有臣自己的努力,也离不开天子的领导,故其赋税皆分为两部分,除去领主自己所得外,还要另取一部分入于王。就赏地而言,这两部分的比例是:"参之一"归王所有,其余二分入于赏地的领主,即受赏之臣。赏田的多少取决于功劳的大小,故曰"凡赏无常,轻重视功"。如果是既赏之后,王又加赐以田,则是王对该臣的特殊厚恩,这部分田称为"加田",它不与功劳的大小挂钩,其性质相当于王送给臣的礼物,所以这部分田的税收全部归臣所有,不入于王,故曰"无国正","正"即税。《载师》的"赏田",就是《司勋》的"赏地",但不包括《司勋》的"加田",加田与赏田不可混淆。其区别在于,"赏田"有税入于天子,与前文几类田同,而"加田"则无税入于天子。

(七)七等农田遍布畿内

郊内七等田,其分布不局限于郊内。

正如廛里、场圃所在的城郭之地,自王城起向外遍布畿内一样,郊内七等田也是自郊内起向外遍布畿内。王城之贵族,致仕后当于近郊受"宅田",而仕于采地或公邑之贵族,致仕后则当其所居之采地或公邑受"宅田",不必在郊内。王城之士大夫于近郊受圭田,而采地或公邑之士大夫则当于其所仕之地附近受圭田。远郊四等田,官田、牛田、赏田、牧田与此同理。就官田而言,庶人在官者,不限于王城。比如都宗人、家宗人是居于采地的王官,其属有"府二人,史四人,胥四人,徒四十人"。根据《天官·叙官》注,府史以下"皆其官长所自辟除",这些都宗人、家宗人属下的府史胥徒,必是在采地就近聘用的,不会远到乡遂或公邑等天子辖地上另外招募。其余乡遂、公邑、采地长官所自置之僚属,亦多庶人。就牛田、牧田而言,畜牧之家亦遍布畿内,随处而有,不限于郊内。赏田也是不局限于远郊。

由此说来,廛里、场圃、宅田、士田、贾田、官田、牛田、赏田、牧田,自郊内出以达于畿,和公邑自甸地出遍于稍、县、都,其文例正同。是以孙诒让云:

> 此经任土之文,由内而外,自国中至疆,皆互相备。如廛里所任自国中始,场圃所任自城外附郭始,而郊甸稍县都,凡民居所在皆有之;七等田所任自郊始,而甸稍县都亦皆有之;公邑所任自甸始,而稍县都亦皆有之。经各举其一,余不备详。而六乡任郊地,六遂任甸地,则又以其为经野之大端,众所共知,不烦更举,故文不具也。①

---

① 〔清〕孙诒让著,汪少华整理《周礼正义》卷二十四,第1133页。

孙诒让所指出的《载师》任土文例，与《周礼》整体制度相合。

这里要留意的是，现实与文本表述之间存在差距。《周礼》倘若用于现实，则其任土之法如孙诒让所言。但在文本上，当说到一个区域内的土地时，不可能不分轻重主次穷尽所有土地类型。比如说到甸地时，常常只说它由六遂与公邑两个部分构成，这实际上是将甸地的廛里以至于牧田等九等田皆忽略不计了。这种文本表述上的"四舍五入"，距离现实有误差，但它却是必需的。甸地的九等田，实际有多少，没法估算，而且除九等田外，还有山林川泽，所以做不到不分主次将之穷尽。《王制》"三分去一"之法，郑玄注《周礼》用之，但是稍一结合常识，就知道这个比例有问题。"三分去一"包含了山林、水体，而在先秦，恐怕森林覆盖率一项就已超出全部土地的三分之一了，何况还有广泛的湖泽。所以，如果一定要求文本成为现实的准确镜像，那是做不到的。拿甸地来说，将甸地简化为六遂与公邑两种地后，则甚便计算了。《周礼》郑注计算土地面积、人口数量，都是建立在经过整齐简化后的模型之上的，不能直接等同于现实。过去的学者，有人批评郑注不确，有人认为《周礼》纯为乌托邦、不切实用，其原因之一，在于未尝吃透经注，而以后人更精确细密的数学和统计学去强求古人，遂多见古经古注之病，而不知其益。

（八）八类田与九职

由前述可知，郊内七等田，其性质皆是农牧用地。"以场圃任园地"也是农用地。所以，除"廛里任国中之地"以外，场圃、宅田、士田、贾田、官田、牛田、赏田、牧田，都是由平民直接耕种或使用的。也就是说，《载师》郊内所有田共九等，唯"廛里"为住宅地，余八类田皆为农用地。

宅田、士田、赏田，虽归贵族所有，但贵族并不亲自耕种，只是食用田地的出产或税收。贾田、官田，其家长亦免农，不亲耕，但其他家庭成员不免农，故亦受田，与其余纯农夫之家相同；一个家庭之内，有工贾之民，也有三农之民，不嫌混杂。场圃为园圃之民所有，牛田、牧田为薮牧之民所有。这些在郊内场圃、宅田、士田、贾田、官田、牛田、赏田、牧田之上劳作的平民，与六乡之民杂居，统归小司徒管理，正如郊外公邑之民，与六遂之民杂居，统归遂人管理。

八类田的实际使用者，为农、圃、牧，较之上文所说的四类农事，尚缺虞衡。虞衡是山泽之民，以渔猎为生。"虞""衡"本是官名，《周礼·地官》有山虞、林衡、川衡、泽虞，《地官·叙官》注云："虞，度也，度知山之大小及所生者。""衡，平也，平林麓之大小及所生者。"因"虞""衡"统领山泽，因谓其治下靠山泽出产谋生的渔猎之民为"虞衡"。虞衡之民也在国家的统一管理之下，但却不在《载师》所任土地之内。《王制》算地"三分去一"，已将"山陵、林麓、川泽"除去了，说明虞衡不与普通农事等同。此于《周礼》本文亦有证。《土均职》："掌平土地之政,以均地守,以均地事",注云:"地守,虞衡之属。地事,农圃之职。"异言虞衡与农圃牧,可知其间有别。

另外,九职中有"嫔妇化治丝枲",又《祭义》云"古者天子诸侯必有公桑、蚕室",然则古者必有专地以种植桑树,但植桑之地,或于家宅之旁就近为之,如《孟子·梁惠王》"五亩之宅,树之以桑",或可包含于山虞、林衡之内,皆不在《载师》任地之列。

至如"臣妾聚敛疏材","疏"即今蔬字,乃是敛取野生的蔬菜,与园圃所植者别,故经文径以"聚敛"言之也。《委人》云"共其委积薪刍,凡疏材","委积薪刍",即委积之薪刍。"疏材"与"薪刍"并言,明其同类,皆直接取自大自然也。

三、公邑

"以公邑之田任甸地",先郑注引《司马法》:"王国百里为郊,二百里为州,三百里为野,四百里为县,五百里为都。"郑玄注云:"公邑,谓六遂余地,天子使大夫治之,自此以外皆然。二百里、三百里,其大夫如州长;四百里、五百里,其大夫如县正。是以或谓二百里为州,四百里为县云。遂人亦监焉。"

所谓"自此以外皆然",谓自甸地至稍、县、都,都有公邑,都是天子使大夫治之,而与在甸六遂并属遂人掌管。州长爵为中大夫,县正爵为下大夫;州为乡之属别,县为遂之属别,皆是二千五百家。郑意以为公邑略降于乡遂,故其长官自州长、县正以下,无乡大夫、遂大夫之官;又甸、稍之公邑,其长官爵如州长,县、都之公邑,其长官爵如县正,是公邑亦分外内,一如六乡、六遂分外内也。此虽属推测,于《周礼》本经无据,但合于《司马法》之字例,又与《周礼》制度不相冲突,足备一说。

(一) 井田法中的单位不能视为公邑的政区单位

金鹗云:"公邑之官,自二百里至五百里,当无尊卑,乃附会《司马法》区而别之,殊无谓矣。""公邑与都鄙同制井田,其居民之法亦与都鄙同。但公邑之官宜尊于采邑,县邑宰当为中大夫,甸邑宰当为下大夫,以乡大夫官尊,不得与之并,宜从遂大夫之列也。"[①]金鹗所说的"县邑""甸邑",不是王畿五区域的县地、甸地,而是《小司徒》"四丘为甸,四甸为县"的"甸""县"。金鹗将《小司徒》计算土地面积的单位直接认作公邑之地的行政单位。他认为"县"是公邑中的最高一级行政区。

---

① 〔清〕金鹗《求古录礼说》卷九《邑考》,《续修四库全书》影印本,第110册,上海:上海古籍出版社,2002年,第331页。

孙诒让踵其说而伸之云:"依郑说,公邑不制井田,则县如五鄙之县;依金说,公邑制井田,则县即四甸之县。二说不同,以金为长。""盖井田之法,四甸为县;公邑所治,则以四都为一总部,通谓之县。县有大小,犹四县为都,而采邑之大都则四都。在采邑为大都,在公邑则为总县,里数同也。"①孙诒让进一步认为,公邑的行政区划,"以四都为一总部",每个总部的面积与公之采地相等,即方一百里。"四都"之地,本方八十里,依《小司徒》郑注,有旁加十里,则方百里,为一同之地。孙诒让认为,公邑的最大行政区划,为一同,方百里。为了与方二十里之"县"区别,他将一同之"县"称之为"总县"。

照金、孙之说,公邑的行政单位依《小司徒》"九夫为井,四井为邑,四邑为丘,四丘为甸,四甸为县,四县为都"之制。郑玄注云:"九夫为井者,方一里,九夫所治之田也。""四井为邑,方二里。四邑为丘,方四里。四丘为甸,甸之言乘也,读如衷甸之甸,甸方八里,旁加一里,则方十里,为一成。积百井,九百夫。""四甸为县,方二十里。四县为都,方四十里。四都方八十里,旁加十里,乃得方百里,为一同也。积万井,九万夫。"今依彼注,表示如下:

单位名	井	邑	丘	甸/成	县	都	四都/同
方几里	1	2	4	8/10	20	40	80/100

金说与孙说的差别,仅在于金鹗认为公邑的政区自"县"而下,分为县、甸、丘、邑、井等五个等级,孙诒让则认为应当分同、都、县、甸、丘、邑、井等七个等级。二说本质上是一致的。

这种看法,其误在于没有搞懂《小司徒》"九夫为井"的井田制实际只是一种土地计算方法,并不是土地分配(授田)或政区划分的依据。

《小司徒》由井至都的面积累积,与《遂人》"十夫有沟""百夫有洫""千夫有浍""万夫有川"的计算方式,其结果是一样的。这里的"夫"都是指土地面积单位,与人民无关。《周礼》贾疏把《小司徒》的算法称为井田法或井田制,把《遂人》的算法称为沟洫法或沟洫制。但其实《周礼》"九夫为井"的井田,与《孟子》赵注和《公羊》何注所说的八家为井之井田,毫不相关。"九夫为井",不过是说九块夫地合在一起,恰好等于一井之地。一夫百亩,九夫即九百亩,恰好方一里。方一里之地分为九块面积各百亩的夫地,形状似井字,故名为"井"。而八家为井的井田制,乃是一种授田法,中央为公田,八家各受私田百亩于周边,它不是用来计算土地面积的。

《周礼》的授田法,有两种。一是《大司徒》:"不易之地家百亩,一易之地家二百亩,再易之地家三百亩。"可称为"易法"。二是《遂人》:"上地,夫一廛,田

---

① 〔清〕孙诒让著,汪少华整理《周礼正义》卷二十四,第1145、1146页。

百亩,莱五十亩,馀夫亦如之;中地,夫一廛,田百亩,莱百亩,馀夫亦如之;下地,夫一廛,田百亩,莱二百亩,馀夫亦如之。"可称为"莱法"。这两种授田法,都考虑了土地的肥瘠,并不是每家固定受田一百亩。八家为井的授田法,与《周礼》本文不合。

因此,《周礼》中的"井田"法,与居民之法毫不相关,金鹗说"公邑与都鄙同制井田,其居民之法亦与都鄙同",这只不过是他想象出来的因果联系。而孙诒让在《周礼正义》中却把它当做反驳郑注的最有力武器。金鹗、孙诒让受八家为井之法的影响,想当然地认为"井田"一定是分配土地与人民的方式,不知《周礼》中的"井田"根本不是如此。这种关于"井田"的错误认识,一直影响到现在,从胡适、郭沫若、范文澜以至金景芳,近现代学者对井田制的争论甚多,却都没有意识到《周礼》与《公羊》何注、《孟子》赵注说的"井田"制是两码事,不可混为一谈。这个问题牵涉面广,当另撰专文论述,这里就不展开了。

同、都、县、甸、丘、邑、井的划分,也不是政区单位。我们看《周礼》中的典型政区,《大司徒》的乡制、《遂人》的遂制,都是建立在人口和户数基础之上的,而不是单纯以土地面积来衡量。金孙将由井至同的七级,认作行政单位,却未曾想过怎样处理人民户口的问题。九户为一井,与乡遂以五家为基础的制度相戾,于《周礼》经文无据。《秋官·叙官》说军法,云:"万有二千五百人为军","二千有五百人为师","五百人为旅","百人为卒","二十有五人为两","五人为伍"。军、师、旅、卒、两、伍的建制,与六乡乡、州、党、族、闾、比和六遂遂、县、鄙、酂、里、邻的建制是相对应的。如果九家为一井,则军法也应九人为一个基层单位。这在《周礼》中是万万讲不通的。因此,不论从民政还是军法看,金、孙之说都不合经。

反而是郑玄之说,认为公邑仿乡遂,则公邑之军制亦仿乡遂,可以合理解释经文。《稍人》:"若有会同、师田、行役之事,则以县师之法作其同徒。"注云:"有军旅、会同、田役之戒,县师受法于司马,邦国都鄙稍甸郊里,唯司马所调。""同徒,司马所调之同。凡用役者,不必一时,皆遍以人数调之,使劳逸递焉。"所谓"同徒",即一同之地所出之民徒。大司马可以统一征调天下民徒,说明全天下的人民组织形式应是相通的,不然,今天调一组五人的民徒,明天换一班九人的民徒,怎能做到"使劳逸递焉"?

孙诒让自己并没有意识到这个问题,他一方面认同金鹗提出的新观点,另一方面又沿袭《小司徒》郑注,将"矛"与"盾"同时收入囊中,以为取得了折中之道,然后止步于此,没有进一步推敲自己理论上的巨大漏洞。孙诒让既以"四甸为县"之"县"为公邑的行政单元,因此便视《周礼》经文中的诸多"县"字为公邑之代称,比如在解释县师、县士这些官的时候,以彼为公邑专有之官,与乡师乡士掌六乡、遂师遂士掌六遂同。看似秩序井然,实则根基不牢。

公邑之制,清人之说既不足信,则仍以郑玄为准。

(二) 附论六遂

六遂在甸地,与公邑杂处。《遂人》云:"以土地之图经田野,造县鄙形体之法。五家为邻,五邻为里,四里为酇,五酇为鄙,五鄙为县,五县为遂。"这就是六遂的行政结构,与六乡一致。里二十五家,酇百家,鄙五百家,县二千五百家,遂万二千五百家。六遂,则有七万五千家。

六乡统归小司徒管理,小司徒的助手有乡师四人,每二人共掌三乡之事。六遂统归遂人管理,遂人的助手有遂师四人,每二人共掌三遂之事。乡官的爵位,例比遂官高一级。今依《地官·叙官》,将乡遂的户数、政区名称、长官名称、长官爵位,列表如下:

爵位	中大夫	下大夫	卿	中大夫	下大夫	上士	中士	下士
长官	小司徒	乡师	乡大夫	州长	党正	族师	闾胥	比长
政区	六乡		乡	州	党	族	闾	比
户数	75000		12500	2500	500	100	25	5
政区	六遂		遂	县	鄙	酇	里	邻
长官	遂人	遂师	遂大夫	县正	鄙师	酇长	里宰	邻长
爵位	中大夫	下大夫	中大夫	下大夫	上士	中士	下士	庶人

我们说六遂的建制与六乡相仿,从这个表中可以直观地看出来。

《小司徒》云:"掌建邦之教法,以稽国中及四郊都鄙之夫家九比之数。""国中及四郊",即是六乡之地。都鄙即采地。然则小司徒掌六乡与采地也。《遂人》云:"掌邦之野。"注云:"郊外曰野。此野谓甸、稍、县、都。"这里的"野",指郊外采地以外的地方,即六遂与公邑是也。采地立国,其制度仿效六乡,故小司徒兼掌六乡与采地;公邑不立国,其制度仿效六遂,故遂人兼掌六遂与公邑。此其比例。

四、采地

"以家邑之田任稍地,以小都之田任县地,以大都之田任疆地",此三者便是王畿内之采地。郑注云:"家邑,大夫之采地;小都,卿之采地;大都,公之采地,王子弟所食邑也。"

《周礼》大夫以上之爵,分为公、孤、卿、中大夫、下大夫。"大夫"指中下大夫,"卿"包括孤卿。若畿外诸侯入为王官,则九命上公受采地于疆地,与八命之公同大都；七命侯伯受采地于县地，与六命之孤卿同小都；五命子男受采地于稍地，与四命之中下大夫同家邑。王子弟，则依亲疏受采地于三个区域：最亲者受地于疆地，次亲者受地于县地，疏者受地于稍地。

采地面积，《小司徒》注云："其制三等：百里之国凡四都，一都之田税入于王；五十里之国凡四县，一县之田税入于王；二十五里之国凡四甸，一甸之田税入于王。"郑玄所说采地大小，与《小司徒》经文成比例。家邑之地，一块采地包含四甸，四甸方二十里，加上不可耕之地，可方二十五里；小都之地，一块采地包含四县，四县方四十里，加上不可耕之地，可方五十里；大都之地，一块采地包含四都，四都方八十里，加上不可耕之地，可方百里。表示如下：

	家邑	小都	大都
采地总面积	方25里	方50里	方100里
可耕种之地（出田税者）	方20里	方40里	方80里

（一）"都鄙"释名

采地又称为都鄙。《大司徒》注云："都鄙，王子弟、公卿大夫采地。其界曰都；鄙，所居也。"引《公羊传》："迁郑焉而鄙留。"[①]是家邑、小都、大都可通称"都"，其领主所治之城郭则名曰"鄙"。

"都鄙"一名，与"邦国"一名结构相同。《大宰》注云："大曰邦，小曰国，邦之所居亦曰国。""邦"本指封国之大者，而泛称则大封国、小封国皆曰"邦"，犹"都"本指采地之大者，而泛称则大采地、小采地皆曰"都"；封国曰"国"，而诸侯所治之城亦曰"国"，犹郊外曰"野"、曰"鄙"，而郊外封君所治之城亦曰"鄙"。

邦国	封境之内曰"邦"	邦之所居曰"国"
都鄙	封境之内曰"都"	都之所居曰"鄙"

小都、大都皆得"都"名，而家邑与二者别，名中无"都"字，仍得泛称"都"者，犹子男之封地实未成国，而仍得泛称"邦国""诸侯"。《大宗伯》"五命赐则"注云："则，地未成国之名。王之下大夫四命，出封加一等，五命，赐之以方百里二百里之地者。方三百里以上为成国。"据《大司徒》，诸公之地方五百里，诸侯之地方四百里，诸伯之地方三百里，诸子之地方二百里，诸男之地方百里。伯以上为"成国"，子男为"未成国"。同理，公卿之采地可视为"成都"，大夫之采地可视为"未成都"。

[①] 今本《公羊传》"鄙留"作"野留"，何休注："野，鄙也。"

子男之地"未成国"	方三百里以上为"成国"	泛称皆曰"国"
大夫采地"未成都"	方五十里以上为"成都"	泛称皆曰"都"

上文说过,据《小司徒》井田法,"都"方四十里,而大夫采地二十五里,仅包含一"县"之地,是其未成"都"也。

(二) 分封据土地,理政据户口

采地的分配,与封国一样,以土地广狭为基准。虽然在实际操作中也会适当考虑人口,如《大司徒》云"以其室数制之",但在算法模型上却是只计土地、不计人口的。《周礼》中屡见因封国或授予采地而丈量土地之语。如《大司徒》:"凡建邦国,以土圭土其地而制其域。""凡造都鄙,制其地域而封沟之。"《小司徒》:"凡建邦国,立其社稷,正其畿疆之封。"《封人》:"凡封国,设其社稷之壝,封其四疆。造都邑之封域者亦如之。"《县师》:"凡造都邑,量其地,辨其物,而制其域。"《典瑞》:"土圭以致四时日月,封国则以土地。"《大司马》:"制畿封国以正邦国。"《土方氏》:"掌土圭之法,以致日景,以土地相宅,而建邦国都鄙。"《量人》:"掌建国之法,以分国为九州,营国城郭,营后宫,量市朝道巷门渠。造都邑亦如之。"但《周礼》中却没有封国或造都鄙之初要计算人口户数之语。计算人口户数,是制定行政单元时的事,故《周礼》于乡遂详言之。

邦国和都鄙,与乡遂和公邑的管理方式不同,这就造成了优先考虑人口和优先考虑土地的差异。

邦国和都鄙,是分给诸侯、领主,让他们自行管理的,天子不直接干涉它们的行政事务。分封之际,不能按人口分配。古代算民的基本单位是"户"而不是个人,一户之中,强弱、男女不尽一致。《小司徒》注云:"有夫有妇然后为家,自二人以至于十,为九等。"是同称一"户",或少至二人,或多至十人。计户封国,则不仅每国之人口数量不能一致,且其年龄、性别构成差异更大,可能造成有的青壮年多、有的老弱多,有的男子多、有的女子多,总之无法做到公平。而计地封国则不同。土地是维持人口、产出财富的最重要生产资料,有地就可以吸引或自行繁育人口。按土地分封,能保障公平。

土地的数量好计算,而其质量也可以简单区分为上、中、下或不易、一易、再易三等。不易之地肥,每年可耕种;一易之地较瘠,休一年方可重新耕种;再易之地最瘠,休两年方可重新耕种。《大司徒》:"诸公之地,封疆方五百里,其食者半;诸侯之地,封疆方四百里,其食者参之一;诸伯之地,封疆方三百里,其食者参之一;诸子之地,封疆方二百里,其食者四之一;诸男之地,封疆方百里,其食者四之一。"分封诸公,以不易之地为核算基准,因为每年出产甚多,故将国中一半的税收交给天子,所谓"其食者半";分封侯伯,以一易之地为核算基准,因为每年出产较少,故只将国中三分之一的税收交给天子,所谓"其食者参之一";分封子男,以再易之地为核算基准,因为每年出产最少,故只将国中四分之一的税收交给天子,所谓"其食者四之一"。采地,则不论家邑、小都、大都,统一以四分之一入王,不作区分,《小司徒》注云:"采地食者皆四之一。"计地封国,就是这样保证公平的。

邦国和都鄙是"独立经营,自负盈亏",优先考虑保证大家起点的公平。《小司徒》"九夫为井"至"四县为都",郑玄知必是"造都鄙"之法者,以唯有造都鄙须量地以制邑。天子将邦国、都鄙的范围划定好后,其内部的行政层级则由国君和领主自定,当亦依乡遂之法,以户数为基准,只不过天子不再参与罢了。

而乡遂和公邑是天子直接委派大夫治理的,不需要考虑土地分配的公平,而要首先考虑治理的方便与否。人民是国家治理的直接对象,按所辖户数设置乡遂和公邑的管理体系,无疑比计地均分要好。假如依孙诒让之说,公邑也照井、邑、丘、甸、县、都、同那样按地均分,则是将公邑分为一个个方百里的"总县",一同一同地"分封"下去,这与造都鄙有什么区别?公邑之"总县"的长官不就是一个个大都的领主么?那样是管理土地,而不是治理人民。公邑与乡遂,其设置都是为了治理人民,而非平分土地。

(三) 采地与公邑的差异

《王制》:"将徙于诸侯,三月不从政;自诸侯来徙家,期不从政。"彼就诸侯之国而言,诸侯国内有公邑,也有分封大夫之采地。人民在公邑与采地之间迁徙,而两者制度不同。孔疏云:"此谓大夫采地之民徙于诸侯为民,以其新徙,当须复除,但诸侯地宽役少,为人所欲,故唯三月不从政。""'自诸侯来徙于家者',谓诸侯之民来徙于大夫之邑,以大夫役多地狭,欲令人贪之,故期不从政。"采地与公邑的差别,于此可见一斑。

在《周礼》中,公邑归遂人掌管,其民属于"野人"。常见的徭役,由六乡承担,有时加上六遂,而公邑则徭役甚少。《载师》注云:"周税轻近而重远,近者多役也。"其授田,则六乡每家受田一份,而公邑则一家可受多份,《遂人》言"余夫亦如之",是一家除正夫一人受田外,余夫亦可受田,是六乡"地狭"而公邑"地宽"也。采地立国,仿效六乡,亦是"役多地狭"。这种公邑与采地的差异,《周礼》与《王制》是完全一致的。

五、小结

《载师》任地之法,可用下图简略地表示:

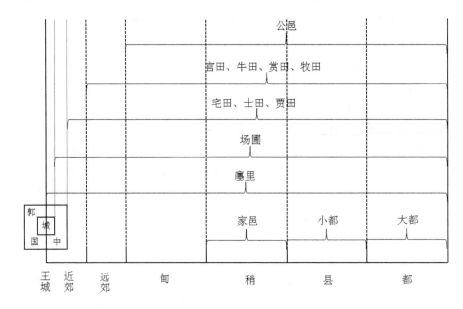

本文详细梳理了《载师》任地之法,可以发现,在对经义的阐释上,郑玄注胜于先师,也优于后儒,他对经文细节吃得透,对经书深层结构把握得准。郊内七等田,郑玄注处处胜过郑司农旧说。在廛里和井田的问题上,郑司农与孙诒让都没能彻底摆脱西汉"八家为井"之旧说的影响,郑司农是有意,孙诒让是无意,却都不约而同地用它来解释《周礼》,导致诸多扞格不通之处。郑玄能立足本经,贯彻经文至上的原则,将"廛"明确为城郭之宅,解决了人民散居于田野还是聚居于城郭的问题,超越了郑司农;他深知《小司徒》的井田法不过是土地计算方法,不能把井、县、都等单位视为政区单位,所以宁愿远求诸《司马法》"二百里为州""四百里为县"以解释公邑的政区,使公邑的行政结构与"乡遂五家为比邻"的结构相一致,从而保证了《周礼》中民政与军法的一致,也使政区与授田法不致冲突。金鹗、孙诒让未理解《周礼》井田的实质,错疑郑注,自立新说,导致他们所推定的公邑政区违戾《周礼》本经。

郑注之渊旨,并未被贾疏及清儒发掘殆尽,反而可能有一些关键的经义问题,前人尚未探知郑注堂奥。曹元弼说孙诒让《周礼正义》"于高密硕意,间有差池",①本文所揭,即是一例。孙书在学界久负盛名,自有其过人之处,我也从中受益不浅。不过,在通观三《礼》之后,再细考一些案例,我认为,即使是《周礼》这本在三《礼》中争议最大的书,即使有《周礼正义》这样冠绝清儒的巨著,郑注的地位仍然牢不可破。孙书优势在于材料多,每说一事,举凡典籍中相关者,皆搜罗备至,且注明出处,尤为难能可贵的是,他剪裁精当,按断合理,比之

---

① 〔清〕曹元弼《书孙氏〈周礼正义〉后》,《复礼堂文集》卷四,台北:华文书局,1969年,第391页。

《五礼通考》贪多务得、细大不捐,《礼书通故》不标出处、裁取不精、立说多怪,孙书确实可以笑傲。它对搞历史研究的人用处很大,一编在手,即可按图索骥。据说裘锡圭先生所用的老版《周礼正义》,便密密麻麻写满了批注。有一位搞礼学研究的老师也曾竭力推许《周礼正义》,说读《周礼》宜看孙疏而非贾疏。不过,我以为,假如只求通经,即探求《周礼》一书本身的经义,而不希求材料的广博,则治《周礼》仍当以郑注为宗。

古读、汉读与郑读:清儒对三礼郑注异文之理解

朱明数*

【内容提要】 郑玄注礼时,于注文中详列诸本异文,取义长者用之,并以"当为""读为"等术语表明改读。这些异文及改读,被清儒视为探求经文古义的重要材料,而随着研究的深入,学者的论说也从讨论异文的字际关系,正定文字的是非,转进为探求郑玄取舍异文、改读经文之原因。在此过程中,带有个人特色的郑玄"一家之法",逐渐超越单纯的文字训诂,成为嘉道以后部分学者关注的焦点。以黄以周为代表的一些晚清学者则试图超越郑玄的解释框架,利用异文拓展解释的多样性,以实现对旧解释体系的更新。清儒对郑注异文理解的进程,或许可以从经学研究内部,为我们展示由文字训诂到解释体系建构的演进趋势,从而使我们更好地理解清代学术的发展脉络。

【关键词】 三礼 异文 郑玄 清代学术

经典迭经传抄,自然会产生异文。经师对经文的主观性理解,亦可由取舍异文、正定文字而展现。是以经师所考定之文本,与其对经文的解读一样,必然带有个人印记,成为独具特色的"一家之法"。郑玄注三礼,详列其所见诸本异文,并以己意加以捡择,又在注文中以"当为""应为""读为""某者某之误也"等术语表明改读。取舍异文、表明改读,为后人稽考经文真义,留存了重要的异文材料,有存古之功。而有心者更得以借此推究郑玄之义,理解郑氏"一家之法"。

存古之功,学者览卷即可知之,而郑氏家法,则需沉潜玩味求之。清代考据学以"实事求是"相标榜,郑注的"存古之功"自然首先被学者关注,成为考究古义的重要材料。随着清代学术的不断深入,寄寓在取舍、改读中的郑氏"一家之法",更日益成为学者论述的重点。由此,我们可以勾勒出一条从考究古义,到研求汉儒注经之法,再到理解郑玄、超越郑玄的学术发展轨迹。

梳理这一发展轨迹,并非是为了论断郑玄取舍、正定文字之是非;也并非是为了评骘清儒之说;甚至经文本字究竟若何,亦非本文关注的焦点。这条轨

---

* 本文作者为北京大学古典文献专业2016级博士研究生。

迹,或许有助于我们从新的、更为内在而细腻的视角去审视清代学术的变迁。而清儒在其中展现出的复杂深刻的思想,生动有趣的诠释,娴熟灵活的技艺,也应当成为现代经学研究中的重要资源。

一、郑玄取舍异文之条例——以"堕祭"为例

针对诸本异文,郑玄对所做的工作,简而言之不过两端。其一为择善而从,即从所见众本中,"逐义强者从之",①定为经文,而列其所不用之字于注文;其二为断以己意,若众本无当其意者,则于注中以"当为"等术语改读经文,表明己见。

然沈文倬以《仪礼》中"堕祭"为例,提出郑玄"于古文异字亦未予以划一,甚至对今古文或本之肵、羞、撰等不见于所据本之字,亦一一收录,备载于注,视同一律。据此足证郑氏于今古文固择善而从,而所从仅从注中见之而未尝改易经字。然则如后人所訾议,郑氏从古文则古文在经而注中叠见今文,从今文则今文在经而注中叠见古文,一致淆乱家法云云,实为臆必凿空之谈"。② 沈先生所言虽意在维护郑玄,以避混淆家法之讥,但谓郑玄"未尝改易经字""所从仅从注中见之",却并非其实,亦未能凸显郑玄由取舍、改读而建立"一家之法"的用心。此则不得不略作辩白。

郑玄注中所言之"今文""古文",不能简单与今、古学派等同,也并非是某个特定的版本。古今文混同不始于郑玄。《仪礼》十七篇,今文本乃是高堂生所传,古文本或是孔壁中书。然当郑玄之世,无论是今文本抑或古文本,均非仅有一本,且诸今文本、诸古文本内部,文字亦非整齐划一。郑玄所见今文诸本并非字字原本高堂生,其所见古文诸本,也已非壁中书旧貌。王国维《汉时古文诸经有转写本说》言之已详③。郑玄基于传授谱系或其他因素,将所见诸本区分为两种版本系统,而名之为"今文""古文"。以版本系统目"今文""古文",则郑玄去取、改读异文之条例,实有章可循,一以贯之:首先,在有本可据的情况下,以"义强"者为经文,叠不取之字于注文。其次,在无本可据的情形下,以"当为"等术语出己意于注文中,而不改动经文。郑玄持此条例,既揭示"今文""古文"系统间之同异,同时又提示各系统内部之差异。

以《仪礼》"堕祭"言之,足见郑注之义:

---

① 《仪礼注疏》卷一,《士冠礼》第一,影印嘉庆二十年(1815)南昌府学本,北京:中华书局,2009年,第2册,第2040页。
② 沈文倬《〈礼〉汉简异文释》,《菿闇文存》上册,北京:商务印书馆,2006年,第140页。
③ 王国维《汉时古文诸经有转写本说》,《观堂集林》卷七,《王国维全集》第八卷,杭州:浙江教育出版社、广东:广东教育出版社,2010年,第212—214页。

1.《士虞礼》:"祝命佐食堕祭。"郑注:"下祭曰堕。堕之犹言堕下也。《周礼》曰:'既祭则藏其堕'谓此也。今文堕为绥。"①

按,此条经文中,"堕"是古文诸本用字,"绥"是今文诸本用字。郑玄以古文为正,取以为经文,而将今文叠于注中。此即有本可据,以"义强"者为经文,叠不取之字于注文。

2.《士虞礼》:"祝祝卒,不绥祭。"郑注:"绥当为堕。"②

按,此条注文言"当为堕",而不列异文,则是今、古文诸本此处皆作"绥",郑玄不取,故径下己意。此即无本可据,以"当为"等术语出己意于注文中,而不改动经文。同时,古文诸本于《士虞礼》一篇之中或用"堕祭",或与今文同用"绥祭",正说明经文用字在郑玄之前已经混淆,郑玄是以句为基本单位,描述两系统之间、系统内部的同异,而不强求上下文一致,亦不强求两系统内部用字整齐统一。

3.《特牲馈食礼》:"祝命挼祭。"郑注:"挼祭,祭神食也。《士虞礼》古文曰'祝命佐食堕祭',《周礼》曰'既祭则藏其堕',堕与挼读同耳。今文改挼皆为绥,古文此皆为挼祭也。"③

按,郑玄于注文特云"古文此皆为挼祭",意在强调其所见古文诸本,皆用"挼"。与之相应,今文诸本皆将此字改为"绥"。可见,郑玄注文言"今文""古文",绝非指一本而言,乃是以版本系统目之。郑玄知此"挼祭"即是"堕祭",但并不强求《特牲》《士虞》用字一致。他以"挼"与"堕"读同,较"绥"字为长,且此句古文系统内部并无异文,无本可据,故保留"挼"字于经文。

4.《特牲馈食礼》:"主人拜受角,尸拜送,主人退,佐食授挼祭。"郑注:"退者,进受爵反位。妥亦当为挼,尸将嘏主人,佐食授之挼祭,亦使祭尸食也。其挼祭亦取黍稷肺祭。今文或皆改妥作挼。"④

按,经文无"妥"字,而郑玄注文言"妥亦当为挼",可知此处之经文必有错讹。疑郑玄所见经文作"佐食授妥祭",而注文本作"今文或皆改妥作绥"。是郑所见之古文诸本于此作"妥",今文诸本除有作"妥"之本外,或本皆作"绥"(通行本"今文或皆改妥作挼"不合郑玄之例,必有误),郑玄于今文古文皆不取,故在注文中断以己意,谓"妥亦当为挼",而叠今文于下。

---

① 《仪礼注疏》卷四十二,第2532页。
② 《仪礼注疏》卷四十三,第2543页。
③ 《仪礼注疏》卷四十五,第2565页。
④ 《仪礼注疏》卷四十五,第2567页。

5.《少牢馈食礼》:"上佐食以绥祭。"郑注:"绥,或作挼,挼,读为堕。将受嘏,亦尊尸余而祭之。古文堕为肵。"①

按,此条经注亦有错讹。通行本郑注云:"绥,或作挼,挼,读为堕。"则是郑玄所见之或本有用"挼"者,而郑玄向以"挼"优于"绥",当据条例取"挼"于经文,叠"绥"于注文。今也不然,是以知文本有误。且据通行本"绥,或作挼,挼,读为堕",则郑注只是对或本之"挼"加以解释,反而不言经文用"绥"之义,是为冗言。郑注下文云"绥,亦当作挼""绥,皆当作挼",疑此处"或作挼",应为"当作挼"之误,唯有如此,郑注之义方得以明晰:绥乃是挼之误,挼即是堕。此亦为无本可据,郑玄于注文出己意而不改经文之例。

6.《少牢馈食礼》:"其绥祭如主人之礼,不嘏,卒爵拜,尸答拜。"郑注:"不嘏,夫妇一体。绥亦当作挼,古文为肵。"②

7.《有司彻》:"其绥祭,其嘏亦如傧。"郑注:"绥皆当作挼,挼读为藏其堕之堕,古文为撱。"③

按,第6、7两例中,今文诸本作绥,古文诸本作肵、撱。郑玄于今古文皆不从,故在注文中以"当作"表明己意,而经文则保留今文绥而不改动,以示谨慎。相较而言,今文用字虽不当,但仍优于古文之肵、撱,故郑玄于经文正文从今文,于注文表明改读并迻出古文。

限于篇幅,仅能据"堕祭"一端管窥郑注之例。此当可说明,郑玄并非"所从仅从注中见之而未尝改易经字"。他实是整合今古文各本,而成一个综合版本,此综合版本虽文字不尽划一,却是郑玄比勘众本、审慎取舍之结果,其间可见郑玄去取之例。而《周礼》注中,郑玄于故书、今书之取舍亦如之。《礼记》注中,郑玄以术语"或作"叠其所不取之或本异文,亦当作如是观。

是以郑玄对异文的取舍与改读,同样是其经学体系建构的重要一环,实有兴寄存焉。

二、"古读"视角下的异文

清代学者又是如何通过对郑注异文逐渐深入的研究,来理解郑氏之意呢?较之寄寓于取舍、改读中的款曲之旨,异文的存古之功自然更容易为学者所认识,也更合于考据学初兴之时重视客观征实的好尚。

---

① 《仪礼注疏》卷四十八,第2607页。
② 《仪礼注疏》卷四十八,第2608页。
③ 《仪礼注疏》卷五十,第2637页。

惠士奇论郑玄礼学云：

> 礼经出于屋壁，多古字古音。经之义存乎训，识字审音，乃知其义，故古训不可改也。康成注经，皆从古读，盖字有音义相近而讹者，故读从之，后世不学，遂谓康成好改字，岂其然乎。①

惠士奇重点不在讲明郑玄学术，不过是借郑玄之名，为训诂识字之学张本。其所谓"康成注经，皆从古读"，非实情。同样，戴震所称的"郑学"，实为"求诸前古圣贤之言与事"，"由六书、九数、制度、名物能通乎其词"的"古人治经有法"。②郑注罗列异文，提供了丰富的版本信息，合于当时学者"求古""求是"的风气。而郑玄对异文的取舍、改读，也自然是在考据学层面被学者理解，而未被视为"一家之法"的一环。

即便渊博如钱大昕，对郑注之义亦有体贴不够之处。《潜研堂答问》对郑注所举异文多有关注，并试图据此推阐郑玄之义。然亦多落在训诂考据上，而未能深求郑氏之法。

> 问："'退然如不胜衣'，注云'退或为妥'，此何义也？"
>
> 曰："妥退声相近。《易·系辞》'隤然示人简矣'，孟喜本隤作退，陆绩、董遇、姚信三家作妥。是妥与退同义。妥或为绥。《曲礼》'大夫则绥之'，郑读绥为妥，言其下于心，亦取退下之义。《春秋传》'交绥'谓两军皆退也。"③

此例中钱大昕就郑注所言异文，据《周易》《礼记》《左传》为说，以为隤、退、妥、绥等字，声相近而义可通，皆取谦退柔弱之义。此说合于考据之法，但不合郑玄"一家之法"。郑玄经文取"退"字而注文中叠"妥"字，是以"退"字义长；又读"大夫则绥之"为"妥之"，又明确区分"绥祭""堕祭"（见上），是郑玄明确区分退、妥、绥三字，故于注文有取舍、改读，非谓三者声近义通也。可知钱大昕并不能尽得郑玄之旨。

及至考据学流行海内，学者既有考据学成法可供运用，便更不愿纠缠在前人解说中。故而，征实的考证日趋显豁，理解前人却处于次要的地位。徐养原有《周礼故书考》《仪礼古今文异同》两书。凡郑注所提及之异文、异读，徐氏皆一一加以说明。但其对异文、异读的关注，在于沟通字际关系，而非探究郑玄取舍、改读之意。

---

① 〔清〕钱大昕撰，陈文和整理《潜研堂文集》卷三十八《惠先生士奇传》，《嘉定钱大昕全集》第九册，南京：凤凰出版社，2016年，第612页。

② 〔清〕戴震撰，赵玉新点校《戴震文集》卷十一《郑学斋记》，北京：中华书局，1980年，第177页。

③ 〔清〕钱大昕撰，陈文和整理《潜研堂文集》卷八《答问五》，《嘉定钱大昕全集》第九册，第117页。

徐养原用文字训诂之法沟通异文，诚有所得。如其论"罾""括"二字，旁征博引，据《说文》《尔雅》《释名》《仪礼》《周礼》《礼记》《毛诗》以证从㚇、从會之字音近义通，将會、檜、罾、檜、體、譮、嬒与㚇、楛、刮、佮、𧥻、髻以声音为枢纽，统合在"会聚"意义之下。① 徐氏熟于音理，故于沟通字际关系有法可求，有章可循，可谓是引申触类，不限形体。

但其不足亦在于此。徐养原过信考据之法，反而对经师取舍之义、诂经之旨有所忽视，给人买椟还珠之感。如：

"旅占"注："古文旅作臚。"

《周礼》"司仪旅擯"，注："旅，读为鸿臚之臚。"《汉书·叙传》"大夫臚岱"注，郑氏曰："季氏旅于泰山是也。"师古曰："旅，陈也，臚亦陈也，臚、旅声相近，其义一耳。"②

徐养原以臚、旅声音相近，其义一耳，不复详解注义。然郑玄于此用"旅"不用"臚"实有其考虑。臚、旅皆有陈列之义，此其相同之处，然二者仍有细微差异。故郑氏以"读为"加以改读，谓："旅读为鸿臚之臚，臚陈之也。宾之介九人，使者七人，皆陈擯位，不传辞也。宾之上介出请，使者则前对位，皆当其末擯焉。"③显然，郑玄根据"传辞"与"不传辞"之异，定"旅""臚"二字。二字虽皆有"陈列"之义，但"旅"字更强调依序而行。故《仪礼》之"旅占"，郑玄用"旅"不用"臚"，正是强调卜者依次占卜。今徐养原因袭前说，仅以两字音近义同言之，则郑玄之义恐隐而不彰。

郑玄注文诚有望文生训之臆说。而清人引申触类不限形体，多能正郑注之失。但仅仅沟通字际关系而不求其所以然，非但不能正郑玄之失，反而会使经义模糊难解，令人无可适从。

如《士昏礼》纳采之节，"主人以宾升，西面，宾升西阶，当阿，东面致命。主人阼阶上北面再拜。"郑注："阿，栋也。入堂深，示亲亲，今文阿为庪。"④是郑玄用"阿"不用"庪"。五架之屋，栋为屋中之正梁，庪是屋檐之边帘。前者在房屋之中，后者在房屋之前，两者断非一物。然徐养原引沈彤之说，并下己意云：

沈氏彤曰：阿非栋。《考工记》云"四阿重屋"，注云："若今四注屋。"四

---

① 〔清〕徐养原《仪礼古今文异同》卷四，《续修四库全书》（据清光绪陆氏刻湖州丛书本影印），上海：上海古籍出版社，2001年，第90册，第316—317页。
② 〔清〕徐养原《仪礼古今文异同》卷一，第279页。
③ 《周礼注疏》卷第三十八《司仪》，影印嘉庆二十年南昌府学刻本，北京：中华书局，2009年，第1938页。
④ 《仪礼注疏》卷第四，《士昏礼》第二，影印嘉庆二十年南昌府学刻本，北京：中华书局，2009年，第2074页。

注则四檐,四檐则四阿。然则阿即庪也。今文阿为庪,义之同耳。

　　养原按:阿与庪不同,此古今文异字异义也。既有四檐,何妨有四栋,注言"入堂深,示亲亲",故从古文作阿。沈氏合阿庪为一,谓方纳采而示亲亲,非情之正,当庪所以示谦,殆臆说,不可从。或曰:《说文》无庪字,庪当以技为声,技从支声,古支佳韵往往与歌麻相出入,阿庪同字,不为无因。沈说可备一解,姑存以竢考。①

沈彤引《考工记》注,以为彼处郑注解"四阿"为"四注",注即是檐,即是庪,此处郑玄解"阿"为"栋",彼此互异。故沈彤驳郑玄,而以仪节之顺序为说,以为纳采乃是婚礼之始,男女方家庭尚未足以有亲亲之恩,若当栋行礼,则入堂过深,并不合适。又下文宾主授受在楹间,楹在栋之南,若此时宾主当栋行礼,是方向北入堂深,又将向南回退,在仪节上有所不顺。② 故沈彤以为郑玄有误,当从今文作庪。徐养原虽然意在尊郑,然其说前后矛盾,不足以反驳沈彤。若要尊郑,则当深求郑玄之义,结合宫室制度、仪节进退以及礼义,讲明郑玄注《仪礼》与《考工记》何以不同。然徐氏径谓阿庪二字"古今文异字异义",不知何据。谓"既有四檐,何妨有四栋",是不明古房舍之制。更甚者,徐氏先谓沈彤之说为"臆说",但又因"或说"而将其说"姑备一解"。"或说"所谓"支佳韵往往与歌麻相出入",乃据声转以推阿、庪之字际关系,谓二字亦容相通。但屋栋与屋檐,两者判然有别,以示亲亲与以示谦逊,经义断然不同,岂是"两字有相同之理"所能含混遮过？可见在徐养原心中,考核制度、详审仪节、讲求礼义的礼学研究方法终究敌不过以声音为枢纽、以小学治经的方法。

　　徐养原这种特点,正是乾嘉末期"要当以精义古音贯串证发、多其辞说为第一义,引经传以证释为第二义"③的学术风气的直观呈现。在这样的风气之下,经学研究稍不留意,就会变成对方法的模拟,但除了重复证明清儒语言研究取得的已有成果之外,又能带来多少新见呢？

三、各还其本的"汉读"

　　利用语言考据,勾连字际关系而求经文之本字,无疑是重要且有效的方法。但片面强调小学工具,而忽视经师取舍、改读之所以然,同样会有所疏漏。因为文本的是非与立说的是非密不可分,正定文本,即是进行解释。

---

① 〔清〕徐养原《仪礼古今文异同》卷一,第284—285页。
② 〔清〕沈彤《仪礼小疏》,《清经解·清经解续编》,上海:上海书店,1988年,第2册,第585页。
③ 〔清〕阮元撰,邓经元点校《揅经室一集》卷五《与高邮宋定之论尔雅书》,《揅经室文集》,北京:中华书局,1993年,第126页。

段玉裁对"汉读"的研究,正因其对汉人注经条例的精当归纳,为学者清理经师之注解,深入理解经师注经之意奠定了基础。

段玉裁为《周礼》《仪礼》作《汉读考》时,对文字形音义之关系已经有了极为深入的研究。是以他对异文的字际关系有精彩的说明,总结出成熟的方法。可以说,段玉裁的研究直接影响了稍后的徐养原等学者处理异文的视角。同样,仅仅关注字际关系,忽视经师诂经之义的情况,段玉裁的论说也在所难免。①

如:"请醴宾",郑注"此醴当作礼",段玉裁以为:

> 按,醴宾如字亦自可通。李氏如圭《集释》曰:"士之醴子、醴宾、醴妇,经皆作醴,不必改为礼,大夫以上乃曰傧,曰礼。"②

按,郑玄于《仪礼》之中,屡屡改"醴"为"礼",显然有其考虑。而段玉裁在这里以"可通"言之,则于郑玄之意有未能深究之处。

但段玉裁之卓识则在于,他有明确的据底本是非以定经师立说是非的意识,将文字取舍与解说体系的建构联系在一起。这种观念非常超前,是以徐养原、宋世荦等虽皆参考段氏之说,但仍不能跳出"同通近转"的成法,不能得段玉裁真意。

段玉裁对汉儒注经条例的归纳见于其《周礼汉读考·序》:

> 汉人作注,于字发疑正读,其例有三:一曰读如、读若,二曰读为、读曰,三曰当为。……读如、读若者,拟其音也。……读为、读曰者,易其字也。……当为者,定为字之误、声之误,而改其字也,为就正之辞。③

段氏所言三例,学者耳熟能详。段氏非特为《周礼》注而发,而目之为汉人注经通例,以为汉儒注经之条例若能彰明,则汉儒各家之法可得以一一复原。故而段氏于有经师别本、郑玄改读之处,多着力推求其底本,还原其师法。

如:"祭祀共萧茅",郑玄注文云:

> 郑大夫云:"萧字或为茜,茜读为缩,束茅立之祭前,沃酒其上,酒渗下去,若神饮之,故谓之缩。缩,浚也。"……杜子春读为萧(段玉裁:为当作从)萧,香蒿也。玄谓《诗》所云"取萧祭脂",《郊特牲》云:"萧合黍稷臭,阳

---

① 相较于其后的徐养原、宋世荦而言,段玉裁已经颇能注意推求郑玄取舍改读之义了。也正是基于此,他才可能关注"汉读"的问题。比如段玉裁对郑玄所据之底本容是今古文混淆本,今古文可能皆有别本,不当以许慎郑玄互相拘执等观念亦有一定的认识,对许慎、郑玄之异同也有较为通达的看法,但在具体讨论时却又过分信赖考据学方法,未能彻底贯彻自己的观点。
② 〔清〕段玉裁撰,钟敬华点校《经韵楼集》卷十二《仪礼汉读考》,上海:上海古籍出版社,2008年,第352页。
③ 〔清〕段玉裁撰,钟敬华点校《经韵楼集》卷二《〈周礼汉读考〉序》,第24页。

达于墙屋。"故既奠然后焫萧合馨香,茅以共祭之,苴亦以缩酒。①

段玉裁详细分析此处经文:

> 郑大夫依或本作苴,大夫读为缩酒之缩。……杜子春读从萧。凡二本字乖异,而用一废一日从,如萧或为苴,郑仲师从苴而读缩,杜则从萧是也。郑君从杜,萧与茅为二,大夫、许君苴茅为一。苴字又见于《毛传》,云"湑,苴之也"。若王献之《辞中令帖》云"蓬苴与兰蕙齐荣",盖谓苴即萧字,非是。②

段玉裁以为"祭祀共萧茅",有异文作"苴茅"。郑大夫从所见本"苴",而以为此字有误,改读为"缩",以"缩茅"为一物。杜子春则从所见本"萧"而如字读,以萧、茅为两物。郑玄则是取杜子春之本为定本,说亦同杜氏。段玉裁根据条例,改注文中"杜子春读为"为"杜子春读从",以杜子春未易字,不当用"读为"。此条之中,段玉裁不论断异文之正误,而是利用异文提供的线索,理清各家之说,使郑大夫、杜子春、郑玄、许慎各家不相混杂。

理解经师立说与审定经书文本是交互的。唯有深究经师诂经之旨趣,才能可靠的归纳"汉读"条例,审定经书文本;又唯有深明"汉读"条例,才能按图索骥,讲明经师诂经之旨趣。这个过程,极高明又极危险,因为后人理解前人,必然会掺杂主观意见在内。段玉裁之"汉读"也不例外。

如《周礼·闾胥》"凡春秋之祭祀、役政、丧纪之数,聚众庶;既比则读法。"郑注:"祭祀,谓州社、党禜、族酺也。役,田役也。政若州射党饮酒也。丧纪,大丧之事也。四者及比皆会聚众民,因以读法以敕戒之。故书既为暨,杜子春读政为征,暨为既。"③

段玉裁改易经文、注文,以为经注中"既""暨"二字互讹:

> 注:"故书暨为既(今本作既为暨),杜子春读政为征,既为暨(今本作暨为既)。案杜读政为征,而郑君曰'政,若州射、党饮酒也',则不从杜说也。杜子春读既为暨,而郑君曰:祭祀、役、政、丧纪四者及比共为五者,皆会聚众民,因以读法。以及训暨,则从杜说也。或从或不,而皆存其说者,以俟后之人有考也。故书作既,杜易为暨,郑君依以正经文。今各本以注改经,以经改注,遂使及训不可通矣。经谓当案比时读法,不在既案比后也。公羊传曰:'会、及、暨皆与也。'"④

---

① 《周礼注疏》,卷第四《甸师》,第1427页。
② 〔清〕段玉裁《周礼汉读考》卷一,《续修四库全书》(据经韵楼本影印),上海:上海古籍出版社,2001年,第80册,第267页。
③ 《周礼注疏》卷十二《闾胥》,第1549页。
④ 〔清〕段玉裁《周礼汉读考》卷二,第282页。

段玉裁对"既比"的理解与旧说不同。段氏以为,若众人聚会已毕,则不当有读法之事,读法当在众人聚会之初。故段氏改"既比"为"暨比",以及训暨,谓祭祀、役、政、丧纪四事及比会之事,共为五事,皆有间胥读法。更进一步,段氏因其对经文之理解,在没有版本根据的情况下改注文、改经文,申说杜子春、郑玄之法。虽能自圆其说,但是否合于经注原意,则在疑似之间。

是以《周礼汉读考》《仪礼汉读考》问世之后,颇有批评之声。翁方纲便认为"不知郑君昔时果森然起例若斯欤?抑或郑未有例而段氏代为举例欤?""今段君既苦为分明,而于其所谓三例者中,又时有龃龉,则又为之说曰:读为疑作读如,读若疑作当为。昔郑君礼堂写经,自谓整百家之不齐,孰意千载下又有整郑君之不齐者。良可笑也。"① 翁氏的批评的确指出了段玉裁以己意改经注的弊端,段氏所谓"汉读"自然不是毫无瑕疵、确凿不移。

但我们也必须承认,汉儒注经实有拟其音以使经文易晓,有易其字以表明其观点的大关节。拟其音、易其字,则汉儒注经必有各自之"一家之法"渗入。段玉裁通过梳理经师底本,分别解说不同,较之于单纯沟通异文的字际关系,无疑揭示出经师经说所具有的更为丰富的内涵。这样的一种思路,也必然会给后之学者以重要启发。

四、明家法以求"郑读"

承段玉裁之说,陈寿祺直接提出"郑读"的话题。翁方纲与陈寿祺曾就段玉裁《汉读考》有过往复讨论,陈氏坚定地站在段玉裁一方。翁方纲以为郑玄改字之原因、条例并不明晰,且妄改之字多于改对之字。② 而陈寿祺则是从"扶师法、正经术"的角度去理解郑玄,力图说明郑玄正是由斟酌去取、增以己意而成"议礼之宗"的。其《礼记郑读考自序》云:

> 或讥郑司农注《礼记》多改字而妄,甚哉其诬也。……郑所改读略有四例,有承受经师者,有援据别本者,有稽合经典以订之者,有辄下己意、审核声音训诂以定之者……此郑君所以网罗斟酌致精,卓然为议礼之宗也。而一孔之士乃以郑好改字动相訾謷,所谓是末师而非往古,从善服义之公心岂不诬哉?余故专举郑注异读,博稽文字,证明本源,为《礼记郑读考》,俾流俗不得妄施其谤焉,亦欲扶师法,正经术,绌寡陋,存道真云尔。③

---

① 〔清〕翁方纲《复初斋文集》卷十六《书金坛段氏汉读考》,《清代诗文集汇编》本(据清刻本影印),上海:上海古籍出版社,2010年,第381册,第166—167页。
② 〔清〕翁方纲《复初斋文集》卷十六《书金坛段氏汉读考》,第166—167页。
③ 〔清〕陈寿祺《左海文集》卷六,清刻本,第9—10叶。

陈寿祺之子陈乔枞则更"谨述所闻,寻郑君改读之例悉心搜讨,旁征博引,证明本源"。① 陈寿祺引为同道的胡承珙,②亦在《仪礼古今文疏义》序言中明确提出了自己的宗旨:

> 是则郑注……凡皆审定声义,务存折衷……至于句字多寡,语助有无,参酌同异,靡不悉记。疏家视为粗略,鲜有发明,不知当日礼堂写定,只字之去取,义例存焉,闳意眇旨,有关于经者实夥。窃见及此,遂取注中迻出之字,并读如、读若、读为、当为各条,排比梳栉,一一疏通,而证明之……凡皆墨守郑学,邕厥指归。③

与徐养原等人相比,胡承珙关注的焦点有了明显变化。他并不是在语言文字的层面上关注今古异文以及郑玄改读,而是试图在通郑玄"一家之法"的观念下,探求郑玄取舍之原因,进而深入理解郑玄之经学。是以旧时"疏家视为粗略,鲜有发明"的去取改读,在胡承珙看来却"有关于经者实夥"。

正因为胡、陈二氏关注郑氏"一家之法",故更能曲尽郑玄之义。除了通过分析异文,讲明郑玄"逐义强者从之"的特点外,二人对郑注的体系性也有更进一步的认识,并在探求郑玄之义的过程中,尽力将异文、改读放在郑注体系中加以审视。这就不仅在理解郑玄,实际上已经在构建、深化郑玄之经说体系,是在以述郑的方式参与经学的新建构。

如前言之"堕祭",郑玄于注注中所列之异文颇为驳杂,且兼有错讹。胡氏于此力求梳理郑注,讲明郑注各处用字不同之缘故:

> 《周礼》守祧作隋。隋,《说文》训裂肉,与此无涉。郑《周礼注》不破隋为堕,而《士虞礼注》引《周礼》曰:"既祭则藏其堕。"《曾子问》"不绥祭"注云:"绥,《周礼》作堕。"是郑所见《周礼》本作堕矣。《士虞礼注》云:"下祭曰堕,堕之,犹言堕下也。"此义甚明。《士虞记》"不绥祭"注云"绥当为堕",则直更正其字。郑意此字本皆作堕,或有作挼者,因堕读近挼,且挼与堕义亦相近。《说文》"挼,推也",《玉篇》《韵会》引皆作"挼,摧也",摧亦有堕下之义,故古文堕祭有作挼祭者。至作羞、作绥则与堕义全然不合矣。古文堕有为胏者,亦以声近而误。古文又有作抐者,此又因挼字形近而误,挼祭与抐、䐑本属两事。

又《特牲》礼,"佐食授挼祭"注云:"妥亦当为挼,今文或改妥作授。"

---

① 〔清〕陈乔枞《仪礼郑读考》序,《续修四库全书》本(据清刻左海续集本影印),上海古籍出版社,2001年,第106册,第68页。

② 陈寿祺欲作《仪礼郑读考》,然其得胡承珙之书,以为此书"故已先得我心",遂辍而不为。

③ 〔清〕胡承珙《仪礼古今文疏义》卷首,《续修四库全书》据道光五年(1825)求是堂刻本影印,上海:上海古籍出版社,2001年,第91册,第497—498页。

《士虞》疏所举经中五字不同,堕、授、羞、绥、挼独不及妥,疑此经文本亦作"佐食授绥祭"郑云"绥亦当为授,今文或皆改授作绥"耳,作妥者又后人以绥字而误。①

胡氏行文简练而意蕴颇深。他以为,郑玄注文实有条理可循:"堕祭"乃是祭名之正,《周礼》作"隋",而郑玄并未改读,并非是因为郑玄有疏漏,乃是因为郑玄所见之《周礼》作"堕","隋"乃是后人所改。而古文亦有作"授"者,于此郑玄并未强调以堕为正,而是兼存两者,乃是因为两字字音、字义相近,故郑玄虽以堕字为优,但不强改授字。至于绥、羞、挼诸字,则与堕字义较远,故郑玄必于注中叠其不取之字以见其意。经胡承珙总结梳理,经注文本得以各还其旧,而郑玄注经之条例、取舍之旨趣亦得以彰显。

陈寿祺父子亦如此。《礼记·丧大记》记载国君探视大臣之疾,云:"寝东首于北牖下。"注文云:"谓君来视之时也。病者恒居北牖下,或为北墉下。"

此处之经、注文亦必然有错讹。郑玄注《礼记》,亦取其所用之字入正文,将不用之字叠入注文。室无北牖,今本经文"北牖"必然有误,而注文言或本作"北墉",于文顺当。是经文注文必然在流传过程中为后人改易。但改易是有多种可能的,未必即如今人所言,以为当径改经文之"北牖"为"北墉"。②

《郑读考》在处理此问题时,是相当谨慎的。首先罗列诸本之异文:

> 案阮氏《校勘记》云:"惠栋校宋本'或为北墉下'无北字。卫氏《集说》同。案《释文》为墉,音容,是亦无北字。"又张敦仁《抚本礼记郑注考异》云:"注'或为北墉下'各本同,唯山井鼎所校宋板无北字。案《释文》以为墉作音,是其本无也。"

这些异文就提示我们,经文、注文未必仅仅是"墉""牖"两字之间的讹混,甚至可能还有"北"字的增减有无。《郑读考》提出自己的观点,以为:

> 经"寝东首于北牖下",当作"寝东首于牖下"。注"病者恒居北牖下","牖"字当作"墉"。"或为北墉下",当作"牖下,或为北墉下"。转写文有讹脱耳。

即经文作"寝东首牖下",注文作"谓君来视之时也。病者恒居北墉下。牖下,或为北墉下"。《郑读考》例举相关文献:"《士丧礼》'死于适室'注'云疾时处北

---

① 〔清〕胡承珙《仪礼古今文疏义》卷十四,第575—576页。
② 华喆《君视疾时士东首于南牖、北墉下辨》,《中国哲学史》,2015年第2期,第11—16页。此文据敦煌《论语》郑注残卷以论证郑玄以为君视疾时士东首于北墉下。但其于《丧大记》经注未能留意郑玄注经之条例,对此篇中经文的错误则并未给予足够的重视,因而其所论是据敦煌《论语》郑注孤证而加以阐发,难称确论。而其所谓包咸、皇侃未得郑玄本义之说,恐亦有所未安。

墉下,死而迁之当牖下'。《士丧礼·记》'士处适寝,寝东首于北墉下'注云'将有疾乃寝于适室'。"并下断语云:

> 若此经作"北墉下",则是疾病恒处之所,郑注何缘释为'君来视之'之时乎?唯经实作"牖下",故郑君又云"病者恒居北墉下",明此云"牖下"者,以君来视之而移处也。①

即是说,一般情况下,病者恒居北墉下,这是礼之常。如果国君来探视之时毫无变化的话,郑玄又何必在注文中特发义例,言"谓君来视之时也"呢?如此反推,则只能是经文言"寝东首于牖下"与常礼不符,以君来视疾,变于常,故处南牖下。是以郑注紧接着便说明礼之常"病者恒居北墉下",以与礼之变形成对比。如此一来,《丧大记》经注之本义得以讲明,文字之错讹得以纠正,而包咸、皇侃等人说也恰承郑氏之说,并不相违。

可知在胡承珙、陈寿祺等人眼中,郑玄用字严格而又灵活。他们对郑玄注经条例有充分的理解,从而得以发现经文、注文之错讹,以还旧本原貌,而郑义亦因此而得以彰明。在面对文本错误时,他们能综合考察,力求依据郑注体系审慎立说,则更是直接参与到对郑玄体系的建构之中。

是以其说固然含有主观因素,所论郑氏之义,也未必果真为郑玄本义,但其说无疑让我们认识到了经注文本可能具有的复杂性,也让我们对前代经师的理解更为深入。明郑氏一家之法,深入探求郑读的过程,是主动参与经学体系建构的过程,正是这样的参与感保证了经学的活力,也自然而然会激发后来者对经学阐释多种可能性的探求。

五、超越"郑读"

胡承珙、陈寿祺意在彰明郑玄"一家之法",黄以周则更进一步,不仅希望讲明郑氏之义,还希望能利用异文以深究今文、古文之家法。黄以周认为,简单以通转勾连字际关系,"而不各寻其义,甚且执一文破一文,可知其失矣"。②在黄氏看来,异文为异说提供了土壤,对经文的解读也因异文、异说而更为丰富。他希望不拘于一家之法而通众家之法,以求经学解释更丰富的可能性,来实现对"郑读"的超越。

他继承了段玉裁等人对"汉读"的认识,尤其重视对"或作"的理解,这成为黄氏特点所在。郑玄之时无论是今文、古文本,抑或今书、故书本,皆有别本传

---

① 〔清〕陈乔枞《礼记郑读考》卷五,第166—167页。
② 〔清〕黄以周撰,王文锦点校《礼书通故》第四十三《六书通故》,北京:中华书局,2007年,第1717页。

世,诸本文字早已混用。黄氏对此已经有所认识:"秘府所藏鲁淹中礼五十六篇、记百三十一篇,为古文,又有隶古定为古文之或本,当时礼堂写定之字亦有歧出也。高堂生所传十七篇为今文,后又分为大、小戴两家,此今文所以有'或作'字也。"① 也就是说,注文言"今文或作某"并非是说古文作甲而今文作乙,乃是说今文一本作甲,别有今文或本作乙。古文、故书亦如之。

这样一来,黄以周就可以利用"或作",将作为学派意义的今古文和文字学意义上的古今字加以区别,从而为析论今古文家法提供基础。如下例:

> 郑众云:"外府共其财用之币齌。齌或为资。今礼家定齌作资。"郑玄云:"齌资同耳。其字以齐次为声,从贝,变易。古字亦多或。"以周案:齌为故书,故书即古文。故《聘礼》"问几月之资",注云"古文资作齌"。作资之"或"为故书或,故注申之云"古字亦多或"。先郑注云"齌或为资",又云"今礼家定齌作资"者,亦以明作资之"或"非今文,则"或"为故书或明矣。凡先、后郑两注所云"今礼"者,皆指十七篇之今文言。汉时十七篇今文在先,隶古定在后,当时礼堂写《周官》,容有从今礼家言定之,故先郑云然,则故书或为隶古定有明证矣。后郑云"古字亦多或",谓隶古定为资,非用今文,亦古字之变,故故书齌亦多作资,见《典妇功》《典枲》诸注。其字皆以从贝为义,谐声取声不取义,齐次皆可,说又见后。②

黄以周的前提是,《周礼》为古文经,郑司农、杜子春及郑玄注《周礼》,是以"故书"为底本。③ 于是,在他看来"齌"即是古文无疑。然则"今礼家定齌作资"是否是经师受到今文学的影响,以今文师法解《周礼》呢? 黄以周并不认同这种看法,他认为郑司农所本为"故书",则其所云"齌或为资",乃是指故书别本作"资",此"齌""资"二字之差异,并不是古文学、今文学之差异,实乃"故书"(古文学)内部不同别本之间的差异,无论是作"齌"还是作"资",均是故书系统。而所谓"今礼家定齌作资",乃是说《仪礼》十七篇流传较早,学者转写《周礼》时,或参酌今文用字。即便其用字与今文相同,此隶古定后改作之"资"亦当以古文故书目之。如此才合于今文、古文之家法。而郑玄"古字亦多或",亦是在强调故书容有或本,此或本亦是故书而已。

可见在黄以周的观念中,古文、故书可以有古字、今字,今文、今书亦可以有古字、今字,不当以用字之古今来认定学派。因而在面对许慎《说文》与郑玄注文所言某字之古文、今文有异时,他能具有较为通达的见解:

---

① 〔清〕黄以周撰,王文锦点校《礼书通故》第四十三《六书通故》,第 1696 页。
② 同上书,第 1697—1698 页。
③ 郑注《周礼》用故书抑或今书为底本,学者颇有争议,难以确论。这里对此问题不做讨论,而是站在理解黄以周的角度上接受此前提。

> 以周案：许书所谓古文者，有苍颉初造之古文，有史籀后出之古文。郑注所谓古文者，鲁淹中之科斗书也。淹中之书，间有用后出之古文，……今文则易以当时承用之字。①

无论是许慎《说文》中的古文、今文，抑或郑玄注中的古文、今文，在黄以周看来，可能都是文字意义上之古今字，是浮动的概念。于是将许、郑所记异文强行加以对比以定学派上的今文、古文就变成无效的工作了。所以黄以周指出，在理解许、郑差异之时，应该各从其宜，而不得强彼适此，如此方能保证经义解释的丰富性。

黄以周对段玉裁之批评也正在于此。他认为，段玉裁未能够领会许、郑各自之义，而过多着眼于文字之本字借字、今字古字，故其所改易文本颇混淆许、郑之法，而有未当。如：

> 郑玄云："餕，古文皆作馂。"段玉裁云："《特牲》、《少牢》皆云古文餕作馂，许书则无馂有餕、饙字。但礼经之餕训食余，而许餕、饙同字，训为具食，则食馀之义无着。盖许饙、餕当是各字，饙当独出训具食，餕、馂当同出训食余，乃与礼经合。又《礼记》之字于礼经皆从今文，而字作馂，疑注当云'今文餕作馂。'"以周案：具食为餕之本义，食余为馂之本义，餕、馂为今古文之异。许从今文餕为具食而无馂字，郑又以古文馂定餕为食余，此又许郑之异。段氏欲参合今古文、许郑注而一之，宜其纷纷改易原书。其实《说文》宜有馂字，而餕训具食，自取今文家说，不得以郑义汨之。②

段玉裁注意到，《说文》有"餕""饙"而无"馂"字，然"馂"见于郑注，谓为"餕"之古文。以理推之，许书不得无"馂"。且许慎训"餕""饙"为"具食"，然《仪礼》用"餕"则训为"食余"，是《说文》与《仪礼》，许慎与郑玄有异。故而段玉裁改易《说文》，训"饙"为"具食"，又增补"馂"字，与"餕"同训"食余"，以弥合差异。但黄以周指出，许慎、郑玄之差异不必强为弥合，因为这本来就代表了不同的经说授受以及经师解释的差异，弥缝其间则有混乱家法的危险，而保留差异则可以保留经学解释的多种可能。

故而黄以周提出"其有字义远隔者，今文别有取义，不得以古文家言绳之，亦不得以今文定古文"。而近人"徒知互通，以古文家说参之，失今文意。又以今文家说牵合古文，并失古文意"。③ 所以凭借同通近转之法，沟通字际关系，将经学简单化、平面化的做法，必然为黄以周所不取。

---

① 〔清〕黄以周撰，王文锦点校《礼书通故》第四十三《六书通故》，第1703页。
② 同上书，第1713—1714页。
③ 同上书，第1700页。

更进一步,黄氏除了能讲明郑玄之义外,又能不墨守郑玄,而"复活"旧解,从而较胡氏、陈氏更进一步:

> 郑玄云:"'既拾取矢,梱之'。梱,齐等之也。古文梱作魁。'扬触梱复',谓矢至侯不着而还复。复,反也。古文梱作魁。"
> 胡承珙云:"说文无梱字,只当作梱。《孟子》作捆,《淮南·修务训》'梱纂组'字仍作梱。高注云:'梱,叩椓。'梱复之梱,亦当训扣。扣,击也,谓矢击侯不中,激而还射也。魁与梱,一声之转,古文同声假借,郑所不从。"①

黄以周则以为:

> 以周案:此亦今古文各自为义者。古文作魁,魁,首也。矢以镞为首,栝为末。"魁之",谓上镞。"魁复",谓上触而退复。说详《射礼》门。必以今文义合古文,凿矣。②

如胡承珙说,梱魁一声之转,魁乃是梱之假借字,郑玄用本字,训叩,谓叩击使箭矢整齐。胡氏此说能彰明郑玄之义。而黄以周则以为,虽然两字可通,然实际各有取义,不当因通转而取消两字之差异。故黄氏为魁字别立一说,以"魁之"为整理箭矢,使箭镞向上。

黄氏此说当否虽难以确论,但今文本,古文本,今书本,故书本用字各有取义的可能性是存在的。以通转消解差异,以训诂简化经义探讨,确实有可能忽视了经师寄寓于文字中的深意。从这个角度而言,黄以周无疑给了我们巨大的启发。其以"或作"保留别本文字,并由此判别、深究文字背后之家法、意旨,主观臆断固然难免,经文解释的多种可能性也正由此而得以生发。

结　语

郑玄对三礼文本进行的异文取舍与改读工作,是"礼是郑学"的文本基础,也只有将之作为郑玄礼学体系中的一部分加以理解,才能使我们正确理解郑玄。清儒对郑注三礼异文的理解,虽是清代礼学、清代学术史中的细节问题,但由此我们仍可得以窥清代学术之一斑。

通过语言训诂的方法,沟通异文字际关系,正定文字是非,是乾嘉考据学极为兴盛、语言工具的运用极为纯熟的客观反映。这种研究对我们理解经注有重要的作用,但对研究方法过于依赖,则会不自觉地忽视对郑玄注经之义的

---

① 〔清〕胡承珙《仪礼古今文疏义》卷七,第532页。
② 〔清〕黄以周撰,王文锦点校《礼书通故》第四十三《六书通故》,第1707页。

探求，不能明了其寄寓于取舍改读中的旨趣。一旦学者注意到这些问题，将文本取舍与诂经之义联系起来加以考虑，在"一家之法"的视角下审视郑注，则取舍、改读中所体现出的郑玄之义，也就得以展现在学者面前。

推求郑玄之义，是一个存在主观性的工作，参与其中的学者，不仅仅是"发现"郑玄，同时也不可避免地在"建构"郑玄。这一过程不仅有助于我们深入理解郑玄，也同时蕴含着超越郑玄，另外创建新的解释体系的可能。经过乾嘉考据的细密研究，郑注中存在的问题已经得到充分展现，而清儒之新说妙解也所在多有。学者们有了更为丰富的资源，更为灵活的视角可兹为用，也就更有可能实现对旧解的超越，而提出更为精彩有趣的新解。

从更广泛的意义上来看，清儒对郑注异文理解的进程，可以视为清代学术研究进程的缩影。从乾嘉学术之精深，向道咸以降学术之更新的演变，正是经学研究内部由文字训诂到解释体系建构的演进趋势所带来的必然结果。乾嘉学者的经学研究对旧解有充分的批判，提供了大量资源，其缺陷则在于碎片化，能破旧说之误，但不能实现诠释体系的更新。整合已有成果，建构诠释体系，需要在一定的积累上才能实现，也需要后人用更多的精力去完成，而成果也更为艰深晦涩。道咸以降，无论是治古文经还是今文经，学者们在运用训诂方法的同时，都在致力于对"一家之法"进行研究与建构。在这个过程中，推进学术演进的，或许并不是"实事求是"的客观考证，而是主动理解前人，参与经学建构的主观努力。这应当是一种值得关注的变化。而这种变化的内在逻辑，也应该成为我们关注的问题。

祁寯藻本《说文解字系传》刊刻考*

董婧宸**

【内容提要】 道光十九年(1839)以足本系统的顾广圻抄本为主要底本刊刻的祁寯藻本《说文解字系传》，是清代中后期影响最大的《系传》刊本。据祁寯藻幕下的苗夔、张穆、胡焯等人的记述和批校可知，道光十七年九月，祁寯藻出任江苏学政后，经李兆洛介绍，自顾瑞清处借得顾广圻旧藏的《系传》抄本，又从汪士钟处借得宋刻残本卷三十至四十，在暨阳书院校勘付梓。顾广圻旧藏的《系传》抄本，实为顾广圻据顾之逵旧藏的毛扆手校《说文解字系传》影摹的录副本，并据黄丕烈所藏的钱楚殿抄本《系传》补足木部阙页。祁刻本刊刻时，祁寯藻幕下的苗夔承担了写样审定和初印本的校勘工作，李兆洛门生承培元、吴汝庚等人则主要负责写样付梓和撰写《校勘记》。道光十九年九月刊成后不久，陆续有校订修版，从而形成了从顾抄本到祁刻初印本、祁刻后印本的复杂面貌。由于祁寯藻刻本成于众人，校改经过复杂，在使用时应注意参考钱曾述古堂抄本等其他抄本。

【关键词】 说文解字系传　祁寯藻　苗夔　顾广圻

东汉许慎撰《说文解字》十五卷。五代南唐时期，徐锴依《说文》原本，附以注释，作《说文解字系传》四十卷，世称"小徐本"。① 道光十九年(1839)祁寯藻

---

* 本文得到北京师范大学青年教师基金项目"《说文解字》与清代学术"(项目批准号：310422118)的资助，论文写作中，得到北京师范大学王宁先生、北京大学辛德勇先生、上海图书馆郭立暄先生及人民文学出版社董岑仕老师等师友的帮助，特此致谢。

** 本文作者为北京师范大学民俗典籍文字研究中心、文学院讲师。

① 宋太宗雍熙三年(986)，徐铉等人奉诏校订《说文》，整理为《说文解字》三十卷，世称"大徐本"。为行文方便，本文遵循前人习惯，使用简称。《说文解字》简称《说文》，《说文解字系传》简称《系传》，朱文藻撰(四库本题汪宪撰)《说文系传考异》简称《考异》。刊本之中，毛本指康熙年间毛扆刊汲古阁本《说文解字》；孙本指嘉庆十五年(1810)孙星衍平津馆本《说文解字》；残宋《系传》指汪士钟旧藏宋刻《系传》残本；汪刻本指乾隆四十七年(1782)汪启淑本《说文解字系传》；祁刻本指道光十九年祁寯藻本《说文解字系传》刻本，涉及祁刻本的初印和后印刷改时，以"祁刻初印本""祁刻后印本"加以区别；藏本之中，毛抄本《系传》指毛扆手校《系传》抄本；钱曾本指述古堂旧藏《系传》抄本；钱楚殿本指钱楚殿旧藏《系传》抄本；翁抄本指翁方纲旧藏《系传》抄本；朱抄本指朱筠旧藏《系传》抄本；顾抄本指顾广圻自毛扆手校《系传》抄本录副的抄本(不指顾之逵藏毛扆校《系传》抄本)；批校本中，苗校本指苗夔校汪刻本；赵校本指赵味沧过录苗夔校祁刻本，各本刊刻或流传情况详下。

以顾广圻旧抄本、汪士钟藏宋椠残本为底本,刊成《说文解字系传》,是清代中后期影响最大的《系传》刊本。

关于祁寯藻《说文解字系传》刻本,郭立暄详细考察了存世祁刻本的不同印本,指出祁寯藻本"经苗夔等人多次修改,传世印本至少有八种,文字各异",揭示了祁刻本前后修版的复杂面貌。① 但关于祁刻本的始末,仍有几个关键问题有待解决:祁刻本的底本,即祁寯藻自顾广圻之孙顾瑞清处借得的《系传》抄本面貌如何?祁刻本刊刻中,对底本做过怎样的校改?在初印本刊成后,又如何对初刻本进行修版?本文试据祁寯藻(号春浦,一作春圃)、李兆洛(字申耆)、苗夔(字仙麓,一作先路)、张穆(字石洲)、胡焯(字光伯)等人的相关记述,梳理祁寯藻刻本从顾广圻抄本录出、刊刻写样再到刊成之后的校改过程。这一研究,一方面有助于明确顾广圻旧藏《系传》抄本的源流,另一方面也有助于深化对祁寯藻《说文解字系传》刻本的认识。

一、祁寯藻本《说文解字系传》刊刻缘起

乾隆末年以迄道光初年,仅有少数学人能获见《系传》足本系统的抄本,多数学人只能利用底本残缺不足的汪启淑刻本《系传》。段玉裁《说文解字注》介绍了"姑苏顾氏、黄氏所藏"足本《系传》的存在。道光十七年祁寯藻出任江苏学政。祁刻本的刊刻,与时在祁寯藻幕下的苗夔有着密切的关系。

(一) 清代前期流传的《系传》版本

在祁刻本刊刻以前,清代流传的《系传》版本,主要包括残宋本《系传》、抄本《系传》、乾隆四十七年(1782)刻汪启淑刻本和乾隆五十九年马俊良刻龙威秘书本。

《说文解字系传》宋刻残本为赵宧光(字凡夫)旧藏,明清时期,该本一直在江南一带流传,是祁寯藻刻本的底本之一,详见下文。

清代流传的《系传》抄本,与残宋本行款相同,半页七行。根据篆文和说解

---

① 郭立暄《中国古籍原刻翻刻与初印后印研究》,上海:中西书局,2015年,第105页、第393—405页。郭立暄以全面的版本调查、详实的异文考察,较为准确地揭示了祁刻本的修版先后、版本面貌。需要指出的是,郭立暄主要以《校勘记》是否附入作为划分祁刻本初印本和后印本的标准。笔者认为,祁刻本正文内容的校改,是初印到后印更明显的变化,由此,本文吸收郭立暄的版本鉴定相关成果,在不需要区别具体印次的时候,以正文的校改与否为标准,将郭立暄文中所考察的文字没有较大变化的初印甲本到后印甲本,统称为"祁刻初印本";将正文发生了较大变化的后印乙本、后印丙本,统称为"祁刻后印本"。另,郭立暄文中所述的"极初印本",恐并不存在。郭氏提出,国图藏祁寯藻刻本《说文解字系传》(字131.2/515.1/部五)卷三十六中的赵眛沧过录校语反映了苗夔所校的"极初印本",今复核原书,知该处校语为赵眛沧以朱笔过录卢文弨校汪刻本的校语,非指祁刻本的先印后印。

是否足备，《系传》抄本可分为足本、缺本两个系统。足本系统的篆文字头和徐锴说解基本足备；而与之相对，缺本系统的抄本，在卷十至二十中，多有篆头丢失、徐锴注语脱漏的情况，以至于㓁、㳄、月、欠、旡、嵬、象等部首全部脱去。据记载，在江南一带流传的毛扆旧藏《系传》抄本、①钱曾旧藏《系传》抄本、②钱楚殷旧藏《系传》抄本，③虽然各本之中或有整页缺页，但篆形、说解足备，皆属足本系统。④乾隆三十五年前后，朱文藻作《说文系传考异》时借得的郁陛宣藏抄本、朱奂藏抄本、徐坚抄本，及四库馆开馆后在京师流传的四库馆本、朱筠藏抄本、⑤王杰藏抄本、翁方纲藏抄本，⑥皆属缺本系统。⑦

乾隆四十七年，在翁方纲的鼓励下，汪启淑以经过翁方纲、桂馥、丁杰、沈心醇等人校勘的翁方纲旧藏《系传》抄本，附以朱文藻《说文系传考异·附录》初稿中的前人题跋，刊成汪启淑刻本《说文解字系传》。汪启淑刻本半页七行，每行大字约十字，小字双行，行约二十二字，与抄本行款有异。汪氏的主底本为缺本系统的翁方纲抄本，校勘时又多据大徐本校改注释，刊刻中复取汲古阁大徐本篆文字形，故舛误脱漏不少。⑧乾嘉之际，无论是参与汪刻本刊刻的桂

---

① 毛扆旧藏《说文解字系传》，今下落不明，乾嘉之际，曾藏顾之逵处，段玉裁、钮树玉、顾广圻均曾借阅，或称"汲古阁抄本"，或称"毛抄本"。参钮树玉《匪石日记钞》、顾广圻《说文辨疑》附《说文条记》"印"条、上海图书馆藏严杰过录段玉裁任泰校跋汪启淑刻本《说文解字系传》（线善 826955－60）等记载，馀详刘鹏《顾之逵小读书堆善本书志（经部）》，《文津学志》（第七辑），北京：国家图书馆出版社，2014年。

② 钱曾旧藏《说文解字系传》，今藏台图（书号 00921），十册，无格，板心中央书"虞山钱遵王述古堂藏书"，《读书敏求记》《适园藏书志》《莨圃善本书目》等著录。全帙收入商务印书馆《四部丛刊》1922年第一次影印本，唯影印时补画界格，与原本稍异。

③ 钱楚殷旧藏《说文解字系传》，今下落不知，据黄丕烈《百宋一廛书录》、李富孙《旧钞说文系传跋》《校经庼文稿》卷十七）等记载，知版心下有"虞山钱楚殷藏书"字，《木部》并无脱文。乾嘉之际，段玉裁、钮树玉、顾广圻等人曾借阅钱楚殷本。

④ 毛抄本《木部》有缺页，见严杰录段玉裁跋；钱曾本《心部》页十八脱去；钱楚殷本，据段玉裁《说文解字注》"惡"下云钱楚殷抄本《心部》不缺。按钱沅，字楚殷，钱曾长子。钱楚殷抄本的祖本，当出于钱曾抄本，颇疑钱楚殷抄本旧脱《心部》一页，曾由黄丕烈或顾广圻据毛抄本《系传》补足。

⑤ 朱筠旧藏《说文解字系传》抄本，今藏台图（书号 00923），十二册，黑格，钤有"筠河府君遗藏书记"印章。《椒华吟舫书目》（国图善 02849，清抄本）著录为"《说文解字系传》（写本），十二本"。道光二十三年时，王筠曾借得此本与祁寯藻刻本比较，并撰写跋文。

⑥ 翁方纲旧藏《说文解字系传》，今藏台图（书号 00922），六册，红格，钤叶志诜"叶志诜""东卿过眼"、张乃熊"菦圃收藏"等印，有翁方纲手校并题记，及桂馥、沈心醇等校跋。

⑦ 关于《系传》的抄本源流，参张翠云《〈说文系传〉板本源流考辨》，台北：花木兰文化出版社，2007年。需要补充和指出的是，一，王杰旧藏《说文解字系传》，据朱文藻撰王杰藏书录录《葆醇堂藏书录》（国图善 02824，刘氏味经书屋抄本），其底本为振绮堂本的录副本，亦祖出朱奂抄本。二，因翁方纲、朱筠等人均同时藏有《说文解字系传》和《说文系传考异》抄本，张翠云探讨《系传》版本时，有误将《说文系传考异》归入《说文解字系传》源流之例。如该书云李方赤抄本自朱筠本而出，其实李方赤抄本为《考异》抄本，非《系传》抄本。

⑧ 关于汪启淑本的刊刻底本和刊刻始末，详拙文《汪启淑刻本〈说文解字系传〉刊刻考》，《经学文献研究集刊》（待刊）。

馥,还是身在江南的段玉裁、钮树玉、顾广圻、黄丕烈,均已指出汪刻本篆文、正文与小徐旧抄本不合,并非善本。① 乾隆五十九年马俊良据汪启淑刻本翻刻《系传》,收入《龙威秘书》第十集。《龙威秘书》本半页九行,每行大字二十字,小字双行,行二十字。《系传》汪、马二刻,祁寯藻《重刊影宋本说文系传叙》言"歙汪氏刻有大字本,石门马氏刻有袖珍本,讹脱错乱,厥失维均",实为乾嘉以来学者的共识。

(二) 苗夔与祁寯藻刻本的刊刻

道光十七年,苗夔随祁寯藻一同至江阴。今国图藏汪启淑刻本、祁寯藻刻本各一帙,是反映苗夔参与祁寯藻刻本刊刻的重要史料:其一,苗夔手校汪启淑刻本《说文解字系传》(国图字 131.2/515/部二),有祁刻本刊刻前的苗夔校语,及道光十八年、十九年苗夔参与祁刻本刊刻时的跋语。其二,赵味沧(桢)校勘并过录苗夔校语的祁刻后印本《说文解字系传》(国图字 131.2/515.1/部五),上有赵味沧咸丰十一年(1861)四月间,先后两次从不同校本上过录的校语。第一次为四月十三日,赵味沧借得有卢文弨校语的汪刻本残本,仅存卷二十九至卷三十六,卢文弨校语除一处外均用朱笔,赵味沧亦依卢文弨校笔的朱墨色过录。② 第二次为不久之后的四月二十日,赵味沧又借得苗夔所校的祁刻初印本。为区别于卷二十九至卷三十六的卢文弨校语,赵味沧在此八卷中,另以蓝笔过录苗夔朱笔校语,以墨笔过录苗夔的墨笔校语,其余三十二卷,赵味沧仍以朱笔和墨笔,分别过录苗夔的朱、墨校语。③ 在过录二本校语之外,赵味沧另以"桢案",校勘祁刻后印本与汪刻本、祁刻初印本的区别。

---

① 参〔清〕桂馥《说文解字义证·附说》、〔清〕段玉裁《汲古阁说文订》"岨"条、〔清〕段玉裁《说文注》"魂"条、〔清〕钮树玉《说文系传跋》及〔清〕顾广圻撰、黄丕烈注《百宋一廛赋》。

② 赵校本钤"贵阳赵氏寿华轩藏""味沧迻抄"等印,卷三十六页十赵味沧跋:"以上八卷系卢弓父先生手校,辛酉(1861)四月十三日假得,亟照录之,唯原书系汪刻本,此则祁刻耳。有与汪刻不同者,附记于书眉,并加桢案以别之,以惧乱真也。味沧识。"则赵味沧所得的卢文弨校本仅有卷二十九至卷三十六。今知此本藏辛德勇先生处,钤"卢文弨""弓父手校""抱经堂校""嘉惠堂藏阅书""善本书室"印,上有卢文弨校语及卢文弨录梁同书校语。赵味沧第一次过录的卢文弨校语,除卷三十四页八的一处以墨笔,且赵味沧注明"此卢校"外,其余均为朱笔,与今存的卷二十九至卷三十六残本上的校语、墨色完全相合。又,今南京图书馆有卢文弨、梁同书校汪启淑刻本《说文解字系传》(GJ110125),该书入藏江苏第一图书馆时即有残缺、拼配,其中第一册、第二册(卷一至卷八)为卢文弨手校本,与辛德勇先生所藏原为一帙。第三册、第五册、第八册(卷九至十三、卷十七至二十、卷二十九至四十)另为一套,有梁同书校并录卢文弨校语,后赠与严元照,钤"元照之印""芳茮堂印"等印。

③ 赵校本卷二十九页五赵味沧跋:"自此卷起之三十六卷止,凡苗校朱笔,皆改用蓝笔,免与卢校混也。"卷四十末赵味沧跋:"此书以祁刊本为最善,然所据影钞本讹误敓落,仍所不免,展卷寻省,每苦难通。故前见卢抱经所校残本,即录于此本上。近复见苗仙麓先生手校本,亟假归录副。唯此本模印较后,已多据校本改正,其全字不同者,间加桢案,详记原委于书眉,若偏旁一二笔不同,此本已照校本更正者略之,录竟,特记其颠末若此。辛酉四月廿日夜,味沧识。"

苗夔早年即从段玉裁《说文解字注》"悥"下"今汪启淑所刻错本'悥'篆夺去。'惮'篆已下又夺一叶。少'惮'至'惢'三十三篆。唯姑苏顾氏、黄氏所藏旧抄不少",获知了顾、黄藏有《系传》足本的信息。① 在苗夔手校汪启淑刻本上,有苗夔细字密行的校语,其中卷十四"䍪""冃"二字下的校语,尤能反映出苗夔早年校勘《系传》的情形:

  䍪,从一託声。[苗夔]《顾命释文》《韵会》引作"奠爵也"。大徐衍"酒"字。此"䍪"下全无说解,恨不得姑苏顾氏、黄氏本校之。
  冃,从冂一声,莫报切。[苗夔,板框内]宋本云"重复也。从冂、一。凡冃之属皆从冃。(莫保切。)读若艸苺苺。"[苗夔,天头]案,读若在"莫保切"下,则后人妄加可知。而《校议》犹谓"艸苺当考",可笑也。"莫保切"三字,亦涉下"莫报"而误也。②

  案,䍪、冃二字,《系传》缺本系统、汪刻本均脱去注释。"䍪",大徐诸本作"奠爵酒也",《顾命释文》《韵会》引作"奠爵也",钱曾本《系传》作"奠酒爵也";"冃"字孙本作"读若艸苺苺",毛本、藤花榭本作"读若艸苺之苺",知苗夔所说的"宋本",当出自孙星衍本《说文》。在校勘汪刻本时,"䍪"字校语,苗夔全从严可均《说文校议》而出;③"冃"字则先据孙本抄补大徐本正文,后又于天头录严可均《说文校议》之说,但苗夔对严可均之说并不信从,故另有"可笑",讥严说不确。④ 从苗夔手校汪刻本《系传》的全书校语看,苗夔曾取大徐本《说文》说解及反切校补汪刻本脱漏,⑤并参以段玉裁《说文解字注》、严可均《说文校议》之说。同时,苗夔极其迫切地希望能得到如姑苏顾氏、姑苏黄氏等《系传》足本进行校勘。

---

  ① 〔清〕祁寯藻《䜱䜪亭集》卷二十三《苗先路读段氏〈说文解字注〉〈心部悥字下〉知徐楚金〈系传〉姑苏黄氏顾氏各有影钞北宋足本假观之愿形诸咏叹可谓勤已次答以志同好》下附苗夔之作,云:"南唐徐楚金,《系传》成四十,汪刻落叶多,破碎不完葺(原注:每部少字,每字少说解者,不计其数,段茂堂谓姑苏顾氏黄氏有影钞北宋足本),影宋闻顾黄,藏之等什袭。"知苗夔知"姑苏顾氏"本,即出段注"悥"条。
  ② 本文所录的校语,为行文方便,"[ ]"之前节录与讨论有关的底本正文,如所用底本为苗校汪刻本,则据汪刻本出正文;如所用底本为赵味沧校祁刻后印本,则据祁刻后印本出正文;"[ ]"之内以"苗夔""苗录毛扆""赵味沧""赵录苗夔校"等,注出校语的所属者和过录情况;"[ ]"之后则为校语。"□"表示原为空字。
  ③ 〔清〕严可均《说文校议》(嘉庆二十三年冶城山馆本):"《顾命释文》《韵会》廿二祃引作'奠爵也',此衍酒字。"案,严氏校语有误,《韵会》各本作"奠酒爵也",知苗夔"䍪"的校语,出自严可均说。
  ④ 〔清〕苗夔《说文声订》卷十四有"冃"条,云:"'苺苺之苺'四字当改作'蒙戎之蒙'","《校议》谓艸苺当考,不知铁桥今曾考得出否也。段注读得苺当作峀,引《左传》舆人之诵,然而与冃之隼音何涉,惜皆未能以许证许,故心穿凿而说支离也。"与此条批校可相参。
  ⑤ 按:苗夔校汪刻本卷十三《夕部》末,有苗夔校语:"大徐末有'佰,亦古文夙,从人、西。宿从此'"。由于大徐、小徐本的正文大抵相同,反切每有差异。考苗夔所补文字,卷十三"鞞黏樸槷楔",卷十四"定宗宜㝬宦"等篆下的反切同大徐本,且无徐错说解,故知系据大徐本补入。

道光十七年九月，苗夔随祁寯藻一起抵达江阴江苏学政节署。因李兆洛与顾广圻家交好，祁寯藻经李兆洛之介，自顾广圻孙顾瑞清处借得了顾广圻旧藏影宋《系传》抄本。苗校本卷十五"卹"字天头的苗夔校语，透露出苗夔获见顾广圻抄本的时间：

> 卹，徽卹受屈也。臣锴曰：此许慎全引司马相如《上林赋》之文。[苗夔]"扆案：此《子虚》之文，非《上林赋》也。二赋联属，楚金偶误耳。"戊戌正月廿八日澄江试院灯下校顾千里影抄寒山赵氏北宋本，扆乃毛子晋之子斧季也。经识。

案，"澄江试院"即江苏学政节署之别名。据此行校语，知祁寯藻、苗夔借得顾广圻抄本，不晚于道光十八年戊戌正月。

在借得顾广圻《系传》抄本后，苗夔随即在自藏的汪刻本《系传》中补入了部分汪刻本脱去的注文、篆文。其中主要包括以浮签补入和直接抄录于板框内两种，上举的卷十四"罠""冃"，苗夔以浮签贴去汪刻本的说解，另据顾广圻抄本补全《系传》说解及徐锴注释。又卷十三"臼"下，苗氏浮签书："杵臼字中四注，古文齿左右三注也"，旁注"从顾千里影宋本补改"，明确说明自顾抄本补全。"而、皋"二条，苗夔亦以浮签补入。①"韭、蘁"等二十余条，苗夔则直接以墨笔将顾广圻抄本的文字抄入板框内的空缺处。上述苗校汪刻本的文字均与后来刊刻的祁寯藻本相合。

同时，苗夔也过录了顾广圻抄本上的相关校跋。除上举的"卹"字毛扆校语外，亦见如下数则：

> （1）卷十九页八：鲁，兽名。从龟，吾声。[苗录毛扆]扆案，吾非声，疑作从吾。
>
> （2）卷二十页十七：悹，悁也。从心分声。臣锴曰：潘岳悁悁介而恨也。敷粉反。憼，《西征赋》：方鄙吝之悁悁。从心黎声。一曰急也。臣锴曰：黎，迟也，故为急。里西反。[苗录钮树玉]钮树玉曰："《西征赋》句，当在潘岳下。'恨也'二字，当在'憼'下。"
>
> （3）卷二十五页一：说文解字通释卷弟二十五[苗录顾广圻，浮签]楚金元书失落此卷，今照《说文》原本抄补耳，非锴《通释》本也，反切亦徐铉《韵谱》本，后文硃笔云："注中并无臣锴曰云云，此卷确是鼎臣本。"
>
> 元和顾千里家藏影钞寒山赵宧光家北宋本廿五卷顶上云云，经识。

---

① 案，苗夔校汪刻本中，有六条浮签，明确说明出自顾广圻抄本；又有二条苗夔浮签校语，与赵味沧过录本上所言苗夔自顾抄本过录的校语相合，由此可以判断，苗夔校汪刻本上以浮签出现的校语多自顾抄本中过录。

(4) 卷三十页一：说文解字叙目下[苗录顾广圻]元和顾千里家藏影抄寒山赵氏北宋本，此页顶上有朱书云："案后云：'司农南齐再看，旧阙二十五、三十共二卷。'则三十原系阙文，此《后叙》乃二十九卷之末，不应伪作三十卷以充其数。"

　　(5) 卷三十一页一：说文解字部叙弟三十一[苗录顾之逵，浮签]《系传》三十一顶上有硃笔云："此下朱笔，逵从宋椠校。"謇案：逵乃广圻之兄顾抱冲，名之逵。

　　苗夔自顾抄本过录的校跋中，第(1)条为毛扆校语，讨论"鲁"之六书；第(2)条为钮树玉校语，讨论《系传》文字讹夺，后祁刻本已据钮树玉校语改正；第(3)(4)条所录，出自顾广圻跋，系讨论《系传》卷二十五、卷三十阙卷问题。案，据《说文解字系传》各抄本后的题跋，俱云"旧阙二十五、三十共二卷"，今卷二十五中，各抄本的撰人、反切，与其他各卷一致，均题徐锴、朱翱，然该卷并无徐锴注释，反切又取大徐本，故顾广圻指出"此卷确是鼎臣本"。卷三十，顾广圻疑为后人自卷二十九拆出，非小徐旧貌。第(5)条所录，为顾之逵跋语，知顾之逵曾以残宋本校勘三十一卷以下的内容，惜苗夔并未过录顾之逵的具体校语。

　　据李兆洛跋，自顾瑞清处借得顾广圻抄本后，祁寯藻"即勾工梓之"，而从苗夔校本看，苗夔或在谋刊时起到了积极促成的作用。

二、祁寯藻本《说文解字系传》刊刻底本考

　　据祁寯藻叙、李兆洛跋，祁寯藻刻本系以顾广圻抄本及汪士钟旧藏残宋本为主要底本进行翻刻。今汪士钟旧藏残宋本藏国家图书馆，而顾广圻抄本则下落不知。祁寯藻等人借得的汪刻本、顾抄本面貌如何？顾广圻抄本是否即段玉裁《说文解字注》所述的"姑苏顾氏"抄本？以下，试据祁寯藻、李兆洛、胡焯、张穆、苗夔等人的相关记述考察。

(一) 汪士钟所藏《系传》残宋本

　　汪士钟所藏的《系传》残宋本，为明赵宦光旧藏，存卷二十九抄本、卷三十至卷四十刻本。各卷首页，皆钤有赵宦光"吴郡赵颐光家经籍"白文方印。[①]

　　乾嘉之际，赵宦光旧藏《系传》残本，曾与毛扆旧藏《系传》抄本一起，藏于顾之逵(字抱冲，一字安道)小读书堆。钮树玉日记乾隆五十九年四月二十日

---

① 赵宦光旧藏宋刻残本《说文解字系传》，今藏国家图书馆(善3748)，存抄本一卷，刻本十一卷。其中，卷三十至四十并书后的赵宦光抄补题跋二页，曾与钱曾述古堂本卷一至卷二十九一并影印，收入商务印书馆《四部丛刊初编》1929年第二次影印本。不过，卷二十九赵宦光抄本，未曾有影印本。

条云："抱冲手札云有宋本《系传》，即往观。只存三十至四十卷，上有赵凡夫图记并手钞《后叙》，余为代校五卷，其行款与顾氏所藏抄本正同，而亦有错乱处。"①顾之逵嘉庆二年（1797）去世后，此本又入藏黄丕烈（字邵武）百宋一廛。《百宋一廛赋》云："残本《说文系传》，每半叶七行，每行大十四字，小廿二字。所存起《通释》之第三十至末，凡十一卷。寒山赵颐光家旧物也。"②黄丕烈《求古居宋本书目》著录为四册。约于嘉道之际，该本入藏汪士钟（号阆原）艺芸书舍。《艺芸书舍宋元本书目》云："《说文系传》，存三十至四十卷。"

关于赵宧光所藏宋本《系传》的卷帙和分册，钮树玉《匪石日记钞》、黄丕烈《百宋一廛赋》、汪士钟《艺芸书舍宋元本书目》所言的卷三十至四十，系就刻本而言。南京图书馆藏《艺芸书舍宋元本书目详注》（清抄本，GJ/2005707）则详云："旧为赵凡夫藏，其叙目一卷，题跋二叶，赵氏抄补。"据国图藏《说文解字系传》残宋本的分册、钤印情况看，赵宧光抄补的卷二十九装为一册；③刻本的卷三十至三十三装为一册，卷三十四至三十六装为一册，卷三十七至四十并卷末赵宧光抄补的题跋二页装为一册。四册首页上，均钤"汪士钟藏"白文长印，余卷则无。从黄丕烈《求古居宋本书目》著录的四册来看，自黄丕烈、汪士钟、瞿镛以迄今日，当未经过改装。

祁寯藻从汪士钟处借得的残宋本是怎样的情况？祁寯藻、李兆洛及祁寯藻幕下胡焌的记述稍有出入。祁寯藻《重刊影宋本说文系传叙》云，汪士钟"仅赍示第四函三十二卷至四十卷，余云无有"；李兆洛《重刊说文系传跋》云"止借得《部叙》《通论》等共六卷"，胡焌《校补说文解字系传述》云"同时又借得吴县汪氏所藏宋刻本，自《部叙》至末仅十卷"。今按，《系传》分卷中，卷一至卷二十八，各本皆题"通释"；《系传》卷二十九、卷三十为《说文解字叙》，抄本中此二卷或题"通释"，或题"叙目"；《系传》卷三十一、三十二为《部叙》，卷三十三至卷三十五为《通论》。合赵宧光本分册、《系传》分卷看，不计卷三十，合《部叙》二卷、《通论》三卷，则自《部叙》至《系述》，计七卷；不合则适为十卷。盖祁寯藻、李兆洛、胡焌三人所述，均未计卷三十。其中，胡焌之说近是，祁寯藻、李兆洛之说殆有误记。同时诸人均未提及赵宧光本的卷二十九抄本，由此可知，祁寯藻本刊刻时仅借得汪士钟所藏的宋刻残本三册共十一卷，并未借得汪士钟另藏的卷二十九抄本。

---

① 钮树玉《匪石日记钞》"乾隆五十九年四月二十日"条，第3页。又，苗校本卷三十一上首页，"此下朱笔，遂从宋椠校"，亦表明顾之逵曾据宋椠本校勘。
② 〔清〕顾广圻撰，〔清〕黄丕烈注《百宋一廛赋》，嘉庆十年士礼居刻本。
③ 案，《系传》卷二十九、卷三十之卷首及卷尾题名，各抄本互有出入。翁抄本卷二十九首题"说文解字叙目上"，卷尾题"说文解字通释第二十九"，卷三十则首尾题"说文解字叙目下"。钱曾本卷二十九首尾题"说文解字叙目第二十九"，赵宧光本、朱抄本卷二十九卷首题"说文解字叙目第一"，卷尾则题"说文解字叙目第二十九"。至于卷三十，钱曾本、朱抄本与残宋本同，首尾皆题"说文解字通释第三十"。

(二) 顾广圻旧藏《系传》影抄本

关于顾广圻抄本借书始末、抄本情况,道光十七年至道光十九年在祁寯藻幕下分校文字的胡焞,有《校补说文解字系传述》,叙述较为详尽:

> 今世传刻多取大徐,而小徐之书刻于石门马氏、歙县汪氏,皆残缺弗完。焞师祁夫子使江苏,延河间苗君南来,苗君田通许义,因段笺注称元和顾氏、黄氏有钞存《系传》完书,思访求而订证焉。夫子以语暨阳书院山长李君,为假于顾氏,焞游师门,得与苗君共睹其书。因举汪氏刻本校补之,著为斯帙。夫小徐之书弗完而补以大徐,盖宋世已然矣。刻本所无独顾氏本有之,今睹其文,显为楚金之旧帙,虽亦有取自鼎臣者,固一览而可辨也。抄本虽草草而小徐之书借斯以存,其功伟矣。观弟二十九卷所摹印记,知所钞为吴县赵氏之书,即作《长笺》者之后人也。《木部》所缺七十五篆并解说《系传》,顾君千里题云,借常熟钱楚殷家钞本补之。闻李君言,黄氏本本于顾氏,兹得其一而已足,独惜乎赵氏、钱氏之书,皆不可得而见耳。夫子与江苏巡抚陈君议刊此书,李君为任其事。顾氏之书有铢字校改者,有粉涂墨改者,其端有段若膺、钮匪石诸君题字,并录有毛君斧季语。今暨阳书院校刻,则又以黄粉涂而墨改之。焞先后借校,卷弟不相次,有已为所改者,有未为所改者,焞之所校,举刻本之文与钞本并存其同异,刻本所误,则据钞本正之,所无则以钞本补之,二本皆误,则并举以俟考。钞本夺误而刻本善者,不更举,时迫故不暇耳。夫举其同异,补其讹缺,存楚金之纂述,企许君之壶奥,区区之志,所不能自已也。他日校刻书成,以焞所校补者,与汪氏刻本参列而互证之,习其书者,必有取焉。同时又借得吴县汪氏所藏宋刻本,自《部叙》至末仅十卷,即顾君安道所取以校改此钞本者,其书亦出《长笺》赵氏而字句位置多乖误,又不逮抄本之善也。①

道光十九年,祁寯藻本刊成。次年冬,祁寯藻返京时,曾以刊成的祁刻本五部,赠与在京的王筠、徐松、苗夔、张穆等人。② 道光二十一年辛丑春,王筠自

---

① 〔清〕胡焞《校补说文解字系传述》,《楚颂斋文稿搜存》,光绪二十一年(1895)研经堂遗书本。
② 见王筠校跋祁刻后印本《说文解字系传》(国图善05245),该本钤有"册山""筠"等印章,为王筠手校本,即祁寯藻道光二十一年赠与王筠者;陕西师范大学藏《说文解字系传》(176296—303),有张穆"庚子除夕淳父尚书赠月斋藏""道光二十有一年重光赤奋若元旦署检"的题署,上有张穆录副的王筠校语,又有许瀚校语,即张穆与王筠、苗夔等人一同获赠的祁刻本样书之一,后来或由张穆转赠许瀚。根据相关跋文、藏印和校语看,苗夔、王筠、张穆及许瀚等人均有不止一部祁刻本,且各人所获见的印本,印次实有不同。赵味沧所见的苗夔校本,有道光十九年校语,与苗夔归京后获赠者,显非一本。王筠先自祁寯藻处获赠后印乙本,后又乔用迁处获见后印丙本一帙。张穆自祁寯藻处获赠者,为后印丙本,又有上图有张穆旧藏的另一部祁刻本(线善 T06527—31),钤有"穆""月斋藏书",亦为后印丙本,上有何绍基手录王筠校语。又据陕师大本校语,知许瀚至少曾获见初印甲本、后印丙本。

张穆处得到祁寯藻赠送的祁刻本后，又于道光二十三年癸卯七月，托桂祥（竹孙）借得朱筠旧藏《系传》抄本。① 在比较祁刻本与朱抄本、朱文藻《说文系传考异》后，王筠曾撰写两篇长跋，质疑顾广圻抄本的源流、刊刻中的校改问题。其中，第一跋作于道光二十三年闰七月六日，中云：

> 道光辛丑，祁淳父先生赐筠此书，出自顾千里抄本，首尾完具，讹误差少，以为所据之本诚完本也。癸卯秋，借得朱竹君先生家藏本校之，而后悟其非。（中略）《考异》所举挩文误字，皆据朱文游、郁陛宣两本。严氏、段氏所引皆与之合，竹君本亦与之合，则是自昔相传皆如此也。而顾本独异，此其不可信者一也。（中略）诸本全阙者，凡九部，阙篆者二百七十六文，顾本无一阙。然《㭾部》之误合于《朩部》也，自宋已然。故朱抄本目录朩麻之间阙《㭾部》，汪本同，顾本目录亦同，而正文顾否。知其改易正文而忘稽目录，即知其以意为之，而非有所据也。此其尤不可信者三也。（中略）铺观其大，即或以大徐补之，或以群书所引补之，或以先辈校语改之，于其不通而无所据者，尚仍其旧，小徐书略可属读，即可称为楚金功臣矣。（闰月六日）②

在获赠祁刻本并与朱筠旧藏《系传》抄本校勘一过后，王筠发现，祁刻本较《考异》所引朱奂抄本、郁陛宣抄本及所借的朱筠抄本，内容多有溢出。故王筠撰写第一跋，推测顾广圻本乃据大徐、群书、先辈校语（即王筠所见朱筠本上的王念孙校语）校补，断言"不可谓顾氏诚见完本"。之后，王筠于八月十七日校完卷二十一，卷末跋云："朱竹君本二卷挩误太多，不可句读，兹举一二有用者记之，不详书也。"至八月二十一日，王筠另作第二跋，记述从张穆、胡焊处获知的顾抄本及刊刻中的校改情况，云：

> 校毕径归，竹孙适它出，絜回复校之，木部自"橵"至"校"适四叶，自"欁"至"枾"适二叶，虽小溢数字，无害大同，是知朱文藻所据两本，朱竹君所抄之本，皆挩此数页，千里据本独不阙也。然其作伪，岂能叶数适符？石洲乃亲见顾氏者，谓筠曰：<u>汪闾原所藏宋本，每叶字数与顾本同，且书工极不佳，纸又甚薄，的是影钞，必无顾氏作伪之理。</u>乃胡光伯曰：君不记借来阎原本，又有所校改，始付刊邪？石洲亦无以应也。筠案，廿五卷末宋时已佚，张次立以大徐本补之，而汪启淑刻本与朱竹君钞本合，顾氏本

---

① 据王筠跋可知，王筠所借得的《系传》抄本，即今藏台图的朱筠旧藏本。
② 据王筠《致许印林书》《上春圃先生书》，知张穆、许瀚、何绍基、陈庆镛等人，均曾从王筠校本过录校语。此处录文，据王筠手校祁刻本《说文解字系传》（国图善05245），其中陈庆镛跋文为王筠录副。上图藏何绍基录王筠跋《说文解字系传》（线善T06527—31），在陈庆镛跋文前，有"陈颂南侍御借筠此书钞之，为之跋曰"字，知陈庆镛原跋当在陈庆镛的录副本上，唯原书暂不知下落。

独与汲古阁本合,其为顾氏私有改定,已可概见。况诸序跋皆称为顾氏影宋抄本,而未能定其所影之本付授何自、今归某家,则所谓宋本,终亦未可深信。况小徐篆文,异于大徐者,此本符者太半,且其字形率皆缩小,其刊改之迹晓然可见,此则刻后校改,又非顾氏之谬矣。虽然,小徐书未有善于此本者,则取长略短可也。即名为真宋本,亦无不可也。八月廿一日筠又记。

在这篇跋文中,王筠的观点稍有变化,他一方面明确,木部阙文,朱筠本及《考异》为脱页,而顾广圻本不缺;祁刻本亦存在刊刻前、刊刻后校改的问题,故"字形率皆缩小"的个别文字,当为刊刻后校改所致。另一方面,王筠仍据卷二十五题名的不同,认为顾广圻抄本为"顾氏私有改定",①并就顾抄本的底本源流,提出了"诸序跋皆称为顾氏影宋抄本,而未能定其所影之本,付授何自,今归某家"的疑惑。道光二十三年九月,陈庆镛在借得王筠校本并过录校跋后,撰写跋文,补充了他从苗夔处了解到的祁刻本刊刻情形:

校毕将奉还,适苗仙麓过从,询之,言前年在春浦幕中,<u>见此书底本,胥钞庸劣,舛错不堪,上有红笔墨笔蓝笔校语,系毛子晋、段茂堂、顾抱冲、顾千里手书</u>。每叶皆跋以一字千金,重重钤印,而其讹舛处,如"潘岳秋兴赋"作"审兵狄与贼","臣锴曰疏通知远书教也"作"臣锴曰白虎通知达书教也",如此之类,不可枚举,而反语纰缪尤多。程辰恒痕,讹音混乱,都经更正。付刻时,因李申耆、祁春浦两先生属以原书勿动,嗣以其显然易见者从其改,其余可疑者悉照原书誊写付梓。余谓可疑者,固不得妄为更动,即其显然易见之误更无庸动,存之犹使读者得以寻绎其迹,而仙麓乃曰:本书瘫,"从佳瘖省声",拟改"从佳、广,併省声",熊,"从能炎省声",拟改"从能弇省声",皆未更正为憾。夫所贵乎宋钞者,以其时代近古,即或乌焉鱼虎,规模犹在,远胜于后人拟议杜撰之学,若一并改之,乌所谓宋钞?又乌所谓一字千金哉?然则此书经毛、段、二顾诸人校改,后又以苗校杂阑入其中,庐山真面已不可复睹矣。余谓是书妄改之弊,固不得专咎千里一人也。今幸朱竹君宋抄本犹存,得以对勘而发其覆,是亦文字中一快事也。道光廿三年九月十六日晋江陈庆镛记。

顾广圻抄本的源流究竟为何?结合胡焯、王筠、陈庆镛等人所述和苗夔手校汪刻本、赵味沧录副的苗夔校祁刻本上的校语,可知顾广圻抄本有如下特点:

一、顾广圻抄本系用薄纸影抄,行款与残宋本基本相同,然抄工不精,间有误字。

---

① 今按,祁刻本卷二十五的题名校改,为祁刻本刊刻时校改,并非顾广圻抄本校改,王筠此说有误,辨详下。

二、顾广圻抄本上，有毛扆、段玉裁、顾之逵、顾广圻、钮树玉等人的校跋，①校语有"硃字校改""粉涂墨改"等情况。暨阳书院刊刻时，先录为副本，校刊者以"黄粉涂而墨改之"。今苗校本、赵校本中，有录副的毛扆、顾之逵、顾广圻、钮树玉校语，亦有散见的"硃改""墨校"，适与相关记述相合。

三、顾广圻抄本的藏印方面，胡焞云"观弟二十九卷所摹印记，知所钞为吴县赵氏之书，即作《长笺》者之后人也"。知顾广圻抄本卷二十九首页有摹录赵宧光印章。今苗校汪刻本卷二十九首页，有浮签一纸，上有墨笔勾勒印文二：一为"吴郡赵颐光家经籍"印章，一为误摹，作"吴郡赵氏颐光家经籍"，边有苗夔跋："顾千里家藏影抄本，想亦出于寒山赵氏本也。"赵味沧校祁刻本卷二十九首页，有朱笔摹印："吴郡赵宧光家经籍"。结合胡焞所记，苗赵二本印文中，颐、宧虽有小异，均当本自顾广圻抄本卷二十九首页的摹录印文。

四、就顾广圻抄本的卷帙存阙情况而言，胡焞云"《木部》所缺七十五篆并解说《系传》，顾君千里题云，借常熟钱楚殷家钞本补之"。今赵校本卷十一末页，有过录的顾广圻、苗夔二跋：

> 此卷有顾千里印"一云散人"小玺，后又题云："从常熟钱楚殷家钞本补完，凡橄至校，檠至棐，皆新刻所无也，癸亥十月廿九日，广圻记。（印：顾涧薲手校）"

> 道光己亥十月廿九日录于江阴节署之衡鉴堂，河间苗夔。

案，"一云散人""顾涧薲手校"均为顾广圻印章。根据以上跋文可知，顾广圻抄本《木部》原有缺页，顾广圻曾于嘉庆八年癸亥据黄丕烈旧藏钱楚殷抄本补全。至道光十九年己亥十月，苗夔校勘《系传》祁刻初印本时，又自顾广圻抄本录副此跋。

就顾广圻抄本的底本性质、递藏源流，祁寯藻、苗夔、胡焞等人均以为，顾广圻抄本即段玉裁《说文解字注》所说的"姑苏顾氏"本。苗夔、胡焞又据卷二十九的摹印，云顾抄本"所钞为吴县赵氏之书"，并称顾本为"元和顾千里家藏影钞寒山赵宧光家北宋本"，即认为顾广圻抄本全帙的底本，均为赵宧光所藏的《系传》。但从书籍递藏、抄本卷帙、藏印源流看，祁寯藻、苗夔等人对顾广圻抄本的认识，恐怕与事实稍有出入。

一、段玉裁《说文解字注》所说的"姑苏顾氏"本，系指顾之逵所藏的毛扆手校《系传》抄本。上图藏严杰校汪启淑刻本（线善826955-60），有严杰过录的段玉裁嘉庆七年跋：

---

① 胡焞、陈庆镛均言，顾广圻抄本上有段玉裁题字，由于苗夔校本上有早年所录的段玉裁《说文解字注》诸说，故批校本中的段玉裁说究竟是来自段玉裁《说文解字注》还是自顾广圻抄本上的校语，已很难分清，故就顾抄本上的段玉裁校跋的辑录工作，只好暂付阙疑。

此书有毛斧季抄本,在亡友顾安道家,借以校订。中缺《木部》一本,又借黄绍武所藏补之,但校正文,未及徐语,司其役者,宜兴任阶平泰也,嘉庆壬戌十二月,玉裁。

由此可知,段玉裁《说文解字注》"冃"下所言的"姑苏顾氏",指顾之逵所藏的毛扆《系传》抄本,而"黄氏"指黄丕烈所藏的钱楚殷《系传》抄本。

二、顾广圻抄本并非段玉裁所说的"姑苏顾氏"原本,其底本也并非赵宧光本,而应是顾广圻自顾之逵旧藏毛扆《系传》抄本影摹的录副本。首先,从卷帙看,赵宧光旧藏《系传》为残本,仅有卷三十至四十的刻本残卷,加上卷二十九抄本,仍缺卷一至卷二十八。顾广圻抄本则不仅有赵宧光残宋本的卷帙,卷一至卷二十八亦存,则顾广圻抄本的底本绝非赵宧光旧藏《系传》残本。其次,从校语源流和阙页情况看,顾广圻抄本上有毛扆校语,又有《木部》阙页,这反映出该本与顾广圻从兄顾之逵所藏毛扆《系传》抄本的密切关系。① 再者,从校书习惯看,顾广圻钞本上,除毛扆校语外,又有顾之逵校语,但顾之逵校书,素不喜于旧抄旧椠上撰写任何跋文和批校,则顾广圻抄本恐怕不是顾之逵旧藏毛扆手校《系传》原抄本。② 顾广圻则长于影摹,在校勘时有据他本勾勒行款、迻录校语的校勘习惯。从顾广圻抄本"纸又甚薄,的是影抄"看,顾广圻抄本当为顾广圻自毛扆抄本录副的影抄本,其录副时间不会晚于顾广圻自黄丕烈旧藏钱楚殷本补足木部阙页的嘉庆八年。

图一 卷二十九首页:赵宧光抄本、苗夔校汪启淑刻本、赵味沧校祁寯藻刻本

---

① 乾嘉时期曾经获见顾之逵所藏毛扆手校《系传》抄本的,有段玉裁、钮树玉、黄丕烈、顾广圻、周锡瓒等人。今按,毛扆校《系传》抄本《木部》有阙卷,见上引严杰录段玉裁跋;又周锡瓒《说文系传校本跋》:"余先将段茂堂先生所校本(原注:即顾抱冲购毛氏钞本)校过,补缺刊误,稍为是正。又士礼堂假钱楚殷藏抄本参校,补《木部》数页,此书庶得完备。两书讹字颇多,不能尽改,终须得真宋本一校方无憾焉。"收入《小通津山房诗稿》,《清代诗文集汇编》第403册影印清周世敬抄本,上海:上海古籍出版社,2010年。

② 参刘鹏《清藏书家顾之逵藏书、校书、刻书活动述略》,《国家图书馆学刊》2012年第6期。

至于顾广圻抄本卷二十九上摹录的印章，则与祁寯藻等人未曾借得的赵宧光手录卷二十九抄本有关。钮树玉、黄丕烈、段玉裁等人曾获睹毛扆《系传》抄本，但他们均未提及毛扆抄本上有赵宧光印，知毛扆校《系传》上原无赵宧光印。就顾广圻而言，他在乾嘉之际与从兄顾之逵互通书籍，嘉庆初年为黄丕烈西宾，嘉道之际又曾馆于汪士钟处，在此期间，顾广圻均有机会获见赵宧光本《系传》残卷。今赵宧光本卷三十首页，钤有顾广圻"顾千里经眼记"印，即是顾广圻曾获睹赵宧光本的明证。苗校本、赵校本卷二十九首页从顾广圻抄本再度摹录而出的赵宧光印章，亦与今存国图的赵宧光旧藏《说文解字系传》卷二十九抄本首页的赵宧光阴文印章的篆文、位置大体一致，知顾广圻以赵宧光本校自藏本时，曾自赵宧光藏本第一册卷二十九首页摹录印章。（图一）在道光十七年祁寯藻刊刻《系传》时，汪士钟并未出借赵宧光抄本卷二十九，而将所藏的《系传》宋椠残本悉数借予祁寯藻。但祁寯藻等人因未见卷二十九抄本，又见顾抄本卷二十九首页摹录的赵宧光印章与借得的宋刻残本上的印章相同，故一方面误以为顾广圻全帙抄本乃"影钞寒山赵氏"者，另一方面则怀疑汪士钟未全部借出宋刻。由此，祁寯藻撰《重刊影宋本说文系传叙》、李兆洛撰《重刊说文系传跋》，遂有"汪氏宋刻本，又未获睹其全"，"阆原所藏，旧见洞䜩所借，尚有《通释》数卷，今止借得《部叙》《通论》等共六卷，复往借，则坚拒不肯出"的误会。

综合各本的流传、面貌等来看，段玉裁《说文解字注》中的"姑苏顾氏"本，系指顾之逵旧藏的毛扆手校《系传》抄本。祁寯藻本刊刻时借得的顾广圻抄本，则是顾广圻自毛扆抄本影摹录副的《系传》抄本，与段注所说的"姑苏顾氏"本关系密切，但两者并非一本。正如祁寯藻《重刊影宋本说文系传叙》所云，顾广圻抄本"实为影宋足本"，篆文、说解并无脱落。从相关异文看，顾广圻抄本与同属《系传》足本系统的钱曾本接近。① 诸人所说的抄写不精、多有舛错，或为祖本如此。顾广圻曾于嘉庆八年借得黄丕烈藏钱楚殷《系传》抄本，补足《木部》阙页。在此前后，顾广圻曾另外借得赵宧光旧藏的《系传》卷二十九抄本、卷三十至四十刻本，并将赵宧光本卷二十九首页上的赵宧光印章摹录于顾抄本上。同时，顾广圻抄本上，尚有毛扆、钮树玉、段玉裁、顾之逵、顾广圻等人的墨笔、朱笔、蓝笔校语或过录校语。

---

① 祁刻本《说文解字系传》以顾广圻据系毛扆抄本的录副本为底本，但刊刻中，已据他本进行校改，并补足了一些抄本上的缺字、误字。笔者以足本、缺本系统的《系传》抄本、残宋本、祁刻本进行比较，知顾抄本与钱曾本更为接近。如卷三十一"秌"，残宋本、翁抄本、朱抄本、汪刻本作"木头曲而禾"，钱曾本、祁刻本"木头曲为禾"，"毌"，残宋本、翁抄本、朱抄本、汪刻本作"其照通也"，钱曾本、祁刻本"通"误"逼"。此二处祁刻本为误字，与残宋本不合而与钱曾本独合，当反映出祁刻本的底本即顾抄本的面貌。

三、从底本、写样到刊改：祁寯藻本的校改始末

在先后借得顾广圻抄本、汪士钟所藏宋刻残卷后，祁寯藻即于江苏学政节署边的暨阳书院，以顾广圻抄本为卷一至卷二十九的主底本，以顾广圻抄本、汪士钟藏宋刻为卷三十至卷四十的共同底本，影写开雕。据祁寯藻撰《重刊影宋本说文系传叙》，祁寯藻本于道光十九年九月初步刊成，但祁寯藻本所附的《校勘记》，则署道光十九年季冬撰成。根据苗夔、胡焜所述和相关校语看，初刻本刊行时，已依照《系传》体例，参考顾广圻抄本上的校语，进行了一定的校改；在祁刻初印本刊成后不久，又曾对训释、反切及篆形做了修版。以下，先据苗校汪刻本和赵校祁刻本，录出苗夔关于祁刻本刊刻校改情况的相关校语，并参考传世的《系传》残宋本、钱曾本、朱抄本，梳理祁寯藻刻本从底本到写样、从初印本到后印本的文本变化，明确祁寯藻刻本所附《校勘记》的撰写始末。

（一）苗夔校祁刻初印本的校语情况

道光十九年九月祁刻本刊成后，至迟不晚于十月苗夔开始着手校勘祁刻初印本。① 苗夔的校语反映出顾广圻抄本上的顾氏校语及苗夔据祁刻初印本校勘的相关情况。

1. 顾广圻校本上的顾氏校语

在赵味沧校本上，"硃改"系专指顾广圻抄本上以朱笔校改的顾抄本讹误，见如下五例：

（1）卷四：踣，僵也。从足，音声。《春秋传》曰："晋人踣之。"甫北反。[赵录苗夔校，硃笔改"甫"为"朋"]此刻凡汪、马是者多不从，即如此"甫北反"，影抄作"用"，硃改作"朋"，墨笔批云："'用'字汪刻本作'甫'，可从。"意在不遵硃改也。王氏父子、顾氏兄弟，其奈此妄人何。己亥十月。

（2）卷六：敦，一曰访行。[赵录苗夔校]"访行"，硃改"谁何"。

（3）卷九：盛，黍稷在器中也。从皿成。[赵录苗夔校]《说文》："黍稷在其中以祀者也。从皿成声。"夔案，影抄本硃笔添"声"，写者遗之。

（4）卷二十四：瓾，盆某反。[赵录苗夔校，墨笔改"某"为"慕"]影本作"慕"，兹从硃改作"某"，非。

（5）卷二十八：𡥀，放也。从子，父声。[赵录苗夔校]汪马二本俱作"𡥀，

---

① 祁刻本刊成后，苗夔有明确的年份记载的跋语，见赵校祁刻本"踣"及卷十一末页的跋语，署道光十九年十月；又苗夔校汪刻本附录末页，署道光十九年十二月。

效也"。知常熟钱楚殷、吴门薄自昆二家本俱作"效"无疑。此影本作"放",砯改作"效",甚是。写者以大徐本"效"而谓小徐必作"放"者,非也。

"踣"例明确表明,"砯改"为顾广圻抄本上的顾氏校语,"墨笔批"为祁寯藻刻本刊刻时校勘者的校语,即胡焞所述的"顾氏之书有綠字校改者,有粉涂墨改者","今暨阳书院校刻,则又以黄粉涂而墨改之"。祁寯藻本刊刻时,先据顾抄本眷出,但眷写时,对顾广圻砯改的遵用情况不一。

例(1)"踣"例,系遵照刊刻者的墨校之例。此字顾抄本及钱曾本、翁抄本、朱抄本均作作"用北反","用"当为讹字,砯改"朋"字,墨校则据汪刻本作"甫北切",祁刻本从之。今案,《系传》"菔、韅"等音韵地位相同的字,俱音"朋北反",顾抄本的砯改为是。①

例(2)敦、例(3)盛、例(5)㪤例,为祁刻本未参照砯改之例。敦,钱曾本、朱抄本均作"□曰□□",有空字。"一曰访行"为顾抄本原文,砯改"一曰谁何",盖据汪刻本。盛,顾抄本、钱曾本、朱抄本原文均作"从皿成",砯笔据大徐本、汪刻本改"成声"。㪤,顾抄本、钱曾本作"放也",朱抄本作"枚也",当为形讹,砯改盖据大徐本、汪刻本作"效也"。在祁刻本刊刻时,此三例祁刻本均径据顾抄本底本的墨笔刊版。

例(4)瓾例,祁刻本遵照顾抄本砯改刊出。瓾,顾抄本、钱曾本、朱抄本、汪刻本均作"盆慕反",大徐反切"蒲口切",砯改"慕"为"某",后祁刻本遵从砯改。

苗夔在校勘中,于"踣、盛、㪤"下同意砯改的说法,但在"瓾"下不同意砯改。特别是"踣"例,由于刊刻时未从顾广圻砯改,刊刻时依汪刻本校改,苗夔对此深有不满。

2. 祁刻本刊成后的苗夔校语

在祁刻本《系传》刊成之后,苗夔即在初印本上做相关校订工作。在校订初刻本时,苗夔校语,约略包括几种情形:

其一,赵味沧校本中,"朱校""朱圈""墨校",专指苗夔在祁刻初印本讹误上的校订:②

(1) 卷一:璜,作牙形于其□□□□以前冲之。[赵校,填"上珠中以"]桢案,初印本"其"字下有"说"字,墨校于旁作小点。

---

① 案,徐锴《系传》取朱翱反切,则音韵地位相同之字,反切当同,故可据同音字的其他反切考订抄本讹夺。考"踣"与"菔、韅、䞿"同音,俱当音"朋北反",又,《系传》抄本中,同音的"䁨"作"朋比反","匐"作"明北反",亦为形近之讹。"踣",汪刻本的底本翁抄本上,以砯笔改"用"为"甫",祁刻本据汪刻本校改作"甫",不确。

② 祁刻本有不同的印本,以下所录的正文文字,均据赵味沧藏本,即郭立暄所述的后印丙本。并以"( )"补出校改的具体文字。

（2）卷一：澅，狄朗反。[赵校]桢案，"狄"初印本作"秋"，朱校圈"禾"旁。

（3）卷二：蘆，菜之似苏者。[赵校]桢案，初印本作"菜侣"，朱校圈"侣"字，旁注"也"字，此改"之"。

（4）卷二：落，故曰水衣也。[赵校]桢案，初印作"水衣故"，朱圈"故"字，此改"也"字。

（5）卷四：㐄，從彳引之。[赵校]桢案，初印本作"行彳"，朱校圈"行"，此改"從"。

（6）卷八：胚，《文子》曰：形如水中泡。[赵校]桢案，初印本（"形"）作"聲"，朱校圈"聲"字，上注当改作"形"，此已改。

（7）卷九：鼓，春分之音。[赵校]桢案，初印作"春秋"，朱校圈，旁改"分"。

（8）卷十二：鱷，鱼卉反。[赵校]桢案，初印本作"鯀各反"，校者于"各"字上加朱圈。

（9）卷十三：橠，臣锴曰：从辝声。[赵校]《说文》从林从辝。桢案，"辝"初印作"辭"，朱校抹"𤔔"，此改从"台"矣。

（10）卷十六：祓，一曰蔽厀。[赵校]桢案，初印本"滕"，朱校圈，此改"厀"。

（11）卷十七：鶂，小儿曰鶂。[赵校]桢案，初印作"人"，朱校改"儿"，此已改"儿"。

（12）卷十八：鍚，古文鐵，金旁作夷作銕。[赵校]桢案，初印本（"作銕"）作"作夷"，朱校圈，此改"作銕"。

（13）卷十九：冯，臣锴曰：夂皮冰反。[赵校]桢案，初印本作"又"，朱校〇，此改"夂"，亦衍。

（14）卷二十二：侃，子路侃侃如。[赵校]初印本"子路"作"子贡"，校者于贡字傍作朱点，眉书《说文》作"路"。桢。

（15）卷二十四：姗，一曰姗，翼便也。[赵校]桢案，初印本作"一曰删"，朱校圈"删"。

（16）卷二十四："丿"，依必反。[赵校]影本作"依必反"。初印本"必"作"少"，朱校〇。桢。

（17）卷二十七：轴，徐锴曰：当从冑省。[赵校]桢案，初印本作"徐铉"，校者于铉旁作朱点，上批《说文》作"锴"。

（18）卷三十六：袁，叀省声。[赵校]桢案，初印本作"𧈢"，校者以朱笔抹去"一"，上注："影抄墨本作𧈢。"

（19）卷三十六：直，十目乚。[赵校]桢案，初印本作"十臣乚"，故墨校注云："影宋本作'十目乚'。"

(20) 卷三十六：金，[赵校]初印本作凫，校者以朱笔抹去，旁改金，上墨注：影本作凫，与今声合。桢。

(21) 卷三十六：亥，《五经文字》。[赵校]桢案，"五"，汪本作"九"。初印本亦作"九"，朱校改"五"。

(22) 卷三十九：驊，《说文》墭从土䆝省声，而无䆝字。[赵校]桢案，初印本（墭驊）作"垶""骍"，朱校并将"辛"旁圈去，此并改作"𦍋"旁矣。

案，从咸丰十一年四月的跋文可知，赵味沧在借得苗夔校本后，已注意到他所藏的印本"模印较后"，而苗夔的校本为初印本，故赵味沧校语中，多用"初印本"来注明苗夔旧藏祁刻初印本的文字。考上述"朱校""朱圈""墨校"的初刻本文字中，"璺、𦦨、肧、鼓、弇、鶿、嵎、冯、侃、姗、轴"，初刻本文字与钱曾本相同，"直、亥、驊"，初刻本文字与残宋本相合，当为底本即有讹误。"蘆、乄、袚、䪻、丿、袁"例，为刊刻时手民之误。从校改情况看，丿、袁、金下，苗夔据"影本"即顾广圻抄本进行校勘，鼓、鶿、侃、轴下，苗夔实据大徐本校改；其余的反切、说解，苗夔则径加圈改，并未注明顾抄本的情况。

其二，苗夔参考朱文藻《说文系传考异》，考订祁刻初印本《系传》文本。如：

(23) 卷一：上，由此以察。[赵录苗夔校]影宋本（"由"）作"非"，《考异》当作"推"。

(24) 卷二：故司马卬曰。[赵录苗夔校]影本作"叩"，《考异》谓当作"印"。

(25) 卷六：杀部，文二重五。[赵录苗夔校]影钞墨本原作"重四"。郁本《系传》"重四"，下注云：多《说文》籀文一字，今补注，故作重五。《考异》云："郁本者，吾友郁陛宣藏本也。"

(26) 卷十二：郝，沛国县。[赵录苗夔校]影本"沛国郡"，《考异》云："沛国郡，国字衍。"

(27) 卷二十一：涸，不流浊也。[赵录苗夔校]《考异》："'下流浊'，《说文》作'不'。"夔案，此亦作"不"，影抄者以大徐改小徐也。据上文"渗，下漉也"，作"下"为是。

案，《说文系传考异》是朱文藻撰写的考订《系传》抄本异文的专书。该书有乾隆初稿本、四库馆本和嘉庆定稿本之别。乾隆三十八年《考异》初稿由汪氏振绮堂进呈四库馆，正文署汪宪，附录署朱文藻；道光十七年瞿氏清吟阁又据朱文藻嘉庆十一年定稿刊刻。汪刻本附录末，有苗夔跋语，云：

此与扬州文汇阁所藏颁发《钦定四库全书》仁和汪宪号渔亭《说文系传考异》后附录系朱文藻编者不同，凡《系》一、二、三、四、五、六、七、八、九

条者,文藻本也,余皆汪氏增入。(附录首页)

　　道光己亥冬月腊八日河间苗夔识。(附录末页)

　　汪刻本附录共三十条,而四库本则仅有九条。苗夔先据四库本《考异》附录,逐一于汪刻本相应条目下,标注四库本的次序。根据这些记述可知,苗夔用以校订祁刻本的《考异》,为文汇阁本《考异》而非清吟阁本。① 文汇阁在江苏扬州,此本或由江苏学政祁寯藻商借,以佐祁刻本校勘之用。需要指出的是,苗夔校语中,有的明确注明"《考异》云",有的虽然没有注明"《考异》",实出于《说文系传考异》。② 另外,附录为《系传》和《考异》的末卷,则苗夔校完祁刻初印本全书,或即在腊月前后。

　　其三,苗夔参考《系传》抄本、残宋本,校勘祁刻初印本卷三十至四十。

　　(28) 卷三十一:厶(故次之以)厶(音祛)厶(去也,故次之以)去。[赵录苗夔校,蓝笔]影抄墨本《部叙》字不重出,此重出者,系朱笔沾写样上板,不能删汰,故讹谬满纸也。"

　　(29) 卷三十一:(日月避而其照逼也,多区而其气同也,故次之以)冊。[赵录苗夔校,蓝笔圈"逼"]通。

　　(30) 卷三十二:(节而放之,故次之以)卯。[赵录苗夔校]宋本、影抄本俱作"放"。夔案,此字当作"制",《说文》"卯,事之制也"。丁度等《集韵》是以《荠》收"卯,子礼切",《卯部》卿从皀声,大小徐音去京、起明,俱非。

　　(31) 卷三十三:(日,实也,阳德也,君道也。天无二日,故于文)口(一为日。)口(者,转而不穷)。[赵录苗夔校,蓝笔圈两处"口"字]小字顺行。

　　卷三十至四十有残宋本,苗夔曾同时以残宋本、顾抄本校勘。其中,例(28)"厶"条、例(31)"口"等条,苗夔对《通论》版式的校勘,尤其值得关注:"厶"篆,残宋本、祁刻本中,均大字书写,占据正文两格的位置,即苗夔所谓部首"重出",而钱曾本中,仅第二个"厶"字为大字书写,余为小字夹注;"口"篆,残宋本、祁刻本两字,均大字书写,其下双行小注另起,钱曾本中,上"口"为小字顺

---

① 今按,朱文藻《说文系传考异》的附录,有乾隆间初稿本、四库馆本、嘉庆定稿本的差异。朱文藻乾隆年间撰成《说文系传考异》初稿,其《附录》部分,最初分为二卷,上卷录诸书中与《系传》有关的序跋,下卷录徐锴生平事迹,并收录徐锴之诗,可参上图藏《说文系传考异》抄本两种(线善 T04680、线善 835165)、台北傅斯年图书馆藏乾隆年间《说文解字系传》四十卷、《考异》二十八卷、《附录》二卷抄本(00282)、静嘉堂文库藏丁杰旧藏《说文系传考异》等。《考异》进呈四库馆后,四库馆臣仅留下《附录》上卷九条,又删去下卷。而汪启淑刊刻《说文解字系传》时,系京师流传的《考异》抄本之《附录》,重加补充排序后,附刊于汪刻本《系传》中。苗夔据经过四库馆臣筛汰的文汇阁本《说文系传考异》,认为汪刻本中溢出的条目"皆汪氏增人",盖误。

② 如赵校本卷一页十八,《玉部》"文一百二十六"下考辨"张次立";卷二页二十一,《艸部》"茴"下"读若侠,别本作读若执,俱非",其内容虽未注明《考异》,实与朱文藻《考异》说相合。

行,下"口"字断开另起。由于这些文字,大小字不一,篆文亦有重出,故苗夔校勘时,认为两处均当以顾广圻抄本的样式为准①。同时,苗夔"厶"下的"此重出者,系朱笔沾写样上板,不能删汰",说明初印写样中,曾对这些篆文的行款做过部分的调整,但最后刊行时,祁刻本仍据残宋本的行款上版,故苗夔有"讹谬满纸"的评价。

其四,苗夔曾针对《系传》的反切、训释做过校订。

(32)卷一:璶,久晋反。[赵录苗夔校]《艸部》蘁,夕晋反,《说文》徐刃反。

(33)卷二:小,从八,丨见而八分之。[赵录苗夔校]大徐本无下八字,夔案:当云"此八以丨,上承丨,下引八也",各本多谬。

(34)卷四:迈,远行也。从辵,万声。[赵录苗夔校]万声,《说文》作"蛋省声",是。

(35)卷五:㗊,读若戢。一曰吷。[赵录苗夔校]一曰吷,今《说文》作"读若吷"。夔案,吷当作譀,以品在侵覃,此字不当读若戢也。

(36)卷九:迺,从乃,西省声。[赵录苗夔校]《说文》"乃省西声"。夔案,两本"声"字俱当删。

(37)卷十四:覈,笮邀遮其辞。[赵录苗夔校]夔案:"覈"字下"乍"字上有脱,"乍",影本作"笮",今改云"覈,考也。考事实也,亦邀也,邀遮其辞得实曰覈,从襾,敫声。"

(38)卷二十二:泉,巛三成巛也。[赵录苗夔校]夔案,(上)"巛"当作"〟",影本及《韵会》并误。汪马二本亦误。

(39)卷二十二:靠,相违也。[赵录苗夔校]影本"靠"下空白,相违也。夔疑"违"应作"依",空白当补写"就也"二字。

(40)卷二十五:蟹,非蛇鳝之穴无所庇。[赵录苗夔校]影本('鳝')作'鲜',今从大徐及汪刻本正。

(41)卷二十七:辙,臣锴曰:何晏《景福殿赋》曰:"反宇辙辙。"[赵录苗夔校]夔案,辙辙出左思《魏都赋》"四门辙辙",《景福殿赋》"反宇辙以高骧",小徐引误。

(42)卷三十六:𫐉,《说文》云词也,从矢引省声。[赵录苗夔校]引,弓部丨声,丨音衮,引之声也,歌无丨,始得谓之省声,二徐不知,往往以不省声者谓之省声,亦声者而亦谓之省声也,别详《说文声订》。

祁寯藻云苗夔"精《说文》声读之学",②"璶"下实为校订《系传》反切,指出

---

① 案,胡焜言残宋本"亦出《长笺》赵氏而字句位置多乖误,又不逮抄本之善也",或亦是针对残本此处大字混乱,而顾抄本则体例统一的情形。

② 〔清〕祁寯藻《䜱䜪亭集》卷二十五《立春日紫薇庭小集分韵得书字呈张石洲并幕中诸君子》。

"瑨"下"久晋反"形讹,当同苠,作"夕晋反",但祁刻后印本并未修订反切;"迈、逋、佚"为讨论《说文》形声字的六书特别是形声分析,"皿"为探讨《系传》的读若和古音;"覼、靠、蟹、轆"为探讨《系传》说解和传抄讹夺。① 其中,"逋"的说解,苗夔在汪刻本上有手校:"大徐作'从乃省,西声',是大徐'卤'非声,《校议》'卤仍声之转'一条谬。"与此条相合。且苗夔"覼、迈"二字的意见,亦见于苗氏《说文声订》。

最后,赵味沧过录的苗夔校语中,有两条校语,可与陈庆镛跋中所述的祁刻本刊刻经过相映证:

(43) 卷二十六:恒,胡<u>瞻</u>反。[赵录苗夔校]影宋作"痕"。此初校改。

(44) 卷二十八:疏,通也。从充,从疋,疋亦声。<u>臣锴曰:《白虎通》:"书之教也。"疋,疏也。会意。色居反</u>。[赵录苗夔校,朱笔改"臣锴曰白虎通书之教也"为"按礼曰疏通知远书教也。"]初校二校三校俱如此写去而不知遵改,可怪也。二校红格写样,来签云,遍查《白虎通》无此文,批以须查《礼记·经解》,三校红格写样,来签云《经解》浩繁,一时不能查出,姑就影本刻之,俟查出入《校勘记》可也。

案,"恒"之反切,盖即陈庆镛跋所谓影钞本"程辰恒痕,讹音混乱"。此字钱曾本、朱抄本、汪刻本俱作"胡痕切",有误,祁刻初印本中改"胡瞻反"。"疏"之校勘,即陈庆镛跋所述的"'臣锴曰疏通知远书教也'作'臣锴曰白虎通知达书教也'"之例。此字钱曾本、朱抄本、汪刻本同作"臣锴曰白虎通书之教也",由于此句未见于《白虎通》,苗夔据《礼记·经解》,圈改为"按礼曰疏通知远书教也",并写于初校校样上。或由于苗夔的校改意见,对原文改动较大,二校、三校中均未吸收此说。据苗夔所言,二校仅核对《白虎通》,三校则未查《礼记·经解》。最后,祁刻本《校勘记》"疏"下云:"'白虎通'当作'疏通知远'四字",与苗夔说仍稍有不同。至于陈庆镛跋所说的"潘岳秋兴赋"作"审兵狄与贼",疑出于《木部》"槭"下,此条钱曾本、朱抄本、汪刻本均不误,或为顾广圻抄本胥隶误抄之例,祁刻本即作"潘岳秋兴赋"。虽然陈庆镛跋语与赵校本上的原文稍有出入,但上述材料表明,苗夔既参与了祁刻本初校、二校、三校写样的审定工作,又参与了祁刻本从初印本到后印本的校勘刊改工作。不过,苗夔的一些校改意见,并未被完全采纳。上举的"蘧、轆、疏"等例可见,后续的刊版及《校勘记》的意见,与苗夔校本上的校语不完全一致。一句"可怪也",流露出苗夔无奈的心情。

---

① 案,祁刻本《校勘记》"轆"下作:"反宇轆轆,按何晏赋作'反宇轆以高骧',张衡《西京赋》曰'飞檐轆轆',此盖肬记之讹。"引证与考据结论,与苗夔少异。

(二) 祁寯藻刻本对底本的校改

李兆洛《重刊说文系传跋》云,借得汪士钟所藏残宋本后,"今刻款式,依以为式,无者则以宋抄本足之"。但事实上,参考与顾广圻影宋抄本接近的钱曾本、今存国图的残宋本,考察苗夔校语后可知,祁寯藻本初刻本刊成时,已吸收了部分顾广圻抄本上的顾氏校语及刊刻者的意见,对底本的行款、格式、文字,做了一定的校改。

首先,就行款而言,祁寯藻本的行款,大体参照顾广圻抄本,采用半页七行、大十四字、小二十余字的行款。与钱曾抄本及其他清抄本相较,祁刻本每页起讫基本一致,行字或有上下浮动。

其次,就版式而言,祁寯藻刻本在刊刻时,曾据全书体例,对部分版式稍作调整,这主要包括卷十三《林部》另起、卷二十五改题撰人、卷三十七改定版式等。其一,卷十三《林部》,《系传》钱曾本、朱抄本、汪刻本等各本,《林部》皆误连在《木部》"枭"下,并未另起换行。苗夔校汪刻本卷十三,天头批校:"林,建首字,当别起顶格写。"祁刻本刊刻时,或从苗夔意见,将"林"依部首体例,另外换行,顶格写起。其二,卷二十五的内容,《玉海·艺文》云"今亡第二十五卷",宋代以来即缺此卷,包括顾抄本在内的各《系传》抄本中,正文实据大徐说解、反切,但卷首仍题"说文解字通释弟二十五",撰人署"文林郎守秘书省校书郎臣徐锴传释,朝散大夫行秘书省校书郎臣朱翱反切",与《通释》其他各卷一致。据上引的苗校本卷二十五所录顾广圻校语看,祁刻本刊刻时,或曾参考顾广圻意见,此卷改从大徐本之题名、撰人,即改题"说文解字",下增小注:"宋王伯厚《玉海》云:《系传》旧缺二十五卷,今宋抄本以大徐所校定本补之。"撰人改署"银青光禄大夫守右散骑常侍上柱国东海县开国子食邑五百户臣徐铉等奉敕校定"。其三,卷三十七《类聚》的版式,在祁刻本中有较大的调整。此卷是徐锴根据"万物纷糅,不相夺伦"的原则,将意义类别有关的篆文类聚在一起进行讨论的专篇。残宋本和各抄本中,该卷的条目名称和正文内容不完全对应,在条目下的正文中,有的以大字篆文另起,有的则以小字楷书连行,稍嫌混乱。祁刻本刊刻时,根据正文内容,按照出现的顺序,调整条目名称,并统一将正文中讨论涉及的篆文大字、楷书小字,改为篆文小字连排,以清眉目[①],这形成了和旧本完全不同的板式。其条目改变,参下表所示:

---

① 以第二条为例,残宋本、钱曾本、朱抄本、汪刻本的条目,均出篆文"尔于粤者兮可鸟知曰矣乃曾曰白乎弞只",而祁刻本根据正文内容、次序,改作"於者只乃曰兮于粤可曾弞矣知",并将正文中原先作大字的"白、只、乃、曰、乎、弓、兮、曾、弞、矣、知、其"改为小字连行,将原先写作楷体并未列入篆文的"於、于、粤、云、夫、焉"等字,改为小篆书写。

残宋本条目	残宋本正文大字	残宋本正文楷书	祁刻本条目
尔于粤者兮可鸟知曰矣乃曾曰白乎弦只	白只乃曰乎亏丂曾弦矣知其	於于粤云夫焉	於者尔只乃曰兮于粤乎可曾弦矣知
金木水火土米	禾朩夂屮中	水木金艸	水火金木土米
山水厂广井	山山川厂广宀	井	山水厂广井宀
爪爫身目百	爪爫身目肉百	手足	手足爪爫身目肉百

从赵味沧所录苗夔校语看,卷三十一至卷三十五的版式,苗夔多有校改意见,至卷三十七则全无校语。这一情况说明,祁刻本初刻时,即有意校改了卷三十七的板式,至苗夔覆校初印本时,默许了以上校改。

再者,就文字而言,苗夔校语透露出,祁刻初印本中,既有对底本的有意校改,亦有无意新增的讹误。如例(27)至(29)"上、营、杀"、例(40)"蟒"等字下,初印本与顾抄本不同,其校改多出汪刻本。另外,反切校改,似出苗夔之说,除例(43)"恒"例外,如《艸部》"薜",苗夔校汪刻本"问蟹反"云:"石门马本及顾千里景钞寒山赵氏并作'问',夔案,'问'改'闲'。"祁刻本即作"闲蟹反"。同时,祁刻初印本中,亦不免抄胥之误。如祁刻本中刻意避免抄本俗字,书以古字,反而致误,见例(3)"蘪"、例(9)"蕖"下。"蘪",钱曾本、朱抄本、汪刻本作"菜也似苏者",祁刻初印本"也"误作"佀",和下"似"字重出,苗夔于自藏的初刻本上圈改"佀"作"也",但祁刻后印本改"佀"作"之",这一校改,未见于其他抄本。"蕖",祁刻初印本"从辝",误作"从辞",致与篆形不合。又例(1)"璜"字,钱曾本、朱抄本作"作牙形于其上珠中",初印本在"其"下衍"说"字,后印本欲刓去"其"字,结果将下面四字一并作空字,造成了新的讹误。例(5)"夂","從彳"误为"行彳",亦是明显的形讹。至于(10)的"袚",钱曾本、朱抄本、汪刻本作"蔽膝",初印本误作"膝",当为形讹,祁刻后印本改"䘏",与大徐本合。

在卷三十至卷四十部分,因刊刻时先得到顾广圻抄本,后得残宋本,这十一卷的文字,实际亦曾参酌二本而定。如例(19)的"直",祁刻初印本同残宋本作"十臣乚",而顾抄本、钱曾本作"十目乚","臣"为讹字,故祁刻后印本刓改作"十目乚";例(29)"冊"之部叙,残宋本作"日月避而其照通也",祁刻本"通"误"逼",考此字钱曾本亦误作"逼",初刻之误,或出顾抄本。

(三)祁寯藻刻本的后印刓改

祁寯藻本初印本刊出后,即有陆续的校订。比较祁刻初印本、后印本可知,祁刻后印本的校改,包括不同的情形。

首先,底本不误而初印本有误,祁刻后印本即有订正,见上举的"夂、袚、蕖、丨、袁、冊"等例。

其次，祁刻后印本的对初刻本的训释、反切校改，有部分并未遵照顾抄本，而是参考汪刻本、《考异》等相关材料所做的理校。如例（2）之"荡"之反切，祁刻初印本同钱曾本、朱抄本、汪刻本，均误"狄朗反"为"秋朗反"，祁刻后印本当据音理校改；例（8）之"齎"之反切，祁刻初印本同钱曾本、朱抄本、汪刻本，作"稣各切"，此实为下一字"索"字的大徐反切，苗夔朱圈"各"字，祁刻后印本改为"鱼卉切"①；例（7）之"鼓"，祁刻初印本同钱曾本、朱抄本作"春秋之音"，祁刻后印本或据大徐本、汪刻本改"春分之音"；例（11）之"鬵"，祁刻初印本同钱曾本、朱抄本、汪刻本、孙本作"小人"，唯毛本、段注作"小儿"，祁刻后印本、苗夔朱校从之；例（13）之"冯"，祁刻初印本同钱曾本、朱抄本作"臣锴曰又皮冰反"，祁刻后印本或据汪刻本及苗夔校语，改"又"作"夂"；例（17）之"轴"，祁刻初印本同钱曾本、朱抄本均作"徐铉曰"，祁刻后印本或据大徐本、汪刻本及苗夔校语，改作"徐锴曰"。

再者，祁刻后印本对初刻本篆形的校改，亦有部分不遵照顾抄本，参考大徐本及《说文》篆形系统另加改定，见"叜、糶、獢、虨、撕、娛、孂、區、召、鰲、繼、鏊"等例下，王筠曾以朱筠本校祁刻后印本，发现上述篆文与抄本面貌不合②。道光二十三年王筠第二跋中所说的"其字形率皆缩小，其刊改之迹晓然可见"，即指后印本中违背旧抄本面貌的篆形改动。

（四）祁寯藻刻本附《校勘记》

祁寯藻刻本后，附有《校勘记》三卷。据承培元道光十九年季冬撰写的《说文解字系传校勘记后跋》和李兆洛《重刊说文系传跋》，知祁寯藻本的《校勘记》撰写工作，主要由李兆洛弟子承培元、吴汝庚等人承担，且《校勘记》的梓行，稍晚于正文。

从校勘底本看，《校勘记》"璜、鼓、鬵、冯、侃、姍、袤"等条下所引的《系传》正文，已是祁刻后印乙本之后的文字面貌。"营、郝"等例，祁刻本刊刻时，曾对顾抄本的文字做过校改，但通观《校勘记》全文，几乎未曾提及顾抄本、宋刻本的文字面貌。也就是说，祁寯藻刻本的《校勘记》，并没有根据祁刻本的底本即顾广圻抄本、宋刻残本作全面的复核工作，而是径据已经刊成的祁刻后印本作了部分《系传》引文的校勘，这严重影响了祁刻本《校勘记》的学术价值。同时，根据《校勘记》所引的《系传》正文的文本可知，祁刻本后印乙本的刊改时间，至迟不晚于祁刻本所附《校勘记》撰成的道光十九年季冬。

---

① 今案，与"齎"同音的"谓、彙"，小徐"于贵切"，祁刻后印本改"鱼卉切"，未必是。

② 篆形的变化，参郭立暄《中国古籍原刻翻刻与初印后研究》，第 399—405 页。又王筠于"鏊"字有批校："字形特小，盖刻后刊改者，必强小徐同大徐，真钝根也。"

四、祁寯藻本《说文解字系传》的学术影响

乾隆四十七年,自缺本系统《系传》抄本而出的汪启淑刻本刊成。嘉庆十年顾广圻撰、黄丕烈注《百宋一廛赋》中,有"今歙人有刊行之者,正文尚脱落数百字,又经不学之徒以大徐本点窜殆遍,真有不如不刻之叹"的批评。道光二年顾广圻馆于扬州洪莹处,曾拟将《系传》足本付刻。① 只是顾广圻一生,碌碌奔驰,在道光十五年去世前,未能实现刊刻《系传》的夙愿。道光十九年,祁寯藻以足本系统的顾广圻旧藏《系传》抄本、汪士钟藏残宋本《系传》为主要底本,刊成《说文解字系传》,极大地弥补了汪刻本《系传》的不足,也为小徐足本系统的流传和清代《说文》学的进一步深入展开,产生了深远的影响。

从祁刻本《系传》的刊刻过程看,祁寯藻道光十七年九月到任,即托李兆洛自顾瑞清处借得顾广圻旧藏《说文解字系传》抄本;稍晚一些时间,又自汪士钟处借得《说文解字系传》宋刻残本卷三十至四十。随后,祁寯藻设馆于江苏学政节署边的暨阳书院,依写开雕,于道光十九年九月雕成初印本。道光十九年季冬,由承培元等人负责的《校勘记》撰成,此时祁刻本已经完成了后印乙本的校改;道光二十年岁冬,祁寯藻赠与王筠和张穆的《说文解字系传》刻本,分别是后印乙本和后印丙本,知后印丙本的刊成,至迟不晚于道光二十年。②

祁刻本《系传》的底本,前二十九卷主要依顾广圻抄本。顾广圻抄本是顾广圻据顾之逵旧藏的毛扆手校《说文解字系传》影摹的录副本,并曾据黄丕烈所藏的钱楚殷抄本《系传》补足《木部》阙卷,属《系传》足本系统。祁刻本卷三十至卷四十,同时参考了顾广圻抄本和残宋本。

祁刻本《系传》的刊刻分工,祁寯藻序云:"(李兆洛)先生又命弟子江阴承培元、夏灏、吴江吴汝庚作《校勘记》。苗君获见顾本,益加订证,遂以心得,别成一编付梓。"李兆洛跋云:"写楷字者,苏州蒋芝生,篆文则江阴承培元、吴江吴汝庚,校之者则河间苗夔、江阴承培元、夏灏、吴江吴汝庚也。"结合苗夔的批

---

① 〔清〕顾广圻《艺芸书舍宋元本书目序》:"壬午闰月朔书,时将复之扬州,为洪宾华殿撰校刊《说文系传》之前一日也。"《顾千里集》卷十二。

② 道光二十四年甲辰,乔用迁(见斋)以《系传》嘱王筠校改,王筠于书前跋云:"此书改窜已多不妥,甲辰九月,山西藩宪乔见斋先生以此书使筠校之,乃知近来又有刊改者,盖出吴、承诸人手,何其谬也。十一月初三日筠记。"《示部》"祢,以其散故",上有王筠批校:"甲辰在晋,乔见斋方伯以此命筠校之,则'故'字已刓改为'放'矣,距辛丑二月春浦夫子赐篆此书,首尾四年而又作伪如此,疑是吴汝庚辈为之。"根据相关异文看,祁寯藻道光二十一年赠送王筠的祁刻本为后印乙本,道光二十四年乔用迁交付王筠的祁刻本为后印丙本。故王筠以为,祁刻的后印丙本的刓改,在道光二十一年之后。其实,道光二十年,祁寯藻同批赠予张穆的祁刻本(今藏陕师大)已为后印丙本,知刓改不晚于道光二十年。其中校改,也并非全出于王筠所推测的吴汝庚、承培元等人。

校来看，祁寯藻本的刊刻中，苗夔当主要负责了刊刻中的写样审定和初印本的校勘工作，他"别成一编"的校勘成果，是道光二十一年由祁寯藻醵金刊行的《说文声订》。① 李兆洛弟子蒋芝生、承培元、夏灏、吴汝庚，则主要负责写样付梓和撰写《校勘记》的工作。"踣""㪔""疏"下苗夔所引的意见，疑即出自蒋芝生、承培元、夏灏、吴汝庚等人之说。苗夔系祁寯藻邀请至江苏学政节署，以声韵见长，勇于改字；而承培元、夏灏、吴汝庚则为李兆洛弟子，承李兆洛命完成《校勘记》的工作。诸人在刊刻中分工不同，且校改意见未必完全一致。在暨阳书院刊行《系传》时，苗夔可能占主导地位，但具体的校改，也有不全出苗氏者。

　　祁刻本刊刻中，至少有初校、二校红格写样、三校红格写样这三次校样，并曾交苗夔审定。祁刻初印本的文字，主要依据顾广圻影宋抄本，且参考其上的校语、硃改做过文字校改和版式修订，也间有写样时的抄胥之误。在初印本刻成后，苗夔曾据顾抄本、残宋本、汪刻本《系传》及文汇阁《说文系传考异》，对初印本作过校勘。祁寯藻刻本后印的刓改中，与苗夔校语互有出入，具体出于何人，由于材料有限，已难以详考。比较钱曾本、残宋本、祁刻初印本、祁刻后印本可知，后印校改的内容，主要包括几个方面：一，校改初印本中的抄写讹误；二，据汪刻本、大徐本及群书等，校改部分顾抄本原有疑义的反切、说解、篆形。由此，形成了祁刻本从底本、写样到刊成后刓改的复杂面貌。② 整体而言，祁寯藻本刊刻中，陈庆镛所述的"李申耆、祁春浦两先生属以原书勿动，嗣以其显然易见者从其改，其余可疑者悉照原书，眷写付梓"的情况，大体符合刊刻的情形。陈庆镛所述的"此书经毛、段、二顾诸人校改，后又以苗校杂阑入其中，庐山真面已不可复睹矣"，则未必然。无论是在初印本还是后印本中，祁刻本均曾广泛参考多方的意见进行过校改，只是由于刊刻工作成于众人，校改理念并不一致，对顾抄本、残宋本和初刻本讹误的前后校改，亦未载入《校勘记》，一些遗憾也不可避免。

　　耐人寻味的是，道光二十六年王筠曾从乔用迁处，风闻祁寯藻拟重新刊刻《系传》，遂致书祁寯藻云："夫子既欲再刻，则愿仍取顾氏本可知，勿取竹君先生藏本刻之，何也？竹君先生本，与汪刻本、朱文藻《考异》所据，其行款及篆注

---

① 苗夔《说文声订》，道光二十一年冬由祁寯藻撰序并醵金刊刻，主要为考订《说文》之"亦声""省声"等说解后人所删改者，祁寯藻序云："苗君适在幕中，乃属其于校勘异同外，别纂《声订》若干条，缀诸小徐书后。"今按，苗校汪刻本"彭、贯、毒、甾、弹、蝇、衡、乱"等字的批校，赵校本"迈、鷇"字的批校，与苗夔《说文声订》之说相合。

② 案，"航、籁"二例从初刻本、后印乙本到后印丙本的校改，较为典型地反映出祁刻本刊刻过程中的误会：航，祁初刻本、钱曾本作"大夫方舟"，后印乙本作"大夫儿舟"，后印丙本改"大夫航舟"。籁，祁初刻本、钱曾本作"赖声"，后印乙本作"负声"，后印丙本改"赖声"。考此二字的后印乙本文字，殆为校者原拟局部修版，而刊刻者误以为圈改整字，致后印乙本有误，遂有后印丙本之再度校改。

之有无,一切悉同。唯顾氏别自为一本,两本相较,可以互勘,胜以水济水多矣。"此时,王筠已不再认为顾广圻抄本为顾氏"私有改定",而认为顾抄本与朱筠抄本、朱文藻《考异》所据抄本有不同的来源,且较朱筠抄本完整。同时,王筠提出"似当使与顾氏善者,借之以来,而命性情醇谨,不敢妄作者董其事。一切谬误,悉仍其旧,而前刻之本,亦归于有用",这暗含了王筠对祁刻本刊刻中不遵底本、妄加校改的遗憾。书信中另外提及"惟《校勘记》二卷,可以火之",显示出王筠对《校勘记》的不满。①

祁寯藻刻本刊成后,影响极大。莫友芝《郘亭知见传本书目》有"道光十九年祁刻仿宋本最善"的评价。同治十二年(1873)粤东书局《古经解汇函》、光绪元年(1875)姚觐元川东刻本、光绪二年吴韶生刻本、光绪九年江苏书局刻本等版本,均自祁刻本而出。今天,《说文解字系传》的诸多版本中,出自足本系统《系传》抄本的祁寯藻刻本,仍是不可忽视的重要版本。与此同时,梳理祁刻本及其《校勘记》的刊刻始末,厘清祁刻本从顾广圻抄本到誊清写样,再由初刻到后印的层次变化,理解祁刻本《校勘记》价值的相对有限,并明确祁刻本的底本接近于钱曾述古堂《系传》抄本,有助于更好地认识小徐本《说文解字系传》的版本源流。

---

① 〔清〕王筠《上春圃先生书》,收入王筠著,屈万里、郑时辑校《清诒堂文集》,济南:齐鲁书社,1987年,第151—155页。

从睡虎地秦简看人日的起源

刘 瑛*

【内容提要】 旧俗以农历正月初七日为人日。《荆楚岁时记》详细记载了这一天的风俗活动,故后人以人日起源于晋代楚俗。其实人日或与人日类似的名称,已见秦简《日书》所载。从云梦睡虎地、天水放马滩秦简《日书》等材料来看,人日属于《日书》中众多选择术的一部分。由此可以推测,人日的起源可上溯至战国晚期。其中以睡虎地简记载最详。以睡虎地简与传世文献所记载的人日内容相比,它们都是以日为单位来进行预测,同属时日禁忌的择日选择术范畴。晋代起,人日演变为民间节日,并随之举行各种节庆活动。这些活动大多与满足趋吉避凶的禁忌心理有关。人日在后世成为集迎新、庆贺、祈禳、赋诗于一体的民间节日,逐渐淡化了时日选择的色彩。

【关键词】 人日 睡虎地秦简 时日选择 《荆楚岁时记》

旧俗以农历正月初七日为人日。《魏书》云:"帝宴百僚,问何故名人日,皆莫能知。收对曰:'晋议郎董勋《答问》称俗云正月一日为鸡,二日为狗,三日为猪,四日为羊,五日为牛,六日为马,七日为人。'"[1]此为传世文献记载的人日由来。正月初一日到初七日,配合不同的名目,初七日配人,所以称为人日。

唐《开元占经》引《京房占》:"一日为鸡,二日为狗,三日为羊,四日为猪,五日为牛,六日为马,七日为人,八日为谷,和调不风寒,即人不病,六畜不死亡。"[2]可见正月习俗也可以扩展至初八谷日。自正月初一日至初八日,以来风是否和调不寒,来预测人畜的安泰繁育。

在人日这一天,民间要举行庆祝活动,梁宗懔《荆楚岁时记》云:"正月七日为人日。以七种菜为羹,剪彩为人,或镂金箔为人,以贴屏风,亦戴之头鬓。又

---

* 本文作者为北京大学中文系、北京大学中国古文献研究中心副教授。
① 〔北魏〕魏收《魏书》卷一百○四,列传第九十二,北京:中华书局,1974年,第2325页。
② 〔唐〕瞿昙悉达《开元占经》卷一百一十一,《景印文渊阁四库全书》,上海:上海古籍出版社,1983年,第807册,第966页。虽然初三日与初四日所对应的羊、猪,与董勋所答不同,但基本因素相同。

造华胜以相遗。登高赋诗。"①这一天要食用七种不同颜色菜蔬做出的羹汤；最具有人日特点的标志性习俗，是佩戴人形装饰品，这种装饰品的制作，或是剪彩色织品为人形，或是镂刻金箔为人形，贴于屏风，也可以佩戴在头上，称为人胜。亦可制为华胜（花胜），即与人胜相似，以花朵形状制成的配饰，并以之相互馈赠为礼。为庆祝此日的到来，还要登高赋诗，思念远方的亲友，唐高适有《人日寄杜二拾遗》诗"今年人日空相忆，明年人日知何处"之句，感怀与故人阻隔，渺然未知的际遇。

隋杜公瞻《荆楚岁时记注》："董勋《问礼俗》云：'正月一日为鸡，二日为狗，三日为羊，四日为猪，五日为牛，六日为马，七日为人。'以阴晴占丰耗。正旦画鸡于门，七日贴人于帐。今一日不杀鸡，二日不杀狗，三日不杀羊，四日不杀猪，五日不杀牛，六日不杀马，七日不行刑，亦此义也。"②即以天气的阴晴占卜年成。初一日要在门上画鸡，七日要贴人形装饰于帐上。初一至初七，不杀所对应之物。

由上《开元占经》引《京房占》及《荆楚岁时记》杜注来看，除举行节庆活动外，初一至初七人日还有一项重要的活动，即是在正月之始的期间，以天气的阴晴寒温，来占卜本年收成的丰荒、人畜的灾祥泰否，所谓"岁正月一日占鸡，二日占狗，三日占猪，四日占羊，五日占牛，六日占马，七日占人，八日占谷。皆晴明温和，为蕃息安泰之候，阴寒惨烈，为疾病衰耗。此日日晴则吉，日阴则灾"。③ 即初一至初七，每天都要举行这一日相应之项的占卜，以日晴为吉，六畜及人繁育兴旺；以日阴为灾，六畜及人疾病损耗；而初八谷日更得到重视，是因为"八日为谷，所系尤重"。④ 杜甫《人日》诗云："元日到人日，未有不阴时。"盖当时实际气候的描述，因此担忧年成不佳，会有荒歉。可见人日的传统活动，包括祈禳占卜。

由上可知，人日早期的记载源于《魏书》董勋的叙述。然而，后人曾以为董勋所述不见于史载，无所依据，隋杜台卿《玉烛宝典》云："董勋《问礼俗》云：'正月一日为鸡，二日为狗，三日为猪，四日为羊，五日为马，六日为人'，未之闻也，似亿语耳。经传无依据，其登高则经史不载。"⑤

亦有以为人日源于道教创世说，宋罗泌《路史》引《谭薮》云："天地必有初也，而况于人乎。注云：《谭薮》云道言天地初，辟一日为鸡，二日为狗，三日为猪，四日为羊，五日为牛，六日为马，七日为人。贱者易生，贵者难毓，故今人以

---

① 〔梁〕宗懔著，宋金龙校注《荆楚岁时记》，太原：山西人民出版社，1987年，第15页。
② 同上。
③ 〔宋〕高承著，〔明〕李果订，金圆、许沛藻点校《事物纪原》，北京：中华书局，1989年，第10页。
④ 〔宋〕洪迈著，孔凡礼点校《容斋随笔》，北京：中华书局，2005年，第624页。
⑤ 〔隋〕杜台卿《玉烛宝典》卷一，《古逸丛书》影印日本抄卷子本，第5页。

建寅之月一日起至七为人日,其源于此。"①此说较《荆楚岁时记》时期为晚,当是道教利用前说附会而言。

宋高承《事物纪原·正朔历数部第二》"人日"条引东方朔《占书》云:"推此当由汉世始有其义。"②推断人日之俗始于汉代。

其实人日或与人日类似的名称已见秦简所载。如战国晚期的云梦睡虎地秦简《日书》甲、乙种有大量与人日有关的记载。同属战国晚期的天水放马滩秦简《日书》甲、乙种有人日的记载。

《日书》是古人选择时日吉凶宜忌的参考书,类似后世的选择通书。近世出土的战国秦汉竹简中,有大量《日书》和与之相关的文献。人日属于《日书》中众多选择术的一部分。由此可以推测,人日的起源可上溯至战国晚期。

其中具有代表性的是睡虎地秦简《日书》,相关的记载非常丰富。与人日有关的名目,有人日、人良日、忌日,男子日、女子日、马良日等(详下),有相当多的部分不见前人记载,是难得的研究古代社会生活风俗的资料。

先来看睡虎地简《日书》甲种的相关内容,《日书》为原书标题。③

> 人良日,乙丑、乙酉、乙巳、己丑、己酉、己巳、辛丑、辛酉、辛巳、癸酉、癸巳。其忌,丁巳、丁未、戊戌、戊辰、戊子,不利出入人。男子忌庚寅,女子忌丁。(简八〇正贰—八一正贰)

> 马良日,乙丑、乙酉、乙巳、乙亥、己丑、己酉、己亥、己巳、辛丑酉、辛巳、辛亥、癸丑、癸酉、癸巳、庚辰。其忌,丙子、丙午、丙寅、丁巳、丁未、戊寅、戊戌、戊子、庚寅、辛卯。(简八二正贰—八三正贰)

> 牛良日,庚辰、庚申、庚午、辛酉、壬戌、壬申、壬午、癸酉、甲辰、甲申、甲寅。其忌,己丑、己未、己巳、己卯、戊寅、戊戌、戊子、己巳。戊午不可杀牛。(简八四正贰—八五正贰)

> 羊良日,乙丑、乙酉、乙巳、己酉、己丑、己巳、辛酉、辛丑、辛巳、庚辰、庚寅。其忌,壬戌、癸亥、癸酉。春三月可以筑羊卷(圈),即入之,羊必千。(简八六正贰—八七正贰)

> 猪良日,庚申、庚辰、壬辰、壬申、甲申、甲辰、己丑、己酉、己巳。其忌,乙亥、乙巳、乙未、丁巳、丁未。(简八八正二—八九正贰)

> 犬良日,癸酉、癸未、甲申、甲辰、甲午、庚辰、庚午、辛酉、壬辰。其忌,己丑、己巳、己未、己酉、己卯、乙巳、戊子、戊寅、戊戌。有妻子,母以己巳、壬寅杀犬,有央(殃)。(简九〇正贰—九一正贰)

---

① 〔宋〕罗泌《路史》卷二《前纪二》,《景印文渊阁四库全书》,383册,第9页。
② 〔宋〕高承著,〔明〕李果订,金圆、许沛藻点校《事物纪原》,中华书局,1989年,第10页。
③ 《睡虎地秦墓竹简》,睡虎地秦墓竹简小组编,北京:文物出版社,1990年,第194页。

鸡良日，甲辰、乙巳、丙午、戊辰、丙辰，可以出入鸡。鸡忌日，辛未、庚寅、辛巳，勿以出入鸡。（简九二正贰）

再来看睡虎地简乙种《日书》的有关内容，《日书》为原书标题。先列马日等的忌日、良日。①

马日：马良日，甲申、乙丑、亥、己丑、酉、亥、未，庚辰、申、壬辰、戊辰，未□□□乘之。其忌，甲寅、午、丙辰、丁壬辰、丁巳、未，戊□。（简六八—六九）

牛日：牛良日，甲午、寅、戊午、庚午、寅、丙寅、壬寅、丁酉、未。甲辰，可以出入牛，服之。其忌，乙巳，□□□□未、辛丑、戊辰、壬午。（简七〇—七一）

羊日：羊良日，辛巳、未、庚寅、申、辰、戊辰、癸未。忌日，甲子、辰、乙亥、酉、丙寅、丁酉、己巳。（简七二）

猪日：猪良日，壬午、□、戊子、寅、己亥、庚寅、辰、午、辛丑、壬辰、癸未。其忌，壬午、戊午、戊、丁□。（简七三）

犬日：犬良日，丁丑、丁未、丙辰、己巳、己亥。忌，壬戌、癸未、辛巳、□□□□□戌、癸未。忌，丁丑、丁未、丙辰、丙申。（简七四壹—七五壹）

鸡日：鸡良日，甲辰、乙巳、丙午、庚辰。忌，辛巳、卯、庚寅、丁未。（简七六壹）

乙种《日书》，有男子日、女子日两种。②

人日：凡子、卯、寅、酉，男子日；午、未、申、丑、亥，女子日。（简一〇八）

男子日：寅、卯、子、巳、戌、酉；女子日：辰、午、未、申、亥、丑。（简一〇九）

上述《日书》甲种出现了人良日、马良日、牛良日、羊良日、猪良日、犬良日、鸡良日的名称；此外，还有市良日、金钱良日、蚕良日。

《日书》乙种出现了马日、牛日、羊日、猪日、犬日、鸡日、人日的名称；此外，还有五谷良日、五谷忌日、木日。

以上睡虎地简《日书》甲、乙种，均以干支日期，标明马、牛、羊、猪、犬、鸡、人等相应的时日宜忌。有些还标明了具体的宜忌事项，如在人良日，则人出入

---

① 《睡虎地秦墓竹简》，第235页。
② 同上书，第240页。

平安;在忌日,则"不利出入人"(甲种简八〇正贰——八一正贰)。在六畜良日,不可杀牲畜,如牛良日,"戊午不可杀牛"(甲种简八四正贰——八五正贰);犬良日,"毋以己巳、壬寅杀犬,有殃"(甲种简九〇正贰——九一正贰)。可于良日筑圈舍并迁入,则繁育昌盛,如"春三月可以筑羊圈,即入之,羊必千"(甲种简八六正贰——八七正贰)。在忌日,不可出入,如鸡良日,"勿以出入鸡"(甲种简九二正贰)。

　　后人以人日及其相关活动为楚地习俗。今观《天水放马滩秦简》中的《日书》甲种、乙种两部分,亦有与人日有关的记载。甲种《日书》第六部分是《人日》,《人日》是原书标题,其中有男日、女日之名。① 乙种《日书》第十五部分是《人日》,《人日》是原书标题。② 可见人日习俗在南北方均有流传。

　　以睡虎地《日书》与《魏书》董勋《答问》的内容比较,可知虽然它们的排列顺序不同,但基本因素相同,都是与社会生活密切相关的人、马、牛、羊、猪、犬、鸡等事宜的宜忌。不同的是,《日书》甲、乙种都标示了各类名目所宜忌的具体日期,而董勋所答是把各类名目从正月初一日到初七日分别配合,每日一一占卜所对应之物的吉凶。尽管二者在形式上有所不同,但其本质都是以日为单位来进行预测,都属于时日禁忌的择日选择术范畴。

　　传世文献记载的起自晋代的人日及其相关习俗,都能在出土竹简中属于战国晚期的《日书》中找到相应的更早记载,二者不能说没有关联,应是后世依据前代日书的各种因素,把原来分散罗列的宜忌日期加以整合,整齐排列到正月初一日到初七日。

　　正月是一年之始,最为古人所重,古人认为,正月之初的若干日,预示着整年的年景。《开元占经》卷一一八"候八谷贵贱及岁杂物蚕善恶"条引《黄帝占》曰:"正月一日、二日雨,民食二升;三日、四日雨,民食四升;五日、六日雨,民食六升;七日、八日雨,民食一升;十日雨,不占。"③ 以正月一日至十日是否降雨来预测年成。

　　古人又以正月初一日至十二日的物候占卜整年农事的灾祥,如《开元占经》引《师旷占》曰:"常以正月一日迄十二日以占十二月,以日易月。每岁黄气,其气为差岁。风从西来、西南来,皆为谷贵;从东即谷贱。"④ 所谓"以日易月",即以一天代表一个月,初一日至十二日,每日分别代表一月到十二月,占者从云色、风向预测年岁收成。

　　《开元占经》又引《沛公占》曰:"常以正月甲辰先至,大麦贵;丙辰先至,黍

---

① 《天水放马滩秦简》,甘肃省文物考古研究所编,北京:中华书局,2009年,第85页。
② 同上书,第91页。
③ 《开元占经》卷一一八,《景印文渊阁四库全书》,807册,第965页。
④ 同上书,第966页。

贵;戊辰先至,粟贵;庚辰先至,大豆贵;壬辰先至,小豆贵。正月一日得寅,贵。尽十二日以占十二月。"①占者以正月最先出现的某一干支日进行预测,正月第一次出现的干支,代表不同作物收成的贵贱。以正月之始的十二日占卜十二个月。以正月最早出现的干支日期来预测的占法,与睡虎地《日书》以干支日断宜忌非常相似。

《开元占经》成书于唐代,所引《黄帝占》《师旷占》云云,不过是借以推重其说,其占法当属晚期。以之与睡虎地简《日书》的占法相比,具有整齐划一、操作简便的特点,是纷杂的宜忌日期的简化,由正月而知终年灾祥。初一鸡日到初七人日预测,各自代表六畜及人一年中的命运,这种排列方式与上述秦简占法的思路是一致的,也与汉以后时日选择术简化的趋势一致。

晋代以来,人日逐渐淡化了时日禁忌的色彩,演变为民间节日,并随之举行节庆活动。这些活动的特征大多与满足趋吉避凶的禁忌心理有关。从《荆楚岁时记》详细记载的人日各项活动来看,这种关联是显而易见的。

人日妇女要佩戴华胜,此俗起于晋代。胜的形状,据贾充《典戒》云,像瑞图金胜之形,即取自瑞图中"胜"这一类图案的形状,因此又称金胜。胜既为装饰品,也为趋吉避凶而制。胜意即镇服、制胜。在人日佩戴华胜,取人入新年,"形容改新"之意,②亦作祛邪之用,宋王安国《学林》云:"犹人日戴符胜之类,盖祓除不祥之一端也。"③

《荆楚岁时记》所记正月一日习俗:"正月一日,是三元之日,贴画鸡户上,悬苇索于其上,插符其傍,百鬼畏之。"又云:"元日,挂鸡于门庭,百神畏之";"元日镂悬苇炭、桃棒户上,却疠役也"。④ 据杜云瞻《荆楚岁时记》注所记,"正旦画鸡于门",在门上画鸡是因为"古乃磔鸡令畏鬼",⑤今虽不杀,却仍然是利用其使鬼神畏惧的寓意,来祛除鬼神疾役。在元日还服用桃汤,"服桃汤,桃者,五行之精,厌伏邪气,制百鬼"。⑥ 目的与画鸡于门相同,都是满足人们在新年之始祈吉避凶的愿望。

古人举事往往遵照时日宜忌。《论衡·辨祟篇》说"起功、移徙、祭祀、行作、入官、嫁娶,不避岁月,触鬼逢神,忌时相害",可见时日禁忌涉及人们日常生活的各个方面。这种时日选择的起源非常古老,最初与天文观测有关,当随历法的初步建立而来;它的延续性也很强,甚至一直到近现代,传统都未曾

---

① 《开元占经》卷一一八,《景印文渊阁四库全书》,第 807 册,第 966 页。
② 〔唐〕欧阳询《艺文类聚》卷四《岁时部》中"人日"条,上海:上海古籍出版社,1982 年,第 60 页。
③ 〔宋〕王安国著,田瑞娟点校《学林》,北京:中华书局,1988 年,第 153 页。
④ 《荆楚岁时记》,佚文"元日"条,第 73 页。
⑤ 同上书,第 15 页。
⑥ 同上书,第 78 页。

中断。

《日书》即是查找时日宜忌的选择书,汉代相当流行,即《论衡·讥日篇》所说:"不参于义,而致于时","岁月之传既用,日禁之书亦行"。从近几十年出土文献来看,《日书》及相关文献的发现并不鲜见,除上述云梦睡虎地、天水放马滩秦简《日书》外,还有湖北江陵九店楚简《日书》、江陵王家台《日书》、湖北沙市周家台关沮秦简《日书》、上海博物馆战国楚简《日书》残片等等,极大丰富了我们对战国秦汉以来社会风俗和社会思想的认知。

晋代以来方见于文献记载的人日及相关习俗,并非起于其时,而是由古老的时日选择术演化而来。饶宗颐先生认为睡虎地秦简中的人良日、马良日、忌日等名目,是有关人日的最早记载,人日之名当起于先秦,①是符合实际情况的。除人日习俗以外,《荆楚岁时记》记载的正月祠门、卜桑等活动,睡虎地《日书》都有类似的记载。可见正月习俗多由承自前代传统而来。

晋代以来,人日及相关时日禁忌在形式上发生变化,固定在正月初一至初七日,其本质仍然是时日宜忌的选择。不过是把此前繁复的用干支标示的若干日期的宜忌,加以整齐化,排定到正月之始的固定周期。但人日、马日等名目术语,以日为单位的宜忌选择,都承自前代《日书》的传统,并由此衍生出与之相应的系列活动,以此来祈福禳灾。再经过历代相传,逐渐成为一种传统节日。

从睡虎地《日书》的人日以干支记日选择吉凶宜忌的方式,简化到新年正月第一天开始到初七日的周期,一年之内的人及六畜的吉凶灾祥由此日便知,从繁而简。在此基础上,又出现以正月之始到初八日或十日或十二日为周期。无论是哪一种周期,其核心仍是时日禁忌的预测选择。这种演变,随时日选择在汉以后的简化而来,与汉以后时日选择发展趋势是一致的。这种占法简单明了,便于操作,遂得以延续。直至清代农书,仍然以正月七日的物候预测一年农事。

在初一鸡日贴画鸡于门,初七人日佩戴人胜,是为配合时日禁忌,起到祛除邪祟、祈安祝福的作用。人日由此成为集迎新、庆贺、祈禳、赋诗于一体的民间节日,逐渐淡化了时日选择的色彩。

---

① 饶宗颐、曾宪通《云梦秦简日书研究》,香港:香港中文大学出版社,1982年。

《史记》秦国史札记四则

徐志超*

【内容提要】 本文分四部分：一、考证"堑洛"的含义：堑洛并非修长城，或挖掘河道，或修缮关津，而应该是挖城墙外的壕沟；二、考证秦惠公时南郑的归属；三、分析秦献公在位年份的致误原因，不应该是逾年改元所致，而是传写之误；四，考证秦孝公时岸门之战是否存在。

【关键词】 秦国　堑洛　南郑　改元　岸门

一、秦简公"堑洛"考

《史记·秦本纪》简公六年（前409）"堑洛，城重泉"，①《六国年表》在秦简公七年。由于史料缺乏，本条非为探讨时间问题，而是要考证其含义。自古以来，学者对于"堑洛"有不同的认识，大致可分三种：其一为修长城，其二为用于军事防御同时有利于农业生产的水利工程，其三为缮治津关。现将以上各种观点加以辨析。

第一种说法来源甚早，《史记正义》引《括地志》云："重泉故城在同州蒲城县东南四十五里也。"宋乐史《太平寰宇记》云："又按《三秦记》云：'在蒲城东五十里，秦筑长城。'即是堑洛也。"②清张澍辑《辛氏三秦记》从《舆地志》辑出此条，仅"在蒲城东五十里，秦筑长城"，③视堑洛为修长城，当为乐史之意。后世历史地理研究者如史念海先生等多沿此说，默认"堑洛"即秦长城，以至对洛河（今陕西境内渭河以北的洛河）西岸古代城墙遗迹的考察，很自然地将其中一些看做"堑洛"长城。④虽然各家对于"堑洛"长城的具体位置仍有争议，但大体

---

* 本文作者为北京大学中文系古典文献学专业2016级博士研究生。
① 《史记》卷五《秦本纪》，北京：中华书局，1959年9月，第200页。
② 〔宋〕乐史《太平寰宇记》卷二八《关西道二》，北京：中华书局，2007年，第604页。按：中华书局标点本《太平寰宇记》将"即是堑洛也"五字与上文都视为《三秦记》的引文，误也。
③ 〔清〕张澍辑《辛氏三秦记》不分卷，道光元年（1821）辛巳刻，二酉堂藏板，第6页。
④ 考察此段秦长城位置的文章有：史念海《黄河中游战国及秦时诸长城遗迹的探索》，《陕西师范大学学报》，1978年7月，第50—66页。《再论关中东部战国时期秦魏诸长城》，《中国历史地理论丛》，1985年7月，第149—188页。彭曦《秦简公"堑洛"遗迹考察简报》，《文物》，1996年4月，第66—75页。

都认为此长城大概是从今陕西省白水县北一直延伸到渭河以南华山脚下,绵延一百多公里的一项浩大工程。

史念海先生《黄河中游战国及秦时诸长城遗迹的探索》一文谈到秦国"堑洛"的长城时说:"'堑洛'的'堑'是掘的意思,这里所谓的'堑洛'是削掘洛河岸边的山崖。这是修筑长城的一种方法。后来蒙恬筑长城,也曾经'堑山堙谷',正是采用同样的技术……虽然如此,这条长城也并非都是在山地崖畔修筑的,有些平川还是一样有城的,今华阴县东城的长城就是当时'堑洛'所筑的长城的一段,而且也是这条长城的南端。"史先生这段说法有两个问题:首先,仅由"堑洛"二字难以看出是在削掘洛河边的山崖,古人修长城固然有利用壁崖作长城的方法,今亦有遗迹见存,①但若是修城,必然会有所说明,不能因为堑有挖掘之意就认为与修长城有联系。史先生所引"堑山堙谷",《史记》原文为"乃使蒙恬通道,自九原抵甘泉,堑山堙谷,千八百里。道未就"。② 则蒙恬是在开山修路,而且没有修成,并不是在修筑长城。其次,"堑洛,城重泉"既然连读,那么所指地理范围有限,当围绕重泉附近。而洛水在渭河之北,华阴在渭河之南,华阴长城被说成是"堑洛"长城的一段,似乎不妥。所以把"堑洛"当作修长城从概念上是说不通的。

"堑洛"从字面上看不出有修筑长城的含义,所以也有学者没有将现在洛河附近的城墙遗迹归为"堑洛"长城,而是将其看作军事水利工程,即削陡河岸以防敌人进攻,同时这项工程可以带来一些其他方面的效益。史党社先生认为:"'堑洛'很可能是利用洛河天然河道驻军,进行防守的一种方法,与'堑河旁''堑河濒'同例……若说'堑洛'为长城遗址,还需要更多的证明。"③樊志民先生也认为:"其本义虽在于军事目的,但在某种程度上亦有改善局部农业生产景观之效。"④他解释:"具体就堑河、堑洛工程而言,由于削陡、增高河岸,使土安其处不再流失;由于掘深、拓宽河道,使水归其壑难以为害。据此以言堑河、堑洛工程'在某种程度上亦有改善局部农业生产景观之效',当不为过。"这种削掘、挖深河道的说法看似符合"堑"字的含义,但是于春雷先生在《秦简公"堑洛"考》中提到,根据实地调查研究,"洛河流经的区域都是黄土层很厚的黄土高原,洛河将黄土冲刷切割,形成的洛河河道在洛川县与黄陵县之间段已经下切到岩石层,都是数十米的壁立陡岸,到现在都少有道路横向穿越,更没有沿河道路;在出黄龙山后,进入关中平原的黄土垣区流淌,由于该区的黄土直立性普遍较好,在白水、蒲城和澄城、大荔之间段河道两岸都是数十米高的黄

---

① 唐晓峰《内蒙古西北部秦汉长城调查记》,《文物》,1977 年 5 月,第 16—22 页。
② 《史记》卷八八,第 2566 页。
③ 史党社《陕西渭南地区的秦魏长城及城址考察》,《秦文化论丛》,2003 年 7 月,第 226—251 页。
④ 樊志民《堑河、堑洛功效宜作多维观》,《中国历史地理论丛》,2000 年 9 月,第 239—240 页。

土悬崖,或者由于洛河大溜左右摆动,河水侧蚀导致该段河岸有的部分左岸壁立,右岸稍缓,或右岸壁立而左岸稍缓。但就在稍缓的一侧也是由于雨水的冲刷而沟壑遍布,能够在该段横越洛河交通左右的地方是有限的。两千多年后的今天如此,当时的洛河河道只能比现在更加陡峭。"①由此看来,这种削陡河岸的工作在当时的生产力条件下不仅难以完成,而且很没有必要。

于春雷先生提到了"堑洛"的另一种含义,即缮治津关。他根据实地调查发现现在枯水期在重泉附近可以徒步越过洛河,认为此地当是秦魏两国边境线上的一处渡口,联系当时的战争形势,"堑洛"应该就是贾谊《过秦论》中提到的秦国"缮津关,据险塞"之"缮津关",他解释道:"重泉城意在控制这处渡口,当然要将渡河之处设置在可控制的范围之内,像今天道路上的路卡和收费站。就需要将附近其他可以下到河滩的河岸进行铲削,使得秦国方面渡河只能从一个固定的线路通过,也使得魏国方面渡河上岸的地方极其有限,且便于防守。'堑洛'正是这一工程的称呼。"②重泉固然有可能是秦晋的交通要道,但是于先生将"堑洛"解释为缮治津关确有颇多疑点。首先,今天的洛河干流全长680.3公里,上游为黄土高原沟壑区,中游两侧为丘陵和黄龙山区,中部为黄土塬区,下游进入关中平原,全流域71%为黄土丘陵沟壑区,③洛河下游平原是秦、魏重点防守区域。秦、魏隔洛河对峙,有多个军事阵地,如重泉、洛阴、大荔、王城、蒲城等。在此地筑城并非一定是因为枯水期可以徒步过河,更重要的原因是洛河两岸地势平坦,适合驻军,所以两国的许多兵力都集中在了这一地区。筑城主要是由军事形势决定的,穿过洛河是坐船还是徒步对整体局势的影响并不大。其次,洛河水文条件复杂,近些年来洛河枯水断流现象严重。根据洛河下游南荣华水文站(1965 年设站,2000 年改为水文站)和朝邑水位站(1964 年设站,2000 年改为水位站)的统计(见下表),④

南荣华、朝邑站多年代断流天数统计表　　　　　　　　　　　单位:d

站名	1970~1971	1980~1989	1990~1999	2000~2013	合计
南荣华	9	74	256	333	672
朝邑	33	106	300	429	868

我们可以看出 80 年代以后,洛河断流逐年加重,但 80 年代以前洛河断流情况却并不多见,至于先秦时期洛水的断流、改道情况,由于数据缺乏我们无从知晓,短短几十年时间洛河的水文情况就有如此大的变化,于先生以今天的水文条件想要说明先秦的事情是不合理的。最后,水利工程自古以来就是需要大

---

① 于春雷《秦简公"堑洛"考》,《考古与文物》,2012 年第 5 期,第 67—71 页。
② 同上。
③ 马禹锟《北洛河下游水资源情况及分析》,《陕西水利》,2017 年 11 月,第 3—15 页。
④ 同上。

量人力、物力、财力的活动,即便真的有枯水期便于人们徒步穿越洛水,但秦国此时大举人力去魏国边界修缮关津,失去了天然河流作为屏障,岂不是送羊入虎口,任人宰割?所以称"堑洛"为缮治津关矛盾重重,难以自圆其说。

　　以上三种观点都禁不起推敲,那"堑洛"到底是什么含义呢?聂新民先生云:"与魏筑西长城同时,秦简公沿洛河西岸挖掘了长长的堑壕阻挡魏军。'堑洛'的工程含义可能还有把挖掘的土夯筑于壕的西侧成垣垒的内容,但至今未有发现它的遗迹,这是今后考察中应注意的问题。"①聂先生虽然只是提出了一种假设,但是从"堑"的含义出发考虑,"堑洛"所指内容应该与聂先生的推论比较接近。当然秦简公并非仅仅挖出长长的堑壕,而是与重泉城的修筑相配合而运作的。他所说的"把挖掘的土夯筑于壕的西侧成垣垒"其实就是修重泉城。

　　"堑"字作为名词指人工挖的大坑、壕沟、护城河之类;作为动词指挖掘,多指挖战壕;亦可引申为低洼之意,一般是与军事有关。《史记》差不多在记载"堑洛"的同时,在《秦本纪》及《六国年表》秦表中还记有"堑河旁"②"城堑河濒"③的说法,一方面,将"堑"与"城"对举,说明修城与挖战壕、护城河相辅相成,互相呼应,但是堑并非城,不能将二者相混,它们是具有不同方向性的活动。《易·泰卦》:"上六,城复于隍,勿用师。自邑告命,贞吝。象曰:城复于隍,其命乱也。"《子夏易传》:"堑隍以为城,取下以为上也,其终则复隍矣。"④这也就回应了"堑洛"为长城的说法:修筑长城是向地上的工程,"堑洛"是向地下的工程,二者性质不同。另一方面,这两条都是在说"堑"的工程是在河边进行的,没有直接去削陛、挖深河道,先秦时期很难想象当时有如此高级的水下作业能力,颇疑"堑洛"为"堑洛旁"之简称。而将堑壕挖在河边,也有利于引水填充。中国古代以河、沟作为军事防御设施的情况比较常见,据《光明日报》报道,2012年至2013年陕西省考古研究院与宝鸡市考古研究所等单位对秦雍城遗址进行了考古调查,调查发现,"初期的雍城分别以四周的雍水河、纸坊河、塔寺河以及凤凰泉河环围。由于当时的河水丰沛,河谷纵深,自然河流成为'以水御敌于城外'的主要城防措施。这种情况与礼县大堡子山、圆顶子山秦西犬丘城的防御体系如出一辙……战国时期,列国形势突变,攻伐谋略上升,秦国在原'以水御敌'基础上再构筑城墙,加上因筑墙取土所形成的沟壕,增加

---

① 聂新民《秦简公堑洛及相关历史地理问题》,《秦文化论丛》,2004年6月,第253—260页。
② 《史记》卷五《秦本纪》,第199页。
③ 《史记》卷一五《六国年表》,第705页。
④ 《子夏易传》卷二,《景印文渊阁四库全书》第一册,台北:台湾商务印书馆,1986年,第21页。

了多重天然屏障。"① 虽然"堑洛"现已无迹可寻，但雍城遗址的考察却有助于我们推测还原重泉城外的面貌。由此看来"堑洛，城重泉"本无需引申出各种各样的含义，其所指就是在洛水旁修重泉城，而围绕城墙挖掘壕沟既可以为筑城提供土资源，它本身又是一道抵御魏国的屏障。

二、秦惠公时南郑归属问题

《秦本纪》："（惠公）十三年（前387），伐蜀，取南郑。"②《六国年表》作"蜀取我南郑。"③ 二者记载截然相反。梁玉绳《史记志疑》："《纪》《表》前此书'秦城南郑'及'南郑反'矣，则南郑非蜀土也。《史诠》曰'《史表》蜀取我南郑。当从《史表》为是'。"④ 梁玉绳判断南郑当归于蜀。但是杨宽有不同的看法，《战国史料编年辑证》："《资治通鉴》作'秦伐蜀，取南郑'。黄式三《周季编略》作'蜀取秦南郑，秦伐楚复取南郑'。……《六国表》厉共公二十六年左庶长城南郑，《秦本纪》《六国表》躁公二年南郑反。是时南郑既非蜀土，亦非秦地。盖蜀取南郑，秦又伐蜀而取南郑耳。"⑤ 杨宽弥合《纪》《表》之说，认为秦蜀战后，南郑当归于秦。

今案，梁说是也。郦道元《水经注》卷二十七引《耆旧传》云："南郑之号，始于郑桓公。桓公死于犬戎，其民南奔，故以南郑为称。即汉中郡治也。"南郑属汉中（今属陕西省汉中市）。常璩《华阳国志》云："南郑县，郡治。周贞王十六年（前453）秦厉公城之，有池水，从旱山来入沔。"⑥ 是其曾为秦土。又云："汉中其地东接南郡，南接广汉，西接陇西、阴平，北接秦川。厥壤沃美，贡赋所出，略侔三蜀。六国时，楚强盛，略有其地。后为秦。恒成争地。"⑦ 知汉中非秦固有之土，其处秦楚之间，土地肥美，为争地，而后为秦所得。又云："周显王之世，蜀王有褒、汉之地。"⑧ 秦惠公十三年当周安王十五年，周显王已在其后，而汉中已归蜀，盖此时为蜀所取，故当以《六国年表》为是。

---

① 杨永林、张哲浩《陕西秦雍城"微观"考古新发现"城堑河濒"实景》，《光明日报》，2013年1月8日，第009版。
② 《史记》卷五《秦本纪》，第200页。
③ 《史记》卷一五《六国年表》，第713页。
④ 〔清〕梁玉绳《史记志疑》卷四《秦本纪》，北京：中华书局，1981年，第138页。
⑤ 杨宽《战国史料编年辑证》，上海：上海人民出版社，2016年，第244页。
⑥ 〔晋〕常璩《华阳国志》卷二《汉中志》，济南：齐鲁书社，2012年，第19页。
⑦ 同上书，第15页。
⑧ 同上书，第27页。

三、秦献公在位年份

《秦本纪》云："二十四年，献公卒。"①《六国年表》载献公卒于二十三年。梁玉绳《史记志疑》云："献公在位年数《秦记》《六国表》并称二十三年，是也。此作二十四，《世本》作'二十二'，《越绝书》作'二十'，皆误。"②《秦本纪》云："（献公）四年正月庚寅，孝公生""子孝公立，年已二十一岁矣。"③依献公在位二十三年来算，孝公元年正是二十一岁。献公在位二十三年应该是比较明确的。但若探讨其致误原因，钱穆先生认为此乃献公弑君自立，不逾年而改元所致，《先秦诸子系年》："不逾年而改元，古人自有其事。然大率前君被弑，后君以篡逆得国，不自居于承前君之统序，则往往以前君见杀之年，改称篡立者之元年，不复逾年而改元。此在春秋时不多见，而战国屡有之……据《秦纪》，献公前承出子，出子二年，庶长改迎献公于河西而立之，杀出子及其母，沉诸渊。其事亦见不韦《春秋·当赏篇》。盖献公室弑君自立，故未逾年而改元。出子之末，即献公之初。元丙申，卒己未，得二十四年。今《年表》于出公二年后始列献公元年，则为元丁酉，当得二十三年。《始皇本纪》与《年表》同，徐广亦本年表为说。"④古人固然有不逾年改元之事，然《史记》体例皆逾年改元，《表》中体现最为清晰。《容斋随笔》："自汉武帝建元纪年之后，嗣君绍统，必逾年乃改元。"⑤盖因汉武帝之故，不逾年改元为司马迁所讳也。《韩世家》："（哀侯）六年（前371），韩严弑其君哀侯，而子懿侯立。"又云："懿侯（《表》作庄侯）二年（前369），魏败我马陵。"⑥韩、魏《表》皆于同年载魏败韩马陵之事，依此推算，虽然韩哀侯见弑而亡，但《韩世家》载懿侯当为逾年改元。又《燕世家》："惠王七年（前272）卒，韩、魏、楚共伐燕。燕武成王立。"⑦《表》记武成王于次年改元。而《赵世家》惠文王二十八年（前271）载"燕将成安君公孙操弑其王"。⑧《集解》："徐广按《年表》，是年燕武成王元年。"杨宽："《燕世家》讳言惠王见杀，乃谓惠王七年卒，似若燕武成王继位，而逾年改元者。其实惠王八年见杀，《燕世家》因讳言见杀而缩减为惠王七年。"⑨由此看来，司马迁是严格遵守逾年改元之体例的，

---

① 《史记》卷五《秦本纪》，第201页。
② 〔清〕梁玉绳《史记志疑》卷四《秦本纪》，第139页。
③ 《史记》卷五《秦本纪》，第201页。
④ 钱穆《先秦诸子系年》，北京：商务印书馆，2001年，第33页。
⑤ 〔宋〕洪迈《容斋随笔》卷一〇，北京：中华书局，2005年，第345页。
⑥ 《史记》卷四五《韩世家》，第1868页。
⑦ 《史记》卷三四《燕召公世家》，第1558页。
⑧ 同上书，第1559页。
⑨ 杨宽《战国史料编年辑证》，第39页。

因此记秦献公为二十四年绝非不逾年改元所致。又《秦本纪》："献公元年（前384），止从死。二年，城栎阳。"① 《表》献公二年亦云："城栎阳。"② 是知《秦本纪》中献公亦逾年改元，否则"城栎阳"在本纪中当为献公三年事。因此《秦本纪》中秦献公二十四年卒当为传写之误，盖"三"字与"亖（四）"字形相近而讹。

四、秦孝公"岸门之战"辨误

《秦本纪》载秦孝公二十四年（前339），"与晋战雁门，虏其将魏错"。③《六国年表》为二十三年，"与晋战岸门"。《索隐》："《纪年》云：'与魏战岸门'，此云'雁门'恐声误也。又下云'败韩岸门'，盖一地也。寻秦与韩、魏战，不当远至雁门也。"《正义》引《括地志》云："岸门在许州长社县西北二十八里，今名西武亭。"④ 此战有诸多疑点。如《索隐》所言，秦与魏战固不当远至今山西北部代县之雁门，然此次战役亦不可能发生在《正义》所言许州西武亭；另外，这次战役也不可能发生在秦孝公二十三四年间，或为秦献公二十三年事。

首先，《史记》所见战国时名岸门之地有二，其一为韩邑，即《正义》引《括地志》所言之岸门，在今河南许昌市西北。秦孝公以前，秦穆公时国家强盛，疆域曾东至黄河，而厉、躁、简公、出子时，秦国内乱，诸侯卑秦，三晋攻夺其河西地，至秦献公时复欲东伐，当时三家分晋，魏国在西，与秦土地相接，故秦东伐首先面对的敌人是魏国。秦献公二十三年伐败魏黄河西岸之少梁，始得东进。秦孝公二十四年以前，秦国对东方的征伐主要针对的是魏国，这期间也曾与韩交战，但《史记》所记仅"昭侯元年，秦败我西山"一例，⑤ 远不及岸门。至韩昭侯二十四年（秦惠文王三年），秦始拔韩西部边境之宜阳，又韩宣王十四年（秦惠文王更元六年），秦即伐败韩于鄢（今河南鄢城），这时秦才增加了对韩的攻势。韩宣王十六年，又败韩修鱼（今河南原阳县西南），韩王恐，欲依公仲之策连秦攻楚，以转移秦国对韩国的进攻。楚则佯言兴师救韩，韩绝于秦。秦遂大怒，伐韩，宣惠王"十九年，大破我岸门"。⑥ 因此，秦孝公时不可能与魏国跑到韩国腹地进行大规模的交战。

这里提到的"岸门"当是魏国之"岸门"，在今山西省河津市南，钱大昕《廿

---

① 《史记》卷五《秦本纪》，第201页。
② 《史记》卷一五《六国年表》，第714页。
③ 《史记》卷五《秦本纪》，第204页。
④ 同上书，第204页。
⑤ 《史记》卷四五《韩世家》，第1868页。
⑥ 同上书，第1871页。

二史考异》:"'岸''雁'声相近,故'岸门'亦作'雁门',非代之雁门也。"①《吕氏春秋》云:吴起治西河之外,王错谮之于魏武侯,武侯使人召之。吴起至于岸门,止车而望西河,泣数行而下。其仆谓吴起曰:'窃观公之意,视释天下若释躧。今去西河而泣,何也?'吴起抿泣而应之曰:'子不识,君知我而使我,毕能西河可以王。今君听谗人(高诱注:谗人,王错也)之议,而不知我,西河之为秦取不久矣,魏从此削矣。'吴起果去魏入楚。有间,西河毕入秦,秦日益大。"②西河为战国时魏地,即今陕西、山西交界处大荔、合阳、韩城等市县一带,岸门与陕西韩城正隔河相望,故吴起从岸门可以望西河。

其次,秦孝公二十四年掳魏错之事亦颇为可疑。魏错其人他处未见,或以为魏错为王错。清狄子奇《孟子编年》云:"按魏错即王错也,烈王七年奔韩,不知何年复返魏。"③笔者以为非是。关于王错,上引《吕氏春秋》中提到他曾向魏武侯进谗言,调离吴起,使西河之地为秦所取,被吴起视为"谗人"。那王错与吴起之间是有私人恩怨还是王错本来就是奸佞之臣呢?《魏世家》魏惠王元年,公孙颀谓韩懿侯:"今魏罃得王错,挟上党,固半国也。因而除之,破魏必矣,不可失也。"④公孙颀向韩懿侯列举了两条伐魏的有利条件,第一条就是魏惠王任用王错,其意在于魏惠王用人不当。王错或为人奸佞,非社稷之臣;或为别国派入魏国的奸细。总之魏任用王错是一个错误的决定。赵、韩伐魏,魏氏大败,后来因为赵、韩二家谋不相合,魏惠王才逃过一劫。而王错与魏国战败必然有直接关系。《竹书纪年》魏惠王二年:"魏大夫王错出奔韩。"⑤王错自知不能容于魏,因此赵、韩伐魏之后,王错便逃到了韩。王错戴罪出逃,又何敢返魏?即便能返魏,魏王又怎能继续委以重任,使其将兵守边?故秦所掳,绝非王错。

最后,从时间和地理位置上来看,秦孝公二十三四年与魏战岸门与当时实际的战争形势不符。秦献公二十一年(前364),与晋战于石门,斩首六万。这是《史记》中记载的秦国经历长期低迷后的初次胜利。二十三年(前362),秦与魏就在魏国黄河西岸的少梁(今韩城南,归秦后改名夏阳)交战,并战胜魏国。之所以要攻打少梁,是因为少梁东临黄河,当时为黄河渡口,又此处河东之地为岸门,后称河津——顾名思义,也是黄河渡口,为秦东侵的一处必经之地。秦孝公八年(前354),"与魏战元里,斩首七千,取少梁";⑥孝公"十年(前352),

---

① 〔清〕钱大昕《廿二史考异》卷一《史记》,南京:凤凰出版社,2008年,第5页
② 许维遹集释《吕氏春秋集释》卷一一《仲冬纪》,北京:中华书局,2009年,第255页。
③ 〔清〕狄子奇《孟子编年》卷一,浙江书局刊本,第18页。
④ 《史记》卷四四《魏世家》,第1843页。
⑤ 同上。
⑥ 《史记》卷一五《六国年表》,第722页。

卫鞅为大良造,将兵围魏安邑(今山西夏县),降之"。① 安邑始为魏国都城,在岸门东略偏南六七十公里处,而此时秦国向东逐渐扩张,已越过黄河,占领魏都安邑,魏节节败退,《魏世家》魏惠王三十一年即秦孝公二十二年"安邑近秦,于是徙治大梁"。② 在这段时间的秦魏交战中,魏国一直处于被动挨打的境地,以至国都被占,只能迁都。秦既已取安邑,则军队所过之黄河渡口岸门必然已经在秦控制之下。此次伐魏实为秦国向东方扩张作铺垫。如果将秦国此次东侵的路线称为行军的中线,在中线稳固后,魏襄王五年(前 330)秦又开辟了北线和南线:北线败魏龙贾军四万五千于雕阴(今陕西延安市甘泉县),南线围魏焦(河南陕县)、曲沃(今河南灵宝市东北),从而彻底夺取魏西河之地。③ 秦国自孝公以后,不断对东方发动战争,鲜有败绩,魏国只有防守,无力反攻至岸门而与秦战。后献阴晋而更名"宁秦",魏对秦之进攻无可奈何之态溢于言表。司马贞《索隐》、张守节《正义》皆以为岸门为韩之岸门,盖因此时魏之岸门早已为秦所占。

综合各种因素,我们可以明确地说,在秦孝公二十三四年的时候,秦魏之间不可能有一场发生在岸门,并且秦掳魏错的战役。此为史书所误记。然不知是错简所致还是司马迁所据材料本身就有问题。笔者在这里提出一个假设:此次战役有可能是秦献公二十三年时秦与魏战于少梁,掳魏将公孙痤的那场战役。秦在少梁战败魏国,又东渡黄河,与魏战于岸门,会秦献公薨及赵救魏,故还。而魏错即公孙痤(错属铎部,痤属歌部,主要元音接近,有通转的可能)。史书误将秦献公二十三年事移到了孝公二十三年。当然这仅是一种推测,姑且列之于此,以俟详考。

---

① 《史记》卷五《秦本纪》,第 203 页。
② 《史记》卷四四《魏世家》,第 1847 页。
③ 同上书,第 1848 页。

敦煌所存法成讲《瑜伽师地论》写卷之系年与辨伪*

徐　键　张涌泉**

【内容摘要】 敦煌所存《瑜伽师地论》写卷大部分是当时敦煌高僧法成讲解《瑜伽师地论》的产物，随着讲解进度抄写，其纪年具有连续性。本文将与法成讲解相关的《瑜伽师地论》写卷分作"论"文原本、"论"文科分、"论"文讲解三部分，逐一为之系年，并进而对一些"问题"写卷加以辨析，提出自己看法。

【关键词】 敦煌写卷　瑜伽师地论　系年　辨伪

敦煌写卷《瑜伽师地论》主要与唐代高僧法成在沙州开元寺讲解《瑜伽师地论》有关，其抄写时间集中于9世纪中期。关于法成其人，学者已做过详细的研究。其中最重要的就是上山大峻《大蕃国大德三藏法师沙门法成の研究》（上、下）[①]，已把法成的生平及译经讲经情况梳理得比较清楚。其后又陆续有吴其昱《大蕃国大德三藏法师法成传考》[②]、王尧《藏族翻译家管·法成对民族文化交流的贡献》[③]、王百岁《唐代吐蕃高僧法成》[④]等文章对法成进行专门研究。据此，大致可知张议潮于848年在沙州起义并赶走吐蕃在沙州的势力之后，把远在甘州居住的法成请回沙州讲解《瑜伽师地论》。《吴和尚法成邈真

---

* 本文属于四川大学研究生科研创新基金（项目批准号：2018YJSY021）阶段性成果。

** 徐键，四川大学俗文化研究所2016级博士。张涌泉，四川大学中国俗文化研究所兼职教授，浙江大学古籍所教授。

① 〔日〕上山大峻《大蕃国大德三藏法师沙门法成の研究（上、下）》，分别刊载《东方学报》第38（1967年3月）、39（1968年3月）辑，兹据《敦煌佛教の研究》所收载及补充，京都：法藏馆，1990年，第84—246页。

② 吴其昱《大蕃国大德三藏法师法成传考》，《讲座敦煌7：敦煌と中国仏教》，东京：大东出版社，1984年，第383页。

③ 王尧《藏族翻译家管·法成对民族文化交流的贡献》，《文物》，1980年第7期，第50页。

④ 王百岁《唐代吐蕃高僧法成研究》，《丝绸之路民族古文字与文化学术讨论会会议论文集》，西安：三秦出版社，2005年，第477页。

赞》所云"太保钦奉,荐为国师,请谈维(唯)识,发耀光辉",是也。① 来到沙州之后,法成便一直居于此,直至圆寂。在目前可以查阅到的敦煌写卷题记中,从大中九年(855)三月十五日,到大中十三年岁次己卯四月廿四日,法成一直在沙州开元寺讲《瑜伽师地论》,所讲卷次从第一卷至第五十六卷止。

正是基于上述背景,法成讲《瑜伽师地论》相关文献,其内容可分作三类:一是《瑜伽师地论》"论"文原本,这部分大多为法成弟子听讲的"教材",故而会有涂写修改;二是法成对《瑜伽师地论》的科分,听讲比丘们记作"分门记",包含两个部分,一部分是对某一具体卷次的科分,如"某某卷分门记"之类,另一部分是对《瑜伽师地论》各部分系统的科分,如对《本地分》中"菩萨地""声闻地"的科分,对《摄决择分》中"有寻伺"等三地的科分,均是此类,二者在内容上是一致的;三是法成对《瑜伽师地论》的讲解,听讲比丘们记作"手记",作为听讲"笔记",因随听随记,所以抄写者多用行书书写。

关于法成讲《瑜伽师地论》,上山大峻、荣新江和余欣都曾做过研究。上山大峻在《大蕃国大德三藏法师沙门法成の研究》(上、下)中将当时可见的敦煌写卷《瑜伽师地论》进行归类,并依据题记做了一个简单的表格,但由于其研究年代早,主要参考当时已经公开的英藏和法藏敦煌文献,没有涉及中、俄所藏的敦煌文献,缺漏在所难免。荣新江和余欣在《敦煌写本辨伪示例——以法成讲〈瑜伽师地论〉学生笔记为中心》②中运用敦煌写卷《瑜伽师地论》的纪年进行辨伪,实为创见,但是他们未考虑到敦煌当时的僧讲制度。在法成主导的这次僧讲活动中,提前准备听讲的"教材"是一项重要工作,这项工作由熟知寺院经籍收藏的僧人恒安负责,并由智慧山、张明照以及沙弥一真等人协助。由于这些人主要任务是抄写听讲所用的"论"文,所以他们不是这次僧讲的核心成员,只能算是外围成员。也正因为此,他们提前抄写"论"文没有严格的时间要求。可以提前一个月,也可以提前一年,还可以在法成讲解的当场抄写完成,他们抄写论文时间的不确定性为用纪年进行辨伪增加了难度。正由于这些原因,荣、余二位论文中的部分结论也还有可以进一步深化的余地。鉴此,笔者通过对现已刊布的敦煌文献全面普查,在类聚《瑜伽师地论》及其相关文献的基础上,参照当时的僧讲制度,对法成讲《瑜伽师地论》写卷进行系年,并对一些"问

---

① 见伯2913号(题名"大唐敦煌译经三藏吴和尚邈真赞")及伯4640号(题名"故吴和尚赞文"),伯4660号(题名"大唐沙州译经三藏大德吴和尚邈真赞")作"司空奉国,固请我师。愿谈维(唯)识,助化旌麾",略有差异,或为改定前的原稿。其中太保、司空均为张议潮头衔;而《瑜伽师地论》是唯识学的根本大论,"请谈维(唯)识""愿谈维(唯)识"所指之"维(唯)识"即《瑜伽师地论》。

② 荣新江、余欣《敦煌写本辨伪示例——以法成讲〈瑜伽师地论〉学生笔记为中心》,原载《敦煌学·日本学——石冢晴通教授退职纪念论文集》,上海:上海辞书出版社,2005年,第65页;兹据荣新江《辨伪与存真——敦煌学论集》所收,上海古籍出版社,2010年,第91页。以下简称《敦煌写本辨伪示例》。

题"写卷逐一加以辨析,以确认其真伪。

文中"上图"指《上海图书馆藏敦煌吐鲁番文献》(上海古籍出版社1999,简称《上图》)编号;"俄弗""俄敦"指《俄藏敦煌文献》(上海古籍出版社1992—2001,简称《俄藏》)编号;"北敦"指《国家图书馆藏敦煌遗书》(北京图书馆出版社2005—2012,简称《国图》)编号;[1]"斯"指英国国家图书馆所藏敦煌文献斯坦因编号(据缩微胶卷及《敦煌宝藏》[台北新文丰出版公司1981—1986,简称《宝藏》、《英国国家图书馆藏敦煌遗书》[广西师范大学出版社2011年起陆续出版]);"伯"指法国国家图书馆所藏敦煌文献伯希和编号(据法国国家图书馆公布的彩色照片或《法藏敦煌西域文献》[上海古籍出版社1995—2005,简称《法藏》]);"中村"指《台东区立书道博物馆所藏中村不折旧藏禹域墨书集成》(矶部彰主编,株式会社二玄社2005,简称《中村》)编号;"羽"指《敦煌秘籍》(日本大阪武田科学振兴财团2009—2013,简称《秘籍》)所收敦煌写卷羽田亨编号;"国博写经"指《中国历史博物馆藏法书大观》第11册(杨文和主编,上海教育出版社1999,简称《国博》)所收敦煌写经编号;"故宫藏"指故宫博物院收藏的敦煌吐鲁番写经编号;"山本旧藏"指曾被山本悌二郎收藏过的敦煌写经;"三井藏"指被三井八郎右卫门收藏的敦煌写经;"大谷旧藏"指曾被大谷家二乐庄收藏过的敦煌写经。

一、系　年

法成讲《瑜伽师地论》写卷大多有抄写者的题记,这是写本断代的重要依据。目前可考的抄写者有:洪真、明照、智慧(惠)山[2]、一真、谈迅、福慧、法海、法镜(境)、恒安、福爱、智校[3]、弘远、福赞等。这些题记中,有些是有明确纪年的,试按其卷号以及年代顺序揭载如下:

1. 上图117号,见《上图》3/113A—145B[4]。卷首有硃笔题记"瑜伽师地手记卷第六　六月十七起首说　沙门洪真随听镜",卷中有硃笔题"瑜伽论手

---

[1] 国图编号除了以"北敦"开头的编号之外,与本文相关的编号,还有以下三种:一是千字文编号,1910年,敦煌写卷从甘肃解京,入藏国图(时称"京师图书馆"),国图按照《千字文》的顺序,对其中较为完整的写卷进行编号,文中以"冬""秋"等字开头的编号即属此类;二是"北"字头编号,20世纪50年代,国图为敦煌写卷拍摄缩微胶卷,对写卷重新给号,缩微胶卷原无字头,后被冠以"北"字,成为以"北"字开头的编号;三是"新"字头编号,20世纪50年代以来,国图陆续新入藏了许多敦煌写卷,统一使用"新"字头进行编号。

[2] "智慧山"或写作"智惠山",敦煌卷子中俗写"惠""慧"不分。

[3] 上山大峻、池田温均录作"校"字,参见《敦煌佛教の研究》第239页及《中国古代写本识语集录》([日]池田温著,东京:大藏出版株式会社,1990年)第420页;《国图》叙录作,表示不能识别其字。

[4] 斜杠"/"前的数字为册数,其后的数字、字母为页数及栏数。下仿此。

记卷第七　七月五日说讫""瑜伽论第九卷　九月十七日说竟",尾题"瑜伽论卷第十",卷尾另有硃笔题记"上元元年十月三日说竟沙门洪真手记讫",且钤有一枚阳文方印,印文为"木斋审定"。唐代有高宗上元元年和肃宗上元元年,分别为公元674年和760年。

2. 哥本哈根图书馆藏MS12号,见IDP网站,尾题"瑜伽师地论卷第一",卷尾另有硃笔题"大中九年三月十五日智惠山随学听"。"大中九年"即公元855年。

3. 上图155号,见《上图》3/395B—400B。尾题"瑜伽师地论卷第十二",尾题下另有题记"大中九年后四月十五日苾蒭僧智惠山"。

4. 斯6670号,见《宝藏》50/132A—164A。卷中题"丙子年正月廿四日十三卷终",尾题"瑜伽论第十五卷　丙子年四月十三日终　比丘福慧记"。据法成讲解《瑜伽师地论》年代推算,此丙子年应为公元856年。

5. 上图171号,见《上图》4/68A—73A。尾题"瑜伽师地论卷第廿一",尾题下另有题记"大中十年四月廿三日记"。

6. 国博写经48号,见《国博》11/118—119。尾题"瑜伽师地论卷第廿四",尾题后另有题记"大中十年四月廿九日苾蒭僧智惠山发心写此论随学听"。

7. 斯735号,见《英图》12/353B—360B。此号分为三个部分,最后一部分尾题"瑜伽师地论卷第廿八",卷尾另有硃笔题记"大中十一年五月三日明照厅(听)了记"。

8. 斯5309号,见IDP网站。尾题"瑜伽师地论卷第卅",尾题后另有题记"比丘恒安随听论本",且卷尾有硃笔题记"大唐大中十一年岁次丁丑六月廿二日,国大德三藏法师沙门法成于沙州开元寺说毕记"。

9. 斯3927号,见IDP网站。尾题"瑜伽师地论卷第卅",尾题下有题记"大中十一年四月廿一日苾蒭明照写"。卷尾另有硃笔硬笔题记"大唐大中十一年岁次丁丑六月廿二日,国大德三藏法师沙门法成于沙州开元寺说毕"。①

10. 北敦14032号(新232),见《国图》119/89A—100A。尾题"瑜伽师地论卷第卅一",卷尾另有硃笔题记"丁丑年七月十日说毕,沙弥一真随听本"。根据法成讲解《瑜伽师地论》的年代推算,此丁丑年为公元857年。

11. 北敦2072号(北7199;冬72),见《国图》29/46—86。原卷依次题"瑜伽论卷第卅三手记""瑜伽论卷第卅四手记""瑜伽论卷第卅五手记""瑜伽论卷第卅六初手记""瑜伽论卷第卅七手初记",卷三三末尾题"八月卅日说毕记"。

---

① 《敦煌写本辨伪示例》录为"大唐大中十一年岁次丁丑六月廿三日,国大德三藏法师沙门法成于沙州修多寺说毕",时间、地点均与上山大峻、池田温录文有异,此处用上山大峻、池田温录文。录文见《敦煌佛教の研究》第220页及《中国古代写本识语集录》第415页。

根据法成讲解《瑜伽师地论》的年代推算，此八月为大中十一年八月，即公元857年8月。

12. 俄敦1610号，见《俄藏》8/254B。末行题"大中十一年九月七日比丘张明照随听写记"。经查，其内容属"瑜伽师地论卷三四"。

13. 中村81号，见《中村》（中）74A—75B。尾题"瑜伽师地论卷第卅五"，卷尾另有墨笔题记"大唐大中十一年十月六日比丘明照就龙兴寺随听写此论本记"、硃笔题记"大唐大中十一年十月十日三藏和尚于开元寺说毕"。

14. 故宫博物院藏新86979号，见《晋唐五代书法》211—215。① 尾题"瑜伽师地论卷第卅"，卷尾另有墨笔题记"大中十年六月十六日沙门僧智惠山随听学书记"。

15. 北敦1893号（北7207；秋93），见《国图》26/172B—179B。尾题"瑜伽师地论卷第卅"，卷尾另有墨色极淡的硃笔题记"大中十二年正月（后缺）"。②

16. 北敦2298号（北7205；闰98），见《国图》32/295A—303B。卷尾有硃笔题记"戊寅年后正月廿二日说卅一卷手记竟"。根据法成讲解《瑜伽师地论》的年代推算，此戊寅即公元858年。参照俄弗70号的题记，可知此年正月为闰月，故"后正月"即闰正月。

17. 斯6495号，见《宝藏》47/435A—445B。尾题"瑜伽师地论卷第卅二"，卷尾另有题记"正月廿日苾蒭僧随藏记"。根据法成讲解《瑜伽师地论》的年代推算，此正月当为公元858年正月。

18. 俄弗70号，见《俄藏》2/258B—264B。尾题"瑜伽师地论卷第卅二"，卷尾另有墨笔题记"寅年闰正月廿二日龙兴寺沙门明照随听写"、硃笔题记"大中十二年二月廿五日三藏和尚于开元寺说毕"。

19. 北敦15000号（新1200），见《国图》136/388—403。尾题"瑜伽师地论卷第卅三"，卷尾另有题记"大唐大中十二年二月十日沙州龙兴寺沙门明照于开元寺随听写记"。

20. 斯5730号，见《宝藏》44/408A。尾题"瑜伽师地论卷第卅五"，卷尾另有题记"大唐大中十二年岁次戊寅五月十三日于（后缺）"。

21. 北敦5103号（北7210；称3），见《国图》68/182B—189A。尾题"瑜伽师地论卷第卅七"，卷尾另有题记"寅年六月十一日比丘明照写记"。据法成讲解《瑜伽师地论》年代推算，此寅年为公元858年。

22. 北敦5825号（北7212；菜25），见《国图》78/234A—234B。尾题"瑜伽

---

① 《晋唐五代书法》，上海：上海科学技术出版社 香港：商务印书馆，2001。
② 《国图》叙录录作"大中十年正月"，经笔者仔细辨认，此缺字形似"二"，且根据法成讲解《瑜伽师地论》年代推算，亦当为"二"字。

师地论卷第卌八",尾题下硬笔小字题"大中十二年☒(十)月一日说毕 比丘明照本",①又另行墨笔书"大中十二年八月五日比丘明照随听写记"。卷背又有题记一行:"大中十二年八月二日,尚书大军发讨蕃,开路。四日上碛。"

23. 中村82号,见《中村》(中)74A—75B。此号包含卷五二、五三。卷五二尾题"瑜伽师地论卷第五十二",尾题后另有题记"大唐大中十三年已卯岁正月廿六日,沙州龙兴寺僧明照就贺跋堂,奉为皇帝陛下宝位遐长,次为当道节度,愿无灾障,早开河路,得对圣颜,及法界苍生同沾斯福,随听写毕"。卷五三尾题"瑜伽师地论卷第五十三",尾题之后另有墨笔题"大中十三年龙兴寺僧明照随听写"、硃笔题"八月五日于开元寺三藏和尚法成说毕"。

24. 羽517号,见《秘籍》6/437—442。尾题"瑜伽师地论卷第五十三",卷尾另有题记"大中十二年六月十三日苾刍智慧山记"。

25. 斯6483号,见《宝藏》47/291A—298B。此号包含卷五五、五六两个部分。卷五五尾题"瑜伽师地论卷第五十五",尾题之后另有题记"大中十三年岁次己卯四月廿四日比丘明照随听写"。

除此之外,一些未公布图版的写卷,由于笔者未见,只能根据池田温《中国古代写本识语集录》及施萍婷《日本公私收藏敦煌遗书叙录(二)》②等的记载,作如下简述。

26. 故宫藏新104072号,③尾题"瑜伽师地论卷第一",卷尾另有朱笔题记"乙亥年前四月八日,新释勘经"。按照法成讲经进度,此"乙亥年"为855年。

27. 招提12号(山本旧藏),首题"瑜伽师地卷第四十四、四十五分门记",卷端下题"大中十二年四月一日 沙门智慧山随听☐(写)记"。

28. 招提13号,首题"瑜伽论卷第九",硃笔题"咸通五年四月六日比丘仁亮笔受"。

29. 山本旧藏《瑜伽师地论》卷第卌三,题记"大中十年六月三日 苾刍僧智惠山随听学记";《瑜伽师地论》卷第卌四,题记"大中十年六月六日 沙门智惠山听学书记";《瑜伽师地论》卷第卌七,题记"大中十年六月廿一日 苾刍僧智惠山"。

30. 三井藏《瑜伽师地论》卷第廿二,题记"大中十年十月廿三日 苾刍恒

---

① 前一条题记"月"前的缺字原卷有涂改,似本作"六",后又在原字上涂改作"十"。《中国古代识语集录》(第418页)、《国图》叙录等各家皆作"六",《敦煌写本辨伪示例》谓"六"当是"八"字之误,均不确。此行或为硬笔小字,当是后来听讲完毕补写的,而补写时间不会晚于题记中墨笔书写的时间,题记中墨笔已言明"八月五日随听写",那么法成说毕的时间已不可能是"八月一日",更不可能是"六月一日",故而只能是"九月"或"十月",再从字形上来看,只有可能是"十月一日"。

② 施萍婷《日本公私收藏敦煌遗书叙录(二)》,《敦煌研究》1994年第3期,第103页。

③ 见于《故宫博物院藏敦煌吐鲁番文献目录》,《敦煌研究》2006年第6期,第173页。

安随听写记"。

31. 大谷旧藏《瑜伽师地论》卷第七,题记"大中九年十月　沙弥一真书记";《瑜伽师地论》卷第廿三,题记"大中十年十一月廿四日　苾蒭恒安随听抄记";《瑜伽师地论》卷第卅九,题记"大中十年六月十三日　沙门智惠山书记";《瑜伽师地论》卷第五十二,题记"大中十二年六月十一日　苾蒭智慧山"。

在以上写卷题记当中,除了上图117号、招提13号,其他卷号的纪年均在大中年间。通过对卷号题记的综合分析,我们可将这些卷号的题记分作三类,分别是抄写"论"文的题记、随听"论"文的题记、科判讲解"论"文的题记。

抄写"论"文的题记都是墨笔题的"某某""某某写""某某记"等,如斯6536号尾题"智惠山"、斯3526号首题"一真"、斯3927号"大中十一年四月廿一日苾蒭明照写"、斯6495号"闰正月廿日苾蒭僧随藏记"、北敦5103号"寅年六月十一日比丘明照写记"、羽517号"大中十二年六月十三日苾蒭智慧山记"等。

随听"论"文的题记都有"随听"二字,如斯5309号"比丘恒安随听论本"、俄弗70号"沙门明照随听写"、俄敦1610号"大中十一年九月七日比丘张明照随听写记"、北敦14037号"沙门智慧山随听学记"。随听,顾名思义,就是在听讲的时候抄写下来的,与事实上讲经结束的时间有差异。无论是抄写的题记,还是随听的题记,其所记录的时间都不是讲解真正结束的时间,而只是提前抄写完"论"文的时间。提前抄写完"论"文的时间通常会比讲解结束的时间早一两个月,这类代表就是明照。如斯3927号,抄写"论"文时间为四月二十一日,讲解结束的时间为六月廿二日,提早近两个月;再如俄弗70号,抄写"论"文时间为闰正月廿二日,讲解结束的时间为二月廿五日,提早近一个月。更有甚者,有的听讲比丘提早半年即开始抄写,辨伪部分将会论及,此处暂不讨论。

科判讲解"论"文的题记所记录的时间才是某卷真正结束的时间,这些时间多用硃笔记录在《瑜伽师地论》论文原本的卷末,带有"听了""说毕"等字样,如斯735号卷尾硃笔题记"大中十一年五月三日明照听了记"、斯5309号卷尾硃笔题记"大唐大中十一年岁次丁丑六月廿二日,国大德三藏法师沙门法成于沙州开元寺说毕记"、斯3927号卷尾硃笔题记"大唐大中十一年岁次丁丑六月廿二日,国大德三藏法师沙门法成于沙州开元寺说毕"、俄弗70号卷尾硃笔题记"大中十二年二月廿五日三藏和尚于开元寺说毕",或者直接记录在"分门记""手记"的后面,如斯6670号第13卷手记结束之后题"丙子年正月廿四日十三卷终"、北敦2072号第33卷手记结束之后题"八月卅日说毕记"、北敦2298号第41卷手记结束之后题"戊寅年后正月廿二日说卌一卷手记竟",俱是此类。

三个时间点当中,抄写"论"文、随听"论"文的题记都是提前准备僧讲教材的标记,科判讲解"论"文的题记才是讲解某卷结束的时间。依此,我们可将这场僧讲活动的时间归做两点,分别是提前准备"论"文的时间以及科判讲解"论"文的时间。为方便读者查对,我们从以上题记当中,选出来历比较可靠的卷号,依据上面所分的两个时间点,将其做成表格如下:

题名	卷号	提前抄写完"论"文时间	科判讲解"论"文结束时间	出处
智惠山	1		855年3月15日	MS12号
福慧	13		856年正月24日	斯6670号
福慧	15		856年4月13日	斯6670号
明照	28		857年5月3日	斯735号
恒安	30		857年6月22日	斯5309号
明照	30	857年4月21日	857年6月22日	斯3927号
一真	31		857年7月10日	北敦14032号
洪真	33		857年8月30日	北敦2072号
明照	34	857年9月7日		俄敦1610号
未知	40		858年正月	北敦1893号
洪真	41		858年闰正月22日	北敦2298号
明照	42	858年闰正月22日	858年2月25日	俄弗70号
随藏	42	858年正月20日		斯6495号
明照	43	858年2月10日		北敦15000号
未知	45	858年5月13日		斯5730号
明照	47	858年6月11日		北敦5103号
明照	48	858年8月5日	858年10月1日	北敦5825号
明照	55	859年4月24日		斯6483号

在以上卷号当中,MS12号是阿·伯·索雷森(Arthur Bollerop Sorensen)于1915年初在敦煌购得,属于早期从敦煌获得的写卷,其为真品的可能性非常大;北敦2072号、1893号、2298号、5103号、5825号均是清朝学部直接从敦煌调运的写本,真实性应无太多疑问;北敦14032号是大谷探险队在敦煌所得,后入藏旅顺博物馆,最后被国家图书馆调入,北敦15000号是国家图书馆后来收藏的敦煌卷子,二者为真品的可能性也是比较大的;俄敦1610号、俄弗70号均是俄国探险队1915年所得,作伪的可能性比较小;余下的斯坦因编号,则更加可靠。另外,这些卷号整体上与法成讲解的进度(一个月左右一卷)一致,时间节点也正好吻合。

然后,我们再用上述可靠的时间点来分析其他卷号,筛选出与之相契合的纪年题记,如下表所示:

题名	卷号	抄写"论"文时间	科判讲解"论"文结束时间	出处
洪真	7		855年7月5日	上图117号
洪真	9		855年9月17日	上图117号
恒安	22	856年10月23日		三井藏
恒安	23	856年11月24日		大谷旧藏
明照	35	857年10月6日		中村81号
智慧山	44		858年4月1日	招提12号
明照	52	859年正月26日		中村82号

大中九年三月讲完第三卷（MS12号），次年正月底（斯6670号）讲完第十三卷，那么大中九年七月五日讲完第七卷、九月十七日讲完第九卷是完全合理的。大中十年四月十三日讲完第十五卷（斯6670号），大中十一年五月三日讲完第二十八卷（斯735号），按照法成讲解进度，在大中十年十二月前后，当讲至第二十二、二十三卷，然后提前一两个月抄写"论"文，所以三井藏卷第廿二、大谷旧藏卷第廿三的题记都是合理的。大中十一年九月七日，明照抄写完毕第三十四卷（俄敦1610号），同年十月六日，其又抄写完毕第三十五卷，合情合理，故中村81号的墨笔题记也是比较可信的。大中十二年五月十三日抄写完第四十五卷（斯5730号），按照提前一两个月抄写"论"文的习惯，同年四月一日讲至第四十四卷也是很有可能的，因此招提12号的题记也应没什么问题。大中十三年四月二十四日，明照抄写完第五十五卷（斯6483号），同年正月二十六日，其抄写完第五十二卷时间也相契合，所以中村82号的墨笔题记也很可能是真的。

经过分析，上引上图117号卷七和卷九、三井藏卷廿二、大谷旧藏卷廿三、中村81、82号、招提12号等六号的纪年与法成讲《瑜伽师地论》进度正相契合。这样我们就可以依据上面两个表格列出的时间，对法成讲《瑜伽师地论》写卷进行一个系年梳理：

至迟从大中九年三月开始，法成在开元寺开讲《瑜伽师地论》第一卷；七月五日讲完第七卷；九月十七日讲完第九卷。

大中十年正月二十四日讲完第十三卷；四月十三日讲完第十五卷；到十二月前后，讲第二十二卷及第二十三卷。

大中十一年五月三日转诵完第二十八卷；六月二十二日讲完第三十卷；七月十日讲完第三十一卷；八月三十日讲完第三十三卷；十月前后，讲第三十四卷；十一月前后，讲第三十五卷。

大中十二年正月，讲完第四十卷；闰正月二十二日，讲完第四十一卷；二月二十五日，讲完第四十二卷；三月前后，讲第四十三卷；四月一日讲至第四十四卷;六月前后,讲第四十五卷;七月前后,讲第四十七卷;十月一日,讲完第四十八卷。

大中十三年二月前后,讲第五十二卷;五月前后,讲第五十五卷。

二、辨 伪

可靠的《瑜伽师地论》写本及其系年如上所列,接下来我们就可以据此对那些"问题"写卷逐一进行梳理,以确定其真实的身份。

1. 上图 117 号《瑜伽师地论》卷七至卷十

卷尾题"上元元年十月三日说竟沙门洪真手记讫"。无论是高宗上元元年(674)还是肃宗上元元年(760),都大大早于法成讲解《瑜伽师地论》的时间。但洪真确为听讲比丘之一,斯 6440 号、伯 3716 号、北敦 1087 号、北敦 1857号、北敦 2072 号、北敦 2298 号、北敦 3482 号、北敦 5326 号均为其听讲手记。且因上图 117 号与北敦 5326 号卷背押缝处均有"沙门洪真"的题名,而同一个听讲者不可能两次抄写同一卷手记(上图 117 号卷末与北敦 5326 号记录的均是第十卷手记的内容),加之二者行款格式、书风书迹都比较近似,我们判定上图 117 号能与北敦 5326 号相缀合,不过二号缀合后中间尚缺四百多字。

这则题记是非常可疑的,《敦煌写本辨伪示例》直言其尾题"字体优雅,也不似其他洪真笔迹,作伪之迹明显,不待详辩"。① 诚如前贤所说,此卷尾题确实有问题,非真正的洪真笔迹。其实此号不仅尾题是伪作,其首题"瑜伽师地手记卷第六 六月十七起首说 沙门洪真随听镜"及卷末"第十总结内外缘起如论 完于上元元年十月三日 瑜伽论卷第十"26 字也是伪书。

首先,上图 117 号卷末"瞿为众说不成正量故也"句后之"第十总结内外缘起如论 完于上元元年十月三日 瑜伽论卷第十"26 字(参看图 1 卷末)为伪。考伯 2344 号与此卷内容相类,同为听讲比丘所记载的《瑜伽师地论》卷十笔记,但伯 2344 号"难②为众说不成正量故也"句后尚有大量内容(参看图 2 右起第 3 行),俱为法成讲解卷十的笔记。据此可知,上图 117 号的内容至"瞿为众说不成正量故也"时并未结束,后面的"第十总结内外缘起如论 完于上元元年十月三日 瑜伽论卷第十"恐是作伪者为结束全卷、题写纪年而添加的,因为写有纪年题记的卷子往往更易售出,且身价不菲。何以上图 117 号卷末并未残断,但书写却不达纸尾,留下几行空白呢? 其实这是听讲者空下旧纸,另

---

① 《敦煌写本辨伪示例》第 93 页。
② 难,上图 117 号作"瞿",因听讲笔记为随听随记,所以诸比丘抄写内容不尽一致,常有出入,不足为奇。

用新纸记录法成讲解的缘故,伯2344号《瑜伽师地论手记》第8卷也有类似现象,如图3所示。原因或许是听讲者第一天听完讲解之后,第二天忘记携带昨天所做的手记,于是另用新纸进行书写,最后粘贴在一起,留下了几段空行,恰给作伪者提供了便利。

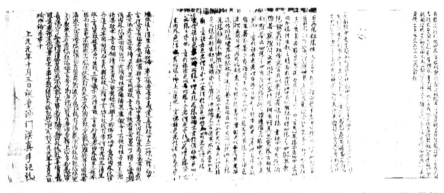

图 1　上图 117 号(局部)　　图 2　伯 2344 号(局部)　　图 3　伯 2344 号(局部)

再拿上图117号末尾26字与此卷前面字迹进行对比,笔者发现"外""如"的写法差异极大,对比如下:

	外	如
上图117号末句		
上图117号前部		

透过上表可以发现:在上图117号前面部分,"外"字竖笔均写作竖勾,而末尾"外"字明显无此笔法;"如"字在上图117号前面部分均呈连写之势,而末句之"如"字却笔画分明,毫无连笔之势。虽然作伪者极力摹写,但还是在个别字形上露出了破绽。

其次,尾题"上元元年十月三日说竟沙门洪真手记讫"为伪。前已论述"罷为众说不成正量故也"之后的内容都是作伪者添加的,那么整个尾题便都是伪作。至于笔迹为何如此相似,当是作伪者极力摹写的缘故。

最后,首题"瑜伽师地手记卷第六　六月十七起首说　沙门洪真随听镜"亦是伪题。此题记书于卷七之前,为第六卷手记抄写结束之后的尾题。上图117号卷中尚有两条带有纪年的题记"瑜伽论手记卷第七　七月五日说讫""瑜伽论第九卷　九月十七日说竟",如"系年"当中所说,讲完卷七的时间为七月五日,讲完卷九的时间为九月十七日,则讲解卷八和卷九用了两个月零十二天,符合法成讲解的时间点,以及一个月左右一卷的讲解进度。而首题却说"六月十七起首说",如果六月十七日开始讲卷六,七月五日讲完卷七,这就意味着二十天不到的时间就讲完了卷六和卷七,与法成讲解的进度差异较大,不合情理。并且"起首"二字多用于讲解开始,如斯6670号《瑜伽师地论》手记中"第十五卷初起首"即在第十五卷手记卷首,而这里却将"起首"用在第六卷手记卷末。另外,"瑜伽师地手记"的说法也有问题,遍查洪真题名的写卷,首题、尾题均作"瑜伽论手记","瑜伽师地手记"不仅在洪真题名的写卷中未见,在其他僧人记录的"手记"中亦未见,这更加说明这则题记是有问题的。作伪者因不明书写体例而在此处留下了破绽。凡此种种,足以说明此首题乃作伪者妄加。

通过上述对上图117号的分析可知,此卷作伪手段极其高超:作伪者在拿到留有空行的原卷之后,仔细分析了卷中内容,首先为其添上结束之语,伪造书写完毕之象,然后在卷首和卷尾分别加上带有时间的题记,使其与卷中月日相合,同时摹写洪真笔迹,让人初看之下,确实毫无破绽,最后在卷尾钤上李盛铎"木斋审定"的方印,更增其值,使人深信不疑。然而"天网恢恢,疏而不漏",原来钤有李氏印章的卷子如今成了审查辨伪的重要对象,这是因为李氏在1937年去世之后,传闻其印章流落于北平旧书店中,遂有诸多钤有李氏印章的敦煌伪卷出现。① 加上作伪者因不了解法成讲解《瑜伽师地论》之进度,妄加"上元元年",而不知法成讲解实在大中年间,亦不知此卷内容并未到此结束而乱加结语,最终留下破绽,被人们识破。

2. 上图155号《瑜伽师地论》卷十二、国博写经48号《瑜伽师地论》卷廿四、故宫藏新86979号《瑜伽师地论》卷四十、羽517号《瑜伽师地论》卷五三、上图171号《瑜伽师地论》卷廿一

前四号卷尾分别题"大中九年后四月十五日苾蒭僧智惠山""大中十年四月廿九日苾蒭僧智惠山发心写此论随学听""大中十年六月十六日沙门僧智惠山随听学书记""大中十二年六月十三日苾蒭智慧山记"。由于这四号尾题的时间都早于法成讲解的时间,故对其可靠性前贤多有怀疑。其实如前所述,抄写"论"文的时间通常早于法成讲解的时间。上图155号卷十二的纪年距离法成讲解此卷约早八个月,国博写经48号的纪年距离法成讲解此卷约早七个月,故宫藏新86979号的纪年距离法成讲解此卷约早十八个月,羽517号卷五三的纪年距离法成讲解此卷约早七个月,且四卷俱为智慧山抄写"论"文的题记,可见智慧山往往提前很久就开始抄写"论"文了。目前我们可以查到的题名为"智慧山"的卷号最迟至第五十九卷(北敦14035号),而法成讲解则止于

---

① 荣新江《敦煌学十八讲》,北京:北京大学出版社,2001年,第319页。苏精《近代藏书三十家》,北京:中华书局,2009年,第29页。

第五十六卷,①这从另一方面又证明了智慧山有提前很早就抄写"论"文的习惯。所以,这四号尾题的纪年并非法成讲解的时间,故而不能以此为标准判断这四号是伪题,《敦煌写本辨伪示例》据以断定上图155号、羽517号的题记有问题,那是由于不了解提前抄写"论"文的习惯而造成的误解。另外,上图155号尾题"大中九年后四月",即大中九年闰四月,在史书的记载上,大中九年确实有闰四月。如《唐大诏令集》卷一百九《禁约下》结尾为"大中九年闰四月";②再如《资治通鉴·唐宣宗大中九年》记载:夏,闰四月,诏以"州县差役不均,自今每县据人贫富及役轻重作差科簿,送刺史检署讫,锁于令厅",③可证。这亦是上图155号尾题纪年无问题的一个旁证。

上述题名"智惠(慧)山"的四个卷号尾题纪年既无疑点,那么我们再来看上图171号《瑜伽师地论》卷廿一,卷尾题"大中十年四月廿三日记",《敦煌写本辨伪示例》言其题记"大可怀疑"。④然而此卷亦符合前述智慧山提前抄写"论"文的特征,尽管此卷没有题名,但通过比对字形的方法,我们推断此卷亦为智慧山所抄(见下字形比对表),故其尾题应该也很有可能是真的。

为增加论证的可靠性,笔者将上图155号、上图171号、国博写经48号、故宫藏新86979号、羽517号等五号中的代表字形与题名为智慧山的斯6536号进行比对,结果如下:

卷号	例字								
	彼	功	能	於	經	所	引	時	明
斯6536号	彼彼彼	功功功	能能能	扵扵扵	經經經	所所所	引引引	時時時	明明明
上图155号	彼彼	功功	能能	扵扵	經經	所所	引	時時	明明明
上图171号	彼彼	功功	能能	扵扵	經經	所所	引引	時時	明明
国博写经48号	彼			扵扵扵	經經經	所所		時時時	明

---

① 法成讲解《瑜伽师地论》的手记,笔者能查到的最迟是羽189号及北大D112号(《北京大学藏敦煌文献》第2册,上海古籍出版社,1995年,第76—80页),均为第56卷听讲笔记,之后再无记载。然而上山大峻却认为法成讲至第61卷(《敦煌佛教の研究》第246页),原因是伯2247号尾题"已上有寻伺等三地决择究竟",其所科分的"有寻伺等三地"是第58—61卷内容。如笔者在文章前面所说,伯2247号是对"论"文某个部分系统的科分,而非对某一卷具体的科分,与其相似的卷号尚有伯2035、伯2053、斯6786等号。这类科分当是讲解之前抄写好的,时间也当在讲解具体某一卷的科分之前。以笔者的分析,伯2210号(释决择分分门记卷第一)、伯2093号(释决择分分门记卷第二)、伯2247号(释决择分分门记卷第三)可能抄写于法成讲毕第50卷之后,开讲第51卷之前。

② 〔宋〕宋敏求《唐大诏令集》,北京:商务印书馆,1959年,第567页。

③ 〔宋〕司马光《资治通鉴》,北京:中华书局,2011年,第8178页。

④ 《敦煌写本辨伪示例》第94页。

续表

卷号	例字								
	彼	功	能	於	經	所	引	時	明
故宫藏新86979号	彼彼彼	功功	能能能	於於於		所所所	引引引	時時時	明明
羽517号	彼彼彼	功	能能能	於於於	經	所所	引引引	时时时	明明明

如上表所示,"彼"字右部的竖画和下面的"又"连笔而写,"功"字左半连笔,"能"字右侧作"长"形,"于"字左侧作"才"形,"经"字右侧近似"圣"形,"所""引"二字最后一笔作竖勾,"时""明"二字左半多作"月"形。虽然写手在不同阶段的书写风格会有一些差别,但是所写字形的结构基本不会有太大改变,通过比对,可以进一步推断此五号同出智慧山之手,很有可能是真的。

3. 中村81号《瑜伽师地论》卷第卅五、中村82号《瑜伽师地论》卷五二及五三

前已论及中村81号、中村82号卷末明照墨笔题记都无问题,皆符合其抄写《瑜伽师地论》的进度。中村81号另有硃笔题"大唐大中十一年十月十日三藏和尚于开元寺说毕",《敦煌写本辨伪示例》认为没有问题;中村82号卷五三末亦有硃笔题"八月五日于开元寺三藏和尚法成说毕",《敦煌写本辨伪示例》则称其"为伪题无疑"。① 然而据笔者观察,这两条硃笔题记均为伪题。

首先,中村81号硃笔题记称"十月十日说毕",前已言墨笔所写之"十月六日明照写记"无问题,那么依据明照往往提前一两个月抄写"论"文的规律,此卷至少到十一月方能说毕,故而这则硃笔题记的"十月十日"就比较可疑了,很可能是作伪者后来添加上去的。

其次,中村82号卷五三末硃笔题记称"八月五日说毕",正如《敦煌写本辨伪示例》所说,时间与其他卷子不合,文字顺序和词汇都不似明照所书,我们据此推断其为伪题。

中村81号、82号俱为中村不折所收藏,而这两则硃笔题记笔迹相似,与同是明照所写的斯3927号、北敦5825号的题记在书写工具和字迹上都有差别,所以极有可能是同一出售者为获取更多利润而伪造添加上去的。

---

① 《敦煌写本辨伪示例》第97、100页。

4. 山本旧藏《瑜伽师地论》卷第卅三、第卅四、第卅七、大谷旧藏《瑜伽师地论》卷第卅九

四号当中，山本旧藏《瑜伽师地论》卷第卅三于 2018 年 6 月，被拍卖公司中贸圣佳以 510 万元的价格拍出。该卷尾题"瑜伽师地论卷第卅三　大中十年六月三日苾蒭僧智惠山随听学记"，楷书，卷首下部有钤印"歙许芑父游陇所得"。其余三号同为智惠山所抄，且有相似题记。对此，《敦煌写本辨伪示例》怀疑其真实性，认为这四个卷子"和法成讲经的速度是相矛盾的""三卷山本氏旧藏应是辗转得到的，本身就有疑问""这四个卷子的题记用语比较相像，这更增加了我们对这些题记本身的真实性的怀疑"。① 简而言之，即是题记记录的时间有问题、卷子的来历不明、题记的用语不合常规，可谓疑点重重。然而，通过考察"圣佳拍品《瑜伽师地论》写卷"的来历，并通过核对展出的原卷图片，笔者判断山本旧藏《瑜伽师地论》卷第卅三并非伪卷。

首先，此写卷来历清晰。此卷初为许承尧所藏，卷首钤印"歙许芑父游陇所得"可证。后许承尧因生活所需，他将部分收藏品卖出，该写卷便经叶恭绰卖与中村不折，后为山本悌二郎所得，二战之后，此卷又被栗山氏收藏。山本悌二郎的《澄怀堂书画目录》卷一②和池田温的《中国古代写本识语集录》③均有著录。

其次，此写卷题记记录的时间无误。此卷是智惠山抄写的"论"文原本，卷后的题记代表此卷抄写的时间，而不是法成讲解此卷的时间。如上文所说，智惠山往往提前一年左右抄写论本，故而笔者认为智惠山在大中十年六月抄写此卷是完全合理的。

再者，此写卷题记的用语符合常例。故宫藏新 86979 号尾题"大中十年六月十六日沙门僧智惠山随听学书记"，北敦 14037 号题记"沙门智惠山随听学记"，与此卷的尾题"大中十年六月三日苾蒭僧智惠山随听学记"用语无甚差别。且另外一位比丘张明照抄写的题记也与此相仿，如俄藏敦煌文献俄弗 70 号尾题"寅年闰正月廿二日龙兴寺沙门明照随听写"，俄敦 1610 号尾题"大中十一年九月七日比丘张明照随听写记"，更可证明此卷的题记用语没有问题。

探讨了写卷的来历以及题记之后，我们最后来看此写卷的内容。内容真伪主要看书写的风格以及常用字的写法，为了方便读者更加直观地比对，笔者将此卷的字形与同是智惠山所抄且来历比较可靠的斯 6536 号、北敦 14034 号、北敦 14035 号的字形进行比对，参看下表：

---

① 《敦煌写本辨伪示例》第 95 页。
② 〔日〕山本悌二郎《澄怀堂书画目录》，东京：求文堂书店，1932 年，第 6 页。
③ 《中国古代写本识语集录》第 414 页。

卷号	例字						
	功	能	於	所	引	時	切
斯 6536 号	功功	能能能	扵扵扵	所所所	引引引	時時時	切切切
北敦 14034 号	功	能能能	扵扵扵	所所所	引引引	時時時	切切切
北敦 14035 号	功	能能能	扵扵扵	所所所	引引引	時時時	切切切
山本旧藏卷 33	功功	能能能	扵扵扵	所所所	引引	時時	切切切

如表中所示，四号字形的写法均趋于一致，如"功"字左半连笔，"能"字右侧作"长"形，"于"字左侧作"才"形，"所""引"二字最后一笔作竖勾，"时"字左半多作"月"形，"切"字左半多作"十"形。通过比对字形及书写风格，我们可以进一步确定此卷确是出于智惠山之手，其内容应当是真实的。

我们再来看其余的三卷。其尾题分别为"大中十年六月六日　沙门智惠山听学书记""大中十年六月廿一日　苾蒭僧智惠山""大中十年六月十三日　沙门智惠山书记"。此三卷提前一年多开始抄写，且抄写时间前后相承，均在大中十年六月间，当为智惠山一并抄写，以备后来听讲所用。同为智惠山一并抄写的卷号尚有大谷旧藏"瑜伽师地论卷第五二"及羽 517 号"瑜伽师地论卷第五三"，二者被智慧山抄写的时间分别为"大中十二年六月十一日""大中十二年六月十三日"，由此我们可知智慧山不仅习惯提前很久抄经，还喜欢一次性连续抄写多卷。故而笔者认为此未公开的三卷也很有可能是真的。

智慧山缘何提前如此之久就开始抄写"论文"了呢？据笔者观察，这或许与其在寺院中的地位有关。笔者在"系年"当中已经提到智慧山等人是此次僧讲活动的外围成员，主要任务是提前抄写僧讲所用的"教材"，故而在这次僧讲活动中地位比较低。也正是因为他的地位比较低，专事抄写而无其他任务，所以才可以提前如此之久抄写。

细心的读者还会发现，智惠山在大中十年六月间的抄写并非按照卷次的顺序进行的，如卷 33、34 分别为六月初三、初六，卷 39、40 为六月十三、十六，而卷 37 却为六月二十一，这是出于何种原因呢？由于智慧山提前很久就开始抄写了，时间充足，加之其地位低，抄写具有随意性，所以先挑选字数少而简单的卷次抄写，然后再去抄写那些字数多而复杂的卷次。卷 39、40 只有八千字左右，而卷 37 却有一万一千多字，智惠山的抄写先易后难，所以才有了现在我们所看到的抄写次序。

5. 故宫藏新 104072 号《瑜伽师地论》卷一

卷尾有硃笔题记"乙亥年前四月八日，新释勘经"。MS12 号的题记已说明 855 年（即乙亥年）三月十五日转述完卷一，那么此年四月八日校勘经文是在情理之中的,且此处的"前四月"正表明此年四月为闰月,与前面所论述上图155号"大中九年(855)后四月"相合,故而我们也判定故宫藏新104072号为真。

6. 大谷旧藏《瑜伽师地论》卷第七

题记"大中九年十月　沙弥一真书记"。《敦煌写本辨伪示例》认为其没有问题。① 遗憾的是,此号的图片未见,而题名"一真"的有纪年的题记比较少,不知其抄写"论"文的习惯如何,因此此号暂置存疑之列。

上述写卷,究竟是真是伪,还有待进一步目验原卷真迹,兹姑据题记贡献拙见,盼见过原卷者有以赐教。

---

① 《敦煌写本辨伪示例》第93页。

宋国史艺文志及其集部著录新变考析

翟新明

【内容提要】 宋代官修四部国史艺文志的文献著录源出于馆阁藏书,受到馆阁书目的影响,又进而影响到后代馆阁书目的编修。与前后正史史志相比,四部国史艺文志均列有解题,此系受到馆阁书目著录解题的影响,复有所取舍。在宋元时期馆阁书目向史志的发展过程中,宋国史艺文志实际上起着承接馆阁书目与史志的作用。就集部著录而言,在前三部国史艺文志中,楚辞类被取消自《七录》开始确立的独立地位,其文献纳入到总集类中;文史类则兼收文论、史评著作,并首次正式从总集类中独立出来;与《隋书·经籍志》《古今书录》等相比,宋国史艺文志总集类仍同时著录多体与分体选本,一人与单篇作品则移置于别集类中。别集、总集、文史三类的区分,表明宋国史艺文志对于集部与其下分三类文献著录标准的确定。《中兴国史艺文志》重新将楚辞类独立,表现出南宋时期楚辞学的发展。这些观念的确立与变动,既是在前代书目影响下的因革损益,复影响到宋代以降书目集部的著录标准与具体实践。

【关键词】 宋国史艺文志 《宋史·艺文志》 馆阁书目 解题取舍 集部著录

宋代官修书目除《崇文总目》《秘书省续编到四库阙书目》《新唐书·艺文志》三种外均亡佚,少数如《中兴馆阁书目》《中兴馆阁续书目》及宋四部国史艺文志等有后世辑本,但已非原貌。从可考的文献出发,尚可考察这些佚籍的部分原貌与文献著录观念。宋国史艺文志起着连接馆阁书目与史志的作用,与馆阁书目在文献来源、解题取舍上有着密切关联,从《宋史·艺文志》(以下简称《宋志》)出发复可推原其部分文献著录,实可作为考察馆阁书目与史志关系的经典案例。本文即据此展开,以集部著录为例考察其对前后书目的因袭、变革与目录学价值。

---

* 本文受"中央高校基本科研业务费"(项目批准号:531118010249)资助。
** 本文作者为湖南大学文学院助理教授,文学博士。

一、宋国史艺文志与馆阁书目关系考

宋代官修书目多与馆阁相关,[①]可分为两类,即馆阁书目与国史艺文志。国史艺文志以前代馆阁书目为主要文献来源,又影响到后代馆阁书目的编纂,二者之间形成相互依存、相互影响的关系。国史艺文志复可分为《新唐书·艺文志》与宋四部国史艺文志。需要说明的是,与多数具体文献著录不可查考的馆阁书目如《太清楼书目》《龙图阁书目》相比,四部国史艺文志虽也早佚,但在《直斋书录解题》《玉海》《文献通考》等宋元文献中尚存有部分原序与解题佚文,民国间赵士炜据以辑有《宋国史艺文志辑本》二卷、《中兴国史艺文志辑本》一卷,前者收入国立北平图书馆、中华图书馆协会于1933年刊行的《古逸书录丛辑》之五,后者发表于《国立北平图书馆馆刊》第六卷第四号(1932年)。今人王承略、刘心明编《二十五史经籍艺文志考补萃编》,陈锦春、马常录将此两种辑本整理排印,收入第二十卷(清华大学出版社,2013年)。赵士炜辑本主要由宋元书目、类书等辑出,与无更多辑佚来源的《中兴馆阁书目》《中兴馆阁续书目》相比,宋国史艺文志虽已亡佚,但经由《宋志》亦可部分推原其文献著录。"《宋史·艺文志》所谓'删其重复',应是指前三志与《中兴志》重复的部分,而'条列之'者,实际上是将四部史志之文献依史志原有顺序直接合并,并未再依据何种标准重新编排。因此如果不考虑《宋史·艺文志》著录了四部国史志之外的其他文献,《宋史·艺文志》在很大程度上足以反映四部国史志原有的文献编排顺序。"[②]不过,虽然赵士炜辑本未能由《宋志》对宋四部国史艺文志文献著录进行大胆"推原",但仍是目前学术界可用的唯一辑本,本文对宋四部国史艺文志的讨论,亦即主要依据赵士炜辑本展开,并在后文对集部著录的考察中利用《宋志》进行部分文献"推原"。[③]

就馆阁书目而言,书名中多含有馆阁之名,诸如紫薇阁、龙图阁、太清楼、史馆、秘阁、崇文、秘书省等。馆阁兼具藏书、校勘、纂修、编目等职能,馆阁书目的编纂往往与藏书整理相关,此种官修书目实即各馆阁藏书目录。在多数

[①] 宋代馆阁指三馆(昭文馆、史馆、集贤院)和秘阁,各馆之名或有变更,宋代以降多以"馆阁"概称,参见李更《宋代馆阁校勘研究》,南京:凤凰出版社,2006年,第46页。方建新等将宋代官方藏书分为皇室藏书、馆阁藏书、其他藏书三类,见方建新、高深《宋代宫廷藏书考》,《浙江大学学报》(人文社会科学版)2007年第3期,第53页。但实际上,皇室与馆阁藏书往往互借校勘存录副本,其书目编辑者也多为馆阁人员,为论述方便,本文将皇室藏书楼书目同纳入馆阁书目讨论。

[②] 翟新明《从小说到文史——宋代书目中诗话的归属与位置变迁》,《北京社会科学》2019年第1期,第51页。

[③] 利用《宋志》对宋国史艺文志文献著录进行"推原",参见翟新明《从小说到文史——宋代书目中诗话的归属与位置变迁》对《宋志》小说类、文史类著录的诗话著作的推原与考察。

情况下,馆阁书目是一种登记目录,在沿袭四部分类之外,其分类与著录往往受到馆阁藏书的目的、分阁分柜制度等影响,尤其是皇室藏书楼多将御制文集、所藏书画等单列一类。如《玉海》卷五二称太清楼有"太宗圣制诗及故事、墨迹三百七十五卷,文章九十二卷",又有经史子集四库之书,①是在四部之外,别出圣制文章;下文所涉龙图阁亦于六阁之外别藏御制御书文集。此是官方尤其是皇室藏书阁楼之初置本为收藏皇帝御书、器物,进而影响到馆阁书目的分类。又《玉海》卷五二载玉宸殿"聚书八千余卷,上曰:'此唯正经、正史,屡经校雠,他小说不与。'"②南宋唐士耻亦称"况兹殿所藏凡八千卷,虽九流古义有所弗取,况稗官乎?"③知玉宸殿所藏仅及经史二部。南宋章如愚《山堂考索》引《中兴馆阁书目》有《皇朝秘阁书目》一卷,"以类分一十九门",④至于是否按照四部分类,十九门类各是如何,因文献无征,均不得而知。总体来说,馆阁书目虽多承袭四部,但在具体的分类上仍有所变通。此是在传统学术分类基础上,因馆阁藏书需要而产生的特殊图书分类。⑤

最值得注意的是杜镐所编《龙图阁书目》七卷,《玉海》卷五二引《实录》载景德二年(1005)宋真宗至龙图阁观书事:

> 景德二年四月戊戌,幸龙图阁,阅太宗御书,观诸阁书画。阁藏太宗御制御书并文集总五千一百十五卷轴册,下列六阁:经典总三千三百四十一卷(目录三十卷。正经、经解、训诂、小学、仪注、乐书),史传总七千二百五十八卷(目录四百四十二卷。正史、编年、杂史、史抄、故事、职官、传记、岁时、刑法、谱牒、地理、伪史),子书总八千四百八十九卷(儒家、道书、释书、子书、类书、小说、算术、医书),文集总七千一百八卷(别集、总集),天文总二千五百六十一卷(兵书、历书、天文、占书、六壬、遁甲、太一、气神、相书、卜筮、地里、二宅、三命、选日、杂录),图画总七百一轴卷册(古画上中品、新画上品。又古贤墨迹二百六十六卷)。⑥

《宋志》所著录的《龙图阁书目》七卷,当即是以龙图阁所藏太宗御制书文集加六阁而成,具体分类或即各阁之所分,《玉海》卷十、十五、四七、六六载有

---

① (合璧本)《玉海》卷五二,京都:中文出版社,1977年,第1041页。
② (合璧本)《玉海》卷五二,第1042页。
③ 〔宋〕唐士耻《玉宸殿记》,《灵岩集》卷四,《续金华丛书》据八千卷楼旧钞本校刻,第七叶下。
④ 《山堂先生群书考索》前集卷十九"书目类",《中华再造善本》影印北京大学图书馆藏元延祐七年(1320)圆沙书院刻本,北京:北京图书馆出版社,2006年,第八叶下。
⑤ 有关目录学与图书、学术分类之关系,可参见周彦文《中国目录学理论》第一章,台北:台湾学生书局,1995年。
⑥ (合璧本)《玉海》卷五二,第1042页。按《玉海》卷一六三所引阁名卷数同,但无具体小类,又图画阁注文有"一本作瑞物阁,奇瑞二十三、瑞木十六、众瑞一百一十三、杂宝一百九十五",第3104页。

《龙图阁书目》历书、地理、编年、刑法类卷数,与龙图阁天文、史传分类相合,可为佐证。其六阁分类实际上是在四部之外将天文、图画独立,其创新之二级类目又对后世目录学产生重要影响。① 不过,对《龙图阁书目》的讨论建立在龙图阁藏书及各阁分类基础之上,仍嫌文献不足征,其具体的文献著录亦无从查考,不足以展开深入讨论。现存宋代官修馆阁书目,仍可查考的尚有《崇文总目》《秘书省续编到四库阙书目》两种;《中兴馆阁书目》《中兴馆阁续书目》则有民国间赵士炜、朱希祖、陈汉章等辑本,然已非原貌,本文暂不予纳入具体讨论。②

在馆阁书目之外即官修国史艺文志。在《新唐志》之外,宋代比较重要的四次编修国史,各史均有《艺文志》,分别为北宋所编《三朝国史艺文志》(太祖、太宗、真宗,以下简称《三朝志》)、《两朝国史艺文志》(仁宗、英宗,以下简称《两朝志》)及南宋所编《四朝国史艺文志》(神宗、哲宗、徽宗、钦宗,以下简称《四朝志》)、《中兴国史艺文志》(高宗、孝宗、光宗、宁宗,以下简称《中兴志》)。③ 按此前史志,如《汉志》《隋志》《旧唐志》,均是以前代馆阁书目为依托,著录一代藏书;唐刘知几则认为"前志已录,而后志仍书,篇目如旧,频烦互出",应"唯取当时撰者"。④ 然在明代以前,除《新唐志》不著录部分"唯取当时撰者"外,史志仍延续前志之例,著录一代藏书。宋代前三部国史艺文志各录本朝藏书,著录互不重复,即《宋史·艺文志》序所称"《三朝》所录,则《两朝》不复登载,而录其所未有者。《四朝》于《两朝》亦然";⑤《中兴志》则与前三志颇有交杂,《〈宋史·艺文志〉序》称"宋旧史,自太祖至宁宗,为书凡四。志艺文者,前后部帙,有亡增损,互有异同",⑥陈乐素以"有亡增损,互有异同"指为"《中兴史》之艺文志与前三史之艺文志间关系",⑦是以前三志既各不重复,则唯《中兴志》与前三志有所重复。《文献通考》引《中兴志序》又称"今据《书目》《续书目》及搜访所得嘉定以前书诠校而志之",⑧而《中兴馆阁书目》所载文献又有与前三部国史艺文

---

① 有关《龙图阁书目》及相关研究,参见白金《北宋目录学研究》,北京:人民出版社,2014年,第79—96页;赵庶洋《宋景德二年〈龙图阁书目〉考》,《国家图书馆学刊》2014年第3期。
② 赵士炜《中兴馆阁书目辑考》多有讹误,亦有误辑现象,参见翟新明《赵士炜〈中兴馆阁书目辑考〉辑引〈山堂考索〉辨正》,《文献》2018年第2期。
③ 有关宋四部国史艺文志较为系统的考察,可参见马常《宋朝四部国史艺文志考论》,山东大学2012年硕士学位论文;白金《北宋目录学研究》第二章第二节。
④ 〔清〕浦起龙《史通通释》卷三《书志》,上海:上海古籍出版社,1978年,第61—62页。
⑤ 《宋史》卷二百二《艺文》一,北京:中华书局,1977年,第5033页。
⑥ 《宋史》卷二百二《艺文》一,第5033页。
⑦ 陈乐素《宋史艺文志研究札记》,《宋史艺文志考证》,广州:广东人民出版社,2002年,第683页。
⑧ 〔元〕马端临《文献通考》卷一七四,《中华再造善本》影印国家图书馆藏元泰定元年(1324)西湖书院刻本,北京:北京图书馆出版社,2005年,第二十四叶下。

志相重复者,如《三朝志》《中兴馆阁书目》均著录《文苑英华》,①知《中兴志》实杂有两宋之书。至于四志可考之作者,则仅《四朝志》略有端倪。《玉海》卷四六称"至(淳熙)七年十二月十二日,国史院上《四朝正史志》一百八十卷",注称"《地理》一志全出李焘之手,馀多采《续通鉴》",②然李焘《续资治通鉴长编》实未载有艺文,恐非李焘所作;李心传则称"今《四朝艺文志》一书实先君子笔也",③指其父李舜臣为之。

宋国史艺文志与馆阁书目的关联颇多,主要体现在编纂之资料来源上。国史编修多在馆阁,参与修史者多为馆阁人员,李焘《续资治通鉴长编》卷六二载宋真宗时修太祖、太宗两朝国史,于景德三年二月辛巳日,"命知制诰天长朱巽、直史馆开封张复,取太祖、太宗两朝史馆日历、时政记、起居注、行状,编次以闻",④知其史料亦来自馆阁。国史艺文志的修纂,也与馆阁藏书及书目相关,如《玉海》卷五二引《两朝艺文志》称"合《崇文总目》,除前志所载,删去重复讹谬",⑤知其以《崇文总目》为主要来源。梁启超曾推测《三朝志》以《崇文总目》,《四朝志》以《政和秘书总目》,《中兴志》以《中兴馆阁目》,《续中兴志》以《中兴馆阁续目》为蓝本,⑥然所说多误,赵士炜《宋国史艺文志辑本序》已有辩驳。赵氏复称"《三朝志》似本之《咸平馆阁书目》,《两朝志》本之《崇文总目》,《四朝志》似本之《政和秘书总目》,《中兴志》乃以《馆阁书目》《续书目》诠次而成",⑦此系据马端临《文献通考·经籍考》所引各史志序文作出的推测;⑧陈乐素亦考论称"《三朝志》录馆阁藏书","馆阁所无之书《宋志》亦未著录"。⑨ 国史艺文志以馆阁藏书及书目为来源,是以国史艺文志既录本朝前代见存之书,则唯有其时的馆阁书目可以凭借。

事实上,四部国史艺文志的文献来源,在赵氏所推测的馆阁书目之外,当

---

① 见《纂修文苑英华事始》,〔宋〕李昉等编《文苑英华》,北京:中华书局,1966年,第8页。
② (合璧本)《玉海》卷四六,第921页。
③ 〔宋〕李心传撰,徐规点校《建炎以来朝野杂记》卷四,北京:中华书局,2000年,第110页。
④ 〔宋〕李焘《续资治通鉴长编》卷六二,北京:中华书局,2004年,第1387页。
⑤ (合璧本)《玉海》卷五二,第1040页。
⑥ 梁启超《图书大辞典簿录之部》第一部第一类第四目,《图书馆学季刊》第四卷第三、四期合刊,中华图书馆协会编印,1930年,第348页。
⑦ 赵士炜《宋国史艺文志辑本序》,《古逸书录丛辑》之五,国立北平图书馆、中华图书馆协会刊行,1933年,第二叶上。
⑧ 《玉海》卷五二引《两朝艺文志》与《文献通考·经籍考·总序》所引基本相同,赵士炜据此定《文献通考》所引他文为《三朝志》《四朝志》《中兴志》原序,是,本文从之。
⑨ 陈乐素《宋史艺文志研究札记》,《宋史艺文志考证》,第683页。按此以《宋志》源于宋国史艺文志,且区分较为明显,故亦可考馆阁藏书与国史艺文志的关系。

尚有其他馆阁书目。① 据《玉海》卷四六所载，宋真宗时修太祖太宗两朝国史，大中祥符九年（1016）二月丁亥史成，上志五十五卷，其中艺文七卷；后宋仁宗天圣八年（1030）上进《三朝国史》，复增修真宗一朝国史，志又增道释、符瑞为六十卷，未载艺文有所增修，则《三朝志》实为七卷。② 除赵士炜所推测的《咸平馆阁图籍目录》外，景德间之《龙图阁书目》《太清楼书目》与《玉宸殿书目》等，也当在《三朝志》参考范围内，王重民即以《三朝志》"所依据的主要资料是《龙图阁书目》七卷、《太清楼书目》四卷、《玉宸殿书目》四卷和三馆的其他库藏目录编成的"。③ 而从其卷帙来看，更有可能是主要参考《龙图阁书目》。《两朝志》于宋神宗元丰五年（1082）六月修成上之，《玉海》卷五二引《两朝志》，先述修《崇文总目》事，后述嘉祐后重编、收书等事，称"合《崇文总目》，除前志所载，删去重复讹谬"，④所参考者在《崇文总目》外尚有嘉祐之后所收之书。《四朝志》于宋孝宗淳熙七年（1180）十二月上之，赵士炜称"按《四朝志序》云'今见于著录，往往多非囊时所访求者'，然则亦未尽本于《秘书总目》也"，⑤王重民亦称《四朝志》"不是根据的《秘书总目》，而是综合参考了当时所能见到的神、哲、徽、钦四朝的各种藏书目录编成的"。⑥ 又《中兴志序》称"今据《书目》《续书目》及搜访所得嘉定以前书"，⑦知其所据非止《中兴馆阁书目》《中兴馆阁续书目》两种。

总体来说，宋国史艺文志与馆阁书目关系极为密切。馆阁书目的编修，以馆阁藏书为第一手文献，故其著录即馆阁实际藏书情况。宋国史艺文志的编修，既在本朝后代，又以馆阁书目为主要文献来源，则其实际上是依据第二手文献，只能反映前代之藏书，而非当代的实际藏书表现。这一编修过程与历代史志的编修相似，都是以某一种相对全备的前朝/代馆阁书目为依托进行编修著录。另一方面，国史艺文志又对馆阁书目的编纂产生影响，如《崇文总目》之编修"仿《开元四部录》，约《国史艺文志》"，⑧即是参考了《三朝志》的文献著录。国史艺文志与馆阁书目相互依存、相互影响，共同组成宋代官修书目之大观。

---

① 可参阅王重民《中国目录学史论丛》，北京：中华书局，1984年，第110—111页；马常录《宋朝四部国史艺文志考论》第四章。
② （合璧本）《玉海》卷四六，第919—920页。赵士炜称"则诸志卷帙或仍旧也，纵有修订，亦不过稍有损益，《艺文》一志尤未必有大改易也"，见《宋国史艺文志辑本》附录，第三叶下。
③ 王重民《中国目录学史论丛》，第110页。
④ （合璧本）《玉海》卷五二，第1040页。
⑤ 赵士炜《宋国史艺文志辑本序》，第二叶上。
⑥ 王重民《中国目录学史论丛》，第110页。
⑦ 〔元〕马端临《文献通考》卷一七四，第二十四叶下。
⑧ （合璧本）《玉海》卷五二，第1043页。

二、宋国史艺文志与馆阁书目解题之取舍

与此前官修史志如《汉志》《隋志》《旧唐志》不同,宋国史艺文志虽也属于史志,但在总序、各部类小序外,也有各书解题,此由赵士炜《宋国史艺文志辑本》《中兴国史艺文志辑本》所辑可知。姚名达称:"宋制:国史皆有艺文志,且每类皆有小序,每书皆有解题,迥异于历代史志,盖根据当时馆阁书目以为之也。"①其所谓"宋制",殆据赵士炜辑本之推测;所称国史艺文志录有小序、解题"盖根据当时馆阁书目",亦属推测。不过姚名达提出的宋国史艺文志录有解题系据馆阁书目值得深思:宋代馆阁书目是否皆录有解题?宋国史艺文志不同于前代史志而录有解题之价值何在?

赵士炜推测宋国史艺文志源出的各馆阁书目,现存可考者,《崇文总目》乃是仿照《开元四部录》即《古今书录》,②《中兴馆阁书目》《中兴馆阁续书目》又是仿照《崇文总目》,此三种书目均有解题;《政和秘阁总目》是在《崇文总目》基础上增补而成,③当亦有解题;《咸平馆阁图籍目录》则无可考察。除此之外,其他宋代馆阁书目均已亡佚,亦无文献可征,无从考证是否存在解题。但其他可能同样作为国史艺文志文献来源的馆阁书目,如《龙图阁书目》七卷、《太清楼书目》四卷、《玉宸殿书目》四卷,卷帙多在十卷以内,而确定录有解题的馆阁书目则在三十卷以上,二者悬殊巨大,殊可置疑。今参考《续资治通鉴长编》《玉海》《宋志》等,录可考的馆阁书目之卷帙与著录/馆阁藏书卷数,略如下表:

馆阁书目卷帙	著录/馆阁藏书卷数	统计来源
《龙图阁书目》7卷	34839卷④	《玉海》卷五二
《太清楼书目》4卷	25192卷⑤	《玉海》卷五二
《玉宸殿书目》4卷	11293卷	《续资治通鉴长编》卷六五
《秘书省书目》2卷	14900余卷	《玉海》卷五二引《中兴馆阁书目》

---

① 姚名达《中国目录学史》,上海:上海古籍出版社,2005年,第158页。
② 以《开元四部录》为《古今书录》而非《群书四部录》,见武秀成《〈新唐书·艺文志〉"著录"探源》,莫砺锋编《周勋初先生八十寿辰纪念文集》,北京:中华书局,2008年,第268页。又可参杨金川《〈崇文总目〉"仿〈开元四部录〉"说探微》,《古典文献研究》第十九辑上卷,南京:凤凰出版社,2016年。
③ (合璧本)《玉海》卷五二,第1045页。
④ 《玉海》卷五二注称"总二万九千七百十四卷",然六阁相加实二万九千七百二十四卷,另加太宗御制御书文集五十一百十五卷轴册,计三万四千八百三十九卷,见(合璧本)《玉海》卷五二,第1042页。
⑤ 《续资治通鉴长编》卷六五载太清楼藏书三万三千七百二十五卷,方建新考论以《玉海》所引为实,见《宋代太清楼藏书考略》,范立舟、曹家齐主编《张其凡教授荣开六秩纪念文集》,上海:上海人民出版社,2009年,第126页。然据《玉海》,四库书实二万四千一百九十二卷,未知何者为确。

续表

馆阁书目卷帙	著录/馆阁藏书卷数	统计来源
《史馆新定书目》4卷	14409卷	《玉海》卷五二引《中兴馆阁书目》
《崇文总目》66卷	30669卷①	《玉海》卷五二
《中兴馆阁书目》70卷	44486卷	《玉海》卷五二
《中兴馆阁续书目》30卷	845部、14943卷	《玉海》卷五二

  在上述书目中,值得注意的是《中兴馆阁书目》七十卷。《玉海》卷五二载淳熙五年"闰六月十日,令浙漕司摹板";②据宋刻本《中兴馆阁录》卷二"又北二间为印书作"注称"《太平广记》乐府板共五千片、《中兴馆阁录》板一百五十四片、《中兴书目》板一千五百八十片藏焉",③则《中兴馆阁书目》平均每卷当有二十二、三板/叶。台图所藏宋刻本《中兴馆阁录》,每半叶九行,行十八字,注双行,字数同,《中兴馆阁书目》行款或与此相同。南宋同样具有解题的书目,如淳祐袁本《郡斋读书志》,每半叶十行,行二十字,其前四卷每卷(每卷又分上下,此处以上下卷分别计算叶数)叶数不一,多在二十至四十叶之间。但可以推测,《中兴馆阁书目》的卷帙与每卷板数,应当是宋代有解题的馆阁书目的一种相对标准。

  上述各目,除《龙图阁书目》以七阁分七卷外,各目恐均是以四部分类,故卷帙为二卷或四卷。各馆阁书目多仅著录总卷数而无部数,较难讨论其是否列有解题,但与《崇文总目》《中兴馆阁书目》《中兴馆阁续书目》等有解题的馆阁书目相比,其著录文献之总卷数相当或差一倍,而书目卷帙则相别甚大乃至在十倍以上,恐怕此类书目并无解题。武秀成曾论及"宋代及此前的私家藏书

---

① 自宋至清,文献仅载《崇文总目》总卷数而未及部数,至钱侗等作《崇文总目辑释》,其《小引》乃称"至原本书共三千四百四十五部",此实是汇录其所抄录的汪焌抄本各类下之总部数,然此部数有与天一阁藏明抄本不同者,即天一阁藏明抄本所引之总卷数亦不同于《崇文总目》之三万六百六十九卷,知其部数非《崇文总目》原本之部数。乃后世治目录学者如乔衍琯(《崇文总目考略》)、沈乃文(《书谷隅考》)等皆因承其谬,据以为实。故特注表出,以正本清源。
② (合璧本)《玉海》卷五二,第1046页。
③ 《中兴馆阁录》卷二,宋嘉定三年刊,宝庆至咸淳间增补本,第六叶上,台图藏。按宋刻本及各清抄本引文均作"《中兴馆阁录》板",《四库全书》本与《武林掌故》本《南宋馆阁录》则作"新刻《馆阁录》板"。张富祥称:"但据现有资料,本卷文字皆系陈骙等撰,所云《馆阁录》及《中兴书目》当非本书《前录》及《中兴馆阁书目》,因为当时二书尚未成编,谓已先刻版,显然也是不可能的。疑所云《馆阁录》版,是指《中兴馆阁书目》所录宋匪躬书的十一卷残版……或谓此处注文系《续录》编纂者后来所追加,所列二书确系指本书《前录》与《中兴馆阁书目》,然查无实据,亦难以凿空为凭。"见张富祥《南宋馆阁录 续录》前言,北京:中华书局,1998年,第29页"注一"。按张氏未能获见宋刻本,遂径录《四库》本,然又未能引清抄本以为校勘,故有此质疑。此处固当以宋刻本为准,此小注当为《中兴馆阁续录》编纂者所加,《中兴馆阁书目》板所指即淳熙五年所板,殆与《中兴馆阁录》同时刊行者。

目录,一般卷帙很小,一卷至三、四卷不等,一般是没有提要的简目。如为提要目录则可多达十卷、数十卷",①虽属推测,但颇能反映实情,推之于官修书目亦然。考察宋代以前馆阁书目,西汉刘向撰《别录》二十卷;刘歆撰《七略》七卷,著录六百三家、一万三千二百一十九卷;②唐代馆阁书目,如《群书四部录》二百卷,著录二千六百五十五部、四万八千一百六十九卷;《古今书录》四十卷,著录三千六十四部、五万一千八百五十二卷。③ 此类书目均有解题,与《中兴馆阁续书目》之部、卷比例相当,《崇文总目》《中兴馆阁书目》亦当相类。若宋代其他馆阁书目均有解题,则其卷帙恐不至于如此之少。

宋代多数馆阁书目卷帙之少,有两种可能性。第一种可能是当时各馆阁书目多数只录书名作者而不及解题。前引龙图阁之经典阁有目录三十卷、史传阁有目录四百四十二卷,④此目录当是有解题者,故卷帙庞大,而《龙图阁书目》仅成七卷,恐怕是在各阁目录基础上删繁就简,仅著录书名作者而已。《玉海》卷五二记载宋真宗景德四年登太清楼观藏书,"上亲执《目录》,令黄门举其书示之",⑤《宋志》著录《太清楼书目》四卷,太清楼为皇室藏书楼,其书目主要为图书分类、整理、登记与查询,恐怕也只是记书名作者而已。又《玉海》卷五二注称宋真宗景德间:"先是,上谓辅臣曰:'国家搜访图书,其数渐广,臣庶家有聚书者,皆令借目录,参校内府馆阁所有,缺者借本补写。'所得甚多。"⑥此目用于搜访,也当未列解题。至于南宋绍兴间对《崇文总目》的改定本,更是直接删去原有叙录,只存一卷简目,又多注"阙"字于其下,与《秘书省续编到四库阙书目》相似,其目的也在于搜访阙书,故不录解题文字。

另一种可能,即各馆阁书目于书名之下列有小注,但仅简释作者时代,如《汉志》《新唐志》之小注者。宋前后正史艺文志卷帙及著录部卷数如下:

正史	艺文志卷帙	著录部数	著录卷数
《汉志》	1卷	596家	13269卷
《隋志》⑦	4卷	6520部	56881卷
《旧唐志》	2卷	3064部	51852卷

---

① 武秀成《陈振孙评传》,《晁公武评传 陈振孙评传》,南京:南京大学出版社,2011年,第372页。
② 据〔南朝梁〕阮孝绪《七录序》所附《古今书最》,〔唐〕释道宣编《广弘明集》卷三,《四部丛刊初编》影印明汪道昆本,第十二叶。
③ 《旧唐志序》称为三千六十部,《玉海》卷五二所引为三千六十四部,武秀成考其实际应为三千六十四部,见《〈旧唐书〉辨证》,上海:上海古籍出版社,2003年,第294—295页。本文从之,后均径改。
④ (合璧本)《玉海》卷五二,第1042页。
⑤ (合璧本)《玉海》卷五二,第1041页。
⑥ (合璧本)《玉海》卷五二,第1041页。
⑦ 此处以经传存亡及佛道书均纳入在内。

续表

正史	艺文志卷帙	著录部数	著录卷数
《新唐志》①	4卷	著录3277部	52094卷
		不著录1390家	27127卷
《宋志》	8卷	9819部	119972卷

将馆阁书目卷帙、著录卷数与宋国史艺文志相比，也可以看出一定关联。《玉海》卷四六载《三朝国史》志六十卷，艺文志为七卷；《两朝国史》志四十五卷，艺文志文献著录远少于《三朝志》，卷帙当少于七卷；《四朝国史》志一百八十卷，②但艺文志所著录的部卷数并未超出《三朝志》，部数又与《两朝志》相当，则其卷帙或也相当。各志著录卷数如下：

国史	志卷帙	艺文志卷帙	著录部数	著录卷数	统计来源
《三朝国史》	60卷	7卷		36196卷	以《中兴馆阁书目》参③
			3327部	39142卷	《〈宋志〉序》
《两朝国史》	45卷	未知	1474部	8494卷	《玉海》引《两朝艺文志》
			1472部	8446卷	《〈宋志〉序》
《四朝国史》	180卷	未知	1443部	25254卷	《文献通考》引
			1906部	26289卷	《〈宋志〉序》

  以史书体例来看，附庸史书之艺文志卷帙一般不会超出十卷。从赵士炜所辑各国史艺文志解题来看，或涉及作者、撰作背景、真伪、内容及评价等，多数仅涉及一二，内容较少，而如《厚斋易学》《唐月令》《答迩英圣问》《文苑英华》等解题则内容尤多，若各国史艺文志全如后者，则其卷帙会相当庞大。在诸正史艺文志中，如《汉志》《新唐志》均部分列有小注，类似于简单的解题，若宋代

---

① 《新唐志》文末无部卷数总计，其序称开元著录者"五万三千九百一十五卷"，不著录者"二万八千四百六十九卷"，与各部所统计的著录数量均不同，本处采其四部前之著录统计。见《新唐书》卷五七《艺文》一，北京：中华书局，1975年，第1422页。

② (合璧本)《玉海》卷四六，第919—921页。宋刻本《中兴馆阁续录》卷四亦称上《四朝正史志》一百八十卷，曾参与《四朝国史》纂修的洪迈则称志有二百卷，见《容斋三笔》卷一三"四朝史志"条，孔凡礼点校《容斋随笔》，北京：中华书局，2005年，第585页。

③ 据《文献通考》卷一七四引《中兴志序》称《中兴馆阁书目》"计见在书四万四千四百八十六卷，较《崇文》所载，实多一万三千八百一十七卷。复参《三朝》所载，多八千二百九十卷；《两朝》所志，多三万五千九百九十二卷"，以所多卷数相减，《崇文总目》为三万六千六百六十九卷，与各处记载相同；《两朝志》著录八千四百九十四卷，与《玉海》所引《两朝志》同；则知《三朝志》实著录三万六千一百九十六卷，《宋志》所载之卷数恐怕有误。按《宋志》所载部卷数与其他文献均不同，或其计算未全然按照国史艺文志之故。

官修书目也多同此类,则馆阁书目以数卷之目而能容纳数万卷文献的著录,也在情理之中。若以此推,则馆阁书目列有小注而卷帙极少,似也不无可能。

概言之,宋代多数馆阁书目只具登记书目的功能,而无著录解题之需要。李更将宋代馆阁书目分为实用性馆藏目录、国史艺文志与国家藏书综合性提要目录三种,认为后两种均有解题,并进一步指出唐宋馆阁书目并无校勘作为基础,故其解题并非如《别录》一般全面。① 李更所称的第一种实用性馆藏书目,如《乾德史馆新定书目》《咸平馆阁图籍目录》《皇祐秘阁书目》等,均为馆阁书目。前文已涉及皇室藏书楼如太清楼、龙图阁等,其书目编定主要是便于图书登记与检索,故可仅录书名、作者;而一般的馆阁目录,如非《崇文总目》之类修纂耗时岁久,②则亦可仅录书名、作者而不及解题。王重民称宋代"各馆各库都有校书、写书和编制库藏目录的专职人员,到了利用各馆藏书编制国家系统目录时,便另派博学的有目录学修养的人来担任"③,注意到了馆阁书目编修目的与编制人员之不同,这也影响到其书目解题的有无。

因此,除《崇文总目》《中兴馆阁书目》《中兴馆阁续书目》等卷帙庞大的书目著录解题外,其他多数馆阁书目当并无解题,或只有小注。宋国史艺文志的主要文献来源当是有解题的馆阁书目,而在具体的文献著录上参考了其他无解题的馆阁书目。对著录解题的馆阁书目的参考,使国史艺文志在具体著录中也列有解题,但限于史志性质,其解题内容已远少于卷帙庞大的馆阁书目,而卷帙亦被局限在数卷之内。

宋代馆阁书目和国史艺文志解题之有无,还与书目体质相关,在一定程度上,书目体质影响了解题有无及内容多寡。考察古代目录,"目"即书目,而"录"则多指解题。宋以前有解题的书目往往称"录",如《别录》《七录》《群书四部录》《古今书录》等;而无解题或解题较少的书目,则多径称为"目",如六朝官修藏书书目多称"目录",④唐宋馆阁书目则称"书目"。⑤ 此种变化又涉及书目

---

① 李更《宋代馆阁校勘研究》,第140—146页。
② 《崇文总目》自宋仁宗景祐元年闰六月始修,至庆历元年十二月上之,前后编修达八年之久。《中兴馆阁书目》前后编修仅八月(自宋孝宗淳熙四年十月至五年六月),《中兴馆阁续书目》编修四月(自宋宁宗嘉定十二年闰十二月至十三年四月),遂致有"考究疏谬""草率尤甚"(《直斋书录解题》)之讥。
③ 王重民《中国目录学史论丛》,第87页。
④ 参见《隋志·簿录类》著录。按《隋志·簿录类》小序称"自是之后,不能辨其流别,但记书名而已",此类所著录南朝书目多称"目录",而卷帙极少,其实是有目无录,但取"目录"之名而已。见〔唐〕魏征等撰《隋书》卷三三《经籍》二,北京:中华书局,1973年,第992页。
⑤ 参见汪辟疆《汉唐以来目录统表》,《目录学研究》,上海:华东师范大学出版社,2000年。余嘉锡亦曾涉及称"录"书目及目录名称之变化,见《目录学发微》二《目录释名》,《目录学发微 古书通例》,北京:中华书局,2009年第2版,第34页。

体质的演变与解题之取舍。①

汉代官修书目如刘向《别录》，与校勘相始终，是一次对官方藏书的综合整理，其叙录详细，既列篇目，又有作者、时代、文字校勘、一书大旨等；刘歆《七略》则仅"撮其指要"，张舜徽称"盖歆当时以《别录》为底本，删繁存简，撰为《七略》"，②姚振宗、张舜徽均以《别录》《七略》之关系同于《四库全书总目》与《四库全书简明目录》，③是《七略》之解题内容远少于《别录》。

《群书四部录》与《古今书录》的关系和《别录》与《七略》略有不同。余嘉锡以《古今书录》"别成著述，补其遗憾"，不同于《汉志》因人成事与《简明目录》剪裁《四库全书总目》；④王重民称《古今书录》是《群书四部录》修正、补充和简化的新本。⑤《〈旧唐志〉》序称"煚等撰集，依班固《艺文志》体例，诸书随部皆有小序"，又"煚等《四部目》及《释道目》，并有小序及注撰人姓氏"，但《〈旧唐志〉》序既称"今并略之，但纪篇部"，而撰人姓氏仍注在各书之下，知《群书四部录》《古今书录》之解题绝不仅限于小注。⑥余嘉锡认为《群书四部录》"观其卷帙之富，疑其用刘向、王俭之例，每书皆有叙录"，《古今书录》则"每部皆有小序，每书皆注撰人名氏，有释，有论"。⑦要而言之，《群书四部录》既不同于刘向《别录》解题之繁复，对《群书四部录》剪裁加工而卷帙更少的《古今书录》解题内容当更少。

时代	馆阁书目		史志
汉	《别录》20卷	《七略》7卷 著录603家、13219卷	《汉志》1卷 著录596家、13269卷
唐	《群书四部录》200卷 著录2655部、48,169卷	《古今书录》40卷 著录3064部、51852卷	《旧唐志》2卷 著录3064部、51852卷
宋	馆阁书目	国史艺文志	《宋志》7卷

《别录》《群书四部录》所著录为国家馆阁所藏文献，均列有解题，宋馆阁书目少数列有解题；《七略》《古今书录》及宋国史艺文志系以馆阁书目为基础而进行增删，解题亦多有删略；至于《汉志》《旧唐志》《宋志》，则在前者基础上删

---

① "体质"一词，借用姚名达之定义。有关书目解题之变化，可参见姚名达《中国目录学史》，第124页；王重民《中国目录学史论丛》，第167—168页。
② 张舜徽《汉书艺文志通释》，武汉：湖北教育出版社，1990年，第8页。
③ 〔清〕姚振宗《隋书经籍志考证》卷二三，《二十五史补编》，北京：中华书局影印开明书店版，1955年，第5424页；张舜徽《汉书艺文志通释》，第8页。
④ 余嘉锡《目录学发微》九，《目录学发微 古书通例》，第126页。
⑤ 王重民《中国目录学史论丛》，第99页。
⑥ 《旧唐书》卷四六《经籍》上，北京：中华书局，1975年，第1964、1966页。
⑦ 余嘉锡《目录学发微》九，《目录学发微 古书通例》，第123、126页。

其解题,仅存小注。总体来说,书目体质不同,编修目的不同,对解题的取舍也不同。其中最为特别的是宋国史艺文志,既取材于馆阁书目,又为后朝的史志编纂提供文献支撑,与《七略》《古今书录》等同样在馆阁书目向史志的发展过程中起到桥梁作用,但与后者不同的是,宋国史艺文志属于史志而非馆阁书目。

目录体质不同导致解题之有无,前人多已注意。如刘咸炘称"目录专书自当详释,史志则不胜具载,止列其目,体各有宜",①张舜徽亦称"班氏修《艺文志》时,所以毅然删去《七略》解题而不顾者,诚以史之为书,包罗甚广,《艺文》特其一篇,势不得不剪汰烦辞,但记书名而已。若夫朝廷官簿与私家目录,意在条别源流,考正得失,其所营为,既为专门之事,其所论述,则成专门之书,考释务致其详,亦势所能为"。②对于史志不必著录解题,前人观点基本一致,但实未能注意到宋国史艺文志作为史志而同样著录解题的特例。

三、宋国史艺文志集部著录新变

经由《隋志》确定经史子集四部分类法以来,官修书目多采用四部分类法,四部之下的二级分类则各有变易。③四部之中,集部之下的二级分类最少,清代以前,多局限于楚辞、别集、总集、文史(诗文评)四类,四类间的关系及其因革损益则较其他三部更为明显。同在集部中的楚辞、文史二类与总集有着密切的离合关系,别集则与总集同具文体类分特征。更进一步,总集、文史等类又与史部史评,子部小说、类书等部类在文献著录和具体部类划分、文体归属上存在着重合性,涉及史、子、集三部,适于展开深入研究。下文即着眼于由《宋志》部分推原宋国史艺文志集部文献著录,重点论及楚辞、文史与总集类之离合关系,以及总集类文献著录标准,以此为例探讨宋国史艺文志在宋代目录学史上的独特地位与价值。

除《崇文总目》《秘书省续编到四库阙书目》外,宋代馆阁书目所可考知者,唯《龙图阁书目》之文集阁分别集、总集二类,然其具体著录已不可考。由《文献通考·经籍考》所引宋国史艺文志各部类,知《三朝志》《两朝志》《四朝志》集部均分别集、总集、文史三类,《中兴志》则分为楚辞、别集、总集、文史四类。与宋前书目相比,其特出之处在于,楚辞类由独立而附庸总集类复又独立,文史类则由总集类别出而确立独立地位,总集类延续多体与分体选本的著录标准,

---

① 刘咸炘《目录学》上编《题解第九》,黄曙辉编校《刘咸炘学术论集·校雠学编》,桂林:广西师范大学出版社,2010年,第350页。
② 张舜徽《广校雠略》卷三,上海:上海古籍出版社,2013年,第44页。
③ 此可参见姚名达《中国目录学史》所附《四部分类源流一览表》。

而一人、单篇之作则散入别集类中。

（一）楚辞类与总集类之合离

自阮孝绪《七录》至《隋志》《古今书录》《日本国见在书目录》，均在集部下单列楚辞类，著录与楚辞相关的各种文献，以与别集、总集等类相区分。《三朝志》《两朝志》《四朝志》则取消楚辞类，其具体的文献著录尚可由《宋志》推原。《宋志》因于宋国史艺文志，其总集类收入《楚辞章句》《楚辞释文》《离骚约》三部，[①]余嘉锡认为"此三书入总集者，必因北宋国史艺文志之旧也"，[②]此论确然。《楚辞章句》《楚辞释文》均针对《楚辞》一书；《离骚约》未可考，[③]《崇文总目》则著录于别集类，恐怕是以其为一人之作，遂归之于个人著作。[④] 余嘉锡复认为此三书之入总集当出于《三朝志》，[⑤]此说则尚可商榷。按《崇文总目》所著录的文献已参考《三朝志》所录，如果《三朝志》著录了此三书，则《崇文总目》似应亦加著录，然《崇文总目》中并未著录《楚辞章句》《楚辞释文》，且《离骚约》在别集类中，则恐怕《三朝志》并未著录此三书，那么，《离骚约》当是被参考《崇文总目》的《两朝志》所收录。但《两朝志》盖不同于《崇文总目》，而将《离骚约》移置于总集类中，否则延续宋国史艺文志的《宋志》不会将其列在总集类中。[⑥]又《宋志》楚辞类著录十二部楚辞类著作，属于北宋时期的作者仅晁补之、黄伯思二人，且在北宋后期，则晁、黄之作或在《四朝志》中。不过，《宋志》文献著录及排序基本依据宋国史艺文志，其既在楚辞类、总集类分别著录楚辞文献，则当是依仿两种国史艺文志而未作改动，《宋志》总集类著录的三部均源自《两朝志》，楚辞类著录的十二部则均源于《中兴志》，如此则《四朝志》总集类不应著录楚辞类文献。由上可见，宋代前三部国史艺文志所著录的楚辞类文献仅有

---

① 有关此三书是否均是王勉所作，学界有不同看法。或以"王勉"为"王逸"之讹，然无法解决《楚辞章句》二卷与十七卷之龃龉。余嘉锡考证《楚辞释文》出自王勉，系以三书均为王勉所作，查诸《宋志》以书系人之例，或称"又"或无，则此"王勉"是否为后二书作者，尚须存疑。故本文径称三书之名而不称其作者。

② 余嘉锡《四库提要辨证》卷二十，北京：中华书局，2007年第2版，第1228—1229页。

③ 约当为古籍注释的一种体例，明清则有"约注"之体。张舜徽《说文解字约注》称"约一名而含三义。自宋以来疏释许书之作，无虑数十百家，约取其义之精者而论定之，一也；汰陈言之琐碎，袪考证之冗繁，辞尚体要，语归简约，二也；文字孳乳相生，悉原乎声，苟能达其语柢，则形虽万殊，而义归一本，今阐明字义，约之以双声之理，三也"，可供参考，见《说文解字约注·自序》，武汉：华中师范大学出版社，2009年，第2页。

④ 修撰于两宋之际的《秘书省续编到四库阙书目》亦未设楚辞类，仅别集类收《离骚章句》十七卷，当同于《崇文总目》以《离骚约》入别集类，亦是以其为一人之作故。

⑤ 余嘉锡《四库提要辨证》卷二十，第1229页。

⑥ 按《崇文总目》总集类著录王逸注《楚辞》（即《楚辞章句》）十七卷，然与题作王勉《楚辞章句》二卷者不同。《两朝志》既参考《崇文总目》，则当参考《崇文总目》此例而有所改正。

三部,《三朝志》《四朝志》均未著录楚辞类文献,《两朝志》则著录《楚辞章句》《楚辞释文》《离骚约》而附庸总集类。

《三朝志》《两朝志》《四朝志》之不设置楚辞类,当是受到馆阁书目的影响。前述龙图阁中的文集阁相当于四部中的集部,但仅录别集、总集二类,与前志相比,取消了楚辞类,《崇文总目》《秘书省续编到四库阙书目》也未列楚辞类而是散入总集、别集类。《四朝志》虽编修完成于南宋,但其著录北宋神哲徽钦四朝所存文献,所参考的书目也当是此四朝间的馆阁书目,故其部类设置与前两部国史艺文志相同。前三部国史艺文志沿承前代馆阁书目类例,复对馆阁书目产生影响,知书目中不设楚辞类,当是北宋官修书目的通例。至于其背后深层原因,则与馆阁藏书制度相关。考察《七录·文集录》下设楚辞类的原因,在于其既不同于别集个人著作,也不同于总集收录多种文体,又因其独特的文体地位,也无法与杂文部相杂厕,故而单独设部以容纳此类文献。①《隋志》《古今书录》均沿承此例而未作解释,当主要是出于对前志部类的因承,同时也与汉魏六朝隋唐楚辞学研究的兴盛相关。此因其书目多为通代见存书目,无需考虑藏书分阁分柜,故从理论上进行部类划分,而突出楚辞类之独立地位。至于宋代,馆阁藏书的分类与其分阁分柜藏书制度相关,北宋见存楚辞类文献既少(如前所述,仅有三部),复以《楚辞》实同于分体总集,故将其归于总集之中,以便节省分阁分柜。官修馆阁书目与国史艺文志遂相因袭,书目之中不再别出楚辞一类,复因其收录多人文章而附庸于总集类中。在现存目录学文献中,此是自《七录》确立楚辞一类以来,首次将楚辞类文献取消独立地位。②

《文献通考·经籍考》载《中兴志》著录楚辞九家十二部一百四卷,承袭宋国史艺文志的《宋志》楚辞类收录文献恰为九家十二部一百四卷,余嘉锡以《宋志》楚辞类之十二部即《中兴志》楚辞类著录之十二部,③确然。此十二部包括《楚辞》、王逸《楚辞章句》、晁补之《续楚辞》《变离骚》、黄伯思《翼骚》、洪兴祖《楚辞补注》《楚辞考异》、周紫芝《竹坡楚辞赘说》、朱熹《楚辞集注》《楚辞辨证》、黄铢《楚辞协韵》、钱杲之《离骚集传》。按《中兴志》主要参考《中兴馆阁书目》《中兴馆阁续书目》,则此二目也设有楚辞类,《玉海》卷五四引《中兴书目》

---

① 参见翟新明《明前书目之总集著录研究》第一章第二节,南京大学 2018 年博士学位论文。
② 《三朝志》不设楚辞类,应以其未著录楚辞著作,《崇文总目》编修在《三朝志》与《两朝志》之间,其不设楚辞类应是依仿《三朝志》,故ម至《两朝志》始将楚辞著作全部附庸总集类,但取消楚辞类早在《龙图阁书目》《三朝志》已开始。有关目录学中楚辞部类的位置演变,复可参王玥琳《中国古代目录楚辞著录情况析论》,《励耘学刊》(文学卷)第十三辑,北京:学苑出版社,2011 年,然王文于宋代书目尤其是宋国史艺文志部分所说多误,本文不从其说。
③ 余嘉锡《四库提要辨证》卷二十,第 1228 页。《文献通考》载《中兴志》楚辞类九家十二部二百四卷,余氏认为"盖《通考》误一百四为二百四耳",是。

称"楚辞九家九十四卷",①其家数与《中兴志》相同而卷数相差十卷,亦无从考察其实际所差为何书,或《中兴馆阁续书目》另录一家十卷,或《玉海》所录有误,存疑待考。②

《中兴馆阁书目》《中兴志》之重设楚辞类,当与楚辞著作在南宋的大量出现、楚辞地位的提升有关。前述《中兴志》著录楚辞著作十二部,其中宋以前之作两家两部,北宋之作两家三部,南宋之作则四家七部,可见南宋时期楚辞学著作大量出现。考察宋代官私书目著录的宋代楚辞著作作者,除晁补之、黄伯思外均为南宋人。此也与南宋国势相关,北宋覆亡之后,南宋人对忠君爱国的理学强调也进一步刺激着屈原与楚辞地位的提升。另一方面,南宋刻书业的发展也促进了楚辞著作的流传。③ 因此,至南宋中期编纂的《中兴馆阁书目》《中兴志》恢复楚辞类在集部的独立地位,也就成为顺理成章的目录学表现。至于晁公武《郡斋读书志》称"昔屈原作《离骚》,虽诡谲不概诸圣,而英辩藻思,闳丽演迤,发于忠正,蔚然为百代词章之祖",④设立楚辞一类,则或因晁氏楚辞家学,而强调其独特地位。⑤ 南宋见存书目,唯《遂初堂书目》未设楚辞类而将楚辞著作置于总集类之首,可视为一种楚辞"独立"的异态;《通志·艺文略》《直斋书录解题》则均设有楚辞类,前者汇录古今书籍,楚辞类之设是沿袭前志惯例,后者则应受到南宋书目之普遍影响。

(二) 文史类之独立

与唐代书目总集类著录相比,宋国史艺文志最大的不同在于将文史类著作独立于总集类之外。前述龙图阁之文集阁未立文史,或仍如《隋志》《古今书录》将文论著作附于总集类。宋代书目中文史类的独立始于《三朝志》。《文献通考》卷二四八引《三朝志》称:

> 晋李光(按:为充之误)始著《翰林论》,梁刘勰又著《文心雕龙》,言文章体制,又钟嵘为《诗评》,其后述略例者多矣。至于扬榷史法、著为类例

---

① (合璧本)《玉海》卷五四,第1063页。
② 按赵士炜《中兴馆阁书目辑考》所辑楚辞四家七部,为黄伯思《翼骚》一卷、洪兴祖《楚辞补注》十七卷《考异》一卷,黄铢《楚辞协韵》一卷、朱熹《楚辞集注》八卷《辨证》二卷《后语》六卷。此则全据《玉海》,然《玉海》卷五四引《中兴书目》注仅"楚辞九家九十四卷",其后黄伯思至朱熹之书与此隔开,各家亦有隔开,与前引《隋志》《唐志》例不同,知此七部并非《中兴馆阁书目》引文,此显系赵氏误辑,故本文不从其说。
③ 相关论述可参见赵乖勋《宋代楚辞学》第一、二章,四川师范大学2011年博士学位论文。
④ 《昭德先生郡斋读书志》卷第四上,《四部丛刊三编》影印北平故宫博物院藏宋淳祐袁州刊本,第一叶上。
⑤ 有关晁氏楚辞家学,可参见何新所《昭德晁氏家族研究》,上海:上海古籍出版社,2006年,第140—142页。

者,亦各名家焉。前代志录,散在杂家或总集,然皆所未安。唯吴兢《西斋》有文史之别,今取其名而条次之。①

《三朝志》评述了两类文献,一类是以《翰林论》《文心雕龙》《诗评》为代表"言文章体制"的文论著作,一类则是"扬榷史法、著为类例"的史评著作。其称"前代志录,散在杂家或总集,然皆所未安",并未说明未安之理由,但此"未安"恰恰促成了文史类的独立。在现存宋以前书目中,文论著作多附在总集类,《隋志》《古今书录》杂家类又附有《文府》《文章始》等部分著作;《日本国见在书目录》则将文论相关著作统一附于小学家(《文心雕龙》互见于杂家与总集家)。② 史评一类著作则至唐代始出现,《古今书录》尚未著录。《三朝志》又称"唯吴兢《西斋》有文史之别",此所谓"文史之别",未知是在总集之下别出文史,抑或在集部之内单列文史,考《新唐志》未将文史类单独设类而仍别出于总集类之下,似也表明在唐代书目中文史类并未真正独立于总集类之外。不过《三朝志》据此而新设了文史一类,确定其兼收文、史评论著作的著录体例,可以说是正式确立了文史类在目录学中的独立地位。

《中兴志》文史类小序确定了文史的定义,也就确定了文史类的著录范围:"文史者,讥评文人之得失也。《通志叙论》评史,《韵语阳秋》评诗,《艺苑雌黄》则并子史集之误皆评之。"③《艺苑雌黄》,《直斋书录解题》入子部杂家类,称"大抵辨正讹谬,故曰'雌黄'。其目:子史、传注、诗词、时序、名数、声画、器用、地理、动植、神怪、杂事",④其所包罗则是四部皆及。在《中兴志》编辑者看来,文史涉及各部的评论范畴,而文史类目之名也就决定了其所收录的文献兼有文论、史评二类。尤其值得注意的是定义中的"文人",其创作自是四部皆及,也就使得文史一类兼评文、史的著录标准有了依托。又《玉海》卷五四引《国朝志》称:"文史,魏晋以前尚古文,有李充《翰林论》;江左用声律,有颜竣《诗例》、钟嵘《诗品》;唐以来,诗赋有张仲素《赋枢》、范传正《赋诀》;史官欲明职业,有刘氏《史通》、《史例》。"⑤此序所引《史例》应即刘知几子刘悚所著《史例》三卷,故统称"刘氏",其未言及宋代著作,或为《两朝志》文史类序文。此序亦有区别文史的目的,又以时代为次,区分晋、南朝、唐,各以古文、声律、诗赋、史官等评论为代表,是另一种层面下对文史类的区别划分。

在文史类的著录数量上,《文献通考》卷二四八载《三朝志》著录三十八部,

---

① 〔元〕马端临《文献通考》卷二四八,第一叶下。
② 参见翟新明《明前书目之总集著录研究》第一章第三节。
③ 〔元〕马端临《文献通考》卷二四八,第一叶下。
④ 〔宋〕陈振孙撰,徐小蛮、顾美华点校《直斋书录解题》卷十,上海:上海古籍出版社,2015年,第311页。
⑤ (合璧本)《玉海》卷五四,第1067页。

《两朝志》著录八部,《四朝志》著录一十八部,《中兴志》著录六十五部,①远胜于《新唐志》所著录的二十七部(合著录与不著录)。按《宋志》文史类著录文献九十八部,当是据《中兴志》而删除重复者三十一部。赵士炜《宋国史艺文志辑本》辑得文史类著作二种,为《玉海》卷四九注引《两朝志》"林概《史论》二十卷、邵必《史例》十卷",②此二书均为史评类著作,在《宋志》文史类中分居第二十五、六十三。依《宋志》文史类著录次序,林概《史论》在《三朝志》中,而邵必《史例》则在《四朝志》中,二书之间尚杂有书三十七部,远超出《两朝志》之八部。不过,如果考虑到《宋志》主要依据《中兴志》而删前三志之书,则《宋志》据《中兴志》删《三朝志》之书较多,林概《史论》实在《两朝志》内,而邵必《史例》则《两朝志》《中兴志》均有著录,《宋志》应是据《中兴志》著录在后而删《两朝志》之著录者。从《宋志》文史类的文献著录来看,知宋国史艺文志文史类既包含文论、史评著作,还包含了文章写作、各体评论、诗话等著作。

总体来说,宋国史艺文志中的文史一类,兼有文、史二类评论之作,既使《隋志》《古今书录》等原附庸于总集的文论著作独立,也扩大了文史的内涵与外延,使得史评类著作与文论类著作并列于文史一类中,更影响到宋代其他书目文史类的设置。自《三朝志》确立文史类以来,除袁本《郡斋读书志》取消文史类而衢本《郡斋读书志》重设"文说"类外,自《崇文总目》以下,宋元馆阁书目如《秘书省续编到四库阙书目》《中兴馆阁书目》,史志如《新唐志》《宋志》,私家藏书目录如《遂初堂书目》《直斋书录解题》,私修书目如《通志·艺文略》《文献通考·经籍考》等,均设有文史类,虽《通志·艺文略》《遂初堂书目》文史类已不再著录史评类著作,但"文史"类名却被延续了下来。

(三) 总集类文献著录

宋国史艺文志中的总集类文献,《文献通考》卷二四八载《三朝志》著录一百一十七部,《两朝志》著录二十九部,《四朝志》著录六十二部,《中兴志》著录三百一十五部,③数量远超前代书目。《宋志》总集类著录四百三十五部,殆即删去与《中兴志》重复者八十八部。赵士炜《宋国史艺文志辑本》由《直斋书录解题》《玉海》等辑得七种,为《群书丽藻》《文苑英华》(《三朝志》)、《御集谏书》《唐奏议驳论》《大唐统制》《五代国初内制杂编》《建隆景德杂麻制》(《两朝志》);又《中兴国史艺文志辑本》由《文献通考》辑得五种,为《奇章集》《咸通初

---

① 〔元〕马端临《文献通考》卷二四八,第一叶下。
② (合璧本)《玉海》卷四九,第 980 页。
③ 〔元〕马端临《文献通考》卷二四八,第一叶。

表奏集》《送朱寿昌诗》《江湖堂诗集》《世彩堂集》,总计十二种。① 其中,《玉海》卷六四明确引称"《两朝艺文志》总集有《五代国初内制杂编》十卷、《建隆景德杂麻制》十五卷"。②《群书丽藻》,《玉海》卷五二引《中兴书目》称"古今文章,著为六例",③知为多体文章选本。又《玉海》卷六四引《两朝志》"滕宗谅《大唐统制》三十卷,集唐制诰",④知为制诰集;《咸通初表奏集》为表奏总集,《崇文总目》总集类亦著录;由《文献通考》卷二四八、二四九所引《奇章集》《送朱寿昌诗》《江湖堂诗集》《世彩堂集》之解题,知此四集均为诗总集。在上述所可考的总集中,《群书丽藻》《文苑英华》为多体总集,其他则为分体总集,所涉及文体有谏书、制诰、表奏、诗等。知宋国史艺文志的总集著录,当如《隋志》《古今书录》等仍区分多体与分体总集。又由《崇文总目》《宋志》著录的文献可以推知,宋国史艺文志总集类不再著录一人、单篇作品,而是置于别集类中,如《宋志》别集类著录有颜之推《稽圣赋》、《徐陵诗》等,知一人、单篇作品不再附庸于总集以彰显文体价值,而是根据作者多寡以显示总集、别集之区分。⑤

值得注意的是,《宋志》总集类文献又可分为两部分。第一部分先列孔逭《文苑》至朱遵度《群书丽藻》,均为多体总集;次列《楚辞章句》《楚辞释文》《离骚约》三部楚辞文献;次列徐锴《赋苑》至谢壁《七赋》等赋体总集,次列杜镐《君臣赓载集》至蒋文彧《广乐府集》等诗体总集,次列策(许南容《五子策林》至《礼部策》)、论(杨协《论苑》)、赞(《唐凌烟阁功臣赞》至丁谓《大中祥符祀汾阴祥瑞赞》)、制诰(《王言会最抄》至李琪《玉堂遗范》)、哀册文(《唐哀册文》、孙洙《褒恤杂录》)、弹文(《晋宋齐梁弹文》)、奏议表章(马总《奏议集》至任谅《建中治本书》)、⑥军书掌记(沈常《总戎集》至林逢《续掌记略》)、判(周明辨《五经手判》、南康笔《代耕心鉴》)等各分体总集。⑦ 此一部分先列多体总集,次列分体总集,分体总集复以文体类分,颇有伦叙。第二部分,即在判体之后,复著录其他多体与分体总集,且各体往往杂糅,著录次序混乱,故陈乐素称《宋志》"编次很乱改不胜改""次序之误以集部为最"。⑧

---

① 赵士炜《宋国史艺文志辑本》,第十四叶下至十六叶上;《中兴国史艺文志辑本》,《国立北平图书馆馆刊》第六卷第四号,1932年,第42—43页。
② (合璧本)《玉海》卷六四,第1269页。
③ (合璧本)《玉海》卷五二,第1039页。
④ (合璧本)《玉海》卷六四,第1268页。
⑤ 有关宋前一人、单篇作品之附庸总集及其文体学倾向,参见翟新明《明前书目之总集著录研究》第一章第二、三节。
⑥ 任谅《建中治本书》无可考,由书名或为表奏集,故附于此。
⑦ 唐格《群经杂记》、徐德言《分史衡鉴》、刘敩《经史新义》均无可考,由书名似为经史研究著作,又《分史衡鉴》重见于类书类,《崇文总目》同著录于总集类,此三书夹在掌记、判体之中,未知何据,或以《五经手判》同在经史之故欤?存疑。
⑧ 陈乐素《宋史艺文志札记》,《宋史艺文志考证》,第697页。

仔细考究《宋志》总集类文献著录，在颇有伦叙的这一部分，实际上同时著录了《三朝志》《两朝志》的文献，且多有与《崇文总目》总集类文献相重复者。按《崇文总目》总集类亦区分多体与分体总集，且分体总集部分以文体类分，①则与《崇文总目》关系密切的《三朝志》《两朝志》亦当如是。赵士炜所辑《三朝志》总集文献两部、《两朝志》总集文献五部，均在颇有伦叙的部分之内。此一部分著录一百二十五部，超出《三朝志》著录之数而未达《三朝志》《两朝志》之和，且赵士炜所辑七部在《宋志》总集类第十一、十二、七十九、九十二、九十三、一百五、一百六部，按次序均在《三朝志》内，查其实际，应是《宋志》编者曾将此《三朝志》《两朝志》之文献根据《中兴志》进行了删除重复的工作，并重新进行了拼合整理（《两朝志》总集类仅二十九部，更易拼合）。原志已颇有次序，整理者亦按原有次第删减，故这一部分仍较有伦叙。赵士炜所辑《中兴志》总集类文献五部则均在第二部分，不与前者相杂厕，知第二部分所著录的无次序者当多属《中兴志》原所著录者，显示出总集类著录标准走向淆乱。

总体来说，宋代四部官修国史艺文志源出于馆阁藏书，受到馆阁书目的影响，又进而影响到其他馆阁书目。特别是其录有解题，在宋代馆阁书目和《宋志》之间起到承接作用。尽管其具体文献著录多不可考，但从其佚文所及，尤其是《宋志》的"推原"，尚可以考见宋国史艺文志集部著录的新变。尤其是楚辞类、文史类与总集类之离合及总集著录标准的变化，动态显示出宋代目录学与集部部类的发展历程。经由宋国史艺文志的确立与推动，楚辞类的独立地位开始出现动摇，其文献归属在宋代以降书目中游离不定；文史类开始确立其独立地位并以此类名和著录标准影响到宋元书目；总集类开始纯粹著录文章选本，但其类分则从侧重文体及其排序而走向淆乱。这些观念的确立与变动，都影响到宋代以降书目集部的部类设定与著录标准。②

---

① 参见翟新明《〈崇文总目〉总集类校考》，《古典文献研究》第二十辑下卷，南京：凤凰出版社，2017年。
② 有关宋元书目集部发展，参见翟新明《明前书目之总集著录研究》第二、三章。

《庆湖遗老诗集》编刻与现存版本考略

杜 雪*

【内容提要】 宋代作家贺铸以词闻名于世,而诗集流传不广。有《庆湖遗老诗集》传世,南宋刊刻时《后集》已亡,仅刊有《前集》九卷《拾遗》《补遗》二卷。宋刻本今亡,赖明清抄本流传,民国《宋人集乙编》曾据抄本重刊。据史传记载《庆湖遗老诗集》全编共二十卷,前人一般认为《前集》九卷,《后集》十一卷,本文通过梳理编刻过程,推测原编应为《前集》《后集》各十卷。现存的明清抄本除一种特殊的十卷本外,大致可以分为明代谢肇淛小草斋写本及相似抄本、题明钞景宋绍熙刻本及相似抄本两个系统。刻本仅存民国重刊本一种。

【关键词】 贺铸 《庆湖遗老诗集》 编刻 版本

贺铸(1052—1125),字方回,自号庆湖遗老、北宗狂客。卫州(今河南省卫辉市)人,自云祖本庆氏,后稷之裔,为会稽一族,故又自称越人,以贺知章为远祖。宋太祖孝惠皇后之族孙,娶宗室女。《宋史》本传云:"长七尺,面铁色,眉目耸拔。喜谈当世事,可否不少假借,虽贵要权倾一时,小不中意,极口诋之无遗辞,人以为近侠。"贺铸博闻强识,工诗文,长于词。其语言"深婉丽密,如次组绣","所为词章,往往传播在人口。"[①]有诗集《庆湖遗老诗集》、词集《东山乐府》存世。

一、《庆湖遗老诗集》的编刻流传

(一)《前集》《拾遗》《补遗》的编纂与《庆湖遗老诗集》初刻本

贺铸诗集初为作者手编。今传诸本《庆湖遗老诗集》中,可见署"丙子(1096)子月庚戌江夏宝泉监阿堵斋序"的贺铸自序一篇,其中提到:

铸生于皇祐壬辰,始七龄,蒙先子专授五七言声律,日以章句自课,迄

---

* 本文作者为北京大学中文系古典文献专业 2014 级博士研究生。
① 《宋史》卷四四三《文苑传》,北京:中华书局,1985 年,第 13103 页。

元祐戊辰，中间盖半甲子，凡著之稿者，何啻五六千篇。前此率三数年一阅故稿，为妄作也，即投诸炀灶，灰灭后已者屡矣。年发过壮，志气日衰落，吟讽虽夙所嗜，亦颇厌调声俪句之烦，计后日所赋益寡，而未必工于前，念前日之爨烬为妄弃也，始哀拾其余而繕写之，后八年仅得成集。① 以杂言转韵、不拘古律者为歌行第一卷，以声近义古、五字结句者为古体诗第二、第三、第四卷，以声从唐律、五字结句者为近体五言第五卷，以声从唐律、七字结句者为近体长句第六、第七卷，以不拘古律、五字二韵者为五言绝句第八卷，以声从唐律、七字二韵者为七言绝句第九卷。随篇叙其岁月与所赋之地者。异时开卷，回想陈迹，喟然而叹，莞尔而笑，犹足以起予狂也。傥梦境幻身未遽坏灭，嗣有所赋，断自己卯岁列为《后集》云。②

按照自序的说法，《前集》编为九卷，先按照诗体分卷，再编年排列。"己卯岁"（1099）之后的诗作结为《后集》。宋程俱撰《宋故朝奉郎贺公墓志铭》云："有《鉴湖遗老》前后集二十卷"。③《东都事略》卷一一六、《宋史》卷四四三《文苑传》贺铸本传亦载："《庆湖遗老集》二十卷"。④ 但并未言及《前集》《后集》各多少卷。

诗集的初次刊刻是南宋绍熙壬子到癸丑（1192—1193），由胡澄刻于邵阳郡斋。今传诸本中可见署"绍熙壬子七月朔晋陵胡澄题""绍熙癸丑三月五日澄书"跋文两篇，绍熙壬子跋文前还有署"乾道丙戌岁仲夏望日邯郸寇翼合威父记"跋文一篇。从中可了解诗集的刊刻过程。

根据胡澄绍熙壬子跋文，首先刊刻的是《前集》，跋中有云：

> 贺公诗词妙天下，幼年每窃闻诸老称其名章俊语。今词盛行于世，诗则罕见。余传录此编久矣，意俟《后集》并为钤木。念未易得，恐失因循，乃以所积节仪、折色等钱刻置郡斋。⑤

跋文中所称"传录此编"即指传录自寇翼抄本。根据寇翼跋文，寇翼因姻亲之

---

① 案："元祐戊辰"之后八年应指丙子年（1096）。
② 〔宋〕贺铸《庆湖遗老诗集序》，见〔宋〕贺铸《庆湖遗老诗集》卷首，中国国家图书馆藏明谢肇淛小草斋写本。
③ 〔宋〕程俱《宋故朝奉郎贺公墓志铭》，见〔宋〕贺铸《庆湖遗老诗集》卷九末，中国国家图书馆藏明谢肇淛小草斋抄本。
④ 〔宋〕王称撰，孙言诚、崔国光点校《东都事略》卷一一六，济南：齐鲁社，2000年，第1014—1015页。《宋史》卷四四三《文苑传》，第13103页。案：《宋史·艺文志》云："贺铸《庆湖遗老集》二十九卷"，与《宋史》贺铸本传相矛盾，与其他史传材料合而观之，当为讹谬。参见《宋史》卷二百八，第5376页。
⑤ 〔宋〕胡澄撰绍熙壬子跋，见〔宋〕贺铸撰《庆湖遗老诗集》卷九末，中国国家图书馆藏明谢肇淛小草斋写本。

故,得识贺铸之孙承祖,其抄本又传录自承祖:

> 故予获识其子省干君承祖者,尝从访公遗文,曰先祖昔寓毗陵,中间扰攘,凡所著文编悉为虏酋携去,独巾箱有别录《庆湖诗前集》在。因假传写,正其字画讹舛而疑者因之。又从赵氏得公墓刻,并书于卷末,庶知公之出处本末云。①

故而胡澄在绍熙癸丑(1193)所撰跋文中称,自己所刊《前集》底本来源于贺铸之孙的手抄。据此跋,在刊成《前集》后,次年胡澄又刊成了贺铸诗集的《拾遗》《补遗》:

> 始,予读公墓志,谓有诗二十卷,而所得《前集》才九卷,窃疑其脱略。以公自序如此,且其孙所手抄,遂信之。揭来邵阳,因命锓木。既而有于公家尝传卷之十者,为予校雠,果少近体一卷,缺古风一首、绝句二十首。又得公之子廪豫登《补遗》二十七篇,并程公之序,录以见寄。属瓜代之日无几,不暇附益改作,姑目曰《拾遗》而亟刻之,以全其集云。②

《补遗》得自贺铸之子贺廪所辑。关于《后集补遗》,今传诸本中有贺廪序一篇,交代了编纂原委:

> 廪伏读《前集》序,云自己卯岁嗣有所赋,别为《后集》。所谓《后集》以(已)经兵火散失,不复得有。近搜故稿,所遗及于佛祠庙宇题咏,洎碑刻镌勒,并士大夫、亲戚传诵,得其一二,皆此集中无者,故续书卷尾,为《后集》之《补遗》。廪老矣,不复得全其集,后之子孙续有得者,当缀其末。③

而胡澄所刊《拾遗》的情况,分析其绍熙癸丑所撰跋文可知,他曾得到贺铸诗集十卷本,对校所刊《前集》九卷,将多出的诗作结为《拾遗》。祝尚书先生《宋人别集叙录》称:"《拾遗》为原本卷十,当即《后集》卷一。"④这一说法有误。《庆湖遗老诗集序》是贺铸手编诗集的自序,所言诗集《前集》的编纂方式,在今见传本中可得印证:即按诗体分卷,同一诗体按创作时间先后排列。贺铸自序云"断自己卯岁列为《后集》",可知《前集》《后集》所收诗的时间分野是"己卯岁"。查今传本中《拾遗》所收诗作,小序中所注时间,"古风"一首作于庚午,"近体长

---

① 〔宋〕寇翼撰乾道丙戌跋,见〔宋〕贺铸《庆湖遗老诗集》卷九末,中国国家图书馆藏明谢肇淛小草斋写本。
② 〔宋〕胡澄撰绍熙癸丑跋,见〔宋〕贺铸《庆湖遗老诗集》《后集补遗》卷末,中国国家图书馆藏明谢肇淛小草斋写本。
③ 〔宋〕贺廪《后集补遗》序,见〔宋〕贺铸《庆湖遗老诗集》《后集补遗》卷首,中国国家图书馆藏明谢肇淛小草斋写本。
④ 祝尚书《宋人别集叙录》,北京:中华书局,1999年,第581页。

句"诸首作于甲戌、乙亥、丙子、丁丑、戊寅,"七言绝句"诸首作于戊辰、己巳、庚午、辛未、壬申、甲戌、乙亥,时间均在"己卯岁"之前,不可能为《后集》所收。

再查今传诸本《前集》,卷一云收"歌行三十九首",实际仅得三十八首。而《拾遗》中所收"古风一首"的《答僧讷》恰为歌行体。《前集》所收近体长句在第六、七卷,小序所注时间自乙卯至癸酉。而《拾遗》所收"近体长句"时间自甲戌至戊寅,恰接续《前集》所收诗作时间,而断在己卯岁之前。《拾遗》中绝句均为七言绝,共二十首,与胡澄绍熙癸丑跋所云"绝句二十首"之数相合。《前集》第九卷为七言绝句,查卷中之诗,时间自丁巳至戊寅,但戊辰年诗作之后即为丙子年之诗作,而《拾遗》中所录的自戊辰至乙亥年间的诗作,在时间上正可接续补缺。①

由上述分析可知,胡澄癸丑跋文所云"既而有于公家尝传卷之十者,为予校雠,果少近体一卷,缺古风一首,绝句二十首",即今传本可见的《拾遗》中收录的诗作。这部分内容原属《前集》。胡澄所见十卷本较今见诸本《前集》九卷多出的一卷,或许就是跋文所说的"近体一卷",卷次编排亦可能有所不同,但根据编纂体例,"卷之十"所收应是同一体裁的诗作。

据上文所引贺铸之子贺廪《后集补遗序》所言,及寇翼跋文中贺铸之孙承祖所言,因经历兵火战乱,贺铸手编诗集《后集》已经散失,《前集》也仅有巾箱中所存的别录本。可知,在胡澄刊刻贺铸诗集的时候,《后集》已不传,所依据的《前集》本子也未必是贺铸最终编订的版本,而很可能仅是诗集编纂过程中某一阶段的本子。

(二) 贺铸手稿的渐次编成与《前集》《后集》的分卷

据上文提到的《墓志铭》和史传记载,《庆湖遗老诗集前集》《后集》共二十卷。后人大多根据贺铸丙子年所撰写的《庆湖遗老诗集序》以及胡澄所刊宋刻本面貌,即认为《前集》有九卷,则《后集》应有十一卷。然而胡澄绍熙癸丑跋中既已提到,刊刻时所见稿抄本《前集》有九卷本和十卷本两种。那么,贺铸手编的《庆湖遗老诗集》二十卷定本,《前集》《后集》究竟是如何分卷的?

分析今见诗集传本、序跋可知,贺铸诗集是渐次编成的。在上文所引贺铸《庆湖遗老诗集序》中,贺铸称《前集》内容丙子年"仅得成集",己卯岁之后的诗作列为《后集》。今传诸本《拾遗》"近体长句五十八首"中列于末首的《二月二日席上赋》小序云:"乙亥江夏作。……此诗偶亡去,庚辰十月邂逅同席客,复

---

① 案:《庆湖遗老诗集校注》序言亦认为:"这所缺的七十九首诗从时间上看皆可与集中之诗相衔接。古风《答僧讷》应置于卷一《留别僧讷》之前;近体五十八首应置于卷七《题杜仲观南康遗编后》之下;绝句二十首当置于卷九《茅塘马上》之下。否则,从编次上看就不能连贯。"见〔宋〕贺铸著,王梦隐、张家顺校注《庆湖遗老诗集校注》,开封:河南大学出版社,2008年,第6页。

得之,因附卷末。"①可见,直到庚辰年(1100),贺铸仍在继续编纂《前集》的内容。

不同阶段稿本中所收诗作的数目与序跋中的数目存在差异,亦是诗集渐次编成的佐证。例如,今传诸本中可见政和三年癸巳(1113)程俱序,称贺铸"独以集副授余",嘱其撰序。该篇序言称《鉴湖遗老诗》凡四百七十二篇"。②而查今传诸本《前集》九卷,题收诗作四百九十四首,实收四百九十三首。可知胡澄刻本所据稿本较程俱所见本又有所增益。

诗作有增益,卷数也可能扩编。上文所引署"丙子子月庚戌江夏宝泉监阿堵斋序"的贺铸自序,作成时间为丙子年,正是"元祐戊辰"(1088)的"后八年",这一年《前集》"仅得成集"。按照序言中的计划,"己卯岁"之后的作品结为《后集》,而丙子年距离"己卯岁"尚有三年时间。很可能由于贺铸在这三年间的创作,超出了他此时的预期,故而《前集》最终编定的时候,近体长句多出了一卷篇幅,使《前集》从预期的九卷扩编为十卷。

结合上文分析,可以推测,贺铸最终亲自编订的《庆湖遗老诗集》二十卷定本,很可能是《前集》十卷、《后集》十卷。将今传《拾遗》中的诗作按照《前集》的编纂体例,即按分体、编年的方式恢复至相应位置,即可窥见《前集》十卷本的基本面貌。

(三)《庆湖遗老诗集》的历代著录与流传

贺铸诗集最早见于南宋陈振孙撰《直斋书录解题》卷二十著录:"《庆湖遗老集》九卷、《拾遗》二卷。"③《文献通考》卷二四四同。④ 至明代,《文渊阁书目》卷十著录有"《庆湖贺遗老集》,一部四册,阕",⑤《内阁藏书目录》卷三著录有"《庆湖遗老诗》四册全"。⑥ 祝尚书先生《宋人别集叙录》据此云:"宋刻本盖明代犹存……疑宋刻本《前集》装为四册。"⑦此外,《汲古阁珍藏秘本书目》著录有

---

① 〔宋〕贺铸《二月三日席上赋》小序,见〔宋〕贺铸《庆湖遗老诗集》《拾遗》,中国国家图书馆藏明谢肇淛小草斋写本。
② 〔宋〕程俱《鉴湖遗老序》,见〔宋〕贺铸《庆湖遗老诗集》《拾遗》卷首,中国国家图书馆藏明谢肇淛小草斋写本。
③ 〔宋〕陈振孙撰,徐小蛮、顾美华点校《直斋书录解题》卷二十,上海:上海古籍出版社,1987年,第595页。
④ 〔元〕马端临《文献通考》卷二四四,杭州:浙江古籍出版社,2000年,第考1933页。
⑤ 〔明〕杨士奇等编《文渊阁书目》卷十,见王云五主编《丛书集成初编》,上海:商务印书馆,1935年,第128页。
⑥ 〔明〕孙能传、张萱等撰《内阁藏书目录》,见《续修四库全书》第917册,上海:上海古籍出版社,2001年,第28页。
⑦ 祝尚书《宋人别集叙录》,第582页。

"《庆湖遗老集》十卷、《拾遗》一卷、《补遗》一卷,四本,贺铸字方回,竹抄二两。"①清代,《士礼居藏书题跋记》卷五②、《铁琴铜剑楼藏书目录》卷二十③、《善本书室藏书志》卷二十八④、《八千卷楼书目》卷十五⑤、《皕宋楼藏书志》卷七十九⑥所著录者均为抄本,著录书名作《庆湖遗老诗集》或《庆湖遗老集》,所录卷数大多为"《庆湖遗老诗集》九卷、《拾遗》一卷、《补遗》一卷"。其中《善本书室藏书志》著录的一种旧抄本,卷数为"《庆湖遗老诗集》九卷、《拾遗》二卷"⑦,《八千卷楼书目》著录卷数为"《庆湖遗老集》九卷,宋贺铸撰,其子编抄本,旧抄本,抄配本;《庆湖遗老集拾遗》一卷,不著编辑者名氏,抄本"⑧,略有小异。《增订四库简明目录标注》卷十五、《郘亭知见传本书目》卷十三⑨则著录有"康熙间刊本",但这一重刊本在民国五年(1916)李之鼎刊刻《宋人集乙编》本时,李氏跋文即称未见,今查《中国古籍总目》亦未见存藏。除民国五年李氏宜秋馆刊《宋人集乙编》本外,今所见《庆湖遗老诗集》均为旧抄本。

结合今传诸本来看,明清以来"《庆湖遗老诗集》九卷《拾遗》一卷《补遗》一卷"是最为常见的传本形式。但《直斋书录解题》和《文献通考》两种较早的著录,作"《庆湖遗老集》九卷,《拾遗》二卷"。细察胡澄绍熙癸丑所撰跋文,"既而有于公家尝传卷之十者,为予校雠,果少近体一卷,缺古风一首、绝句二十首。又得之公子廪豫登《补遗》二十七篇,并程公之序,录以见寄。属瓜代之日无几,不暇附益改作,姑目曰《拾遗》而亟刻之,以全其集云。"可以推测,在宋刻本中,胡澄有可能将《前集》之外的其他两卷内容,统称为"《拾遗》"。而在后世流传的过程中,逐渐按内容著录为"《拾遗》一卷"和"《补遗》一卷"。这样的变化也可能由于流传过程中,传抄本对宋刻本的行款眉目有所改变,使得《补遗》更似与《拾遗》平行的内容,而非隶属于《拾遗》。惜今天宋刻本不传,无从验证

---

① 〔清〕毛扆《汲古阁珍藏秘本书目》,见《续修四库全书》第920册,第596页。
② 〔清〕黄丕烈著,潘祖荫辑,周少川点校《士礼居藏书题跋记》卷五,北京:书目文献出版社,1989年,第239—240页。
③ 〔清〕瞿镛编纂,瞿果行标点,瞿凤起复校《铁琴铜剑楼藏书目录》卷二十,上海:上海古籍出版社,2000年,第567页。
④ 〔清〕丁丙,曹海花点校《善本书室藏书志》(外一种)卷二十八,杭州:浙江古籍出版社,2016年,第1151—1152页。
⑤ 〔清〕丁丙著《八千卷楼书目》卷十五,见〔清〕丁丙著,曹海花点校《善本书室藏书志》(外一种),第2571页。
⑥ 〔清〕陆心源《皕宋楼藏书志》卷七十九,见《续修四库全书》第929册,第209页。
⑦ 〔清〕丁丙著,曹海花点校《善本书室藏书志》(外一种)卷二十八,第1151页。
⑧ 〔清〕丁丙《八千卷楼书目》卷十五,见〔清〕丁丙著,曹海花点校《善本书室藏书志》(外一种),第2571页。
⑨ 〔清〕莫有芝撰,梁光华、欧阳大霖点校《郘亭知见传本书目(莫绳孙稿抄本)》(点校本)卷十三,贵阳:贵州大学出版社,第368—369页。

假说。

二、现存《庆湖遗老诗集》版本述略

今笔者经眼《庆湖遗老诗集》版本凡20种,除民国五年《宋人集乙编》所刊本外,均为旧抄本。这些本子均因袭宋刻本而来。诗作的编排按照体裁分卷,同一体裁诗作又按编年排列。一般卷首为《庆湖遗老诗集序》(贺铸自序)、《庆湖遗老诗集目录》;后为《庆湖遗老诗集》(《前集》)九卷,其后有杨时跋、《宋故朝奉郎贺公墓志铭》、寇翼跋、绍熙壬子胡澄跋;次为《庆湖遗老诗集拾遗》,《拾遗》卷首有程俱序;再次为《后集补遗》,首有贺廪序,《补遗》末有绍熙癸丑胡澄跋;部分本子还有《宋史·文苑传》贺铸本传和叶梦得所撰《贺铸传》(亦收录于《建康集》卷八)内容。从避讳、提行等信息看,所见诸本大多呈现出了宋刻本《庆湖遗老诗集》的面貌。

以下,笔者对所见今传诸本的版本情况进行分述。

(一) 明抄本

1.《庆湖遗老诗集》九卷、《拾遗》一卷、《后集补遗》一卷,明代谢肇淛小草斋写本,藏中国国家图书馆。(简称谢本)

此本六册,四周单边,有界行,单鱼尾,每半叶十行,行二十字。版心上题"庆湖集",中题"目录"或卷次、页数,下题"小草斋钞本"。书中藏印有"徐𤊹之印""徐兴公""晋安徐兴公家藏书""晋安蒋绚臣家藏书""鹿原林氏藏书"。可知曾经明代藏书家徐𤊹、明末清初藏书家蒋玢、清初藏书家林佶家族递藏。

卷首为贺铸自撰《庆湖遗老诗集序》,署"丙子子月庚戌江夏宝泉监阿堵斋序"。次为《庆湖遗老诗集目录》。目录"第某卷"下注本卷诗体。目录所载诗题为正文所载诗题简写,例如第一卷正文《东华马上怀寄清凉和公兼简社中王拙居士》一首,目录题为《东华马上》。诗集前九卷,各卷首题"庆湖遗老诗集卷第某"下题诗体、首数。每首诗,上空两格抄诗题,下为小序,之后换行顶格抄诗文。凡一组诗而另各有小标题者,于诗文左侧题小标题为"右某某诗"。每卷末,题有"庆湖遗老诗集卷第某"。卷九末有杨时跋,署"是年[①]冬十有二月庚申延平杨时书",次为信安程俱撰《宋故朝奉郎贺公墓志铭》。再次为寇翼跋,署"乾道丙戌岁仲夏望日邯郸寇翼合威父记"。寇翼跋文后有胡澄跋,署"绍熙壬子七月朔晋陵胡澄题"。次为《庆湖遗老诗集拾遗》。首为《鉴湖遗老序》,署"政和三年癸巳岁十月朔信安程俱叙"。后为《拾遗》所收诗,每体前标明"某体

[①] 案:根据杨时跋上文,"是年"指政和甲午年(1114)。

若干首",之后录各首诗,行款格式如《庆湖遗老诗集》前九卷。卷末题"庆湖遗老诗集拾遗"。《拾遗》后为《后集补遗》。前有谢禀序。所录诗,先录诗题,换行顶格录诗文,无小序,于诗歌左侧说明辑自何处。末有胡澄跋,署"绍熙癸丑三月五日澄书"。后有《宋史·文苑传》贺铸本传,传后又题两行,乃云"贺方回长七尺,面铁色,眉目耸拔。退居吴下升平桥及横塘别墅,藏书万余卷,雠校无一字误"。

文中间以小字注音,例如卷一《彭城三咏》之一《戏马台歌》中"兰筋霜腕便回盘","便"字下小字注"平"。同卷《三鸟咏》之一《竹鸡词》中"雄雌更鸣方自慰"一句下,小字注"更,平"等。书中避宋钦宗、宋高宗讳,讳字书"钦宗庙讳""高宗庙讳";《宋故朝奉郎贺公墓志铭》中,"孝惠皇后"前空格;保留了部分南宋刻本的特征。

四川大学古籍整理研究所编纂的《宋集珍本丛刊》曾影印此本。①

2.《庆湖遗老诗集》九卷、《拾遗》二卷,题明钞景宋绍熙刻本,藏中国国家图书馆。(简称题明影抄本)

四册,无边栏界行。每半叶十行,行二十字。中国国家图书馆著录该本为:"《庆湖遗老诗集》九卷《拾遗》一卷《后集补遗》一卷,清抄本。"但书皮书有"明钞影宋绍熙刻本《庆湖遗老诗集》九卷、《拾遗》《补遗》二卷""抄本《庆湖遗老诗集》九卷《拾遗》二卷"等字。

根据书中藏印可知,此本即傅增湘《藏园群书经眼录》卷十三著录本之一,傅增湘称为"清写本",未言何据:

> 《庆湖遗老诗集》九卷《拾遗》一卷《后集补遗》一卷,宋贺铸撰。清写本,十行二十字。宋讳注庙讳御名,是从宋刊出者。钤有"赐砚堂图书印""查氏映山珍藏图籍印""听雨楼查氏有谷赏图书""名余曰莹兮字余曰韫辉""依竹主人""北平翁方纲藏书印"。(癸亥)②

该本又见载于《萧山朱氏六唐人斋藏书录》卷四,著录为"明景钞宋绍熙本":

> 《庆湖遗老诗集》九卷《拾遗》《补遗》二卷,四册,宋,贺铸撰。明景钞宋绍熙本,有校,收藏印记有"北平翁方纲藏书印""赐砚堂图书印""名余曰莹[兮]字韫辉""依竹主人""听雨楼查氏""映山藏图籍"(诸)印。③

---

① 见于第二十八册。其中第63页错版,而原本不误,使用需注意。四川大学古籍整理研究所《宋集珍本丛刊》,北京:线装书局,2004年。
② 傅增湘《藏园群书经眼录》卷十三,北京:中华书局,2009年,第1002—1003页。
③ 朱家溍编《萧山朱氏六唐人斋藏书录》卷四,朱家溍编《萧山朱氏旧藏目录》,北京:故宫出版社,2014年,第225页。

该本目录分作上、下卷。遇讳字,书"钦宗庙讳""高宗庙讳"。文中亦间以小字注音。卷末无《宋史·文苑传》内容,其他序跋内容同谢本。卷前《庆湖遗老诗集序》中"国朝""天圣""皇祐"前有空格;卷九末杨时跋中,"方回"提行书写;《宋故朝奉郎贺公墓志铭》中,"孝惠皇氏""后族"空格或提行书写;《后集补遗》中《铸年五十八因病废得旨休致一绝寄呈姑苏毗陵诸友》一诗,诗题"旨"提行书写,跋尾"宣祖""太祖""孝惠皇后""太宗""旨""鉴湖先生""先生"等处空格或提行书写;较谢本而言,保留了更多宋刻本的行款特征。

据书皮题字称,此本直接影抄自宋绍熙刻本。此本装为四册,①保留了避宋讳的行款,题名分卷方式与《郡斋读书志》《文献通考》中的著录一致。从这些特征来看,尽管此本抄写时代存在争议,但影抄自宋绍熙刻本的说法较为可信。

具体内容上,题明影抄本与谢本存在几处明显不同,可补谢本之缺:

(1) 卷一《赠赵参军滂》一诗,谢本仅作"髯参军,髯参军,平昔相好书相闻。妙兼八法噶五云,一字仅课三年勤。春回玉树生兰筋,骅骝气压千嬴群。奈何不书蘂珠祕录之真文,宝厨钿轴缄灵芸。阒居清绝无世纷,谁其观者紫阳君。后日人间偶流落,犹得标题持键轮"。而题明影抄本在"骅骝气压千嬴群"和"奈何不书蘂珠祕录之真文"之间有"庾家之鸡安足云,君子砚渔而笔耕,桓(案:原作"钦宗庙讳")扇兮羊群"三句。

(2) 卷三《历阳十咏》中,谢本《遏胡城》一诗后,《天门山》一诗前的一首诗歌缺少诗题,小序仅作"诗当在遏胡城之前"。题明影抄本此处可补谢本之阙,于诗句之前有诗题《当利港》及原注"县东二里,下通大江。按《县谱》,晋王濬征吴,乘便风趋石头,王浑招之不顾,即此地。此诗当在《遏胡城》之前"。

(3) 卷六《九日登戏马台》题下之诗,谢本作"城中雾雨晓冥冥,坐失城头百尺亭。行乐固知非我事,苦吟犹得有君听。未应白发饶新贵,任使黄华笑独醒。异日肯寻鸡黍约,太行长绕故园青"。题明影抄本《九日登戏马台》题下之诗作"当年节物此山川,倦客登临独惘然。戏马台荒年自久,射蛇公去事空传。黄华半老清霜后,白鸟孤飞落照前。不与兴亡城下水,稳浮渔艇入淮天"。此诗之后为诗题《九日呈李成父》、小序"癸亥彭城赋",及谢本所载"城中雾雨晓冥冥……太行长绕故园青"一诗。可知,谢本实缺《九日登戏马台》一首诗文和其后《九日呈李成文》一诗的诗题和小序,造成了张冠李戴。

(4) 卷六《留别寇定》题下之诗,谢本作"不见步兵今一秋,年来复兴仲容

---

① 案:上文曾提到,明代目录中,此本多著录为四册,祝尚书先生《宋人别集叙录》云:"宋刻本盖明代犹存……疑宋刻本《前集》装为四册。"祝尚书《宋人别集叙录》,第582页。

游。苍颜白发惭衰……淹留①。能寻三月皇州约,拍手同登卖酒楼"。题明影抄本在"苍颜白发惭衰"和"淹留"之间有二十字,作"苍颜白发惭衰暮,纵饮狂歌作辈流。顾我宦情真漫浪,为君行计几淹留"。

3. 特殊的十卷本:《庆湖遗老诗集》十卷《补遗》一卷,明抄本,藏上海图书馆。(简称上图藏十卷本)

《庆湖遗老诗集》十卷补遗一卷(存十卷:一至十),明抄本,②藏上海图书馆,是较为特殊的一种,是今见仅有的十卷本。四册,左右双边,乌丝栏,黑口,单鱼尾。每半叶九行,行二十二字。有清黄廷鉴跋,清顾沅题识。书中藏印有"崧庵""定斋""延保私印""士礼居藏""湘舟"。该本虽钤有"士礼居藏"藏印,但《士礼居藏书题跋记》所载之本今藏日本静嘉堂文库,并非此本,具体详下文。

首为目录,卷一至卷五目录较别本特殊,题"庆湖遗老诗集卷第某",换行大字注诗体及该卷首数,其下不但有各首诗题目,还有小注。目录所载诗题、小注与正文所载诗题、小注一致。卷六至卷九目录则与别本相近,目录题"第某卷",下有小字注明诗体,下有各首诗题目而无小注。卷十,目录题"第十卷",下注"古风一首、七言律五十八首",下有各首诗题目、无小注。其后目录题"七言绝",下列诗题;再后题"补遗",下列诗题。

正文存卷一至卷十至"七言绝"目下的前三首诗(其中第三首不全)。书末有顾沅墨笔题签"道光己亥初秋得于金陵考肆修便山房",署印湘舟。可知清代道光年间已为残本。与诸本相比,此本前九卷所收诗,除少卷一《亡女胜璋哀辞》、卷六《送陈传道摄双沟戍商税》、卷七《舣舟当利港作》外,与其他诸本《前集》中诗作的收录、编排情况一致。其中,卷一《赠赵参军滂》处内容与题明影抄本同。卷三《当利港》处,与题明影抄本大致相同,但小序略有差异。卷六《九日登戏马台》《留别寇定》两处,均与题明影抄本同。卷九末无题记、墓志铭等内容。根据目录和残存正文,卷十及《补遗》所收诗,可见于其余各本中的《拾遗》和《后集补遗》部分,仅少《后集补遗》中的《约十客同集金山,米芾元章约而不至,坐中分题以"元章未至"分韵作诗,拈阄韵应口便作,滞思即罚巨觥,余得"章"字》一首。全本无逸出其余诸本的诗作。

此本不少诗题与诸本有所不同。如卷一《海陵送僧云还吴兴》一首,其他诸本诗题均无"海陵"二字。卷三《送寇元弼王文举之荆山》,诸本无"之荆山"

---

① 案:在谢本中,此处"衰"为行末字,"淹"为次行首字,但按照诗歌声律,可以判断此处当有阙文。

② 案:上海图书馆著录为明抄本。书中黄廷鉴跋文云:"此本为明代旧抄,系吾邑钱求赤藏本。"《中国古籍总目》著录此本为"清抄本",不知何据,见中国古籍总目编纂委员会编《中国古籍总目·集部》,北京:中华书局,2012年,第258页。

三字。卷三《与吴智夫、赵澄之同游雍丘燕溪分韵得漪字》，诸本作《游雍丘燕溪分韵作》等等。

此本不少诗作无小序，有小序的则与其他诸本多有不同。如卷一《赠僧孚》一诗，诸本小序作"熙宁末，余罢官赵郡，日与侨人窦了然游。后十年，复相遇于徐之萧县。丙子三月，之官江夏，舟次长芦，有僧永孚见过，乃了然也。将之庐阜，余要偕行，乞一诗，遂赋"。而此本小序作"即侨人窦了然，熙宁末与之游，后遇于长芦，了然已为僧，即孚也"。又如，卷二《老槐》一诗，诸本小序作"邯郸郡南滏水上，有大老槐，无复生意。人偶夜休其下，闻吟叹之声发空腹中，盖枭狐所凭，而里人辄以为神也。因筑坛建社祠，祷甚勤。余感而赋是诗，己未八月"。此本小序作"生洛水上，夜有吟叹声，盖枭狐所凭也，里人以为神，筑坛祠祷，感而赋也"。

卷十正文题"庆湖遗老诗集卷第十"，换行书"古风一首，近体长句五十八首"。其下所收诗文，绝大部分与诸本《拾遗》中的"古风一首，近体长句五十八首"重合，其后还有《送何安中》《送时适归》《送方明古》《钱塘海潮》四首诗，超出所题之数，但这四首诗在诸本《后集补遗》中均可找到。其后题有"七言绝"，从目录看，除收录诸本《拾遗》中"七言绝句二十首"外，还有十三首诗，均可见于诸本《后集补遗》及《前集》胡澄跋中。因此本为残本，正文仅残存前两首半绝句。从目录看，其后还题有《补遗》，录诗七首，诗题均可见于诸本《后集补遗》中。

此本是今见仅有的十卷本，分卷、诗题、小序与众本多有不同，其来源是否可能不同于众本？是否就是胡澄所言的十卷本呢？答案应是否定的。首先，如前所述，此本与上文所推测的十卷本面貌明显不同。其次，此本没有逸出别本的诗作。尽管诗题和小序存在与诸本不同的情况，但细察其异，可以发现诗题中较别本诗题"多出"的信息，都可以在小序中找到。且小序往往不抄或简写。小序与其他诸本存在差异的，均较其他诸本小序简单，且没有超出众本的新信息。此本的第十卷实际上是将《拾遗》《后集补遗》中的诗作按照分体的方式进行了重新编排。将《后集补遗》中的四首七言律诗移在《拾遗》收录的"古风一首七言律五十八首"题名之下。将《后集补遗》中的十一首七言绝句和胡澄跋文中的两首七言绝句接续在《拾遗》中收录的二十首七言绝句之后，而总题为"七言绝"。"补遗"下所收录的则全部是《后集补遗》中的五言诗。

此本目录后黄廷鉴跋云："考《四库提要》云，此集原本前集九卷，后集十一卷，今仅存前集。《四库》所收亦止九卷。此本为明代旧抄，系吾邑钱求赤藏本，列卷十，细观全书亦只九卷，想属后人掇拾残佚编成一卷附后者，非原书次第也。见十卷中，古今体诗计九十余首，而卷末另列补遗七首，此又补拾之后，续有所得者也。后集虽亡，得此犹略存梗概，好古者当有取焉。惜尾叶失去一二,不害为完书也。"此段跋文说明了此本的抄写时代和旧藏所属。由于此本没有其他传本中可见的多段序跋,在不与别本对校的情况下更难判断诗集的编刻原貌,黄廷鉴跋文中的说法不尽准确。但黄氏对于第十卷内容"非原书次第"的基本判断是正确的。结合上文分析,笔者认为亦不能排除该本有作伪、假托的嫌疑。

(二) 清抄本

所见清代抄本《庆湖遗老诗集》的卷帙大多由《前集》九卷、《拾遗》一卷、《后集补遗》一卷组成。这些抄本中,以卷一《赠赵参军澪》处、卷三《当利港》处、卷六《九日登戏马台》和《留别寇定》处的异文情况作为最明显的区分特征,与谢本相似的有7种,与题明影抄本相似的有9种。与谢本相似的诸本,大多在目录分卷(是否分为两部分)和避讳提行特征上也与谢本相近。与题明影抄本相似的诸本,有目录的,也多分为上、下两部分,在上文所述《庆湖遗老诗集序》、杨时跋、《宋故朝奉郎贺公墓志铭》、《后集补遗》之《铸年五十八因病废得旨休致一绝寄呈姑苏毗陵诸友》一诗几处中的空格、提行情况与题明影抄本大致相同。

1. 与谢本相似的抄本

(1)《庆湖遗老诗集》九卷《拾遗》一卷《后集补遗》一卷,清初抄本,藏北京大学图书馆。(简称北大藏清初抄本)

六册。无边栏界行,每半叶十行,行二十二字。书中藏印有:"某会里朱氏潜采堂藏书""朱彝尊锡鬯父""谦牧堂藏书记""谦牧堂书画记""麐嘉馆印"。可知曾经朱彝尊、纳兰揆叙、李盛铎收藏,抄写年代不晚于清初。序跋内容与谢本同,仅卷末无"贺方回长七尺……雠校无一字误"数字。目录缺第一卷《调刘生》之后至第二卷《送武桓(案:原作"钦宗庙讳")之安阳》内容,正文对应内容不阙。卷六《留别寇定》题下之诗作"不见步兵今一秋,年来复兴仲容游。苍颜白发",较谢本少数字。

(2)《庆湖遗老诗集》九卷《拾遗》一卷《后集补遗》一卷,清抄本,藏复旦大学图书馆。(简称复旦藏清抄本)

四册。无边栏界行,每半叶十行,行二十二字。书中藏印有:"王宗炎所见书""嘉业堂藏书印"。书中贴有校勘签条。刘承幹编《嘉业藏书钞本书目四卷补编四卷》卷四中著录有:"《庆湖遗老诗集》九卷,宋贺铸著,旧钞校本,四册。"[①]《宋史·文苑传》在卷首,无"贺方回长七尺……雠校无一字误"数字。其

[①] 刘承幹《嘉业藏书楼钞本书目四卷补编四卷》卷四,民国抄本,复旦大学图书馆藏,见林夕主编《中国著名藏书家书目汇刊》近代卷第三十二册,北京:商务印书馆,2005年,第92页。

余序跋同谢本。

（3）《庆湖遗老诗集》九卷《拾遗》一卷《后集补遗》一卷，清抄本，藏上海图书馆。（简称上图藏张绍仁旧藏本）

三册。无边栏界行，每半叶十行，行二十二字。书中藏印有："长洲张氏执经堂藏""绍仁之印""执经堂张氏藏书印""切庵珍藏""礼培私印""扫尘斋积书记"等。曾经张绍仁校，王礼培收藏。序跋同谢本，而无"贺方回长七尺……雠校无一字误"数字。目录缺第一卷下半至第二卷上半，正文对应内容不缺。书中有朱笔、墨笔校。傅增湘《藏园群书经眼录》卷十三记有此本："旧写本，十行二十字。有朱笔校过，有张绍仁各印。（丙寅）"[①]

（4）《庆湖遗老诗集》九卷《拾遗》一卷《后集补遗》一卷，抄本，藏北京大学图书馆。（简称北大藏阮元旧藏本）

六册。无边栏界行，每半叶八行，行二十字。书中藏印有："节性斋""武林韩氏收藏书画印""海上精舍藏本""冷翠微馆""福山王氏珍藏"等。可知曾经阮元、王懿荣等收藏。书前序文、史传内容错乱。首为《庆湖遗老诗集序》，前半部分与谢本文字相同，后半实为叶梦得所撰《贺铸传》部分内容（见于叶梦得《建康集》卷八）。其后《宋史·文苑传》贺铸本传，又窜入叶梦得《贺铸传》、《庆湖遗老诗集序》内容。其余序跋同谢本。无目录。书中有墨笔、朱笔校。抄写字体不一。凡缺字留出空格。与谢本相较，诗题下小注有时缺少内容，如缺少地点信息等。卷二缺《故邺》一首。卷三处，谢本作"诗当在《过胡城》之前"，此本作"补《濡须坞》之后"。卷六谢本《九日登戏马台》一诗，此本题作《九月登戏马台》。卷六《留别寇定》仅作"不见步兵今一秋，年来复兴仲容游。苍颜白发"，较谢本少数字，与北大藏清初抄本相同。书中有朱笔校。

（5）《庆湖遗老诗集》九卷《拾遗》一卷《后集补遗》一卷，清道光三年（1823）东武刘氏味经书屋抄本，清刘喜海跋，藏中国国家图书馆。（简称味经书屋本）

二册。四周双边，单鱼尾，每半叶十一行，行二十二字。版心下方有"东武刘氏味经书屋校钞书籍"字样。刘喜海跋语云："右贺方回《庆湖遗老集》。道光癸未仲秋，假叶东卿所藏长白敷槎氏写本钞出。"可知底本为抄本，抄写时间为清代道光三年。书中藏印有："喜海""味经书屋"。卷九后无《墓志铭》、寇翼跋、绍熙壬子胡澄跋，末无"贺方回长七尺……雠校无一字误"数字，其余序跋同谢本。有目录。卷六《留别寇定》题下之诗内容同谢本，作"不见步兵今一秋，年来复兴仲容游。苍颜白发惭衰……淹留。能寻三月皇州约，拍手同登卖酒楼"。但此处行款与谢本不同，"衰"字下空两格为行末，次行上部空格，"淹

[①] 傅增湘《藏园群书经眼录》卷十三，第1003页。

留能寻"为该行末四字,"三月"为下一行顶格书写。按照此本行款,空出字数正为二十字,与别本可补的二十字之数相合。就此处特征推测,此本较谢本应另有所据。

(6)《庆湖遗老诗集》九卷《拾遗》一卷《后集补遗》一卷,翁斌孙校并跋,清抄本,藏中国国家图书馆。(简称翁斌孙校跋本)

二册。四周双边,白口,单鱼尾,每半叶八行,行十八字。卷末翁斌孙跋称:"此本从绍兴胡澄刻本传录,略有讹字。光绪丙午三月,假恽薇孙学士藏本校雠一过,并补钞传四叶、序一叶、后跋一叶。恽本盖从平安馆本录出,亦可珍也。"书中有"翁斌孙印"。序跋内容与谢本同,仅卷末无"贺方回长七尺……雠校无一字误"数字。由卷末翁斌孙跋可知,书中序跋史传,有校者补抄,跋文所云"从绍兴胡澄刻本传录"或指辗转传录,而非谓底本为刻本。所据校本,是恽薇孙藏抄本。恽本系从平安馆本录出。所谓平安馆本,当为清代藏书家叶志诜藏本。有目录。书中有墨笔校。书中夹有浮签,上书校语。

(7)《庆湖遗老诗集》九卷《拾遗》一卷《后集补遗》一卷,缪荃孙校并跋,徐乃昌校,清抄本,藏上海图书馆。(简称缪荃孙校跋本)

二册。无边栏界行,每半叶十行,行二十二字。藏印有:"艺风堂""曾经艺风勘读""云轮阁""荃孙""小绿天藏书""孙毓修印"。知曾经缪荃孙、孙毓修收藏。有缪荃孙校并跋,徐乃昌校。缪荃孙壬子十月跋云,假汉阳洪氏本校,补写一叶又两行。首为《庆湖遗老诗集序》,叶梦得撰《贺铸传》,《宋史·文苑传》,无"贺方回长七尺……雠校无一字误"数字,其余序跋同谢本。无目录。书中有墨笔、朱笔校。卷六《留别寇定》处谢本所无内容为补抄。

2. 与题明影抄本相似的抄本

(1)《庆湖遗老诗集》九卷《拾遗》一卷《后集补遗》一卷,清抄本,藏中国国家图书馆。(简称蒋继轼校抄本)

二册。左右双边,乌丝栏,单鱼尾,每半叶十行,行二十字。书中藏印有:"西圃蒋氏手校钞本""拜集老人""海宁杨芸士藏书之印""铁琴铜剑楼"。可知曾经蒋继轼、杨文荪、瞿氏铁琴铜剑楼递藏,抄写时代不晚于清初。《铁琴铜剑楼藏书目录》卷二十著录有:"《庆湖遗老诗集》九卷《拾遗》一卷《补遗》一卷,旧钞本。"[①]该本卷首为贺铸自序,序文中"天圣""国朝"前空格。目录分为上(卷一至卷五)、下(卷六至卷九)两部分。《补遗》前有贺廪序。杨时跋、《墓志铭》、绍熙壬子胡澄跋俱在《后集补遗》之后。其后夹以无格纸所抄《宋史·文苑传》贺铸本传。其后仍为黑格抄写胡澄癸丑跋、《新安文献志》载程俱序。此本卷前《庆湖遗老诗集序》、卷九末杨时跋、《宋故朝奉郎贺公墓志铭》、《后集补遗》

---

① 〔清〕瞿镛编纂,瞿果行标点,瞿凤起复校《铁琴铜剑楼藏书目录》卷二十,第567页。

中《铸年五十八因病废得旨休致一绝寄呈姑苏毗陵诸友》一诗中,各处空格、提行情况与题明影抄本相同。从该本文字情况和序跋位置看,可能与下文所述四库本存在同源关系。

(2)《庆湖遗老诗集》九卷《拾遗》一卷《后集补遗》一卷,清乾隆四十四年(1779)彭氏知圣道斋抄本,清彭元瑞校并跋,藏中国国家图书馆。(简称彭本)

六册。四周双边,无界行,书口下部刊"知圣道斋钞校书籍",每半叶十行,行二十字。书中有"知圣道斋藏书""南昌彭氏"等藏印。此本有清彭元瑞校并跋。书中行间有校文。

前有墨笔跋文:"己亥腊从天一阁借钞,乃休宁汪氏古香楼写本,旧多讹脱,书手复舛,越明年重九手加细校,始可读。"①可知此本抄自天一阁藏休宁汪氏写本,并曾经校补。根据彭元瑞的生卒年,所称"己亥"应为清代乾隆四十四年。但查清代嘉庆年间范邦甸等编纂的《天一阁书目》及《补遗》,未见著录贺铸诗集②。

卷末无《宋史·文苑传》贺铸本传内容。卷前无目录。正文"庆湖遗老诗集卷第某"下署"宋,贺铸方回著"。各卷前不注某诗体多少首。其后为诗题、小序、诗文。卷末书"庆湖遗老诗集卷第某终"(第七卷无)。

卷前《庆湖遗老诗集序》中"国朝""天圣""皇祐"前有空格;《宋故朝奉郎贺公墓志铭》中,"孝惠皇氏""后族"空格或提行书写;《后集补遗》中《铸年五十八因病废得旨休致一绝寄呈姑苏毗陵诸友》一诗,诗题"旨"提行书写,跋尾"宣祖""太祖""孝惠皇后""太宗""旨""鉴湖先生""先生"等处提行书写"。与题明影抄本相比,少卷九末杨时跋中,"方回"提行书写一处。

(3)《庆湖遗老诗集》九卷《拾遗》一卷《后集补遗》一卷,清抄本,卷六七配清曹炎抄本,藏中国国家图书馆。(简称曹炎抄配本)

一册。无边栏界行,诗下小序以小字。每半叶九行,行十九字。书中抄写书体不一。根据著录,卷六、七配清曹炎抄本。曹炎,字彬侯,清代乾隆间常熟藏书家,嗜手抄。书末题"震泽叶氏藏书"。书中有"赵氏秘籍"藏印,可知曾经晚清常熟藏书家赵宗建旧山楼收藏。该本无《宋史·文苑传》贺铸本传内容。目录分为《庆湖遗老诗集目录上》(卷一至卷五)、《庆湖遗老诗集目录下》(卷六至卷九)两部分。此本卷前《庆湖遗老诗集序》中"皇祐"前有空格。卷九末杨时跋中,"方回"提行书写;《宋故朝奉郎贺公墓志铭》"孝惠皇氏""后族"空格或提行书写;《后集补遗》中《铸年五十八因病废得旨休致一绝寄呈姑苏毗陵诸

---

① 案:彭元瑞(1731—1803),清代乾隆二十二年(1757)进士,根据其生卒年,所称己亥年应为清代乾隆四十四年(1779)。

② 〔清〕范邦甸等撰,江曦、李婧点校《天一阁书目 天一阁碑目》,上海:上海古籍出版社,2010年。

友》一诗,诗题"旨"提行书写,跋尾"宣祖""太祖""孝惠皇后""太宗""旨""鉴湖先生""先生"等处空格或提行书写;与题明影抄本情况基本相同。

(4) 文渊阁四库全书本《庆湖遗老诗集》九卷《拾遗》一卷《补遗》一卷。(简称文渊阁本)

卷前《提要》署"乾隆四十五年五月恭校上"。首为目录,仅列卷次与诗体。次为《庆湖遗老诗集原序》(贺铸自序)、《鉴湖遗老诗序》(程俱序);《补遗》前有贺廪序,《补遗》后无绍熙癸丑胡澄跋;《庆湖遗老诗集附录》录有杨时跋、《墓志铭》、寇翼跋、绍熙壬子胡澄跋。

(5) 文津阁四库全书本《庆湖遗老诗集》九卷(无《拾遗》《补遗》)。(简称文津阁本)

卷前《提要》署"乾隆四十九年闰三月恭校上",内容与文渊阁本提要相比,少"《诗人玉屑》称""《王真方诗话》载"数句。无目录,首为贺铸自序、程俱序。无其他序跋。卷六少《送毕彦祖先之京师》一首。

在《四库采进书目》中,贺铸诗集有以下著录:

《两江第一次书目》:"《庆湖遗老集》九卷,宋贺铸著,四本。"①

《两淮商人马裕家呈送书目》:"《庆湖遗老集》九卷,宋贺铸,二本。"②

《浙江省第四次鲍士恭呈送书目》:"《庆湖遗老集》九卷、《拾遗》一卷,宋贺铸著,二本。"③

《编修励第一次至第六次交出书目》:"《庆湖遗老集》九卷、《拾遗》一卷,宋贺铸著,二本。"④

《浙江采集遗书总录简目》:"《庆湖遗老集》九卷、《拾遗》一卷(知不足斋写本),宋泗州通判卫州贺铸撰。"⑤

《四库采进书目》中著录的本子,可大致分为仅有九卷的本子和带有《拾遗》等内容的本子两种,与文津阁本和文渊阁本对应情况大致相同。《四库全书总目》卷一五五有《庆湖遗老集》九卷两江总督采进本《提要》,与文渊阁本所录《提要》内容相同。可知文渊阁本和文津阁本所据底本有异,但就两本文字情况看,又存在联系,可能经过馆臣校勘。

(6)《庆湖遗老诗集》九卷《拾遗》一卷《后集补遗》一卷,日本文化元年(1804)抄本,藏日本国立公文书馆。(简称日本国立公文书馆本)

---

① 吴慰祖校订《四库采进书目》,北京:商务印书馆,1960年,第35页。
② 同上书,第68页。
③ 同上书,第92页。
④ 同上书,第174页。
⑤ 同上书,第281页。

三册。和装。无边栏界行,每半叶十一行,行二十二字。昌平坂学问所旧藏。书中藏印有:"文化乙丑""浅草文库""日本政府藏书"。卷首有《墓志铭》、杨时跋、《庆湖遗老诗集序》、《宋史·文苑传》贺铸本传、《新安文献志》载程俱序、胡澄绍熙癸丑跋;卷九末有寇翼跋;《拾遗》首又录程俱序;《补遗》首有贺廪序。无目录。书中有蓝笔校,第一册署"文化甲子季秋朔伲希亮、乾无必仝校"。第二册署"文化新元仲秋晦伲希亮、乾无必仝校"。第三册有朱笔校,署"文化甲子六月廿二日校于讲院之东轩,猪饲杰"。此本卷前《墓志铭》"后族""孝惠皇氏"空格或提行;《庆湖遗老诗集序》中"国朝""天圣""皇祐"前有空格;《铸年五十八因病废得旨休致一绝寄呈姑苏毗陵诸友》一诗,诗题"旨"提行书写,跋尾"宣祖""太祖""孝惠皇后""太宗""旨""鉴湖先生""先生"等处空格或提行书写;与题明影抄本相比,少卷九末杨时跋中,"方回"提行书写一处。

(7)《庆湖遗老诗集》九卷,存一至五卷,清刘履芬抄本,清潘钟瑞校,藏中国国家图书馆。(简称刘履芬抄本)

一册。仅存卷一至五。封面写有"此册不全,留待续得"。无边栏界行,每半叶十二行,行二十三字。书中藏印有:"钟瑞""彦精善本""长洲章氏四当斋珍藏书籍记"。抄者刘履芬为晚清藏书家,生于道光年间卒于光绪年间,浙江江山人。校者潘钟瑞,咸丰间吴县人,诸生,太常博士,多有抄本存世。卷首有《庆湖遗老诗集序》。目录亦仅存卷一至五。《庆湖遗老诗集序》中"国朝""天圣""皇祐"前有空格。

(8)清乌丝栏抄本,《原国立北平图书馆甲库善本丛书》第669册影印。(简称陆心源捐送国子监本)

二册,两侧双边,粗黑口,单鱼尾。每半叶十行,行二十字。书口不书卷数,而标有页码。此本当为陆心源捐送国子监,书中藏印有:"京师图书馆收藏之印""光绪戊子湖州陆心源捐送国子监之书匦藏南学"。《后集补遗》末无吴澄癸丑跋,无《宋史·文苑传》内容。目录分为《庆湖诗集目录》《庆湖诗集目录下》。此本卷前《庆湖遗老诗集序》、卷九末杨时跋、《宋故朝奉郎贺公墓志铭》、《后集补遗》中《铸年五十八因病废得旨休致一绝寄呈姑苏毗陵诸友》一诗中,各处空格、提行情况与题明影抄本相同。

(9)《庆湖遗老诗集》九卷《拾遗》一卷《后集补遗》一卷,日本旧抄本,藏复旦大学图书馆。(简称复旦藏日本抄本)

四册。和装。蓝格,四周单边,无界行,每半叶十二行,行二十字。时代不详。《现存宋人别集版本目录》著录为"日本抄宋绍熙刻本"。[①] 从抄写情况看,眉目清晰,但有误字误抄。应为和抄本。无《宋史·文苑传》内容。前有总目,

---

① 四川大学古籍整理研究所编《现存宋人别集版本目录》,成都:巴蜀书社,1990年,第124页。

其后为各卷目录。

除上述笔者目验诸本外,日本静嘉堂文库藏有《庆湖遗老诗集》九卷《拾遗》一卷《补遗》一卷,旧抄本一种。根据《静嘉堂秘籍志》卷三十四载,该本有贺铸自序、杨时跋、寇翼跋、胡澄壬子跋、程俱序、贺廪跋、胡澄癸丑跋。较今见其他传本序跋情况并无特殊。书中藏印有:"张绍仁印""切庵""吴郡张绍仁学安氏印""长洲张氏执经堂藏""陈仲鱼读书记""切庵珍藏""学安"。该本有黄丕烈手跋、陈鳣手跋,除在《静嘉堂秘籍志》中收录外,亦见载于《士礼居藏书题跋记》《皕宋楼藏书志》。①

根据两段手跋,该本实系两个半部拼合而成:半部由陈鳣购于书坊而赠与黄丕烈,半部由张绍仁所收。据跋文云"惟第六卷仍缺。即前本之目亦已失之,切庵一一补完,属为跋其颠末",②可知曾经张绍仁校补。据陈鳣跋,最终黄丕烈将由陈鳣处所得半部赠与张绍仁。③ 今笔者目验诸本中,上海图书馆藏《庆湖遗老诗集》九卷《拾遗》一卷《后集补遗》一卷,清抄本,三册,书中钤有:"长洲张氏执经堂藏""绍仁之印""执经堂张氏藏书印"等印,该本目录缺第一卷下半至第二卷上半,是张绍仁经藏的又一本子,书中有朱笔、墨笔校,或与此本有所关联。此外,北京大学图书馆藏有清孔氏岳雪楼抄本《庆湖遗老诗集》四卷一种,因虫蛀待修,不能目验。该本卷首有康有为跋文一则,其次抄录有《四库提要》。康氏跋文称,该本"四卷凡二册,比《四库》所藏两江总督采进之卷又少五卷矣"。此外,据《现存宋人别集版本目录》和《中国古籍总目》,尚有清抄本藏于南京图书馆(二种)、浙江大学图书馆(一种)、中山大学图书馆(一种)、云南大学图书馆(一种)、中科院图书馆(一种)。④

(三) 民国刊本:《宋人集乙编》本

今所见《庆湖遗老诗集》的唯一刊本,是收录于《宋人集乙编》的民国五年李氏宜秋馆据开有益斋朱氏本校刊本。

中国国家图书馆藏两册,书名页题"《庆湖遗老诗集》九卷,《附录》《补遗》各一卷","丙辰冬莫夏口李凤高题"。牌记云:"宜秋馆据开有益斋朱氏本校刊"。左右双边,黑口,单鱼尾,书口中间镌卷数及叶数,下方镌"宜秋馆"。每

---

① 参见[日]河田罴撰,杜泽逊等点校《静嘉堂秘籍志》卷三十四,上海:上海古籍出版社,2016年,第1367—1369页。〔清〕黄丕烈著,潘祖荫辑,周少川点校《士礼居藏书题跋记》卷五,第239—240页。〔清〕陆心源《皕宋楼藏书志》卷七十九,见于《续修四库全书》第929册,第212—213页。
② 《静嘉堂秘籍志》卷三十四,1367页。
③ 参见《静嘉堂秘籍志》卷三十四,第1367—1369页。
④ 参见四川大学古籍整理研究所编《现存宋人别集版本目录》,第123—124页。中国古籍总目编纂委员会编《中国古籍总目·集部》,第257—258页。

半叶十行,行二十字。两册书根分别题"宋人六十家集乙编庆湖遗老集""宋人六十家集乙编庆湖遗老集附录补遗"。

由书后李之鼎跋文可知,此本底本系自崇仁华再云藏抄本迻录,又假洪幼琴所藏朱述之旧抄本,请人订讹勘误,而后上版刻印的。书中双行小字随文出按语、校记。例如"皕宋楼藏书志作某""朱本作某""曹选作某""原作某据朱本/曹选改""原本遗据朱本补"等。

首为《钦定四库全书总目》提要、《庆湖遗老集序》、杨时跋、墓志铭、寇翼跋、胡澄绍熙壬子跋、《宋史·文苑传》贺铸本传、《庆湖遗老诗集目录》。卷九后为《后集补遗》,前有序,后有胡澄绍熙癸丑跋。其后为《庆湖遗老诗集拾遗》,首为《鉴湖遗老序》。卷末有李之鼎跋文。

卷一《赠赵参军淯》处,同题明影抄本,小注云:"上一句原本还据朱本补"。卷三《当利港》处,同题明影抄本,小注云:"原本书题处仅有'诗当在《遏胡城》之前'八字,据朱本改补。"卷六有《九日登戏马台》《九日呈李成父》两诗。《九日登戏马台》下小注云"原本遗此诗,据《瀛奎律髓》及朱本补。"《九日呈李成父》下小注云"原本遗此题,据朱本补。"卷六《留别寇定》一诗处,同题明影抄本。小注云:"以下原缺,据朱本补"。可见朱本面貌近于题明影抄本,华再云藏本近于谢本。

三、贺铸诗集的收录、整理情况

宋陈思编、元陈世隆补《两宋名贤小集》卷一二〇至卷一二二收有《庆湖集》,分为卷上、中、下。清曹庭栋《宋百家诗存》卷一收有《庆湖集》一卷。两本卷首均撰有贺铸小传,收录有《前集》九卷、《拾遗》《补遗》中的部分诗作,诗题下无小序或仅有简单小序。

贺铸诗集的整理本,今见有二。一为北京大学古文献研究所编纂《全宋诗》所收贺铸诗整理点校本。该本以谢本为底本,参校彭本、影印文渊阁四库本、《宋人集乙编》本,并酌校《两宋名贤小集》。还新辑集外诗,附于卷末。[①] 其二为王梦隐、张家顺校注《庆湖遗老诗集校注》,河南大学出版社 2008 年 4 月出版。该书采用李之鼎刊本为底本,广搜各本进行校勘。所用校本有谢本、四库全书本、陆心源捐送国子监本、上图藏十卷本、缪荃孙校跋本、上图藏张绍仁旧藏本、丁氏八千卷楼藏本等,[②] 书中除校记外,还有笺注。

---

① 北京大学古文献研究所编《全宋诗》,北京:北京大学出版社,1995 年,第 19 册,第 12497 页。
② 参见〔宋〕贺铸著,王梦隐、张家顺校注《庆湖遗老诗集校注》,第 7 页。

四、结论

贺铸《庆湖遗老诗集》据史传记载全帙二十卷，自作者手编成书以来，大致经历了稿本流传、刻本流传、抄本流传三个阶段。

南宋初次刊刻之前，为稿本流传阶段，主要流传有稿抄本、录副本。如上文分析、推测，这一阶段由于贺铸诗集的渐次编成，所传本子的卷帙内容存在差异，主要可分为《前集》九卷本和《前集》十卷本。《后集》经历兵火而亡佚。贺铸之孙贺廪曾辑录《后集补遗》一卷。第二阶段为刻本流传阶段，主要流传有宋刻本、抄本。南宋胡澄刊刻了《庆湖遗老诗集》(《前集》)九卷本，继而又补充刊刻了《拾遗》，即来自于十卷本的逸出内容和贺廪所辑《后集补遗》各一卷。第三阶段为抄本流传阶段，大致清代以降，诸家目录均于宋刻本无载，《庆湖遗老诗集》主要赖抄本流传。[①] 在这些抄本中，有抄自刻本的本子，多数则传抄自其它抄本。这些旧抄本中，均可见保留自宋刻本的特征。今所见诸本凡20种，除民国重刊本1种外，均为明清旧抄本。这些抄本按照异文情况和行款特征，大致可分为两大类，即明代谢肇淛小草斋写本及相似抄本8种、题明钞景宋绍熙刻本及相似抄本10种。除此之外，还有上海图书馆所藏特殊的十卷本抄本1种。综合三个阶段看，宋刻本极大地影响了后世流传的《庆湖遗老诗集》的面貌，影响了后世对于此集编纂情况的认识。

[①] 案：个别目录中著录有清代康熙年间重刊本，但或因流传甚少，民国初已不见实物。详见上文所述。

游酢文集版本源流考

李凌云*

【内容提要】 北宋理学家游酢在思想史上的地位历来受到研究者的重视,但其文集的版本情况则尚未有学者进行过详细的调查。本文首先考察了游酢文集的编刻、流传情况,发现其宋本久佚,明本未见,现存版本皆为清代流传的钞本或清人重编、重刻本。其次通过对十余种现存版本的详细调查,将其归纳为七个系统,并纠正了部分藏书单位及古籍目录提要在著录上的失误。最后通过对部分文字的比勘,梳理了现存各版本之间的渊源关系,为游酢文集的进一步整理和研究提供参考。

关键词 游酢 文集 版本考

游酢(1053—1123)字定夫,号广平,建州建阳(今福建南平)人。北宋神宗元丰五年(1082)进士,历知和、舒、濠州。徽宗宣和五年卒,年七十一,谥"文肃"。曾与杨时同师事河南二程,并传"程门立雪"之佳话。学者称"廌山先生",亦称"广平先生"。《宋史》卷四二八有传。

一、游酢文集的编刻、流传

游酢平生著述最早的记载见于杨时为其撰写的《御史游公墓志铭》:"有《中庸义》一卷、《易说》一卷、《诗二南义》一卷、《论语》《孟子》杂解各一卷、《文集》十卷,藏于家。"①然《东都事略》游酢小传中列举其著作"有《中庸义》《易说》《二南义》《语孟新解》各一卷,《文集》一卷",②其中《文集》卷数与《墓志铭》所言有异。《宋史·艺文志》载《游酢文集》十卷,③尤袤《遂初堂书目》载有《游定夫

---

* 本文作者为北京大学中文系古典文献专业2015级博士研究生。
① 〔宋〕杨时《杨龟山集》卷六《御史游公墓志铭》,《丛书集成初编》本,商务印书馆据正谊堂全书本排印,1936年,下册,第119页。
② 〔宋〕王称《东都事略》卷一一四《儒学传》,《景印文渊阁四库全书》史部·别史类,第382册,台北:台湾商务印书馆,1986年。
③ 《宋史》卷二〇八《艺文七》,北京:中华书局,2000年,第3551页。

集》，不言卷数。① 其《文集》见载于宋代目录者仅此二处，其余《郡斋读书志》《直斋书录解题》等均未著录。② 盖其除理学著作外的诗文集散佚较为严重，宋代已较罕见，南宋王称编纂《东都事略》时或仅见一卷，而不见其完秩。

  游酢文集在宋代编刊的具体情况，因材料所限，今已不详。杨时所撰《墓志》但言其"藏于家"，未详刊刻与否，但可知游酢文集于其生前或身后不久即已编定。其在宋代的流传，可于一些宋代著作的零星征引中略见一斑。如（旧题）陈思等《两宋名贤小集》卷一三一《荆斋诗集》中收录游酢诗作六首；③《二程遗书》附录中收录游酢所撰《书行状后》一文；④李俊甫《莆阳比事》卷六陈大卞小传曰"游定夫赠之以诗"云云，小字注明的材料来源中有"游酢文集"；⑤林駉《新笺决科古今源流至论》后集卷八"传注"一节云"夫《萃老易传》游酢所序，《东坡易传》晁氏所敬，或发于太极之图，或广于先天之说，此易之学益明也"，小字注云"《孙莘老易传》，游酢为序"；⑥吕祖谦《宋文鉴》中收录游酢所撰《论士风》《孙莘老易传序》《祭陈了翁文》三文；⑦王象之《舆地纪胜》卷十八"江南东路""太平州"中录有一句诗"青山控野双门壮，白浪排空万马来"，小字注曰"游酢诗"；⑧杨时《龟山集》卷二十七《杂著》中《陈居士传诸公跋附》后附有游酢所撰跋文一篇；张元幹《芦川归来集》卷十《宣政间名贤题跋》中录有"宣和庚子建安游酢书"之题跋一篇；⑨赵汝愚《诸臣奏议》卷二十四收录游酢《上徽宗论士风之坏》；⑩朱熹《伊洛渊源录》卷三亦录游酢《书行状后》一文等。⑪ 可见《游酢文集》在宋代应已有编定的本子流传于世，为各家所见及征引。然其版本流传和递藏的详细情况已不得而知。

  元代至明代中期，游酢文集更是不见载于诸家目录，亦未见他书征引，直至明后期才重新出现在目录、题跋中。徐𤊹《红雨楼题跋》载有"《宋游定夫集》"，云"庚子岁（万历二十八年，1600），建阳令魏公命修县志，将以游、刘、朱、蔡、熊作五世家，游氏子孙抄录祖先事实，送余采择。廌山先生为吾闽道学之祖，其所著作固不止此，此特百之一耳。仁和张孝廉蔚然曾借录一本。乙巳

---

① 〔宋〕尤袤《遂初堂书目》别集类，北京：中华书局，1985年，第29页。
② 《郡斋读书志》载有《游氏中庸解》一卷，《直斋书录解题》载有《游氏论语解》十卷。
③ 旧题〔宋〕陈思编，〔元〕陈世隆补《两宋名贤小集》，《景印文渊阁四库全书》本。
④ 〔宋〕程颐《二程遗书》附录，《景印文渊阁四库全书》本。
⑤ 〔宋〕李俊甫《莆阳比事》卷六，影印清嘉庆宛委别藏本。
⑥ 〔宋〕林駉《新笺决科古今源流至论》卷八，《景印文渊阁四库全书》本。
⑦ 〔宋〕吕祖谦编，齐治平点校《宋文鉴》，北京：中华书局，1992年。
⑧ 〔宋〕王象之《舆地纪胜》卷十八，影印清影宋钞本。
⑨ 〔宋〕张元幹《芦川归来集》卷十，《景印文渊阁四库全书》本。
⑩ 〔宋〕赵汝愚《诸臣奏议》卷二十四"君道门"，影印宋淳祐刻元明递修本。
⑪ 〔宋〕朱熹《伊洛渊源录》卷二，《景印文渊阁四库全书》本。

(万历三十三年)孟夏徐惟起记。"①魏公即魏时应,南昌人,进士,万历丙申(二十四年)任建阳县令。②曹学佺编《石仓历代诗选》于杨时诗后附游酢诗六首,③注云:"公字定夫,与龟山同在程门立雪,因录其诗附之。诗故不全,乃其子孙于谱牒中抄出,以应县官之求。时知县事者魏公时应,延徐兴公修志,以游、刘、朱、蔡、熊五大儒为世家,而廌山尤为建阳理学之倡,其有功于吾闽邹鲁,固宜与龟山并传矣……游氏族谱,公族孙九言撰。"④亦可证因修县志之契机,徐𤊹从游氏后人手中获得了一本游酢集。其中诗的部分为游氏子孙从谱牒中抄出,而游氏族谱为南宋游九言所撰,因而此本的内容价值应较高。检万历《建阳县志》,卷七《艺文志·著书》中载有"《易义》《诗二南义》《中庸义》《论语杂解》《孟子杂解》《廌山粹语》《士风论》",注云"俱游酢著",但均"无板"。⑤可见万历年间其著述之板片均不存。徐氏藏本及仁和张蔚然借录本,今皆未见,不知其踪。

至清,游酢集见于目录记载者增多。《四库全书总目》载:"《游廌山集》四卷,福建巡抚采进本。"⑥丁氏《八千卷楼书目》载:"《游廌山集》四卷,宋游酢撰,刊六卷本。"⑦莫友芝《邵亭知见传本目录》载:"《游廌山集》四卷,宋游酢撰,乾隆丙申裔孙刊。同治丁卯游智开重编,刊于和州,较清整。"傅增湘订补:"《游廌山先生集》四卷,宋游酢撰,清刊本,余藏。余据宋刊巾箱本《四朝名臣言行录》校,补佚文一首。""《游廌山先生集》十卷首一卷,宋游酢撰,清乾隆七年(1742)刊十一年增补本。""《游定夫先生集》六卷首一卷附录一卷,宋游酢撰,清同治六年新化游氏和州官舍刊本,二册,余藏。"⑧可知其集于清代经由后人编刊,产生了诸种不同的版本。

笔者查阅众多古籍目录及检索各大图书馆网站,所得游酢文集现存版本著录共约二十条,按照卷数可分为四卷本、六卷本、八卷本、十卷本等几种类型,按其著录的出版时间则有清康熙间(1662—1722)刻本、乾隆十一年刻本、乾隆三十七年刻本、道光二十一年(1841)刻本、同治三年(1864)刻本、同治六年刻本、同治九年刻本以及一些时间不明的清钞本,另有四库全书本。上述诸

---

① 〔明〕徐𤊹《红雨楼题跋》,沈文倬校点《红雨楼序跋》本,福州:福建人民出版社,1993年,第35页。
② 见明万历二十九年(1601)刻本《建阳县志》卷四"知县"条。
③ 《归雁》《感事》《在颍川寄中立》《游宝应寺》《山中即景》《宝应寺读书堂成因怀明道先生》。
④ 〔明〕曹学佺《石仓历代诗选》卷一六〇"宋诗",清文渊阁四库全书补配文津阁四库全书本。
⑤ 〔明〕魏时应修,田居中、张榜纂万历《建阳县志》卷七《艺文志·著书》,见《日本藏中国罕见地方志丛刊》,北京:书目文献出版社,1991年,第441页。
⑥ 《四库全书总目》卷一百五十五集部八,北京:中华书局,1965年,下册,第1337页。
⑦ 〔清〕丁仁《八千卷楼书目》卷十五集部,《海王邨古籍书目题跋丛刊》第四册,北京:中国书店出版社,2008年,第237页。
⑧ 〔清〕莫友芝撰,傅增湘订补,傅熹年整理《藏园订补邵亭知见传本书目》卷十三上,集部三·别集类二,北京:中华书局,1993年,第三册,第117页。

本分藏于中国国家图书馆、北京大学图书馆、清华大学图书馆、中国人民大学图书馆、中山大学图书馆、吉林大学图书馆、上海图书馆、日本东京大学东洋文化研究所图书室、日本国会图书馆、日本静嘉堂文库等国内外多个藏书单位,其中一些常见版本数量仍较多。可见游酢文集的宋本久佚,明本亦未见,其存世版本均为清钞本或清刻本。

二、现存版本分叙

笔者对游酢文集现存的十余种版本进行了调查,发现上述版本的著录信息中不乏错误,并通过版本比对,将上述诸本归纳为七个系统。

(一)《游廌山先生集》四卷首一卷末一卷,清乾隆十一年(1746)刻本

中国国家图书馆藏有一部(索书号109253)。半页9行行20字,四周单边间左右双边,下黑口,单黑鱼尾。内封题"宋文肃廌山游先生集,桐城左宰、归化李镐、同邑丁元良、刘秉钧仝阅,书院藏板"。正文前有序,云:

> 我朝列圣相承、崇儒重道,厘订学官祀典,凡有功于六经四子者,靡不征文考行,以发其幽光。于是上籲列宪,请以先生从祀。闻先生所著有《中庸义》《论孟杂解》《易说》《诗二南义》各一卷,《文集》十卷,流传于世。橄访遗书,缘板毁无存,幸先生裔孙端柏家藏数卷,参以家乘,汇成年谱,则先生师友之渊源、出处之道义,与夫德行政事之不负师传者,举可见矣……乾隆丙寅(十一年,1746)孟夏皖桐后学左宰敬撰。

序后有跋,曰:

> 廌山文肃公,柏九世祖也。……所著有《论孟杂解》《中庸义》《易说》《诗二南义》并《文集》十卷行世,特以屡罹兵燹,板毁无存。唯有解释经书者,历久不磨,若莅官政迹、表、札、奏疏、诸集,则购求难获。是亦《周礼·冬官》之阙矣。幸逢邑侯皖桐左公来治兹土,雅以表幽阐微、访求遗书为心。柏唯是承父文远命,敬为汇编,计六卷,重登梨枣,以垂于世……乾隆丙寅孟冬二十代裔孙端柏百拜谨跋。

从序、跋中可获知游酢文集在清以前及清初编刊的一些信息:

其一,游酢文集此前是否曾有过刊本,从历代目录记载中得不到相关信息。而此跋云:"所著有《论孟杂解》《中庸义》《易说》《诗二南义》并《文集》十卷行世,特以屡罹兵燹,板毁无存。唯有解释经书者,历久不磨,若莅官政迹、表、札、奏疏、诸集,则购求难获。"言其曾有刊本。

其二,乾隆十一年游氏后人编刊游酢文集的底本为游氏后裔家藏本,并参

考了游氏族谱,其动因是左宰来治兹土、访求廌山先生遗书,①实际编刊者是游端柏(承父文远命)。该本"游廌山先生集目次"后有一行题名"裔孙文远男端柏重刻",亦可证。

其三,乾隆十一年游文远、游端柏编刻之本"计六卷",与该本四卷首一卷末一卷之总卷数相合,故此本即乾隆十一年刻本。

该本卷一为《论语杂解》《中庸义》《孟子杂解》,卷二为《易说》《诗二南义》,卷三为《录二程语》《杂录》《拾遗》,卷四中收录游酢之文6篇,诗2首。②

其版式特征是页码情况复杂。卷一页一卷端题"游廌山先生集卷一",内容为《论语杂解》"学而时习之章",四周单边,书口镌"卷一",页码镌"一至八";页二内容接续,但书口镌"卷二",页码"九";此后至末,书口均镌"卷二",页码从十至五十三。因此,目次中卷二的《易说》《诗二南义》实则全阙。卷末亦存在页码混乱的现象,前十二页分别镌"末一"至"末十二",此后页码依次为"八、末十四、十、十一、十二、六、七、二十、末二十一、末二十二、十六、十八、十九、末二十六、二十、二十一、二十九",且字体不一,然其文章内容接续,顺序亦同于目次。书口中间时而镌"卷末",时而镌"卷",时而镌"卷五",时而镌"卷六",十分混乱。这种现象体现出游氏家刻较为潦草的特点。

此外,中山大学图书馆亦藏同版一部(索书号14908),除无内封、无游端柏跋、文集中阙《宣义胡公墓志铭》一篇外,其余内容、版式等皆与上述国图藏本相同,包括其复杂的页码情况。且此本墨色清晰,当为较早印本。

据上述二本序跋及实际分卷情况,可知乾隆十一年刻本的卷数当为四卷首一卷末一卷,"计六卷"。而祝尚书先生《宋人别集叙录》云:"乾隆十一年裔孙游端柏等增补重刊,题《游廌山先生集》,卷首四卷(谢枋得《传略》、杨时《墓志铭》、《纪略》、《年谱》),本集四卷,末为附录,故今著录为八卷。"③此说有误,将卷首四部分内容分出四卷,与本集四卷合为八卷,卷末置之不顾,从而将此主体为四卷、总计为六卷的本子著录为八卷,使读者仅看目录易认为其与同治九年游凤台重辑的八卷本有关,而实际上二者之间并无直接关系。因此,应如实著录为"四卷首一卷末一卷"。中山大学图书馆著录其藏本为"六卷首一卷",则当是误信最后一册卷末版心所镌"卷五""卷六"字样,而未考查全书的内容、体例所致。

---

① 〔清〕梁奥、李再灏修,江远青等纂道光《建阳县志》卷九《职官志》云:"左宰,字洛三,桐城人。举人。雍正十二年署,凡署一十三载。恤士爱民,详免溢额钱粮,士民感戴。"见《福建师范大学图书馆藏稀见方志丛刊》,北京:北京图书馆出版社,2008年,第17册,第245页。

② 《士风论》《家谱后序》《跋陈居士传》《天禄阁校书刘先生像赞》《书明道先生行状后》《宣义胡公墓志铭》《廌山草堂诗》《登归宗岩诗》。

③ 祝尚书《宋人别集叙录》卷十三,北京:中华书局,1999年,第607—609页。

乾隆十一年刻本《游廌山先生集》是现存游酢文集中刊刻时间最早的版本，为游氏后裔据家藏本重编。因游酢著作中《文集》部分存留的内容已十分有限，清人重新为其编集时，便将其理学著作一并收入，故该本的性质为游酢著作全集。后述其余清代版本亦同。

（二）《游廌山先生集》前集一卷、后集五卷首一卷、外集一卷，清乾隆三十七年（1772）刻本

中国人民大学图书馆藏有一部（索书号 SG45/289）。半页 9 行行 20 字，四周单边间左右双边，白口，单黑鱼尾。全书墨色较淡、多处印字不清，当为后印本。内封题"乾隆壬辰冬重镌，宋文肃廌山游先生集，书院藏板"。乾隆壬辰即乾隆三十七年。

正文前有两篇序文。序一为王杰序，云：

……杰奉命校士此邦，览其山川，翚然高望，盖将求先贤教泽，为后学楷模。而先生二十世孙端柏已刻其遗书，蔚然成集，受而读之，弥敬以思……乾隆乙酉（三十年，1765）仲冬谷旦，钦命提督福建学政、翰林院修撰，韩城后学王杰序。

可见此前游端柏重编本确已刊刻行世。

序二为左宰序，将其与乾隆十一年刻本的左宰序相比较，可以发现一些差异：

乾隆十一年刻本	乾隆三十七年刻本
我朝列圣相承、崇儒重道，厘订学宫祀典，凡有功于六经四子者，靡不征文考行，以发其幽光。于是上籲列宪，请以先生从祀。闻先生所著有《中庸义》《论孟杂解》《易说》《诗二南义》各一卷，《文集》十卷，流传于世。橅访遗书，缘板毁无存，幸先生裔孙端柏家藏数卷，参以家乘，汇成年谱，则先生师友之渊源、出处之道义，与夫德行政事之不负师传者，举可见矣。而前足以继往圣、后足以开来学，不更于是乎在哉！乾隆丙寅孟夏皖桐后学左宰敬撰。	我朝列圣相承、崇儒重道，厘订学宫祀典，凡有功于六经四子者，靡不征文考行，以发其幽光，使天下之士知所尊仰。而况先生所著有《中庸义》《论孟杂解》《易说》《诗二南义》各一卷，《文集》十卷，皆足羽翼经传，发明圣道，其可朽蠹不传于世乎？适先生裔孙文远取家藏旧本重寿梨枣，深幸天下之读是书者，可知所景从，更足以广圣朝文教。余故敬表而出之，并以志仰慕之万一云。乾隆丙寅孟夏皖桐后学左宰敬撰。

两篇左宰序，从"幽光"至落款之前文字内容不同。这部分内容，在原书中对应着序文第七面最后三字及第八、第九面的全部文字。在中国人民大学藏本中，该部分文字字体与前后有着明显的差异，其前后均为秀丽的长方体字，而差异

部分文字则为横细竖粗的方体字。因此，左宰序的该部分文字当为乾隆三十七年再次编刊时所修改，因此其面貌与乾隆十一年刻本有异。此后各本含左宰序者，均承袭乾隆三十七年刻本更改以后的文字。

全书末有游端柏跋，将其与乾隆十一年刻本之端柏跋对比，亦可发现二者之间存在文字差异：

乾隆十一年刻本	乾隆三十七年刻本
廌山文肃公，柏九世祖也。我族建阳游氏，籍居广平廌山之麓，自前唐始祖讳匹公入闽以来，传至九代而文肃公生……所著有《论孟杂解》《中庸义》《易说》《诗二南义》并《文集》十卷行世，特以屡罹兵燹，板毁无存，唯有解释经书者，历久不磨。若莅官政迹、表、札、奏疏、诸集，则购求难获。是亦《周礼·冬官》之阙矣。幸逢邑侯皖桐左公来治兹土，雅以表幽阐微、访求遗书为心。柏惟是承父文远命，敬为汇编，计六卷，重登梨枣，以垂于世。凡以见吾祖前绍孔、孟、周、程之心传，后开胡、刘、朱、蔡、黄、真之正学者，悉于是乎在……乾隆丙寅孟冬二十代裔孙端柏百拜谨跋。	廌山文肃公，柏九世祖也。溯自唐代，始祖名匹公，入闽，卜居长平廌山之麓，传九世而文肃公生……公著有《语孟杂解》《中庸义》《易说》《诗二南义》并《文集》垂于世，屡罹兵燹，板毁无存。适皖桐左公来治吾邑，景仰理学，亟征遗书。柏于是敬承父文远公命，将家藏旧本重镌行世，俾当日所以绍孔孟周程之薪传，开胡刘朱蔡之道脉者，悉于是编乎考之。恭逢圣主崇儒，名贤踵起，表章正学，世之读其书、尚其人，得公之所学以为学，体立用宏，继绝业复读之统，为熙朝论道之臣，不使宋代擅美于前，吾之志也夫！吾之志也夫！乾隆丙寅孟冬二十代裔孙端柏百拜谨识。

两篇跋文内容大意相近，但表述有所更改。可见乾隆三十七年再次编刊时，编刊者（很可能即游端柏本人）对跋文也进行了修改。

从两篇端柏跋及乾隆三十年王杰序均可知，乾隆十一年编刊工作的实际承担者应当是游端柏。然而修改后的左宰序已不提端柏之名，而将此事系于文远名下。该本中多处题名"裔孙文远偕男端柏孙上衢刊"，以文远为此事的主导者，亦是其表现之一。由于此后各版本的游酢文集均沿袭的是修改后的左宰序，而端柏之跋皆阙失，故后人皆以文远为编刊者，而不知端柏之名。

该本《游廌山先生集》总目前有四行题名："仪封后学张百行原刊""桐城后学左宰参较""邑后学傅克钦、刘秉钧仝阅""裔孙文远偕男端柏孙上衢刊"。《后集》《外集》目次前亦有题名："裔孙文远偕男端柏孙上衢重镌"。其中"张百行"当指"张伯行"。乾隆二年《福建通志》载："张伯行，字孝先，仪封人。康熙乙丑进士。四十六年巡抚福建。甫下车，即以表章道学玉成人才为先务，购求宋儒遗书，手为评释受梓。"[1]据此，则张伯行任福建巡抚期间很可能曾搜集、购

---

[1] 〔清〕郝玉麟等纂修乾隆《福建通志》卷二十九《名宦一·福州府》，《景印文渊阁四库全书》本。

求游酢遗集,并加以整理、刊刻。该本中加入此行题名,或因乾隆十一年以游氏家藏本为底本的刊本阙漏较严重,而后文远、端柏在三十七年重新编刊时得到了此前张伯行的刻本,据以补充、校正之故。

该本后集卷一中收录游酢表笺3篇、①书奏2篇,②卷五中共收录游酢之文13篇,③赋1篇,④诗10题11首。⑤但由于卷五缺叶情况较严重,实际收录诗作的数量可能不止于此。

此本亦存在页码混乱的现象,其中卷三页一(内容为《论语杂解》)书口中间镌"卷三",下镌页码"一至八";页二内容接续,书口镌"卷三",页码"九"。可知此本乃用乾隆十一年刻本旧版修补重印,故保留了原来的页码"一至八"。

因此,该本与乾隆十一年本的关系如下:其一,部分内容直接用乾隆十一年本的旧版重印,页面存在断版、模糊不清的情况。其二,部分内容利用旧版修补重印,许多页面有补版、拼版的痕迹。其三,新增的内容新刻新印。如全书的最末叶为《朱子诗序辨》一篇,其字体与前篇《论孟精义序》《中庸集解序》明显不同,盖前篇用旧版,此为新刻版。该版面中无断版,亦可证。然而,此本中一些新增的内容当为新刻,却墨迹较淡、印字模糊,盖为后印本。

另外,吉林大学图书馆藏有一部《游廌山先生集》(索书号:集8100),著录为"前集,后集五卷,卷首,外集,清乾隆裔孙游刻本"。笔者未见,但据其卷数著录可知当为此版。如可得阅,或可补人大藏本之阙叶。

乾隆三十七年刻本是游氏后裔在搜集到更多游酢的遗文遗诗,或参考了收录更全的其他版本后,再次编刊的一种版本。其内容较为庞杂,前集、外集中收录了许多与游酢相关或不甚相关的其他理学资料。该本的序、跋为后来各本所继承,影响较大。

(三)四库全书系列本

1.《游廌山先生集》四卷,清抄本(四库底本),现藏国家图书馆(索书号01066)。以下简称"四库底本"。

笔者所见为国家图书馆藏缩微胶卷。该本半页9行行20字,无边栏界行。各卷卷端、卷末钤有多枚藏书印,有"古潭州袁卧雪庐收藏""静远所得"

---

① 《贺正表》《皇太后圣节贺皇帝表》《贺皇太后生辰笺》。
② 《论士风疏》《陈太平策》。
③ 《叙述姓氏》《孙莘老易传序》《答谢显道论学书》《答胡康侯借佛书周易》《答吕居仁辟佛说》《静可书室记》《廖节妇哀辞》《祭陈了翁文》《书明道先生行状后》《宣义胡公墓志铭》《杖铭》《方竹杖铭》《扇铭》。
④ 《拟招赋》。
⑤ 《接花》《韩魏公读书堂》《钱贺方回分韵得归字》《归雁》《感事》《题河清县廨》《水亭》《在颍昌寄中立(二首)》《登归宗岩》《海子》。

"明阳藏书""双静阁""研理楼旧藏""天津刘氏研理楼藏""刘明阳所得书"等，可见其历经清末藏书家袁芳瑛和民国藏书家刘明阳等人的收藏。书中有多处四库馆臣批语，提示抄写格式，间或有校勘。

卷首为《宋史本传》《御史游公传略并赞》，其中后者不见于他本，故录其文字如下：

> 游君讳酢，字定夫，建阳人也。与兄醇俱以文行知名。师事河南二程夫子，同杨时为程门颜、曾，尝并侍伊川侧，伊川倦卧，候之门外，雪深三尺，终无愠容，其笃信好学如此。登进士，累官御史，历知和、舒、濠三州，政事卓绝，班班可考。孝宗眷重有加，手诏优及，学者荣之。夫德行、政事，居四科之二。儒者读书养气，诵法周孔，非先王之法服不敢服，非先王之法言不敢言，非先王之法行不敢行，居敬临民，丰功伟烈，性情措之而有余，斯为真事功、真学问、真人品。伊川常言公德器粹然，学问日进，真畏友也。知言哉！赞曰：麟趾凤凰羽，一贤间气生。有弟绍濂洛，顿觉难为兄。弦歌渐雅化，当宁稔知名。道隆世亦隆，岂徒振家声。

卷一为《论语杂解》《中庸义》《孟子杂解》。四库馆臣在《中庸义》《孟子杂解》大题上方天头处题字云"接上写"，提示抄入《四库全书》的格式。此后各卷情况相同。卷一页三十四天头有四库馆臣批字："芮，据诗作芮。"页四十原文"克其德性之体"，四库馆臣在底本上将"克"字径改为"充"，并在天头批"克当作充"。卷二为《易说》《诗二南义》，页三"潜龙勿用节"条目下有馆臣批字"潜龙勿用节，当作乾元用九节"，页三十五天头有馆臣批字"赜，讹颐"。卷三为《师语》《师训》。卷四为诗文集部分，共收录文 7 篇，[①]诗 12 题 13 首。[②] 最末附《御史游公墓志铭》《年谱》，其中《年谱》部分抄本有两处阙字，馆臣据《墓志》补。核之《景印文渊阁四库全书》，馆臣所提改动之处皆按上述批字修改。

该本为清代流传的一个抄本，其所收诗文与乾隆十一年游氏刻本有差异，且确系文渊阁四库全书本《游廌山集》的底本，并历经著名藏书家收藏，可见其珍贵价值。

2.《游廌山集》四卷，清文渊阁四库全书本。[③] 以下简称"文渊阁四库本"。

该本半页 8 行行 21 字，其卷数、分卷情况、收录诗文数量和顺序均与四库

---

① 《论士风奏疏》《孙莘老易传序》《家谱后序》《宣义胡公墓志铭》《书明道先生行状后》《祭陈了翁文》《跋陈居士传》。

② 五言律 3 首：《饯贺方回分韵得归字》《归雁》《感事》，七言律 3 首：《春日山行有感》《游宝应寺》《宝应寺读书堂成因怀明道先生》，六言绝句 1 首：《山中即景》，七言绝句 5 题 6 首：《题河清县廨》《水亭》《在颍昌寄中立(二首)》《登归宗岩》《海子》。

③ 《游廌山集》，《景印文渊阁四库全书》，集部·别集类，第 6 册，台北：台湾商务印书馆，1986 年，六〇册，第 627 页。

底本相同,不同之处在于:其一,删去底本卷首所附《宋史本传》《御史游公传略并赞》;其二,抄写格式、校改之处按四库馆臣在底本上所批文字进行了改动;其三,此本卷二无《诗二南义》,因《提要》有载,① 且四库馆臣于底本批字"接上写只用另行",② 可见非有意删去,当系漏抄。

3.《游廌山集》四卷,清文津阁四库全书本。③ 以下简称"文津阁四库本"。

该本提要末的落款时间晚于文渊阁四库本。④ 其行款格式、分卷情况、收录诗文数量和顺序均同文渊阁本,上述馆臣对底本的修改亦同,卷二亦阙《诗二南义》。但取其诗文进行校勘,发现有一些不同于文渊阁本、而同于四库底本及其他版本的异文。

上述三种版本面貌和文字总体十分接近,可归为一系。

(四)《游廌山集》四卷,清抄本

国家图书馆藏有另一清抄本(索书号22238),著录为"抄四库本"。

此本钤有"延古堂李氏珍藏"朱印,曾为清末民初藏书家李士铭所藏。卷一前有四库提要,卷一为《论语杂解》《中庸义》《孟子杂解》,卷二为《易说》《诗二南义》,卷三为《先儒之说》《先儒之语》,卷四为诗文集,卷四后附录《年谱》《御史游公墓志铭》。书中有多处砵笔校改、填补。

该抄本的性质较为特殊。一方面,其形制非常接近四库本,卷数同为四卷且分卷相近,行款皆半页8行21字,⑤ 卷一前录有四库提要,使人一眼望去便将其归为"抄四库本"。然而另一方面,经校勘可发现该抄本与四库本在具体内容上有不少相异之处:

其一,四库本卷二中《诗二南义》阙失,而此本不阙。其二,四库馆臣于底本上批改校正的文字,该本中有一部分不同于四库本,而与校改前的四库底本文字相同,如卷二《易说》"乾元用九节"仍作"乾龙勿用节","赜"仍作"颐"。其三,该

---

① "此本首以《论语杂解》《中庸义》《孟子杂解》为一卷,次《易说》《诗二南义》为一卷,次《师语师训》为一卷,次以文七篇,诗十三首,附以《墓志》《年谱》为一卷……盖后人掇拾重编,不但非其原本,且并非完书矣。"见《四库全书总目》,北京:中华书局,1965年,下册,第1337页。

② 见国图藏清抄本(四库底本)卷二《诗二南义》天头眉批。

③ 《文津阁四库全书》(影印本),北京:商务印书馆,2005年,集部·别集类,三七四册。

④ 文渊阁本提要落款时间为"乾隆四十六年九月",文津阁本提要落款时间为"乾隆四十九年闰三月"。

⑤ 国家图书馆网站著录为"8行20字",有误。

抄本卷四诗文集部分共收录游酢文 6 篇、①赋 1 篇、②诗 15 题 16 首，③所收诗文篇目与四库本有较大差异，而更接近于乾隆三十七年刻本。因此，笔者认为该抄本并非直接抄自四库全书，而可能是原有一个单独流传的抄本，收藏者在四库全书面世之后将提要抄补进去，并据四库本校改原本的文字，同时亦不排除其为乾隆三十七年刻本增补诗文的版本来源。国图将其著录为"抄四库本"，不够妥当。

（五）《游廌山先生集》十卷前集一卷首一卷

1. 清道光二十一年（1841）刻本

清华大学图书馆藏有一部（索书号：庚 235.3/4011）。半页 9 行行 20 字，左右双边，白口，单黑鱼尾。内封题"乾隆壬辰冬重镌，宋文肃廌山游先生集，书院藏板"。

序跋共四篇，首为朱珪《游廌山先生文集跋》：

> 珪按试建宁，裔孙诸生上衢、庆光以先生文集请序。按先生著述十四卷，今所存者三之一耳。读之亦可得其出处之本末、授受之渊源……乾隆四十八年（1783）正月穀旦，内廷供奉、日讲起居注官、文渊阁直阁事、詹事府少詹事兼翰林院侍讲学士、提督福建学政，大兴后学朱珪谨跋。

其次为王杰序、左宰序，文字均同乾隆三十七年本。
其后一篇为延馨跋，云：

> 幸逢左夫子，理学名家，世德仕宦，荣篆潭邑。恒念有宋理学，载道而闽，而闽之理学，推潭最夥，凡在游、朱、蔡、刘、黄后裔，见时谆谆致求遗书而阐发之。愧馨樗材，弗克负荷，未能阐发潜德之幽光，勉承明命，爰搜故简及先世家乘，并二程朱子遗书，一一摘出，共计三万言，合成一集，寿之梨枣，以公海内，庶先子生前著作，不致湮没弗彰，俾慰在天之灵。是则馨之志愿也夫！是为跋。时乾隆七年岁次壬戌腊月望日，长平二十代嫡孙郡庠延馨百拜谨跋。

该跋不见于他本，仅存于此。由此可知，游氏家族最早搜集材料编辑游酢文集的人，可能并非上文所说的游文远、游端柏，而是游延馨。

---

① 《静可书室记》《祭陈了翁文》《宣义胡公墓志铭》《杖铭》《方竹杖铭》《扇铭》。
② 《拟招赋》。
③ 《接花》《韩魏公读书堂》《钱贺方回分韵得归字》《归雁》《感事》《春日山行有感》《游宝应寺》《宝应寺读书堂成因怀明道先生》《禽言不如归》《山中即景》《题河清县廨》《水亭》《在颍昌寄中立（二首）》《登归宗岩》《海子》。其中五言绝句《禽言不如归》"娇绿换新树，怨红辞故枝。东君舍我去，日暮空山啼"，《全宋诗》未收录，可为补佚。

其总目卷端下方有红色印字:"裔孙钟琳刊刷"。总目后又有三行题名:

右板于
乾隆七年岁次壬戌二十代嫡裔延馨校辑
丙寅十一年二十代嫡裔端柏增补重镌
道光二十一年嫡裔等爰搜故简重修成集

祝尚书《宋人别集叙录》云"至清乾隆七年,游氏裔孙始有刊本,今未见著录",《宋集珍本丛刊书目提要》云"清乾隆七年,游氏裔孙始将其文集刊刻",即当据此延馨跋及题名而言。

据此跋,虽游延馨有志于将其"爰搜故简及先世家乘,并二程朱子遗书,一一摘出"之本"寿之梨枣",然而乾隆七年是否曾经有过刊本,尚存疑义。因为据调查版本的情况来看,乾隆七年刻本在历代目录、现存目录中均不见记载,也未找到其存在的直接证据。目前所见"乾隆七年"刻本著录的相关材料,一是《现存宋人别集版本目录》著录"《游鹰山先生集》十卷首一卷,清乾隆七年刊十一年增补重刊道光二十一年重修同治三年补刊本",藏于日本东京大学。二是傅增湘《藏园订补郘亭知见传本目录》中所载"《游鹰山先生集》十卷首一卷,宋游酢撰,清乾隆七年刊十一年增补本"。其中日本东大藏本的信息明显是根据同治三年补刊本(详后)中亦存在的上述几行题名著录的,并不是指存在一个乾隆七年首次刊刻、清代历经多次修补的本子。而十卷本系统应出现于道光二十一年重修之后(详后),故傅增湘藏本亦当为道光二十一年或同治三年刻本。上述两条著录并不能证明乾隆七年刻本的存在。笔者更倾向于认为乾隆七年延馨校辑本未及刊刻,而是四年后由文远、端柏等人完成,《宋人别集叙录》《宋集珍本丛刊书目提要》关于乾隆七年刻本的说法可能是不准确的。

另外,上海图书馆亦藏有此版一部(索书号:线普520345—49),虽著录为"《游鹰山先生集》十卷首一卷,清康熙间刻本",然将该本与上述清华藏本对比,发现二者基本相同,仅有细微差异:此本阙前集一卷,故无清华藏本总目前后之题名;二者末页皆为《复立儒户照》,但存在着细微差别。

清华藏本末页文字:

康熙五十二年蒙建阳县
……
照给禾平里十一图儒户游之进　三进　同进
　　　　　　　　　　　　　　有生　正达　延杰
　　　　　　　　　　　　　　延显　文耀　朝进
　　　　　　　　　　　　　　以腾　文远　游吉
　　　　　　　　　　　　　　延馨　等

> ……
>
> 大兴后学朱珪拜题

上图藏本末页文字：

> 康熙五十二年蒙建阳县
> ……
> 照给禾平里十一图儒户游之进　三进　同进
> 　　　　　　　　　　　　有生　正达　廷杰
> 　　　　　　　　　　　　廷显　文耀　游吉
> 　　　　　　　　　　　　廷馨　等
> ……
> 大兴后学朱珪拜题

上图藏本比清华藏本少了"朝进、以腾、文远"三人的名字。

由此可知上图藏本并非"清康熙间刻本"。其在著录时，或因前集阙失、全书无其他版本信息，故仅据末页有"康熙五十二年"字样而将其定为康熙刻本，不妥。

道光二十一年本实为游氏嫡裔钟琳等据乾隆三十七年旧版重修并刻之集，①广为十卷，内容庞杂。卷一收录游酢之文 5 篇，②卷八、卷九收文 16 篇，③卷十录其赋 1 篇、诗 15 题 16 首。④ 卷八、卷九、卷十为游酢诗文集，却杂糅大量他人诗文，体例混乱。

2. 清同治三年(1864)刻本

日本东京大学东洋文化研究所图书室藏有一部（索书号：集：别集：3—90）。半页 9 行行 20 字，左右双边，白口，单黑鱼尾。有左宰序、王杰序、朱珪跋。跋后附有一篇《重修廌山公祠并补刊文集板小引》曰：

> 我祖文肃公，学者称廌先生。其硕德伟望，世所宗仰。宋嘉熙二年敕建专祠，载入祀典，历代因之，盖七百余年于兹矣。顾其所著作，多散见于

---

① 因其所收诗文远多于乾隆十一年本，经比对应承自乾隆三十七年本。盖钟琳等重修所据底本缺少录有"乾隆壬辰冬重镌"信息的内封页。

② 《贺正表》《皇太后圣节贺皇帝表》《贺皇太后生辰笺》《论士风疏》《陈太平策》。

③ 《叙述姓氏》《书明道先生行状后》《廖节妇哀辞》《孙莘老易传序》《陈居士传诸跋附》《答谢显道论学书》《答胡康侯借佛书周易》《答吕居仁辟佛说》《天禄阁校书刘先生像赞》《静可书室记》《乡贤祠祝文》《祭陈了翁文》《宣义胡公墓志铭》《杖铭》《方竹杖铭》《扇铭》。

④ 《接花》《韩魏公读书堂》《饯贺方回分韵得归字》《归雁》《感事》《春日山行有感》《游宝应寺》《宝应寺读书堂成因怀明道先生》《山中即景》《题河清县廨》《水亭》《在颍昌寄中立（二首）》《登归宗岩》《海子》《禽言不如归》。

他书，无专集行世。二十世孙端柏公广购群书，搜罗遗训，汇为《廌山文集》，显行于世。邑侯左公崧甫以克扬祖德，悬额褒之，纪其实也。近遭兵燹，祠宇摧伤，即文集之板，仅存一二。远近学者尚思捐修，况在孙子耶？爰出而倡议重修，踊跃肩摩，众擎易举，取用宏多，庙貌聿新，飨堂巍峨，补刊文集，讲习切磋。唯贤之灵，唯人之和，克成其美，永奠山河。凡我同宗，入庙登堂，其非仅我祖神灵所托，而为瓣香之一祝也已。谨序。大清同治三年（1864）甲子孟冬月土冨垅二十四代嫡裔步青、绍濓、绍伊谨跋。

可知此前所刊文集书板遭遇兵燹、仅存一二，该本为同治三年游氏裔孙重修廌山公祠时所补刊。其内容、体例与道光二十一年刻本基本相同，当即据其重修。

另外，国家图书馆亦藏此版一部（索书号：XD3857），书末有"长乐郑氏藏书之印"，为郑振铎藏书。其版式行款、序跋文字、体例内容同上述东大藏本，仅实际完阙情况略有差异。东大藏本阙前集一卷，而国图藏本前集篇目除《宋史本传》外皆存，卷首三篇皆阙。诗文部分，据目次统计，此版本卷一收录游酢之文5篇，卷八至卷九收文16篇、赋1篇，①卷十录诗13题14首，②而国图藏本实阙《天禄阁校书刘先生像赞》《乡贤祠祝文》2文，东大藏本实阙《答谢显道论学书》《答胡康侯借佛书周易》《答吕居仁辟佛说》《天禄阁校书刘先生像赞》4文。

同治三年刻本历经游氏后人多次补辑重刊，缺漏内容较多，断版及印字不清处亦多，参考价值较低。其与道光二十一年刻本卷数、内容结构基本相同，仅少量文字及内容完阙程度有所差异，故可归为同一系统。

（六）《游定夫先生集》六卷首一卷末一卷，清同治六年新化游智开和州官舍刻本，清方宗诚订

国图共藏有此版四种，索书号分别为105956、101006、22240、101804。笔者所见为索书号105956之本，书内有朱笔校记。半页10行行20字，四周双边，上下黑口，单黑鱼尾。内封题"游定夫先生集"，背面牌记为"同治六年和州官舍重刊，独山后学莫友芝检"。正文前有《校刊游定夫先生集序》，云：

> 新化游子代刺史权篆和州，其为政务，以兴废举坠、化民敦俗为先。既尝修理游定夫先生墓于含山升城乡，捐俸买田以奉祀事，复得先生裔孙文远所刻《廌山集》，重付剞劂……书来，属宗诚校正脱误……文远本缺误

---

① 同道光二十一年本。
② 较道光二十一年本少《韩魏公读书堂》《禽言不如归》二首。

既多，予为博考旁稽，尽录先生全文，使学者可以考见先生之所得。又附注朱子论难之言，以折衷经之本旨。其他有可征信者补之，疑者阙之。而旧本卷首及附录之闲文尽为删削，以归简约……同治六年后学桐城方宗诚谨识。

其目录末有游智开的识语：

同治四年智开权篆和州……桐城孙海岑太守以泾县洪琴西太守所藏先生集四卷寄示，先生裔孙文远乾隆丙寅校刊本也……因属桐城方君存之，为博考旁稽，补订缺误，政暇与友人桐城萧敬孚复为校勘以付梓……六年冬十有一月新化游智开谨识。

可知该本为方宗诚应游智开嘱托，以文远刊本为底本进行校勘、稽考，并删去卷首及附录闲文所形成的一个新版本。

全书末附录左宰序（文字同乾隆三十七年刻本）、方宗诚《重修和州游定夫先生墓碑记》。

此本内容较简洁，卷六《遗文遗诗》共收录文 9 篇，①其中《朝奉郎彭公墓志铭》一篇不见于他本，其题下有小注云："按和州陈廷桂《历阳典录》补载，此文注云'见游定夫诗文集'，而文远本未载，今补附于此。"另有朱笔抄补一篇，题为《上范忠宣公书》，补写于卷五之末、卷六《遗文遗诗》之前，盖因卷六末无空白处。其题下小注云："此首见宋巾箱本《四朝名臣言行录》卷第四。"②收诗 12 题 13 首，与四库本收录诗作数量和篇目完全相同，仅六言绝句《山中即景》一首的位置略有差异。

《现存宋人别集版本目录》按语曰："胡玉缙《四库提要补正》云：'是集当以是本为最完备。'"读其方宗诚、游智开识，及正文各卷中之解题、小注等，亦可知其校勘之勤。

关于该本的底本，笔者认为当非游智开识语所云"乾隆丙寅（十一年）校刊本"，而应为乾隆三十七年刻本。理由如下：其一，取之与诸本对校，发现其与乾隆十一年刻本有不少差异，而与乾隆三十七年刻本文字基本相同。盖因乾隆三十七年刻本序、跋的落款时间均为"乾隆丙寅"，③使游智开误以其为乾隆十一年刻本，且乾隆三十七年刻本序文及书内题名皆以文远为主事，故方、游二人均曰"裔孙文远"刊本。其二，方序曰"旧本卷首及附录之闲文尽为删削"，则旧本卷首、附录中收有大量闲文，该特征亦与乾隆三十七年刻本相符。其

---

① 《奏士风疏》《陈太平策》《孙莘老易传序》《家谱后序》《书明道先生行状后》《宣义胡公墓志铭》《跋陈居士传》《朝奉郎彭公墓志铭》《祭陈了翁文》。
② 该本内另有多处硃笔校记，引宋巾箱本《四朝名臣言行录》校改原文。
③ 沿用乾隆十一年刻本的板片，题款时间未变，但对序、跋的具体文字做了改动。

三,游智开识语云此底本为"某某太守所藏先生集四卷",其卷数与乾隆三十七年本不符,反与乾隆十一年本相近,但笔者认为太守所寄示的"四卷"可能并非完帙,因卷六《遗文遗诗》下小注云"今文远刻本止文八首,诗十三首",而乾隆十一年刻本仅收录文6篇、诗2首,乾隆三十七年刻本之后的游酢集收录其文的数量都达到8篇以上,可见此"四卷"当非全书。

不过,此本中收录了《家谱后序》一文,其题下小注云:"按,公裔孙文远刻本注云:'见省城谱序,嗣考。'"据此,其底本收入此文。然乾隆十一年刻本中收有此文,中国人民大学藏乾隆三十七年刻本中却未收录。但人大藏乾隆三十七年刊本有缺叶,或许正好缺了此文,此处有待进一步与吉大藏本核实。

另,莫友芝《郘亭知见传本目录》载有"《游廌山集》四卷。宋游酢撰。乾隆丙申裔孙刊。同治丁卯游智开重编,刊于和州,较清整。"①后者即指该版本。而乾隆丙申为乾隆四十一年,此本未见著录,此处"丙申"当为"丙寅"(乾隆十一年)之误。

同治六年刻本经方宗诚等人整理,删去了游氏后人编刻本中杂糅的大量他人诗文,面貌较清整;又参校了多种版本和他书征引,具有一定的参考价值。

(七)《游廌山先生集》八卷,清同治九年游凤台刻本

北京大学图书馆藏有两部。其中索书号 X/810.51/3818 之本为完帙,半页9行行20字,白口,单黑鱼尾,左右双边。内封题"宋游文肃公全集,三山后学李青谨题"。有左宰序、王杰序、朱珪跋,其中王杰序的落款与此前各本略有差异。② 书末附有游凤台的志语,云:

> 凤台祖文肃公生当宋代……惟考其著述,向传十有四卷,但因时代屡易,风霜损之,兵燹伤之,其所存者,寥寥无几。噫!良足慨已。纵乾隆中间经族伯祖端柏等广采旁搜,仅得十卷,汇成一册,而原书终难复觏……况自迩年来,粤逆猖狂,陷我井里,而族伯祖所修藏板又毁于火,凤台奉宪命从事行间,几历十余载矣,军书络绎,戎马仓皇,未及从容辑修,重付刊刻……幸今者沅陵吴桐云观察莅闽,台携钞本请序,当荷鉴裁。旋以编次未当,转商诸孙大尹,而删其繁复,定其篇次,撮成八卷,付台寿诸梨枣。俾览是集者,庶因文见道,即小见大,谓是书作全集观焉可矣。且以俟后之君子,或从群言别集中搜捕增入,则固台之幸也。至疏忽之罪,台何敢辞。惟冀有识者鉴谅台之苦衷,而庶免失传之诮云尔。同治九年岁在庚

---

① 《藏园订补郘亭知见传本书目》第三册,第117页。
② 该本为"乾隆乙酉仲冬月韩城后学王杰敬序",此前各本为"乾隆乙酉仲冬谷旦钦命提督福建学政翰林院修撰韩城后学王杰序"。

午仲秋月中澣五日裔孙凤台谨志。

游凤台所言"经族伯祖端柏等广采旁搜,仅得十卷",从上文的考察来看所言不确,十卷本应是道光二十一年游钟琳等人重编之后才出现。此后游氏藏板又毁于战火,至同治年间由游凤台再次将钞本删定、编次,重新付刻。因此,八卷本为最晚出之本。

该本页码格式不统一,且有缺叶、重叶现象。卷一为本传、像赞、年谱等相关资料,卷二为《易说》《诗二南义》,卷三为《论孟杂解》,卷四为《中庸义》,卷五为《二程语录》,卷六为文集,收录游酢之文20篇,[①]赋1篇,[②]卷七为诗集,收录其诗13题14首,[③]卷八为附刊,将道光二十一年及同治三年刻本中杂糅在游酢诗文当中的大量他人诗文集中附录在此。可见该本确实经过重新编次,较上述两种版本体例清晰。

北大图书馆藏另一部《游廌山先生集》(索书号:Y/9112/3411.37),著录为"清乾隆十一年(1746)游氏重刊本",然取之与上述北大藏本对比,发现其行款版式、序跋、目次、实际篇目均与上本完全相同,仅阙书末的游凤台志语。其页码格式、缺叶重叶情况亦完全相同,但此本卷八有两处手写补叶,所补内容不见于目次,盖原本并不缺叶,而刻工对页码的疏忽导致藏书人以为缺叶,故据他本补文。北大图书馆将此本著录为乾隆十一年刊本,应是由于卷末志语的缺失,著录时仅据左宰序的落款时间来断定版本,因而致误。

同治九年刻本为游氏后人重新编刻游酢文集中最晚出的版本,虽体例清晰,但毕竟晚出,且断板、漫漶、缺叶等情况较严重。

三、现存版本关系及版本源流图

游酢文集在清代经后人一次次重编、重刊,产生了诸多版本。为进一步明晰上述诸本之间的关系,笔者将各本收录诗文的情况进行了比较,并对年谱和诗文集中的部分文字进行了校勘。

其一,各版本收录游酢诗文的情况如下:

---

① 《太平策》《士风疏》《贺正表》《皇太后圣节贺皇帝表》《贺皇太后生辰笺》《孙莘老易传序》《叙述姓氏》《答谢显道论学书》《答胡康侯借佛书周易》《答吕居仁辟佛说》《静可书室记》《书明道先生行状后》《祭陈了翁文》《撰含山县乡贤祠祝文》《跋陈居士传》《宣义胡公墓志铭》《杖铭》《方竹杖铭》《扇铭》《廖节妇哀辞》。

② 《拟招赋》。

③ 《接花》《韩魏公读书堂》《钱贺方回分韵得归字》《归雁》《感事》《春日山行有感》《游宝应寺》《宝应寺读书堂成因怀明道先生》《山中即景》《水亭》《在颍昌寄中立(二首)》《登归宗岩》《诲子》。

乾隆十一年刻本	乾隆三十七年刻本	四库全书系列本	清钞本	道光二十一年刻本	同治三年刻本	同治六年刻本	同治九年刻本
文6篇	文18篇、赋1篇①	文7篇	文6篇、赋1篇	文21篇、赋1篇	文21篇、②赋1篇	文9篇③	文20篇、赋1篇
诗2首④	诗10题11首⑤	诗12题13首	诗15题16首	诗15题16首	诗13题14首	诗12题13首	诗13题14首

通过对各版本收录诗文之数量、篇目及篇次的具体比较,可以发现:乾隆十一年刻本与四库底本互有差异;乾隆三十七年刻本、道光二十一年刻本对诗文篇目进行了增补;来源不明的清钞本在内容上更接近乾隆三十七年刻本;游氏后人在同治三年、同治九年重辑重刊时,有篇目佚失;同治六年刻本则删繁就简,基本与四库本保持一致,亦有少量增补。

其二,笔者对各本《年谱》中涉及游酢诗文作品系年的部分文字进行了比勘,发现乾隆十一年刻本中《年谱》的文字与其余各本有较大的差异。

乾隆十一年刻本	其余各本
(绍圣)四年丁丑,公四十五岁,筑廌山草堂(双行小注:即倡学处,其草堂前原有田米壹拾伍箩),著《易说》《诗二南义》《论语杂解》。	
元符元年戊寅,公四十六岁,著《中庸义》《孟子杂解》。	元符元年戊寅,公四十六岁,在制,筑草堂于廌山之麓,著《论孟杂解》《中庸义》。
二年己卯,公四十七岁,服阕,调泉州签判,筑水云寮,杂著。	二年己卯,公四十七岁,正月服阕,再调泉州签判,筑水云寮于武夷之五曲,为讲论之所。著《易说》《诗二南义》。
三年庚辰公四十八岁,赴泉州任。十一月以徽宗即位,覃恩改承议郎,拜赐绯衣、银鱼袋,召还为监察御史。作《士风论》。	三年庚辰,公四十八岁,赴泉州任。十一月上皇即位,召还为监察御史。徽宗建中靖国元年辛巳,公四十九岁,官御史,论《士风》。

---

① 因阙叶可能有遗漏。
② 据目录统计为16篇,而国图藏本实阙2篇,东大藏本实阙4篇。
③ 其中《朝奉郎彭公墓志铭》一文不见于他本,小注云据陈廷桂《历阳典录》补载。
④ 其中《廌山草堂诗》文字内容同他本题名《诲子》之诗。
⑤ 因阙叶可能有遗漏。

其中,中国人民大学藏乾隆三十七年本中《年谱》的字体与其前后篇目不同,前后为秀丽的长方体字,而《年谱》部分为横细竖粗的方体字。因此,年谱部分的文字改动与左宰序的文字改动,均发生于乾隆三十七年重编刊之时,并为此后的游氏后裔刻本所继承。

其三,笔者对游酢的诗文集部分进行了校勘,发现了一些重要异文,可为梳理现存各版本之间的渊源关系提供进一步的佐证。文集中的部分异文列表如下:

篇目	文句	异文
《论士风奏疏》	宁陋穷终身不得闻达而不敢以败名,(则)廉耻之俗成而忠义之风起矣。	有"则":乾隆十一年本
		无"则":其余各本
《家谱后序》	独不敢少有侵假,令/使支系混淆,世次紊乱。	"令":四库系列本
		"使":乾隆十一年本、同治六年本
《宣义胡公墓志铭》	重然许/重然诺	"许":四库底本、文津阁四库本、乾隆十一年本、乾隆三十七年本、道光二十一年本、同治九年本
		"诺":文渊阁四库本、①清钞本(有改动痕迹)、同治六年本
	子男五人,二早卒。安国朝奉郎,新莝/新差/亲老权发遣提举江南东路学士。安止、安(老/定)皆幼。	"新莝""安止安老":四库底本、乾隆十一年本、乾隆三十七年本、道光二十一年本
		"新差""安止安":文渊阁四库本
		"新差""安止安定":文津阁四库本
		"新□""安止安老":清钞本
		"新莝""安止安":同治六年本
		"亲老""安止安老":同治九年本("亲老"二字字体不同,有明显的改动痕迹)

---

① 此当为文渊阁四库本抄写时所改动。

续表

篇目	文句	异文
《书明道先生行状后》	伊川季先生与门人高**第/弟**既论其实矣	"第":四库系列本、同治六年本
		"弟":乾隆十一年本、乾隆三十七年本、道光二十一年本、同治九年本
	消息**满/盈**虚	"满":四库底本、文津阁四库本、乾隆十一年本、乾隆三十七年本、道光二十一年本、同治九年本
		"盈":文渊阁四库本、①同治六年本
《祭陈了翁文》	虑远而知者疑,**言/先**危而弱者警	"言":四库底本、文津阁四库本、清钞本、乾隆三十七年本、道光二十一年本、同治九年本
		"先":文渊阁四库本②、同治六年本
《跋陈居士传》	昔杨子云称蜀人之贤,以李仲元为**畏人/畏友/最今**想见其人……	"以李仲元为最。今想见其人":乾隆十一年本
		"以李仲元为畏人。想见其人":四库系列本、同治六年本
		"以李仲元为畏友。想见其人":同治九年本
	唯以生于远方,不闻于中原士大夫,独**因雄/见其书**而名载于后世。	"独见其书而名载于后世":乾隆十一年本
		"独因雄书而名载于后世":其余各本
	今陈居士含德隐厚,(竟)沈溟于七闽之下邑,未有能知之者。	有"竟":乾隆十一年本
		无"竟":其余各本
	此**于/为**名教,岂**小/少**补哉。	"此于名教,岂小补哉":四库系列本、乾隆三十七年本、道光二十一年本、同治六年本、同治九年本
		"此为名教,岂少补哉":乾隆十一年本
	政和二年孟夏中浣(**建阳游酢**)书。	"政和二年孟夏中浣书":四库系列本、乾隆十一年本、同治六年本
		"政和二年孟夏中浣建阳游酢书":同治九年本

① 此当为文渊阁四库本抄写时所改动。
② 此当为文渊阁四库本抄写时抄错或改动。

由表中所列异文可见，乾隆十一年本的文字往往有其特殊性，与其余各本不同；四库全书系列本大体相同，仅文渊阁四库本偶有改字，又通常为同治六年本所承；乾隆十一年本、乾隆三十七年本、道光二十一年本有较明显的承袭关系；同治九年本文字亦有其特殊性。

上述诸篇文章亦为一些宋元古籍所收录或征引，可援引他书进行校勘。例如，《论士风奏疏》一文又见于《宋文鉴》《诸臣奏议》，其首句"天下之患莫大于士大夫，至于无耻，则见利而已，不复知有他"，游酢文集现存版本均无异文，而《宋文鉴》及《诸臣奏议》中此句作"臣闻天下之患，莫大于士大夫无耻。士大夫至于无耻，则见利而已"，句中多出"无耻、士大夫"五字，文义更为晓畅，然今存各本皆脱此五字，盖涉上下文而误。"不复知有他"，《宋文鉴》同，而宋刻元明递修本《诸臣奏议》作"不复知有义"，可见游酢文集现存版本的文字渊源或同《宋文鉴》，而异于《诸臣奏议》。

《书明道先生行状后》一文又见于《二程遗书附录》《宋名臣言行录外集》[①]《伊洛渊源录》等，异文处诸书引作"消息满虚"。《宋文鉴》收录《祭陈了翁文》，异文处引作"言危"。以上皆可证文渊阁四库本之改字，而又为同治六年本所承。

现存各本中《跋陈居士传》一篇文字差异较大，该篇又见于杨时《龟山集·陈居士传诸公附跋》。四库本《龟山集》于上述异文分别引作"畏友""独因雄书""此于名教岂小补哉""孟夏中浣建安游酢书"，而万历刻本《龟山集》则作"畏人"。可见游酢文集乾隆十一年本的文字最为特殊，与他本不同；四库底本的文字有其渊源，或承自明代；而同治九年本或参考了《龟山集》的四库本进行校改，故文字亦与他本有异。

诗集部分，现存游酢文集各版本之间的差异仅为异体字。《两宋名贤小集》卷一三一《荆斋诗集》中收录游酢之诗6首，分别为：《归雁》《感事》《在颍川寄中立》[②]《游宝应寺》《山中即景》《宝应寺读书堂成因怀明道先生》，均为上述各本中所有。与上述诸本对校，则有一些异文，如《感事》中"风急鹰鹯迅"一句，名贤本作"风激鹰鹯迅"；《宝应寺读书堂成因怀明道先生》中"水净天光彻底清"一句，名贤本作"水净天花澈底清"；《在颍昌寄中立》一诗，名贤本作《在颍川寄中立》，可供校勘参考。

综上所述，可以得出如下结论：

其一，作为游酢集现存最早的两种版本之一，四库底本与乾隆十一年刻本有多处较为显著的文字差异，二者应为两个独立流传的版本系统。

---

① 〔宋〕李幼武《宋名臣言行录》外集卷二，《景印文渊阁四库全书》本。
② 仅有第二首，且无小字注。

其二,文渊阁及文津阁四库本大体与四库底本相同,但文渊阁本和文津阁本之间尚有少量异文。文渊阁本有几处改动或抄漏、抄错,造成的文字差异有的为其所独有,有的为同治六年刻本所承袭。文渊阁及文津阁四库本与乾隆十一年及三十七年刻本的差异,说明四库馆臣未见游氏家藏本及其刊本。

其三,乾隆三十七年刻本在重编时,多数直接用旧版重印,文字同于乾隆十一年刻本;《年谱》部分文字有所改动,结果是与四库本相同,盖其修订过程中参考了他书资料或当时所见的另一版本。

其四,国图著录为"抄四库本"的清钞本,并非抄自四库全书,其面貌更接近乾隆三十七年刻本,或为其重编的版本来源之一。

其五,此后游氏后裔重刻本基本递相沿袭,但可能在流传过程中书版遭到了一定的毁坏,造成不少漫漶不清处,故重修时产生了一些新的异文;或是参校了他书,改动了部分文字。

其六,同治六年和州官舍本收录诗、文情况及异文均与四库本更为接近,当是主要参校了四库本,并据之改动游氏后裔所刊底本。

据此,可画出游酢文集的版本源流图如下:

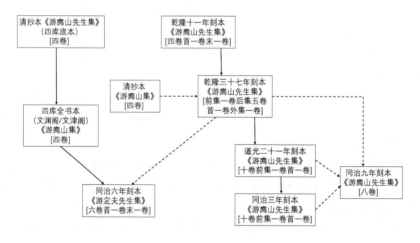

四、游酢文集的整理与研究

游酢文集的点校本,现有福建省姓氏源流研究会游氏分会、闽台文化交流协会南平分会编《宋·游酢文集》,仅以同治九年游凤台刻本为底本进行点校、翻译。由上文可知同治九年刻本可供参校,但不适合作为底本。现存游酢文集中来源较早的是四库底本和乾隆十一年刻本,重编收录诗文较多的是乾隆三十七年刻本和道光二十一年刻本,经后人校勘整理、较为清整的是同治六年刻本和同治九年刻本。笔者认为游酢文集的点校当以乾隆三十七年刻本为底本,以四库底本为主要参校本,酌校乾隆十一年本、道光二十一年本、同治六年本等。

诗文集部分,综合上述版本,共可辑录出游酢之文 24 篇,①诗 15 题 16 首。②《全宋诗》收录游酢之诗 19 首,③其中前 14 题 15 首为上述各版本中所录,另外 4 首及一残句辑自其他材料,而五言绝句《禽言不如归》一首未录。《全宋文》以同治六年刻本为底本,④参校四库本,共收录上述二本中所存游酢之文 9 篇,⑤另辑佚文 2 篇。⑥ 编辑者未见游氏后裔系列刊本,故未收录其后裔陆续增补之文。当然,上述所辑诗文是否确为游酢本人所作,亦有待考证和辨析。

游酢文集在清代的重刻历程和衍生路径,为我们研究宋人文集在清代的重新编刻提供了一个很好的例证。同时,也从一个侧面折射出清代官方对于理学思想的重视,以及民间对于家族文化传承的责任感。本文对游酢文集版本的梳理和考察,或可为学者将来进一步的研究提供参考。

附记:本文在写作过程中,得到了杨芳、陈乐、马泳娴三位同学在代为目验部分版本及记录版本信息方面的协助,谨此致谢。

---

① 《士风论》《家谱后序》《跋陈居士传》《天禄阁校书刘先生像赞》《书明道先生行状后》《宣义胡公墓志铭》《贺正表》《皇太后圣节贺皇帝表》《贺皇太后生辰笺》《陈太平策》《叙述姓氏》《孙莘老易传序》《答谢显道论学书》《答胡康侯借佛书周易》《答吕居仁辟佛说》《静可书室记》《廖节妇哀辞》《祭陈了翁文》《杖铭》《方竹杖铭》《扇铭》《乡贤祠祝文》《朝奉郎彭公墓志铭》《上范忠宣公书》。

② 五言古风《接花》、七言古风《韩魏公读书堂》、五言律诗《饯贺方回分韵得归字》《归雁》《感事》、七言律诗《春日山行有感》《游宝应寺》《宝应寺读书堂成因怀明道先生》、五言绝句《禽言不如归》、六言绝句《山中即景》、七言绝句《题河清县廨》《水亭》《在颍昌寄中立(二首)》《登归宗岩》《诲子》。

③ 北京大学古文献研究所编《全宋诗》册一九卷一一四三游酢诗,北京:北京大学出版社 1991 年版,第 12908—12910 页。

④ 四川大学古籍整理研究所编《全宋文》,上海:上海辞书出版社、合肥:安徽教育出版社 2006 年版,第 123 册,第 163—176 页。

⑤ 《奏士风疏》《陈太平策》《孙莘老易传序》《家谱后序》《书明道先生行状后》《跋陈居士传》《宣义胡公墓志铭》《朝奉郎彭公墓志铭》《祭陈了翁文》。

⑥ 《题张元斡大父手泽后》《字韦许深道说》。

如如居士颜丙生平与著作版本考述*

许红霞**

【内容提要】 如如居士颜丙,是南宋时在闽西北至东南一带地方民间宗教中有一定影响的人物,其故事长期在民间流传,逐渐被赋予神话传奇色彩。其著作有多种版本流传,但大都存于国外,中国仅存有残本。本文根据所掌握的文献资料,从民间传闻及演绎、其著作文本所载真实面貌两方面对颜丙的生平事迹加以辨析探讨,并对所见其著作的六种版本详加考述,分析其特点,总结其版本源流。提出了与国外学者研究的一些不同观点和看法。

【关键词】 如如居士 颜丙 生平 著作 版本

如如居士颜丙(?—1212),是南宋时起在闽西北至东南一带地方民间宗教中有一定影响的一个人物,时人称其有"掀天声价"。[①]其故事在民间流传,明清时期更赋以神话传奇色彩。他在世时著作已刊行天下,后又有多种不同版本流传,并传入朝鲜半岛、日本等地。但南宋史籍中现并未见有关其情况的记载,其著作目前国内也仅见存有残本,也未见有国内学者对其加以研究并发表有关研究成果。国外已见最早有日本学者椎名宏雄所发表的论文《宋元版禅籍研究(四)——如如居士语录·三教大全语录——》,[②]主要对京都大学图书馆所藏三册本《如如居士语录》、谷村文库本和京都建仁寺两足院藏《重刊增广如如居士三教大全语录》三个本子的情况、内容加以介绍,并提醒研究者注意此书对研究大慧派思想禅风及宋代福建地方佛教礼仪、民间行事等方面的资料价值。之后日本学者永井政之发表了论文《南宋における一居士の精神

---

* 本文为国家社会科学基金项目《宋僧诗文集在日本的刊刻流传研究》(项目批准号:15BZW115)阶段性成果。

** 本文作者为北京大学中文系、北京大学中国古文献研究中心长聘副教授。

① 《如如居士坐化语录》卷一《请疏》。日本京都大学图书馆藏本。

② 载日本印度学佛教学会所编集出版之《印度学佛教学研究》第二十九卷第二号第251—254页,昭和五十六年(1981)出版。

生活——如如居士颜丙の場合(一)、(二)》,①对颜丙的生平传记、三教观、职业观等加以研究。美国哈佛大学 Alan Gerard Wagner 于 2008 年 5 月提交的博士论文"Practice and Emptiness in the *Discourse Record of Ruru Jushi*, Yan Bing(D. 1212), a Chan Buddhist Layman of the Southern Song"("南宋一位佛禅居士颜丙的《如如居士语录》中所呈现的实践与空无的思想"),首次把颜丙的著作介绍给西方学者,其论文包括对颜丙生平事迹、著作版本、思想渊源、特点等内容的研究,还分主题对文本部分内容加以英译并解析探讨。这三位东、西方学者的研究成果对于我们对如如居士颜丙的进一步研究都有很重要的参考价值。但是在对文本资料的掌握、解析上,②对一些问题的认识上,笔者与以上三位学者还有一些不同,觉得有必要写出来,与大家共同探讨,也有必要把如如居士颜丙的情况及其著作内容向国内的研究者加以介绍,并以此作为引玉之砖,引起更多学者对此课题的关注和进一步研究。

一、如如居士颜丙的生平事迹

(一)民间传闻及演绎

如前所述,如如居士颜丙应当是在闽西北至东南一带地方民间宗教中颇具影响的一个人物,在正统的文献典籍中很少有关他生平事迹情况的记载,惟见有较具体记载的是福建历代的方志。现所见最早有关其生平事迹的记载是明弘治《将乐县志》卷十四:

> 元 如如居士,顺昌人,颜氏子。宋末举子,辞儒入释。元初过将乐万安都,见下洞庵毁,鸠材将建,所少者梁也。张氏之墓侧一梓木,大可合抱,求之,弗许。是夕,风雷拔之,因鹜为梁,自题曰:"灵根不肯混凡柴,天意移将福地来。向日亲逢霹雳手,今朝果作栋梁材。"其庵又废几百载。正统间,有华和尚者,志于复兴,因除瓦砾芜秽而偶得梁,外朽而中坚,所题之字,墨汁入木,至今俨在新梁之间。有《语录》并《六时净土文》行于世。③

这则资料可以说是真伪相参。其中所讲如如居士为顺昌(今福建顺昌县)人,

---

① 可译为《南宋一居士的精神生活——如如居士颜丙的情况》,载日本《驹沢大学仏教学部论集》第十五号第 202—227 页、第十六号第 170—192 页,分别于昭和五十九、六十年出版。

② 如《如如居士语录》已知现存六种版本,而日、美三位学者只利用了现藏于日本的三种版本,对藏于日本的另一种版本则未加利用,而对藏于中国和韩国的两种版本则只字未提。

③ 〔明〕李敏《(弘治)将乐县志》,明弘治十五年(1502)修,十八年刻本,页二。

曾为"举子","辞儒入释","有《语录》并《六时净土文》行于世",皆是实情。但把其时代定为"宋末元初",则是错误的,当是传闻所致。如如居士颜丙卒于南宋宁宗嘉定五年(1212),详见下述。而其中所述如如居士"鬻木为梁"的故事,或许是实有其事,但已为如如居士本人增添了一些神奇色彩。其后正德《顺昌邑志》卷八有如下记载:

> 元 如如居士,姓颜,讳丙,字守中。母死,葬狮子峰,庐于墓侧。苫块土室之类近存,峰前后巨木皆其手植。后悟禅学,至邵武清凉寺坐逝。子孙以其榇归葬狮子峰墓侧。有遗《六时净土文》传于世。①

同书卷一"狮子峰"条下又载:

> 在县南,以形似名,上有禅院并如如居士墓。②

此书中的记载总体来说应当是客观符实的,它提供了一些不同于弘治《将乐县志》所记载的、有关如如居士生平的更具体的资料,如其名、字、逝地及其与狮子峰的密切关系等,并突出了其为母尽孝的事迹。遗憾的是此书也误把如如居士定为元人。之后的明、清福建方志中,也有其生平事迹的记载,或同弘治《将乐县志》,或同正德《顺昌邑志》,都未超出这两种书籍所载内容的范围。如嘉靖《延平府志·地理志》卷二、崇祯《闽书》卷二十、乾隆《福建通志》卷六十、乾隆《延平府志》卷三十一等等。③而乾隆《顺昌县志》卷十则把前两种资料合二为一,并于清代情况稍加补充:

> (宋)如如居士,姓颜名丙,字守中。宋末举乡试,母死,葬狮子峰,庐墓。苫块土室之类犹存,峰前后巨木皆其手植。后弃儒入释,过将乐万安都,见下洞建庵,缺正梁。张氏墓侧有合抱梓一,求之弗得。是夕,风雨拔之,因鬻为梁,居士题其上曰:"灵根不肯混凡柴,天意移将福地来。向日亲逢霹雳手,今朝果作栋梁材。"后庵圮。正统间新之,于瓦砾中得旧梁,外朽内坚,所题字渍入木不没。后至邵武清凉寺坐逝,子孙以其榇归葬母墓侧。康熙甲辰,邑人何纯子登其墓,常住号憨子者,建言欲以其地为四众塔,因述其始末,严止之,得存所遗。有《六时净土文》行于世。④

其中自"康熙甲辰(三年,1664)"之后的一段叙述,是此书的补充,说明康熙三

---

① 〔明〕冯性鲁《(正德)顺昌邑志》,明正德十六年(1521)刻本,页三四下。
② 同上书,页一五下。
③ 此书为〔清〕傅尔泰《(乾隆)延平府志》,清乾隆三十年(1765)刻本。又有同治十二年(1873)重刻本,日本学者永井政之、美国学者 Alan Gerard Wagner 皆只见到并使用同治本,其内容与明弘治《将乐县志》所载相同。
④ 〔清〕陈铁《(乾隆)顺昌县志》,乾隆三十年刻本,页九。

年时如如居士的墓还存在。此书不仅补充了资料,还把"如如居士"列入"宋"人之列,说明其编纂者进行了精细的考核。其后嘉庆《顺昌县志》卷十、民国《顺昌县志》卷二十等记载都与此书相同。这说明如如居士的故事自宋代以后民间一直流传。方志作为一种史料记载还是比较严谨的,但是也不排除其根据有传闻因素,所以大多数方志把其列为元人,而对其"礕木为梁"故事的记载,则为如如居士增添了一些神奇色彩。

而另一方面,明清时流传的一些民间宗教经卷文献关于如如居士故事的记载,则完全是一种文学作品的演绎。现所见有《佛说如如居士度王文生天宝卷》《如如老祖化度众生指往西方宝卷》两种。① 这两种《宝卷》的创作年代不详,前者原卷多破损缺字,末尾也有残缺,没有刊刻年代,主要以唱词和白文构成,唱词前多标明诸如《桂枝香》《黄莺儿》《驻马听》《绵答絮》《金字经》《傍妆台》等词牌和曲牌名,并根据故事的进展分为若干部分,如"如如居士埋没在清凉山修行分第一",②"如如居士师徒二人下山分第二","如如祖师在大贤庄度王文分第三","如如居士度王文同妻修行分第二十"③等等。后者字迹清晰规整,末尾有"大清光绪元年越郡剡比孙兴德公室喻氏重刊愿祈国泰民安版存杭州钱塘门外昭庆寺印造"的版记。由唱词和叙述文字组成,但唱词多为七言韵语,与前者不同,也没有标分为若干部分,而是一直贯通到底。两种《宝卷》中所出现之人物、故事情节有所不同,但其主要人物和故事及所宣扬的思想是相同的。故事主要讲如如居士以因果报应、六道轮回之说,劝导一个叫王文的富绅修行念佛,往生西方极乐世界。经历了王文起初归信佛法,后又反悔破戒,饮酒食肉杀生,被打入阴司地府见十阎王,受尽各种苦刑,又被如如居士救出地狱,还魂返阳间,出家修道,最后坐化,归于西方极乐世界的过程。故事中如如居士大显神通,甚至被看成"如来"的化身,还称其说教为"如如教",可见如如居士在民间宗教中是颇具影响力的。其中的人物及故事情节当是文学作品的虚构,但其所宣扬的佛教思想确是如如居士思想的一个组成部分。

(二) 真实面貌

而关于如如居士生平事迹,除了以上透漏的一些消息外,主要还是从现今流传的著作中找到踪迹。现存《如如居士语录》卷首有南宋光宗绍熙甲寅(五年,1194)正月谢师稷所作的序:

> 历观今昔士大夫之角者,往往游戏禅林三昧。……如如居士得古人

---

① 载王见川、林万传主编《明清民间宗教经卷文献》第六册,台北:台湾新文丰出版公司,1999年。
② "第一"二字原因破损而缺,为笔者据其后体例而补。
③ 原落"士"字,据文意补。

之旨趣,不以三举连捷以为眷恋之具,忽朝猛省,参彻雪峰可庵,拂袖于千峰顶上,诛茅结草,长育圣胎。又将四方所求禅语以广其传,上欲续佛命根,下乃开凿人天眼目。暮有因是而打发向上巴鼻者,其不能无补于天下后世。见其出入三教,殊无一毫之拘,安得不以是而归之?①

谢师稷字务本,邵武(今属福建)人。孝宗淳熙中为福建提刑,以守法除弊为己任。又领漕事,于民多惠政。②他与如如居士颜丙当为同时之人。这段文字为前述其"辞儒入释"作了很好的注脚。文中还讲到其"参彻雪峰可庵""出入三教"。关于其"参彻雪峰可庵"之事,明洪武年间(1368—1398)僧人居顶所编撰的《续传灯录》卷三十四目录中于大鉴下十八世"可庵然禅师法嗣"下有"如如居士颜公",但注明正文无录其人。③永乐十五年(1417)释文琇所编撰之《增集续传灯录》卷一于大鉴下十八世"可庵然禅师法嗣"下亦有"如如居士颜公",但无录其具体事迹,只录了他所作"颂赵州见南泉话""颂子湖狗话"两首颂。④明释道忞所编《禅灯世谱》卷五"南岳下临济宗杨岐法派世系图"中于十七世"雪峰慧然"下录有"颜如如居士"。⑤清彭际清所编《居士传》卷三十一有"如如居士颜丙"的传,但也只说"雪峰然公嗣也","著《劝修净业文》行于世",并录其《三教咏》与《颂子湖狗话》。⑥而在《如如居士语录》中,对其参雪峰慧然禅师及其他禅学活动则有相对较为具体的记载。如《如如居士三教语录》丙集卷一中有"见尊宿参问门",是由其随侍僧惠进等人所编录,包括《见雪峰可庵》《见府中即庵》《见雪峰一大禅》《见福泉尊宿》四部分内容。《见雪峰可庵》⑦云:

> 居士于弱冠之余,留意灯窗,因编节夫书,偶于放笔顷,豁然顿悟。直寻觅身心,了不可得,生大欢喜。后谒雪峰可庵禅师求证。师一见便云:"飏却甜桃木,寻山摘醋梨。居士不去享富贵,却来这里寻个村僧作么?"居士遂呈悟处。师云:"我不妄说,我一见居士来,预知汝有这事,果然果然。此是居士凤劫从海惠中带来,我门禅和子,三二十在江海上走,不得到你这般田地。可善自护持,从今后,但依本而行将来,愈久愈明。"居士答云:"这里无本可据。"师云:"恰是。"后数日闲,师却云:"我欲问你一件事。"士云:"好。"师举二十余件公案作一句问云:"拈却你悟处,你揔作么生?"居士一时下语不契。师笑云:"你这般参禅,如我福州人作《蜻蜓诗》

---

① 《如如居士语录》,京都大学藏谷村文库本。
② 事见〔明〕陈道《(弘治)八闽通志》卷六十《祠庙》、卷七十《人物》等。
③ 《大正新修大藏经》第51册No. 2077。
④ 《卍新纂续藏经》第83册No. 1574。
⑤ 《卍新纂续藏经》第86册No. 1601。
⑥ 《卍新纂续藏经》第88册No. 1646。
⑦ 原落"可"字,据目录补。

相似:蜻蜓蜻蜓,飞来飞去不曾停。被我摘了四翼,恰似大铁钉。"师云:
"我适间分明与你个断情识底刀子,还会么?"士数日做肚肠不成。所谓作
颂下语,谈玄说妙,自知其罪。一日,上堂告师云:"别人参禅学道得道,某
此番来,却是折本归去。"便问讯而退。师云:"且喜参禅长进。"令成侍者
夜送颂曰:"赤骷髅穷无窖子,胸中富有五车书。自从飏下毛锥后,活泼泼
如盘走珠。"①居士辞出门,同行黄道问士云:"如何是佛?"答云:"耸汉乔松
夹道青。"当初凤山圆照和尚劝士云:"居士既得悟了,更须见人始得。"及
士三山回,作颂以谢之云:"把髻投衙日,蒙师赐一刀。断除情与识,划却
佛和魔。饭是米来做,眉分八字毛。知音更相问,抚掌笑呵呵。"师肯之。②

福州雪峰寺的可庵慧然禅师是临济宗杨岐派大慧宗杲禅师(1089—1163)的弟子,宗杲所作的《正法眼藏》,就是由慧然和另一弟子冲密根据宗杲居衡阳时酬答衲子的请教而随手抄录而成的。③ 文中讲到如如居士二十余岁时,曾为求取功名而灯窗苦读,偶因编书放笔而豁然顿悟,且详细记载了他参谒雪峰慧然禅师求证的过程。之后他回到家乡,经过几十年时间,又到建宁府开元寺参即庵禅师,得到即庵的认可。《见府中即庵》一文也详细记载了其参谒过程:

> 后归乡数十年,少有知音可语此道者。不免到建宁府见即庵和尚。即庵乃灵隐密庵之上足也。……师升座云:"延平如如居士三试皇都,大章屡验。偶因放笔,彻悟大事,遍历丛林,饱参知识,却被可庵收下,针芥相投,当有颂以证之。大众,居士未到此间,已闻大名。及乎到来,一下问着,果然是我家里人也。后与黄居士之顺昌山县,却有个佛种在那里面爆出来。"阖府城请居士就水西圆容庵,请士煎点,却请即庵相伴。大众既集,师出袖中颂以赠之,普呈大众,颂云:"之乎者也忽穿通,三教由来揔一同。倒着襕衫翻裹帽,更于何处觅庞公。"

即庵禅师事迹不详,文中讲到其为"灵隐密庵"之上足。密庵当指释咸杰(1118—1186),号密庵,福清(今属福建)人。出世后历住衢州西乌巨山乾明禅院、衢州大中祥符禅寺、建康府蒋山太平兴国禅寺、常州褒忠显报华藏禅寺、临安府径山兴圣万寿禅寺、临安府景德灵隐禅寺、明州太白名山天童景德禅寺七名刹,其受请住临安府景德灵隐禅寺,是在孝宗淳熙七年(1180)六月至十年八月之间。十一年,归老于天童,十三年六月示寂。年六十九。他是临济宗杨岐派虎丘绍隆一系著名禅师应庵昙华的弟子,其法系为圆悟克勤→虎丘绍隆→

---

① 原落"走"字,"珠"误抄作"殊",据《如如居士语录》甲集卷四引此颂补、改。
② 《如如居士三教语录》,京都大学图书馆藏三册本,简称京大本,以下引文若无特别标明,皆出自此本。
③ 见《正法眼藏》卷一宗杲语。《卍新纂续藏经》第 67 册 No. 1309。

应庵昙华→密庵咸杰。①但令人疑惑的是,查检禅宗的灯录、世谱、宗派图等资料,密庵咸杰的弟子中并未见有称"即庵"的。日本学者永井政之在其论文中对此"即庵"作了推测,认为其或者是破庵祖先的嗣法弟子、密庵咸杰的法孙"即庵慈觉",但这与文中所述"密庵之上足"并不吻合。他还推测"密庵"或许是大慧宗杲的弟子密庵道谦,但是道谦并未当过灵隐寺的住持。笔者以为"密庵"应当是释咸杰,但"即庵"肯定不是释慈觉,因为在《如如居士语录》甲集卷四"证据门"中也载录了上文中所引的即庵赠如如居士之颂,题为《建宁府开元寺即庵然老颂赠居士》,②可见此即庵被称为"即庵然"。至于其法名全称及其他情况,还有待进一步研究。引文中称其"三试皇都",可见其辞儒入释之前,曾多次到京城参加科举考试,应皆未考中。其参见即庵之前,在禅林已有一定的声名。

《见雪峰一大禅》中讲到"居士向来在本邑胡宰处作馆",有一称作俊和尚者告诉他"雪峰此庵在此,可请普说",文中记述了如如居士造访雪峰此庵于宝月庵,并请其为众普说的一段对话。"雪峰此庵"事迹不详。永井政之没敢肯定,提出有可能是大慧宗杲的法嗣此庵守净禅师,曾住福州西禅寺。但笔者以为不大可能,因为根据《续古尊宿语要》卷五《此庵净和尚语》首无垢居士张九成于绍兴己卯(二十九年,1159)所作的序,此时此庵守净已去世。

《见福泉尊宿》主要记载了如如居士参福州西禅寺的中庵禅师及泉州城一老僧的经过。大鉴下第十八世、教忠晦庵弥光禅师法嗣有中庵慧空禅师,曾住泉州府法石寺,淳熙甲午(元年,1174)三月示寂,俗寿六十九。③如果如如居士所见是中庵慧空的话,则必在淳熙元年三月之前。他在参见了福州西禅寺的中庵禅师之后,被"款留方丈数日",后告辞前往泉城,受到一老僧的勘验,双方经过多个回合的问答,如如居士占据上风,他嘲笑老僧道:

> 老僧失却一只眼,不识茶橐唤作盏。大法不明要辨人,须是更吃三生饭。咄,当初将谓是收燕破赵之才,子细看来,原来只是贩私盐的村汉。

这说明此时如如居士的佛学修养已经达到了较高的水平。可想而知,经过此事之后,如如居士在当时泉州佛教禅林的声名和影响一定会增强。文中还讲到"其余诸方饱参尊宿及城内外具眼居士,无不知音"。如如居士还曾经在泉州城进行讲经等佛教活动。在《如如居士语录》丙集卷二,就专门设了"泉城讲

---

① 事见《密庵和尚语录》及末附宋葛邲撰《塔铭》。《大正新修大藏经》第 47 册 No.1999。
② 此处录即庵颂二首,其二云:"可庵室里呈检索,建水溪边采急流。透过约斋关捩子,归来更吃老拳头。"
③ 见〔宋〕释正受《嘉泰普灯录》卷二十一《中庵慧空禅师传》。《卍新纂续藏经》第 79 册 No. 1559。

经门偈颂",从《第一日偈》至《二十一日偈》皆有记录,后面还有一首《散讲日普说偈》,每首偈后有一首颂。其《九日偈》首二句云"今朝十月初一日,龙象交参尽云集",说明如如居士在泉州城讲经的时间至少是从某年的农历九月二十二(或二十三)日至十月十三日,其《散讲日普说偈》末两句亦云"相逢正值何时节,恰是阳和十月天"。但此次在泉州城的讲经活动是否和在泉州城参见一老僧为同一次时间,目前还无法考知。他还作有《题泉州北山闻思岩》《咏留丞相梅岩二十奇泉州》等诗歌,①当也是他在泉州期间所作。

此外,从其《语录》中所收录的他与当时僧俗赠答的诗歌赞颂,也可了解到其交往活动情况。如《如如居士语录》甲集卷四"证据门"就载有《上天竺勅赐右街鉴义辉光颂赠居士》《福州大日山舒老和可庵颂上居士》《雪峰禅和子赞居士参可庵》《廖贡士赠居士岩隐》。其中《廖贡士赠居士岩隐》云:

> 知君弱岁气若牛,三把琴书上帝州。丹桂岂曾□愿望,红尘不肯竟淹留。童包宇宙三千界,迹寄烟霞最上头。昨夜团栾消息好,月凉星淡鬼神忧。

诗中也谈到他弱岁曾怀抱雄心壮志,多次进京参加科考而未中。后脱离红尘而寄迹烟霞。

在同卷"诗颂门"还有《赠成禅人住五台》《赠张道参禅》《答建宁严居士》《赠建宁府李长者》《赠建宁府吴居士》《送周廖二人行脚》等。

在《如如居士坐化语录》(别集)卷一、卷二"坐化门",记载了如如居士临终前的一些活动情况。卷一首有《如如大居士结夏邵武清凉禅院升堂演法坐化语录序》云:

> 即心是佛,无言可传。垂世立教,无言不传。……如如居士颜公,少学周孔,切有志于功名。俄而水冷云闲,究心内典,真积力久,灵府洞然照破三千大千世界,一切有为无为,包罗胸臆。公方且不忍独善其身,时或托诸翰墨,为世俗觉迷返正。其言近,其旨远,使人随其资品,皆知进道之门。至与吾党酬接,则又援引圣经,贯穿佛教,不专谈苦空而已。和会三家,该通一理。其诸昔者双林大士之途欤。是其言不可废也。闻中解符蜀郡,遁迹丘园,万里征尘,思接谈麈一麾之。而公结庐聚徒于狮子峰顶,殆将老焉。书三遣而始临,日七阅而遽逝。云驭茫茫,不复可睹。惟猊座两升,鸿音数条,言犹在耳。……旧所刊行《语录》,既已流播天下,有孚颙若,谅末后一着,尤喜闻而愿见之,讵可以无传?况夫死生大变,颠倒迷惑者固无足道,其间号为神识不乱,往往强自支持于寝室中。惟公当场说

---

① 见日本京都建仁寺两足院藏写本《如如居士语录》卷十。

法,朗然精明,一语触机,应声而去,非有道者能之乎! 是其言尤不可废也。著之方册,用广发挥。嘉定壬申六月中浣,朝散郎、前知叙州军州主管劝农事、沿边溪洞都巡检使借绯鱼袋俞闻中序。

"嘉定壬申"即嘉定五年(1212)。俞闻中,字梦达,邵武人。从学朱熹,登淳熙八年进士第。① 叙州相当于今四川宜宾一带。文中讲到如如居士悟道以后,"时或托诸翰墨,为世俗觉迷返正",在和士大夫相酬接时,不专主佛教,而是和会儒释道三家,该通一理。俞闻中从蜀地解职返乡,想请如如居士前来说法,此时居士在其家乡顺昌"结庐聚徒于狮子峰顶",打算终老于此。俞闻中用了三封书信邀请他,如如居士才来到邵武清凉禅院,但过了七天就去世了。序文后还载录了俞闻中邀请如如居士前来的一封书信即《请疏》,后有一封居士的亲笔回信,写于三月份,称自己"仰沐令叔安抚龙图、宣义道契,不以草茅晚进见逐,曲赐躬临,《疏》意过褒,汗愧无地"。但他主要是担心客丧他乡,所以不敢远出。这封回信实际上是婉言谢绝了前往。从此回信中我们也可看出如如居士与俞闻中的叔父辈之前可能也有交往。但是到六月中旬,居士还是应邀来到了邵武清凉禅院。别集卷二详细记载了从入院开堂至六月十五日说法中坐化,每一天的活动情况。如(初九日)在开堂仪式后,一名叫"了善"的僧人说"愿闻不二门,请阐第一义",就开始了与居士的很长一段问答。初十日,见安抚,继谒淡谷宣义四次,然后入寺坐云堂示众。"安抚"及"淡谷宣义"当是俞闻中叔父辈人,具体情况无法考知。七日之中,他们之间多次交谈。十一日早晨,"憩于诗礼堂之万壶有道,众来参甚虔",后又入寺接受学徒的请教。"诗礼堂"当是在寺外供接待客人的居所,如如居士晚上就住在那里。十二日,在云堂示众。十三日,先在诗礼堂说法,又入寺示众。十四日,"赴安抚供席间",开始了与安抚的一段对话,我们不妨来看看:

(安抚)问云:"学道须还出家人,火宅尘劳,终是难得清脱。"(士)答曰:"随顺一切世间而常行一切出世间法,此火宅中真方便也。今人舍此方便,一向只在火宅尘劳中头出头没,更无休歇。若能回光返照,发无上菩提心,及至出来应世接物,只以事处事,不以心处事,事未来时心下清凉,事来时也依旧清凉,如此用工,蓦忽地彻悟,烦恼而菩提,无明即大智,更无障碍,洞然与太虚为一。唯佛之一字,亦只是外物,何用毁形易服、灭人伦、绝祭祀方谓之修行学道,佛亦不教人如此。只说应以佛身得度者,即现佛身为说法;应以宰官身得度者,即现宰官身为说法;应以比丘、比丘尼、优婆塞、优婆夷得度者,即皆现之而为说法。

---

① 事见〔明〕黄仲昭《(弘治)八闽通志》卷七十《人物》。

从中我们不但可以了解到他的佛学思想,还可以看出他是如何开示宰官士夫的。当时淡谷宣义也在席间,也向他提问并得到回答。十五日,先在诗礼堂说法,后入寺"时或应酬宾客",午食后与众人在会星亭休憩。时有一叫何妙惠的人召集境内三百余人在法堂礼净土,请居士说法,居士答应了,但是起身之前,又对众人说:"昔有宗师遇日者讲命,师曰:'人命可延乎?'日者曰:'如修福施财,作种种功德,则命实可延。'师又曰:'命可促乎?'日者曰:'天有定数,命岂可促?'师云:'吾促命与汝看。'实时端然而逝。"说完后,慢慢进入云堂盥漱易服,众人备香花法乐迎其出来升座,他上座后索话云:"竿木随身,逢场作戏。莫有善佛法底出来结缘也无?"僧了善上前说道:"今朝六月一十五,吹大法螺击法鼓。阐开维摩丈室门,便见儒林三角虎。"并礼拜。然后,就开始向居士请教。当了善说道"恁么则变大地为极乐之国,回真心于浩劫之初"时,居士即点头云:"如是如是。"随即"端然而化"。这就是他坐化的过程。之前他为众人讲"一宗师遇日者讲命"的事情,其实也就预示着他要圆寂了。人们经常把禅师能否准确预见自己圆寂的时间,看做是其道行深浅的标志,所以俞闻中在序中对其"末后一着",也认为是值得一书的事情。此处僧了善点明了其最后说法圆寂的时间是"六月一十五",俞闻中的序作于嘉定五年六月中旬,应当是居士刚去世之后,所以其坐化时间应当是嘉定五年农历六月十五日。

另外,永井政之论文中根据《如如居士语录》己集卷三中有《荐女婿》《荐母小祥》《荐父五七》,卷四有《荐长子溺水》,认为是居士自己遭遇了女婿之丧、七十八岁母亲之丧、六十二岁父亲之丧、长子溺水而死的事故。但是笔者以为这不一定都是指居士自己的亲人。因为在《语录》其他各处还有不少类似文字,如《语录》丙集卷四有《荐母并媳妇课经建灯》《荐母百日礼九品》《荐子六七母四七礼忏》等等,乙集卷四"追荐疏意门"、卷六"抛偈祝愿门"也有类似文字。这正是如如居士作为民间宗教代表人物的作用所在。《语录》中内容的一个重要特点就是显示出其实用性,除了这些荐亡的文字外,还有诸如保平安、祝愿官员、士、农、工、商、老人、小儿、僧道、祈男、祈蚕等等。这些可能都是居士为大众所写,很难分清哪些是为自己的亲人而作。

二、如如居士颜丙的著作

为了使世俗"觉迷返正",如如居士颜丙写下了不少文字,这些文字被编集成书而流传于世,上述引文资料里提到的有《语录》和《六时净土文》。《六时净土文》在《如如居士三教语录》丙集卷一可看到。他还注释过《金刚经》,在现今流传的明正统三年(1438)洪莲重刊本《金刚经注解》中,引用了五十三家注解,其一就是如如居士颜丙的注解。据笔者统计,此书四卷中,引用到颜丙注解的共有五十六处。① 下面主要阐述《语录》的编纂流传情况。

（一）目录记载

根据前引谢师稷序,其《语录》在光宗绍熙五年(1194)已成书。俞闻中序中也讲到"旧所刊行《语录》,既已流播天下"。说明颜丙在世时其《语录》就已刊刻流传。但南宋晁公武《郡斋读书志》、陈振孙《直斋书录解题》及元代所编《宋史·艺文志》等书中并未见记载。现所见主要是明代公、私藏书目的记载。②《文渊阁书目》卷四"寒"字号第一厨"佛书"部分载有"《如如居士语录》一部一册""《如如三教大全语录》一部一册""《三教语录大全》一部一册""《三教语录》、《六祖坛经》一部一册"四种。③ 其中最后一种可能是与《六祖坛经》合在一起的。明晁瑮《晁氏宝文堂书目》"佛藏"类著录"《如如居(士)三教大全》",④明徐𤊀《徐氏家藏书目》卷三子部释类著录"《三教语录》",⑤明赵琦美《脉望馆书目》"余字号不全旧宋元板书"也著录"《如如居士三教大全》",书名后还注明了"欠四卷以后",说明是残本,但是宋元板。⑥ 从中我们可以看出其《语录》在明代流传着各种不同的版本,有《如如居士语录》《如如三教大全语录》《三教语录大全》《三教语录》《如如居士三教大全》等五种不同的名称。

日本的目录书中也有关于《语录》的记载。在著录日本京都东福寺藏书、以《千字文》顺序分类排列的《普门院经论章疏语录儒书等目录》一书的"闰"字号下,著录有"《如如居士录》三册";"光"字号下著录"《如如居士语》七册"。⑦ 永井政之认为颜丙的语录很可能是圣一国师圆尔(1202—1280)带到日本,⑧是有道理的。日僧圆尔辨圆于日本四条天皇嘉祯元年(1235,南宋理宗端平二年)入宋,历访天童、净慈、灵隐等名寺,后登径山,师事无准师范禅师并成为其法嗣。在宋七年,于仁治二年(1241,理宗淳祐元年)返日,后为京都东山东福寺开山祖师。⑨ 他在由宋归国时曾带回经论章疏、语录、儒书等数千卷,藏于京都

---

① 见《卍新纂续藏经》第 24 册 No. 0468。
② 关于明代书目中的著录情况,日本学者椎名宏雄《宋元版禅籍の研究》是最早进行记载的。日本:大东出版社 1993 年 8 月版,第 463—464、477—480 页。
③ 《文渊阁书目》,《景印文渊阁四库全书》本。
④ 〔明〕晁瑮《晁氏宝文堂书目》,上海:上海古籍出版社,2005 年,第 205 页。原落"士"字。
⑤ 〔明〕徐𤊀《徐氏家藏书目》,上海:上海古籍出版社,2014 年,第 278 页。
⑥ 冯惠民、李万健等选编《明代书目题跋丛刊》下册影印抄本。北京:书目文献出版社,1994 年。
⑦ 〔日〕高楠顺次郎编《昭和法宝总目录》第三卷第 969 页下、971 下页。日本:大正一切经刊行会,1929 年。
⑧ 见〔日〕永井政之《南宋における一居士の精神生活——如如居士颜丙の场合(一)、(二)》,注(2),第 225 页。
⑨ 事见〔日〕释虎关师炼《元亨释书》卷七净禅三之三,〔日〕释师蛮《本朝高僧传》卷二十《京兆慧日山东福寺沙门辨圆传》。

东福寺普门院的书库,他自己曾编了一部三教典籍目录,可惜已佚失。1353年由东福寺第二十八世大道一以整理该寺院所藏书而编成《普门院经论章疏语录儒书等目录》,①一般认为即圆尔辨圆所带回书籍之目录。虽然笔者认为现所见此目录中的一些书籍并非是辨圆带回日本的,②但辨圆入宋时,颜丙的语录已经刊刻流传于世,所以笔者赞同永井政之的意见,觉得其语录由辨圆带回日本的可能性很大。而在日本京都《建仁寺两足院藏书目录》中,也有颜丙语录的著录。此书目的"第四十四番"有"《如如语录》洪武一;《如如居士录》写一"的记载。③至于其流传缘由,还有待进一步研究。

如如居士颜丙的《语录》也流传入朝鲜半岛,但何时传入的,我们目前还无法考知。全寅初教授所主编的《韩国所藏中国汉籍总目》子部即著录《如如居士语录》一册,木刻本,编者、刊年皆未详。④ 为韩国精神文化研究院(现韩国学中央研究院)所藏。其内容详见下述。

根据《中国古籍总目》的著录,中国国内目前只有国家图书馆藏有如如居士颜丙的《语录》,但是个残本,只存八卷。详见下述。

(二) 所见版本

目前笔者所见颜丙语录版本有六种,即日本京都大学图书馆藏三册本(简称京大本)、中国国家图书馆藏本(简称国图本)、日本京都大学图书馆谷村文库藏本(简称谷村本)、日本京都建仁寺两足院藏明洪武十九年(1386)翠岩精舍刊本(简称洪武本)、韩国精神文化研究院藏本(简称韩本)、日本京都建仁寺两足院藏写本(简称写本)。这六种版本各有不同的情况和特点,现分述如下。

1. 京都大学图书馆藏《如如居士语录》。抄本,⑤分为天、地、人三册。全书又分为甲、乙、丙、丁、戊、己、别集共七集。第一册包括甲集四卷、乙集六卷;第二册包括丙集五卷、丁集四卷;第三册包括戊集六卷、己集四卷、别集五卷。全书共三十四卷,是目前所见收录颜丙语录最全的一个本子。每集内又根据内容分为不同的门类,共有五十五门,其中甲集"诸文门"、丁集"颂释教门"皆分为上下两卷;戊集"谕世诗偈歌颂门"、别集"坐化门"也各分为两卷。详见下表所示:

---

① 参见严绍璗《汉籍在日本的流布研究》第一章第三节第43页。南京:江苏古籍出版社,1992年。
② 参见拙文《〈普门院经论章疏语录儒书等目录〉所载书籍传入日本的时间之辨疑》,《普门学报》第33期,高雄:台湾佛光山文教基金会2006年5月。
③ 〔日〕高楠顺次郎编《昭和法宝总目录》第三卷第982页上。
④ 〔韩〕全寅初编《韩国所藏中国汉籍总目》,韩国:学古房,2005年,第1050页。
⑤ 椎名宏雄先生推定为日本室町期古写本。

册	集	卷一	卷二	卷三	卷四	卷五	卷六
一（天）	甲	诸文门（上）☆①#②	诸文门（下）☆#	传灯门☆	证据门 诗颂门		
一（天）	乙	音声佛事门	放生科仪门 施食科仪门	陈意散语门 一年景散语门	诸般回向门 引亡魂入浴门 追荐疏意门	涅槃法语门	诸家伏愿门 抛偈祝愿门
二（地）	丙	修礼六时净土文门 见尊宿参问门	泉城诵经偈门#③	圣诞疏门 妙题善会门 伏愿忏悔门	开堂疏门 化披剃门 化法衣门 建水陆门 追荐疏门	化缘起造门 杂化门 化斋粮门 化桥路门	
二（地）	丁○④	颂儒教门	颂道教门	颂释教门（上）	颂释教门（下）		
三（人）	戊	诸谕世文门	谕世诗偈歌颂门	谕世诗偈歌颂门	谕世偈颂门	器物赞偈门 题访警诫门 涅槃法语门 谕世劝诫门#	谕世警诫门 警世歌颂门 化缘疏头门#
三（人）	己○	修行方便门☆#	善恶劝诫门※☆	僧俗疏意门 吉凶灯疏门※☆	诰牒疏语门 序跋诸语门 致语口号门※☆		
三（人）	别	坐化门	坐化门※⑤☆	（拾遗）偈颂门※☆	六道轮回门※☆	荐拔门 诸般回向门#	

分类并不十分合理，有些同属一类的内容，分在不同的类中，如《举棺》《挂真》，在乙集入于卷五"涅槃法语门"，而在别集则置于"荐拔门"。有些类目重出，如乙集卷四、别集卷五皆有"诸般回向门"；乙集、戊集卷五皆有"涅槃法语门"；乙集、丙集卷四皆有"追荐疏（意）门"。全书以墨笔小字书写，字体有隶书燕尾之风，很多字笔画轻省，不易辨识。第一册卷首有谢师稷序，序文半页八行，行十四字，无界。然后是甲集的目录，首行写"如如居士语录目录"，接着有三行字

---

① "☆"表示谷村本、洪武本有此卷。
② ♯表示写本有此卷部分内容。
③ ♯表示写本有此卷。
④ "○"表示国图本有此集。
⑤ "※"表示韩本有此卷。

写到:"此文乃如如居士所著,其中多大藏真诠,教外密旨,混于其间,大足以超凡入圣,次足(以)殖福种慧,①总括三乘,兼修万行,辞简意尽,便于览悟云。"颇有广告词之意味。每集前都有本集各卷的详目,但也常见正文有标题而目录漏抄者,目录中也常有漏字、错字。甲集至己集,抄写行款都是每半页十四行,行二十五字。而别集部分则是每半页十三行,行二十二至二十三字不等。别集的卷一俞闻中序是半页九行,行十四字。《请如如居士疏》是半页十二行,行十七字。《居士亲笔回札》是半页九行,行十四字。别集部分当是后来补入的,保持了原书原文的行款格式。书中有些文字并非颜丙所著,而是从他书转引。如甲集卷三"传灯门"的《释迦佛总偈》,就标明《延光集》载。② 己集卷二目录中题为"善恶劝诫门",而正文中则明确标为"道释三藏经善恶报门",其中很多文章都是引自道、释各种经典,且在文末标出。书中前后内容也偶有重复,如甲集卷四"证据门"的《雪峰可庵即证颂》《建宁府开元寺即庵然老颂赠居士》,"诗颂门"的《参可庵归颂》,又见于丙集卷一之"见尊宿参问门"中的《见雪峰可庵》《见府中即庵》。

此书还有不少问题,如乙集"追荐疏意门"的内容目录中置于卷五首,而正文中其实是在卷四末。丁集目录中卷四包括"三教论门""三教无诤门""敬僧门"三类共八篇文章,但卷四的正文中并无此部分内容,而是作"颂释教门下"。戊集卷六目录中"谕世警诫门"下有《诫张罗网捕禽》,但正文中并无此文,而是置于卷五的"谕世劝诫门"下。而且卷五、卷六正文中大部分都未标明门类。有些地方发生了严重的窜乱,丙集卷四"建水陆门"中的《忏桥建水陆会》《宝月长老五七追荐》《五通生辰水陆》三篇及"追荐疏门"中的《女荐父礼弥陀》《女荐母夫荐妻三七建灯》两篇正文中未见,而是窜入卷五"杂化门"中的《化茶》文之前,而卷五《化茶》文前又缺《为三圣开光》至《化未开路》共十四篇。戊集卷六的"谕世警诫门"下的《诫射禽杀水族》窜入同卷"警世歌颂门"下《悟了歌》之后。更甚的是别集正文中居然出现了两个卷五部分,其中前一个卷五主要是由丙集卷五的"化缘起造门"全部及"杂化门"的一部分窜入重出造成的。

此书每册封面题签为"如如居士语录",但书中每集各卷题写书名不尽相同。第一册的甲集、乙集,第三册的己集,各卷皆题书名为"如如居士语录"。第二册丙集卷一则题为"如如居士三教语录";卷二首行题"如如居士语录",末尾则题"如如居士三教语录";卷三、四、五皆题"如如居士语录"。丁集各卷则皆题"如如居士三教语录"。这种做法一可能是为了突出内容,如丁集各卷分

---

① "以"字原无,据谷村本补。
② 《延光集》不知何人所著,宋以后人的书籍中常有引此书内容的,《文渊阁书目》佛书"寒"字号第一厨著录有《延光集》一部二册,今未见此书。

别是颂儒、道、释三教的内容;再者可能说明有些部分曾经单独成书流传,后来才把其汇集在一起,所以还保留了原书的名称。前述目录书中记载有多种书名就是例证。第三册戊集题作"如如居士增入丹霞先生语录",关于"丹霞先生",永井政之认为似乎是对如如居士的尊称,① 也就是说,二者为同一人。瓦格纳沿袭永井的观点,认为二者为同一人。并进一步阐述认为丹霞山在广东北部,是著名的禅学中心,正好位于颜丙的家乡福建省南部,所以此集当是他退居该地时所创作的作品而单独编成的。② 瓦格纳把"如如居士增入丹霞先生语录"直接译为"The Additional Discourse Record of the Gentleman Who Entered [Mount] Danxia"。如如居士是否到过丹霞山,现在未见到任何资料记载,如果戊集的作品是他在丹霞山所作的话,那么此集的标题完全可以标明,但为什么要标写"丹霞先生语录"呢?这个标题给人的感觉似乎如如居士与丹霞先生并非一人。从戊集的内容看,虽然和如如居士语录其他部分有相似之处,也有三教合一的思想,但其中绝大部分都是以诗颂的形式来劝诫世人,觉迷返正,不像如如居士语录其他部分有很多为民众生老病死所作的实用性的作品。且其中他称自己为"丹霞野人"。③ 笔者以为二者是否是同一人,还不能骤下结论。但戊集内容原是独立的一部分,后编入此书是无疑的。别集卷一、二皆题为"如如居士坐化语录",明显是根据其所收内容而定的。卷三至五则题为"如如居士语录"。第二卷末尾有"门人讷斋了了野汉张守一敬跋",其后还写有"二卷终"三字,说明别集的前两卷原为一体,主要讲述颜丙至邵武清凉山说法而坐化的事情。而卷三目录中明确写着"拾遗",故卷三以后的部分当是编者搜集了已成书的如如居士语录以外的作品,与前两卷合在一起编成了别集,又与其他部分合成一书,成为今天我们所见的样子。此书中只有丙集卷一"见尊宿参问门"下署"随侍僧惠进等编录",④丁集卷首署"住狮子峰参学小师僧慧进编",其余部分编者不详。

2. 中国国家图书馆藏《如如居士语录》。明刻本,每半页十行,行二十字,四周双边,有界,黑口,上、下双鱼尾,鱼尾相对,文字端正清晰,可惜此书为一残本,现只存丁集四卷,己集四卷,共八卷,二册。经笔者核对,内容与京大本完全相同,可以用来与京大本相校勘,改正京大本的错字,补充其落掉的内容。如丁集卷一《儒教五十三颂》之七京大本有"张九成状元谒胡文定公问治身修

---

① 见〔日〕永井政之《南宋における一居士の精神生活——如如居士颜丙の场合(一)、(二)》,第204页。
② 见〔美〕Alan Gerard Wagner: *Practice and Emptiness in the Discourse Record of Ruru Jushi, Yan Bing (D. 1212), a Chan Buddhist Layman of the Southern Song*,第38页,笔者根据英文译为中文。
③ 卷四《述怀谕世颂》。
④ 永井政之把"惠"字误为"愚"字。见其论文页205。

心之道一日登厕因思恻隐乾坤共一家正恁么时谁会得岭头脚痛有玄沙"。明显有读不通之处。与国图本相校,可知京大本"隐"字与"乾"字之间落了"之心仁之端忽闻蛙声汗下大悟颂曰春天月下一声蛙撞破"二十四字。京大本中许多难以辨识的字通过此本也得以解决。

3. 日本京都大学图书馆谷村文库藏本。刻本,分为上下两卷,无刊刻年代。正文每半页十六行,行二十八字,四周双边,有界,黑口,上下双鱼尾,鱼尾方向皆朝下,上鱼尾下写书名简称及卷数,下鱼尾下写页码。文字规整,排列密集,个别地方字有残缺。首有绍熙五年谢师稷所作序,但序末谢师稷署名内容要比京大本详细,署为"旹绍熙甲寅正月上元日太中大夫集英殿修撰致仕陈留县开国男食邑三百户谢师稷序",而京大本只署为"绍熙甲寅正月上元日师稷序"。序后目录首行题"重刊增广如如居士三教大全语录",第二至四行也有一段如前述京大本中所有的如广告词一类的话。卷上包括"诸文门上""诸文门下""传灯门""修行方便门""善恶报应门""因由门"六门五类。分别相当于京大本的甲集卷一至三、己集卷一至二、别集卷二的内容。但是其"因由门"有残缺,如如居士在邵武清凉禅院第十五日上堂说法,僧了善礼拜,进云"镇海明珠初出水,今日当场借一观",之后的一段对话直至坐化以及其门人张守一的跋语此本皆缺。卷下包括"偈颂杂著门""斋疏门""诰牒门""六道轮回门""诸天世界门""劫数世界门"六门,分别相当于京大本的别集卷三、①己集卷三、②卷四、③别集卷四的内容。但是此本"六道轮回门"《天道》文中窜入了"诰牒门"中自《金刚会过牒语》至《禳灾》共七篇文章的内容而重出一页。此本的"诸天世界门"是"娑婆世界三界图",由六张图组成。其后又有"劫数世界门",目录中并未出现此类,它包括了《明曩劫前事》和《纪混沌后事》两篇文章。

从以上叙述可以看出,此本上下两卷中包括了京大本甲集卷一至三、己集卷一至四、别集卷二至四共十卷的内容,但编排顺序与京大本不同。书名也不同,卷上正文首行题"如如居士三教大全语录",目录首行及卷下正文首尾行皆题"重刊增广如如居士三教大全语录",标明了是"重刊增广",又有京大本中所无的"诸天世界门"与"劫数世界门",可以看出它是一个与京大本和国图本源流不同的本子,可用来校勘京大本,改正京大本中之错字,补充其漏字,京大本中很多不易辨识之字得以解决,特别是甲集、别集部分,国图本所无,可用此本

---

① 京大本卷三在《剪发》两段文字后附有两首《偈》,但在第一首《偈》后又有《沙门不敬王者论出家》两段文字,占二十四行约四百八十余字,然后才接另一首《偈》,明显是插入的。而此本无此两段文字,而是两首偈连排,以"又"字区分。

② 其中此本"斋疏门"中的《上元》《荐母小祥》《灯疏》《荐父五七》四篇共一页内容前后页接连重出。

③ 其中《〈佛顶心经〉跋》与《施〈普门品经〉跋》两篇前后顺序与京大本相反。

来校勘。但此本也常出现错字,如"竿木"误作"等木","裯人"误作"楮人","实"误作"岂"等等。有些地方错字连篇,严重影响到对文意的理解,卷上"因由门"中的《入院开堂疏》《北面谨疏》等即是。所以在使用此本时,一定要小心谨慎。

4. 日本京都建仁寺两足院藏明洪武十九年翠岩精舍刊本,此即《建仁寺两足院藏书目录》中所载之洪武本一册。分为上下两卷。首有绍熙五年谢师稷序,序文半页十行,行十九字,行款格式、字体与谷村本完全相同。但书版有残损,如序文首页第十行最末一字为空白,而谷村本则作"夫"字,同行倒数第二字作"忘",但疑为后来补写,因字体风格与序文其他字不同,与谷村本此处"忘"字写法也不同,谷村本"忘"字风格与序文他字相一致。又此本序文最末行当有"开国男食邑三百户谢师稷序"十二字,缺"户谢"二字,"师稷序"三字亦明显为墨笔补写,故原缺"户"以下五字,"百"字有残,谷村本则未有残缺。序文后一页首行是"重刊增广如如居士三教大全语录目录"及详目,但缺"三教大全语录目录"八字,而谷村本未缺。目录部分此本行款为半页十五行,行二十四字,与谷村本相同,内容也相同。但此本目录部分也有残缺,首页第二行"此文乃如如颜居士所著其中多以大藏真诠教外密旨"二十二字中,缺"居士所著其中多以大"九字,却以墨笔手写"公居士所著其中多大"九字补之;第三行"混融于其间大足以超凡入圣次足以殖福种慧总括三"二十二字中,缺"足以超凡入圣次足"八字,亦用墨笔手写补之,谷村本则不缺。又此本目录卷上"善恶报应门"中缺"淫戒""十恶"二详目,也是书版残损所致,谷村本也不缺。但此本目录末半页有"诸天世界门"细目"娑婆世界图、无色界、色界、不还天、四禅天、三禅天、二禅天、初禅天、欲界、须弥山焰摩天图、佉提罗迦等山并诸地狱图"及"劫数世界门"细目"明曩劫前事、纪混沌后事",在此细目后隔行又有"洪武丙寅孟春翠岩精舍新刊"刊记,其中"洪武丙寅孟春"与"翠岩精舍新刊"各占三竖行,正楷大字,置于黑色长方形竖框中,两竖行大字间以界栏分开。"洪武丙寅"即洪武十九年,"翠岩精舍"是福建建阳的众多书坊之一,其主人为刘氏,其刻书"始元延祐至明成化"。[①] 刊记隔行是此半页末行,有"重刊增广如如居士三教大全语录目录"十六字。谷村本缺此整半页,上述此半页内容皆无,在上页目录末行为"诸天世界门",无细目及以下内容,而接着的一页是本书正文第一页"如如居士三教大全语录卷之上·诸文门上·见性成佛直指"的内容。虽然谷村本目录缺最后半页,除了没有刊记之外,书籍正文中目录最后半页所载细目内容皆有,且图画、字迹比此本清晰。正文部分每半页十六行,行二十八字,行款、内容亦皆与谷村本同。只是此本很多地方字迹笔画清浅漶漫,难以

---

① 叶德辉《书林清话》卷四,北京:北京燕山出版社,1999年,第113页。

辨识,且时有补写,谷村本则清晰可辨。不过谷村本时有缺页,除了上述目录部分的缺页外,在卷上末尾又缺半页,即前述其"因由门"残缺部分,此本则不缺。谷村本卷下"斋疏门"中《上元》《荐母小祥》《灯疏》《荐父五七》四篇共一页重出内容,此本则未重出。此本缺卷下"六道轮回门"《天道》文的末十三行及《人道》文前十九行共一整页,而谷村本则在此本所缺位置增入了"诰牒门"中自《金刚会过牒语》至《禳灾》共七篇文章一整页的内容而造成重出,后面又紧接《天道》文的末十三行及《人道》文前十九行一整页。故其实此处此本所缺内容谷村本并未缺,只是由于其增入"诰牒门"中的自《金刚会过牒语》至《禳灾》的一页内容而使《天道》文的内容被割裂而造成混乱。除了以上所述两个本子的残缺、重出之处有别外,其他内容则相同。从行款字数、边框界栏、版口、鱼尾、字体等情况看,这两种版本都极其相似,故椎名宏雄先生认为这两个本子是同一版,并否认了一直以来人们认为谷村本是元版的说法。[①]但如果拿这两个本子仔细比对的话,还是可以发现序文至书籍正文,一些文字笔画的细微处是有些不同的。比如序文第二行末尾"超脱"的"脱"字右边"兑"字最上面两笔谷村本连笔而写,此本则分为两笔写;最下面两笔谷村本分别于中间"口"字的左、右下角起笔,即"儿"字两笔分开,中间的空隙较大,而此本最下面两笔皆从"口"字的右下角起笔,即"儿"字两笔的起笔是在同一位置,合在一起的。第五行"老"字下面的"匕""归"字左边最后一笔写法也明显不同;第六行"曾"字最上边两笔谷村本也一笔连写,而此本则分作两笔写;第八行"唐"字上面"广"字头的写法也明显与此本不同。正文首页第七行"流"字左边"氵"谷村本一笔连写,此本则分开写;第十二行的"法""海"二字左边"氵",谷村本下两笔连写,此本则分开写而未连笔;第九行"犹"字左边"犭",谷村本两撇位置靠上离得很近,此本则处于正常位置;第十五行末尾"快乐"之"快"字,谷村本右边写成了"央",与此本明显不同。笔者认同椎名宏雄先生关于谷村本并非元版的判断,但笔者以为谷村本与此洪武本并非同一版,而是洪武本的覆刻本。正是由于谷村本是覆刻本,因其所用底本模糊不清或刻写者态度不认真,才会导致出现错字甚至时而错字连篇的情况,如前面提到卷上"因由门"中的《入院开堂疏》《北面谨疏》等处即是。又比如卷上"善恶报应门"中《恶报并善报附末》一文的后半页第一行"鞭杖捶打"四字中"鞭"误为"更","捶"误为"垂";第五行"蛇"误为"虵";第七行"猿猴"误作"远作","憍"误作"橘","怀"字左边误作"扌";第九行"中"误为"军","堕蛆蚊飞蛾中以上出梁武忏"误作"堕蛆及气娄甲以主出梁武戟",未分出正文与小字注文,且十二个字中错了六个字;第十二行"战鬪"误

---

① 见〔日〕椎名宏雄《宋元版禅籍研究(四)——如如居士语录·三教大全语录——》,《印度学佛教学研究》第二十九卷第二号第254页。

作"五間";第十四行"怖"误作"布","恐懼"误作"四擢";"见诸患若起慈愍心"误作"见者患者起慈改心"。从以上所举谷村本误例中可看出,有些错误的产生可能是因为所据底本字迹模糊不清所致,但有些明显是只写了字的一部分,如上述"更、垂、布"等字,有些字错得莫名其妙,完全没有考虑到文字所表达的意思,显示出刻写者文化水平不高且态度不认真。但以上谷村本误处此本皆不误,所以笔者认为谷村本是洪武本的覆刻本。对于谷村本目录部分所缺的有"洪武丙寅孟春翠岩精舍新刊"刊记的那一页,椎名宏雄先生认为是刊者出于某种意图而删除了有刊记的一页,笔者十分赞同,这大概也是一直以来它被看做是元刊本的主要原因吧。谷村本虽然有不少误字,但由于此洪武本在刊刻时原版残损、漫漶之处较多,而谷村本所用底本相对来说很多地方字迹清晰,所以可以用这两种版本进行比对校勘,同时,这两种版本也可以用于对京大本的校勘。总之,谷村本是洪武刊本的覆刻本,与此本属同一系统。

5. 韩国精神文化研究院(现韩国学中央研究院)藏本。木刻本,编者、刊年未详。每半页十行,行二十字。四周单边,有界,黑口,上、下双黑鱼尾,鱼尾相对,字体规整秀美,但个别版面可能因刻板被磨损而字迹不清晰。此本可惜也是一残本,只存卷五至卷十共六卷五十五页,一册。此本扉页从右至左有墨笔竖写的八行字,有些字不能辨识,依次是"归□石□□正外""庆尚道有□者银海南庵性勋谨书""军官李□""初九日""曹才汗　□□□""奴□男　归□□□外""姊化良　归丐名　□""　□□今　□□□　海人　单"。①

其卷五首行题"如如居士语录卷之五",内容相当于京大本己集卷二全部。

其卷六首行题"重刊增广如如居士坐化语录卷之六",内容相当于京大本别集卷二"如如居士坐化语录"。但其卷六第二行有"因由门"三字,而京大本则是"再请方赴"四字。

其卷七首行题"重刊增广如如居士三教语录卷之七",内容相当于京大本别集卷三,其卷七第二行标"偈颂杂著"四字,而京大本作"偈颂门"。但此本同洪武本、谷村本,也没有前述《沙门不敬王者论出家》两段文字。

其卷八首行题"重刊增广如如居士三教语录卷之八",内容相当于京大本"如如居士语录"己集卷三。

其卷九首行题"重刊增广如如居士三教语录卷之九",内容相当于京大本"如如居士语录"己集卷四,但其中《〈佛顶心经〉跋》与《施〈普门品经〉跋》两篇前后顺序同洪武本、谷村本。

其卷十首行题"重刊增广如如居士三教语录卷之十",内容相当于京大本"如如居士语录"别集卷四,但是此卷为残卷,卷末缺《畜生道》一文末尾四十

---

① 以上未能辨识者以"□"表示。空格原书即有。

二字。

从以上叙述可以看出,此本六卷中包括了京大本己集卷二至四、别集卷二至四,但是其编排顺序与京大本不同。如果我们以京大本为参照,把此本、谷村本相当于京大本内容的次序排列出来的话:

此本:己集卷二→别集卷二→别集卷三→己集卷三→己集卷四→别集卷四

谷村本:甲集卷一至三→己集卷一→己集卷二→别集卷二→别集卷三→己集卷三→己集卷四→别集卷四

很明显它与谷村本后面部分的排列顺序和内容完全相同,因为此本现存部分是从第五卷开始的,而谷村本从甲集卷一至己集卷一正好是四卷,由此我们可以推断此本前四卷的内容很可能就是谷村本前面的内容(即相当于京大本从甲集卷一至三、己集卷一的内容)。至于此本卷十后有无谷村本的"诸天世界门"与"劫数世界门"两部分内容,因为卷十已为残卷,我们也不得而知。但是可以看出此本与洪武本、谷村本属于同一源流。只是洪武本、谷村本分为上下两卷,而此本应该有十卷或更多。其书名比洪武本、谷村本少"大全"二字,应是不同时期刊行的本子。与国图本、洪武本、谷村本一样,由于此本大多数内容字迹清晰,也可用来校勘京大本。但此本也有错字,如"延光集"之"延"误作"迎","功德"之"功"误作"切","羚羊"之"羊"误作"年"等等。可能是因为其刊刻时所据底本为抄本,字迹不清,或者底本有误,也说明刊刻者文化水平并不高。

6. 日本京都建仁寺两足院藏写本。也即《建仁寺两足院藏书目录》中所著录的《如如居士录》写本一册。① 此本前述日、美两国学者都未加利用。它也是残本,存卷一、卷六、卷八至十共五卷,被判定为日本江户前期写本。此书封面题签作"如如居士录",卷首无序及目录,首页首行题"如如居士语录卷之一前集",卷一正文每半页十三行,行二十字。无版心及边框、界栏,字体工整娟秀。正文第二行题"诸文门　上",内容依次是《普劝发心文》《斋戒文》《见性成佛直指》《选佛快捷方式》《初学坐禅法》《回心向善》《藏眼语》《藏眼两边语》《为东岳作藏眼轮回图》九篇诗文,其中前四篇相当于京大本卷一"诸文门上"的部分内容,但排列顺序不同,后五篇相当于京大本卷二"诸文门下"的部分内容,排列顺序也不相同。而《初学坐禅法》中"久久"后无"纯熟自然打成一片"至"檀越何得以四威仪"之间的内容,当是欠缺一整页。

接下来的一卷首页首行题"增入丹霞先生语录卷六之七",正文每半页十三

---

① 此写本在《如如居士语录》后附抄有入日宋僧大休正念(1215—1289)法语十一页,合为一册。

行,行二十一字,比卷一每行多一字,字体也明显与卷一不同,当为另一人抄写。无版心及边框、界栏。第二行题"谕世门",以下内容依次是《警牛颂》《警猪颂》《警犭颂》《警羊颂》《警鸡颂》《警鹅鸭颂》《林泉通达歌》《悟了歌》《莫射飞禽莫杀水族》《善人论》《恶人论》《起桥疏》《砌路疏》十三篇诗文。相当于京大本"如如居士增入丹霞先生语录戊集"卷六"谕世警诫门""警世歌颂门""化缘疏头门"的全部内容,排列顺序也相同,但多出《善人论》《恶人论》两首诗歌,这两首诗歌在京大本中位于"如如居士增入丹霞先生语录戊集"卷五末尾,①且"论"作"谕"。

再下来一卷首页首行题"如如居士语录卷之八",正文每半页十三行,行二十三字,字体与上一卷相同,当为同一人所抄写。无版心及边框、界栏。第二行题"修行方便门",以下内容依次是《士大夫方便修行》《在家人方便修行》《武士方便修行》《公门方便修行》《医者方便修行》《工巧技术方便修行》《辛苦人方便修行》《妇女人方便修行》《老人方便修行》《少年方便修行》《屠者方便修行》《娼门方便修行》《出家人方便修行》《参请人方便修行》,与京大本《如如居士语录》己集卷一的内容、次序完全相同。

再下来一卷首页首行题"如如居士三教语录卷之九",行款格式、字体等皆与上一卷相同。第二行题"荐拔门",以下内容依次是《荐水府疏》《子荐母县主五七水陆疏》《女婿荐丈母县主六七水陆疏》《举棺》《下火》《撒土》《挂真》,又题"诸般回向门",内容依次是《回向三宝圣众》《回向一切护沙圣贤》《回向本命元辰》《回向一切神众》《回向声闻缘觉》《回向亡过父母》《回向在堂父母》《回向六道》《回向天道》《回向人道》《回向修罗道》《回向地狱道》《回向饿鬼道》《回向畜生道》《回向自己》。这与京大本《如如居士坐化语录》别集后一个卷五的内容、次序基本相同,但京大本别集后一个卷五缺《下火》《撒土》《挂真》三篇及"诸般回向门"标题和《回向三宝圣众》《回向一切护沙圣贤》两篇,这部分内容京大本置于别集前一个卷五的末尾。如前所述,京大本别集的前一个卷五主要是由丙集卷五的"化缘起造门"全部及"杂化门"的一部分窜入重出造成的。此写本在《回向自己》后又有"泉城讲经偈门",②署"侍者 普觉 编",从《第一日偈》至《二十一日偈》共二十一首,后面还有一首《散讲日普说偈》,每首偈后有一首颂。如本文第一部分所考述,当是如如居士约从某年的农历九月二十二(或二十三)日至十月十三日在泉州城讲经所诵偈颂的记录。这部分内容相当于京大本丙集卷二的内容,但京大本未署编者,且此写本在《第五日偈》与颂之间还有以下一段话,为京大本所无:

  谢。攀骚雅之逸驾,按龙象之遗躅。所闻益伟,所出益奇。强饭自

---

① 京大本目录中此两首诗位于戊集卷五"谕世劝诫门"下,但卷五正文中无"谕世劝诫门"门目。
② 京大本目录作"泉城诵经偈门",正文作"泉城讲经门偈颂"。

忧。道系时,时系人,不可诬也。知几守正,动静适义者也。自吾赘闲某处,所交者皆瑰伟识达之人也。与异时辐凑景从、之死不离清众者,一何乖剌也。丛林浩浩,所至眉摩袂属,老辈行顾落落如晨星。某佩某左券,声猎猎朋俦中,是岂法社不得人耶?察其处众,有以觇其外。噫!搜罗人材,师法也。道固长远,古亦可复。抱道而遁者亡,驾愿毂而再来者兴。某辈行老苍,江湖烂历。他日以淑诸人,则培壅阴凉者也,作兴法社者也。某丛林英衲,江湖名流。熟处令生,静中肆志。金无可留之矿,玉无可指之瑕。千锻万炼而色不渝,以成有道之器,非子而谁?

此卷尾末行亦题"如如居士三教语录卷之九"。

此写本最后一卷首页首行题"如如居士三教语录卷之十　续集",行款格式、字体等皆与上一卷相同。第二行题"题咏门",下面有《狮子峰闲吟》《咏狮子峰二十奇》《题泉州北山闻思岩》《咏留丞相梅岩二十奇泉州》《居士唤醒髑髅歌》共四十三首诗歌。此卷尾末行亦题"如如居士三教语录卷之十　续集"。此卷内容以上所述其他五种版本皆未见。

通过以上叙述我们可以看出,此写本的内容包含了京大本甲集卷一、二的部分内容、戊集卷六、己集卷一、别集卷五、丙集卷二的内容,似乎是这些内容重新拼合而成的一个本子,且有其他五种版本所没有的"续集"等内容,所以与其他五种版本不属同一系统。

综上所述,现所见六种版本中,京大本与国图本属同一系统,洪武本、谷村本与韩本属同一系统,写本单属一系统。

三、馀论

本文仅就如如居士颜丙的生平事迹及现所见其著作版本进行了初步的探讨,对之前国外研究者的一些学术观点提出了不同的看法,也利用了一些国外研究者未利用的资料。但是如如居士颜丙的著作包涵了很丰富的内容,他会同儒释道三家,主张三教合一,禅净双修,有着深刻的时代背景和学术思想渊源。它是我们研究如如居士思想等情况的第一手资料。如如居士的著作中有大量反映南宋民间宗教内容的文章,通俗实用,对于我们了解当时民间大众的精神生活,佛教在民间大众生活中的作用都是十分有意义的,这些都有待于我们进一步研究探讨。其著作还收录了大量通俗性的佛教诗歌偈颂,也是值得我们进一步加以研究探讨的。

《全宋诗》杂考（六）

《〈全宋诗〉补正》项目组　刘杰　吴娟　何思雨　赵昱
陈俊旭　陈恒舒　蔡紫昍**

【内容提要】　本文为有关《全宋诗》系列杂考之（六），继续对宋代人物以及误收重收漏收诗作进行多方考证，从而补正《全宋诗》的错漏之失。

【关键词】　《全宋诗》　人物考　误收重收漏收诗考

《全宋诗》补正工作持续进行，我们搜集到的宋人、宋诗材料有增无减，仍旧纷繁复杂。因姓名形近而造成诗作归属歧异或张冠李戴；《全宋诗》已收诗人小传可作补充或订正；失收宋人，可新加整理；重出之诗，可根据类书、方志等出处文献的版本可靠程度和成书早晚，帮助判断误收或互注；由宋入金之人诗作的断限；题画诗误为本人诗。凡此种种，均加考查。

一、人物考

1. 湛俞、湛执中、谌执中考

《全宋诗》册六卷三四七页四二七五湛俞《句》其二："人在蓬壶颏白玉，地连兜率布黄金。"题作《照碧亭》，出宋王象之《舆地纪胜》卷一二八《福建路·福州》；此句又见《全宋诗》册二二卷一二七七页页一四四三七湛执中，题同，出处同。核原书，此句作者实为谌执中。那么这句诗究竟应归入何人名下？这三人之间有什么关系？"湛""谌"是否形误？

（1）湛俞

《全宋诗》录其诗二首，残句二。其小传云：

湛俞，字仲谟，闽县（今福建福州）人，仁宗景祐五年（一〇三八）进士，

---

* 本论文为教育部高校人文社会科学重点研究基地北京大学中国古文献研究中心重大项目《〈全宋诗〉补正》（原名《全宋诗》补编下，项目批准号：06JJD870002）及《〈全宋诗〉失收诗人诗作及专卷汇编》（批号 16JJD750004）研究成果。

** 本文作者为北京大学中文系古典文献专业博士后、博士、硕士生，文学专业博士生及人民教育出版社编辑。

时年二十五。知安丘县。英宗治平中以屯田郎中为福建转运判官。事见《淳熙三山志》卷二六。

按湛俞之名在宋梁克家《淳熙三山志》中出现三次：

　　湛俞,字仲谟,闽县人,知安丘县。治平中召以屯田郎中,为本路转运判官,后遂休致,隐居宿猿洞。(卷二六)

　　小华山:旧石上镌三字。太守程师孟,运使刘□、湛俞,侍郎陈赐,提刑陈建,有《圆明小华峰》诗。熙宁后通诸寺便门由嘉福亦可到。(卷三三)

　　湛俞诗:禅林潇洒倚危巅,税驾登临思豁然。万里碧光晴望海,一堂幽响夜听泉。寒凫龙卧清凉地,古洞云归暗淡天。好景自嗟吟不尽,拟凭图画寄诗仙。(卷三五"灵峰院"条)

在宋王象之《舆地纪胜》中出现两次：

　　茉莉晓迷琼槛白,荔枝秋映绮筵红。湛俞长乐台(卷一二八《福建路·福州》)

　　御茗毓何峰,烟岚十二重。玉泉新吐凤,金饼互盘龙。湛俞和前韵(卷一二九《福建路·建宁府》)

以上二书中出现的《灵峰院》《建茶和罗拯韵》二诗和《长乐台》残句皆已为《全宋诗》收录,而《全宋诗》所收残句其二"人在蓬壶颏白玉"句出《舆地纪胜》卷一二八《福建路·福州》,核原书为"湛执中",当删。

(2) 湛执中

《全宋诗》册二二卷一二七七页一四四三七列其人,录残句一(即《照碧亭》)。其小传云:

　　湛执中,字适权,永福(今福建永泰)人。哲宗绍圣元年(一〇九四)进士。官终南顿县丞。事见《淳熙三山志》卷二七。

按湛执中在《淳熙三山志》中仅出现一次,即该书卷二七录绍圣元年榜进士,即小传之所本。此外其人及生平尚见于明弘治《八闽通志》卷四六、清乾隆《福州府志》卷三六、《宋诗纪事补遗》卷三〇、《闽诗录》丙集卷五,所载与《淳熙三山志》略同。

(3) 湛执中

《全宋诗》未收此人。湛执中在《舆地纪胜》中亦仅出现一次,即卷一二八《福建路·福州》"人在蓬壶颏白玉"句下署名;此外"湛执中"之名还见于清康熙《南和县志》卷五、乾隆《顺德府志》卷八、乾隆《南和县志》卷六、光绪《南和县志》卷六,但这些清代方志所记载的湛执中为明万历时人,与《舆地纪胜》所载显然并非一人。

综上,"湛执中"仅在《舆地纪胜》中出现一次,后世方志所载皆为明万历时人;而"湛执中"则有明清方志佐证,故《舆地纪胜》中的"湛执中"当为"湛执中"之误,《照碧亭》残句的作者当为湛执中。此湛执中生活在哲宗朝,官至南顿县丞,与生活在仁宗、英宗朝的湛俞并无关系;将《舆地纪胜》所载《照碧亭》残句收入湛俞名下,当是《全宋诗》的失误。

(刘杰考证)

2. 刘贽、刘挚考

《全宋诗》册七卷三九九页四九〇〇刘贽名下共收诗二首:

禹 碑

坛峙麻姑石,溪忘夏禹碑。物神人所贵,世事远谁知。

游后洞诗

寺久荒寂无足往,念有子厚弥陀碑。独趋一里转岩腹,剥粉败赤逢门楣。亭亭故碑亡旧主,覆以老屋疏且敧。常嗟古人不可见,尚喜书志存于斯。世言书字出心画,体制类彼人所为。子厚少年颇疏隽,字合飘逸往不羁。胡为气质反端厚,至今观者多有疑。或云彼以窜逐久,志气软熟非前时。或云高才尚薄世,故独立法无所师。吾嗟世俗日无理,好恶不正论苦卑。臆决万事岂独此,此书何愧人不知。碑阴三百四十字,疏瘦劲丽何精奇。九十二人姓名具,陈绩宝历元年题。云此子厚二碑者,元和五年刊厥辞。至是二月始建立,都其事者杨与倪。尘蒙壁碍世未见,自我访寻初管之。

以上《永乐大典》卷八六四八引《元一统志》

按:《禹碑》首联又见《全宋诗》册一二卷六八四页七九九八刘挚《句》(其四),出《永乐大典》卷五七七〇。《游后洞诗》又见《全宋诗》册一二卷六八〇页七九三三刘挚,题作《自福严至后洞记柳书弥陀碑》,全诗60句,出《忠肃集》卷一六。

赵万里辑校《元一统志》卷一〇潭州路"禹碑"中收刘挚诗一首,且注曰"挚原误贽,今正";"柳子厚般若碑"收刘挚《游后洞诗》,亦注"挚原误贽,今正。诗见《忠肃集》一六,题作《自福严至后洞记柳书弥陀碑》"。虽指出"挚误为贽",但未说明原因。由于刘挚集早佚,今本《忠肃集》是四库馆臣从《永乐大典》辑出,未必可靠。

据《元一统志》,"禹碑""柳子厚般若碑"均在潭州路衡山县(今属湖南衡阳)。据宋李焘《续资治通鉴长编》卷二二五,刘挚由于反对王安石新法,于神宗熙宁四年(1071)七月谪监衡州(今湖南衡阳)盐仓。刘挚写过《自衡岳至福严寺》诗,其行迹正与《自福严至后洞记柳书弥陀碑》合。

《全宋诗》册七所收刘贽,号冲厚处士,吉州安福(今属江西)人。其侄刘寯所撰《冲厚处士刘君墓志铭》详细记载了刘贽生平,可知其无功名,不曾为官,亦无作诗及远游事,"虽非儒者,然为性厚重"。《禹碑》与《自福严至后洞记柳书弥陀碑》均为访碑之诗,当并为刘挚所作;《禹碑》诗所缺后两句可据《永乐大典》卷八六四八引《元一统志》补。而刘贽实无诗,其人当删。

(吴娟考证)

3. 唐弼仕履考

宋王象之《舆地纪胜》卷一一一《广南西路·贵州》"南涧亭":在城西二里。守唐弼诗云:伏泉地脉能通海,叠玉山峰喜近城。明李贤等天顺《明一统志》卷八五"浔州府"亦载,署"宋陶弼诗"。

按:此句不见于《全宋诗》。《全宋诗》册五〇卷二六四八页三一〇二五收唐弼诗三首,小传仅云:"唐弼,字公佐,临桂(今属广西)人。孝宗淳熙初张栻经略广西,辟为幕僚。事见清嘉庆《广西通志》卷七。"

其实清嘉庆《广西通志》卷七记载唐弼曾"知贵州",与《舆地纪胜》相合。雍正《广西通志》卷五一还保存了唐弼知贵州是"淳熙间任"的信息。而陶弼的经历中却无任职于贵州的记载。另外,据清康熙《广州府志》卷二〇、嘉庆《增城县志》卷一九,唐弼淳熙七年(1180)任增城县令,时增城久旱,唐弼主持修建道场祈雨。绍熙五年唐弼为市舶提举,庆元二年(1196)为常平提举,见明嘉靖《广东通志初稿》卷七秩官、康熙《广州府志》卷一八官师表。宋佚名《两朝纲目备要》卷五记载宁宗庆元三年夏,大溪山岛民作乱,"癸巳,诏提点刑狱唐弼究实以闻"。同年周必大所作《朝散大夫知新州李君守柔墓碣》中有"(李守柔)二女,长适通直郎通判容州蒋稷,次适朝散大夫广南东路提点刑狱公事唐弼"。是庆元三年时唐弼已在广南东路提点刑狱任上。又,清道光《广东通志》卷一六职官表,载嘉泰四年(1204)唐弼任转运副使。

据上述材料,唐弼小传可增补为:

唐弼,字公佐,临桂(今属广西)人。孝宗淳熙初张栻经略广西,辟为幕僚。七年(一一八〇),知增城县(清康熙《广州府志》卷二〇)。曾知贵州(清雍正《广西通志》卷五一)。光宗绍熙五年(一一九四)提举市舶。宁宗庆元二年(一一九六)改提举常平(明嘉靖《广东通志初稿》卷七)。三年,为广南东路提点刑狱(宋周必大《文忠集》卷七七《朝散大夫知新州李君墓碣》、《两朝纲目备要》卷五)。嘉泰四年(一二〇四)迁转运副使(清道光《广东通志》卷一六)。

《句》一则,失收当补:

伏泉地脉能通海,叠玉山峰喜近城。南涧亭   宋王象之《舆地纪胜》卷一一

一《广南西路·贵州》

（何思雨考证）

4. 王汶籍贯当为台州黄岩

《全宋诗》册五二卷二七七一页三二七八〇王汶小传：

> 王汶，字希道，号东谷，太平（今浙江温岭）人，一作黄岩（今属浙江）人。……事见明嘉靖《太平县志》卷六、万历《黄岩县志》卷六。

按：宋时并无"太平"县的建制，明成化五年（1469）十二月始"以黄岩县之太平乡置，析乐清地益之"，①属台州府，治所在今浙江省温岭市。嘉靖十九年（1540），叶良佩始纂《太平县志》。因此，王汶当为"黄岩（今属浙江）人"，《全宋诗》小传作"太平（今浙江温岭）人"，不确，当删。

（赵昱考证）

5. 徐本中考

宋张端义《贵耳集》卷下："寿皇使御前画工写曾海野喜容，带牡丹一枝。寿皇命徐本中作赞云：'一枝国艳，两鬓东风。'寿皇大喜。"②

"寿皇"乃孝宗尊号。徐本中，孝宗淳熙元年（1174）十二月四日以朝奉大夫、充集英殿修撰，任浙西提刑。三年三月二十五日，改除江东转运副使（《吴郡志》卷七）。七年十月二十八日以朝散郎、充集英殿修撰，再任江东转运副使（《景定建康志》卷二六）

《宋会要辑稿》职官四七之七一："（淳熙）二年六月九日，浙西提刑徐本中言……从之。"③又职官七二之一九："（淳熙四年）十二月八日，江东运副徐本中降一官。"④皆与《吴郡志》《景定建康志》记载吻合。

又《增入名儒讲义皇宋中兴两朝圣政》卷五七载："（淳熙六年二月癸巳），诏户部侍郎陈岘、待制张宗元、新知秀州徐本中、饶州居住赵磻老，各降三官，以保举茹䌺坐失举也。"⑤说明徐本中在淳熙三年、七年两任江东转运副使期间，曾知秀州。

宋王明清《挥麈录》后录卷七谓徐本中为徐端益之子，徐得之之孙。"徐得之君猷，阳翟人，韩康公婿也。……君猷子端益，字辅之，娶燕王元俨孙女。……时曾觌为双穗盐场官，与其子本中厚善。曾既用事，荐本中于孝宗，

---

① 《明史》卷四四《地理五》，北京：中华书局，1974年，第1111页。
② 〔宋〕张端义《贵耳集》卷下，北京：中华书局，1958年，第58页。
③ 〔清〕徐松辑《宋会要辑稿》，北京：中华书局，1957年，第3453页。
④ 同上书，第3997页。
⑤ 佚名《增入名儒讲义皇宋中兴两朝圣政》，影印《宛委别藏》本，江苏：江苏古籍出版社，1988年，第1760页。

遂得密侍禁中。"①可知徐端益字辅之，其先阳翟人，其子徐本中与曾觌善。

关于徐端益，《挥麈录》三录卷二又载："徐端益，字彦思，婺州人也，为宿州虹县武尉。"②当为另一人。而《建炎以来系年要录》却径将两人认作一人："(建炎元年夏四月……)端益，金华人也。(向子谭、徐端益事，据王明清《挥麈录》附入)"(卷四)；③"端益，阳翟人。(此乃本中之父，建炎元四月先见者，自是一人。)"(卷六三)，④显然有失。

徐本中因曾觌举荐而获晋升，亦见于《宋史》卷四七〇《曾觌传》："徐本中由小使臣积阶至刺史、知阁门事，换文资为右文殿修撰、枢密都承旨、赐三品服，俄为浙西提刑，寻以集英殿修撰奉内祠。……觌所进也。"⑤

徐本中致仕之后，归苏州，筑岁寒堂。明洪武《苏州府志》卷七记载较详："岁寒堂在带城桥东。淳熙初，都丞徐本中为浙西提刑，乐其风土，意欲归老。偶得元少保故宅，葺治之。宁宗御题其扁，竟以江东运副奉祠而归，自号'岁寒居士'，又作草堂其旁。……本中字叔□。"⑥则徐本中字叔□，号岁寒居士。

《全宋诗》未收徐本中，综上查考，故可补其人其句如下：

> 徐本中，字叔□，自号岁寒居士(洪武《苏州府志》卷七)，其先钧州阳翟(今河南禹县)人(《挥麈录》后录卷七)。孝宗淳熙元年(一一七四)，任两浙西路提点刑狱公事。三年，任江南东路转运副使(《吴郡志》卷七)。后改知秀州(《皇宋中兴两朝圣政》卷五七)。七年，复任江东转运副使(《景定建康志》卷二六)。与曾觌善，得知阁门事、右文殿修撰、枢密都承旨，后以集英殿修撰奉内祠(《宋史》卷四七〇《曾觌传》)。

句

一枝国艳，两鬓东风。　　　　宋张端义《贵耳集》卷下

(陈俊旭考证)

二、误收重收漏收诗考

1. 王观诗误为张先诗

《全宋诗》册三卷一七〇页一九三五张先诗：

---

① 〔宋〕王明清《挥麈录》，上海：上海书店出版社，2001年，第137页。
② 同上书，第195页。
③ 〔宋〕李心传编撰，胡坤点校《建炎以来系年要录》，北京：中华书局，2013年，第104页。
④ 同上书，第1236页。
⑤ 《宋史》，北京：中华书局，1977年，第13691页。
⑥ 〔明〕卢熊《苏州府志》，影印明洪武十二年钞本，台湾：成文出版社，1983年，《中国方志丛书》第432号，第328页。

醉眠亭 按:《嘉禾志》作王观诗。

　　松陵江畔客,筑室从何年。世俗徒纷纷,不知李子贤。在彼既不知,不如醉且眠。声名衮衮谁知命,醉非爱酒眠非病。长江浑浑无古今,群山回合来相应。《嘉禾志》作映 呼奴沽酒不可迟,买鱼斫脍烦老妻。何必绋绳系飞兔,百年长短空自知。直将裈虱视天地,冥冥支枕穷四时。九衢足尘土,朱门多是非。秋风老莼鲈,扁舟何日归。　　《安陆集》

　　按:此诗又见《全宋诗》册一一卷六二七页七四九二王观,题同,出宋杨潜《绍熙云间志》卷下。据《绍熙云间志》《至元嘉禾志》卷二九记载,张先、王观各有《醉眠亭》诗一首,张先诗首句为"醉翁家有醉眠亭",王观诗首句为"松陵江畔客"。明顾清正德《松江府志》卷一六始误将王观的《醉眠亭》归于张先,李常的《醉眠亭》归于苏辙,致苏辙和张先名下各收两首《醉眠亭》。明董斯张《吴兴艺文志补》卷四七、清葛鸣阳辑刻《安陆集》、陆心源《吴兴诗存》二集卷一均沿其误,在张先名下收录两首《醉眠亭》。明崇祯《松江府志》卷四六张先名下仅保留一首《醉眠亭》,实亦王观之诗。此处当删归存目。

　　　　　　　　　　　　　　　　　　　　　　　　　　（吴娟考证）

2. 叶茵诗误为宋祁诗

《全宋诗》册四卷二〇六页二三五三、卷二一一页二四二二七宋祁诗:

风　雨

　　昨夜东风急,疏窗荐雨入。溪南梅正花,狼藉随尘沙。皓皓多易汙,不得同春葩。春葩能有几,纷纷入桃李。时哉小兴衰,人生犹物理。明发檐沉声,鸟雀喧新晴。老农脱被襫,一犁原上耕。　　《景文集》卷七

咏　菊

　　寿客若为情,风流友曲生。殿秋安晚节,为隐被香名。曼衍南阳种,凄凉楚泽英。见山应自语,今古几渊明。　　《景文集》卷一二

　　按:《风雨》又见《全宋诗》册六一卷三一八六页三八二二四叶茵,题同,"汙"作"污"(按作"污(汙)"是),"同春葩"作"全春华","春葩能有几"作"春华能有几",出《顺适堂吟稿》丙集。《咏菊》又见《全宋诗》册六一卷三一八八页三八二四七叶茵,题作《菊》,"为隐被香名"句下有自注云"花之隐逸,出《爱莲说》",出《顺适堂吟稿》戊集。《全宋诗》所用《景文集》底本为《湖北先正遗书》影刊广雅版《武英殿聚珍版丛书》本,实亦四库馆臣从《永乐大典》中辑出。《顺适堂吟稿》有汲古阁影宋抄传世,可信度较辑本《景文集》为高。故此二诗当为叶茵诗,宋祁名下当删归存目。宋祁谥"景文",辑本亦以此为名;叶茵字景文,《永乐大典》卷二五四〇录其《舫斋》诗即署"叶景文诗"。疑四库馆臣因此

致误。

（陈恒舒考证）

3. 元宋沂诗误为宋祁诗

《全宋诗》册四卷二二〇页二五四四宋祁诗：

送赵御史仲礼之任南台并柬兼善达公经历元载王公用道孔公二御史

天子龙沙拜法官，议郎亲戴辟邪冠。晓辞漠北冰霜重，秋到江南草树寒。谏疏频烦明主听，题诗长共故人看。应怜闾里诛求急，尚布朝廷礼意宽。幕下风清原作清风，据四库本乙鸣一鹗，台端雪霁见双鸾。寥寥渡海三冬翩，翔翔凌空五色翰。晋代新亭苍藓合，梁朝旧地土原作上，据四库本改花残。石城慷慨悲袁粲，别墅风流忆谢安。千里凭高麾绣斧，几回揽辔并银鞍。诤臣事业须公等，努力明时匪素餐。　《景文集》卷二一

按：此诗又见元顾瑛《草堂雅集》卷八元宋沂诗，"地"作"寺"。关于诗题中的"赵御史仲礼"，南宋有赵篚夫，字仲礼，与宋祁生活时代较远；元另有一赵仲礼，元傅若金有诗《送赵仲礼御史兼呈王侍御》赠之，见《傅与砺诗集》卷五。本诗题中"元载王公用道孔公二御史"，分别又见傅若金《题王元载御史为潘彦宾作幽人瞻绿图》（《傅与砺诗集》卷二）、吴师道《和孔用道御史留题韵二首》（《礼部集》卷六）。孔用道即孔思立，元王士点《秘书监志》卷一〇记载其于后至元元年（1335）十一月拜南台监察御史。又今本《景文集》为清四库馆臣据《永乐大典》所辑，"沂""祁"形近，以至误收元人宋沂诗于宋祁名下，此处当删归存目。

（何思雨考证）

4. 刘宰诗误为刘敞诗

《全宋诗》册九卷四八八页五九一二刘敞诗：

答钟元达觅藕栽二首

红妆翠盖出污涂，水面风吹醉欲扶。自是凌波有仙种，文君莫讶茂陵姝。

渐点青钱浮水面，犹将素节混泥沙。送君百顷风潭上，莫笑元非十丈花。　《公是集》卷二八

按：二诗又见《全宋诗》册五三卷二八〇六页三三三五四刘宰，题同，"元"作"原"，出《漫塘集》卷一。《全宋诗》收录刘宰诗以文渊阁四库全书本《漫塘集》为底本，而四库所据为明任佃、王皋刻本，此本为明大学士靳贵从秘阁抄出，秘阁所藏则为刘宰卒后其子汝进、汝遇编定而未付梓之本，其流传渊源有自，可靠性较《公是集》为高。据《宝庆四明志》卷一〇，钟元达为南宋庆元二年

(1196)武举,而《漫塘集》卷二又有《送钟元达赴余杭》《送钟元达倅濠》诗,则钟元达当与刘宰同时。故此当为刘宰诗,刘敞名下当删归存目。

(陈恒舒考证)

5. 王珪诗误为刘敞诗

《全宋诗》册九卷四九六页五九九二王珪诗:

失　题(其一)

华省当时绿鬓郎,金樽美酒醉红芳。今日对花不成饮,春愁已与草俱长。　四库本《华阳集》卷一七

按:此诗又见《全宋诗》册九卷四九〇页五九三六刘敞,题作《迎春花》,出宋陈景沂《全芳备祖》前集卷二〇。《全宋诗》所据《全芳备祖》为文渊阁四库全书本,此本及汲古阁抄本此诗下皆无署名,前一首署"刘原父",故《全宋诗》从之入刘敞名下。然据农业出版社影印日藏宋宝祐刻本《全芳备祖》,此诗明署"王岐公"。故知此首当为王珪诗,题为《迎春花》,刘敞名下当删归存目。

(陈恒舒考证)

6. 张咏诗误为郑獬诗

《全宋诗》册一〇卷五八五页六八八七郑獬诗:

遣兴勉友人

人生三万六千日,二万日中愁苦身。唯有无心消遣得,有心到了是痴人。　《郧溪集》卷二三

按:此诗又见《全宋诗》册一卷五一页五五〇张咏,题同,出《乖崖先生文集》卷五。《全宋诗》收录郑獬诗以文渊阁四库全书本为底本,为四库馆臣从《永乐大典》等书中辑出;收录张咏诗以《续古逸丛书》影印宋本《乖崖先生文集》为底本,其可靠程度较辑本《郧溪集》为高。此诗尚存《永乐大典》残本卷三〇〇五中,无署名,前一首为《即事简友人》,署"郑獬《郧溪集》",盖抄录此首时漏写出处,辑录时则从前首入郑獬名下。故知此首当为张咏诗,郑獬名下当删归存目。

(陈恒舒考证)

7. 宋杨璇诗误入唐章孝标名下

《全宋诗》册三一卷一七九七页二〇〇三〇杨璇诗:

咏西山广福院二首

野寺孤峰上,危楼耸翠微。卷帘沧海近,洗钵白云飞。竹影临经案,松花衬点衣。日斜登望处,湖畔一僧归。

地势连沧海,山名号紫微。景闲僧坐久,路僻客来稀。峡影青相照,河流石自围。尘喧都不到,安得此忘归。　　《咸淳临安志》卷八五

按:二诗两见于宋潜说友《咸淳临安志》卷二七"紫微山"题咏、卷八五"西山广福院"题咏,《全宋诗》据后一处辑录。又见清彭定求等编《全唐诗》卷五〇六章孝标,分别题作《西山广福院》《题紫微山上方》,"青相照"作"云相照",《题紫微山上方》题下有小注"见杭州府旧志"。

核清初钱谦益、季振宜编《全唐诗稿本》,收录《章孝标诗集》一卷,起《上浙东元相》,讫《春原早望》,计 66 首,无此二诗。① 彭定求等奉敕编校《全唐诗》,以钱、季稿本为底本,在《春原早望》之后又新辑《西山广福院》《游地肺》《八月》《题紫微山上方》四诗。其中,《游地肺》仅见元刘大彬《茅山志》卷一四《金薤编第十二篇上》"唐诗",署章孝标;《八月》,宋吴开《优古堂诗话》及吴曾《能改斋漫录》卷八明确引作"唐章孝标《八月》诗"云云。因此,这两首诗断为章作,并无疑问。

而《西山广福院》和《题紫微山上方》,虽已见《咸淳临安志》卷二七、八五,但在明人编纂的方志中,署名始出现歧异——明成化《杭州府志》卷五二在"西山广福院"下引二诗,作"唐章孝标诗",其二颈联上句作"峡影云相照"。自此以降,明清浙江方志引及这两首诗时,多所因袭、拆分。例如,明万历《杭州府志》卷一〇〇引章孝标《西山广福院》诗,就只"野寺孤峰上"五言律诗一首;清康熙《杭州府志》卷三五同,故《全唐诗》称章孝标《西山广福院》《题紫微山上方》"见杭州府旧志",当指明及清初方志。

就时代早晚言之,《咸淳临安志》成于宋度宗咸淳六年(1270)以后,而成化《杭州府志》刻于明成化十一年(1475),晚于前者二百余年。况且《咸淳临安志》卷二七"紫微山"条引:"旧志云:唐紫微舍人刘禹锡作刺史,行县至是山,望峡石湖,因名。今半山有碑,镌紫微山三字。"按断称:"禹锡未尝为杭州刺史,惟白居易、裴夷直自中书舍人出守,旧志误也。"② 既辨析了刘禹锡当为白居易或裴夷直之误,又仅仅提及"今半山有碑,镌紫微山三字"。可五百余年以后的清嘉庆《硖川续志》卷一四,却明确记载:"《咸淳临安志》云'今半山有碑,镌紫微山三字'是也。下刻唐章孝标《留题紫微山上方》诗,正书,俱宋右班殿直监澉浦税兼烟火樊世卿书,治平甲辰十月□日,开山住持上方赐紫慧悟大师辨亲立石。"言之凿凿,颇为可疑。如果石碑上除了"紫微山"三字,还有章孝标之诗及立石时间、人物,那么《咸淳临安志》怎么可能不记录这些重要信息,还将章

---

① 〔清〕钱谦益、季振宜《全唐诗稿本》卷四三〇,屈万里、刘兆祐主编《明清未刊稿汇编》(第二辑),台北:联经出版社,1979 年,第 48 册,第 53—83 页。

② 〔宋〕潜说友《咸淳临安志》,《宋元方志丛刊》本,北京:中华书局,1990 年,第 4 册,第 3619 页。

孝标诗张冠李戴地系于杨璇名下？所以，这些增衍的文字，无疑出于后人之手，目的在于使紫微山石刻、题诗等内容浑圆完整，从而消除不同文献记载之间的矛盾。

综上所述，《咏西山广福院二首》，宜依其最早出处《咸淳临安志》卷二七，改题《紫微山二首》，为宋人杨璇诗，《全唐诗》据"杭州府旧志"收作唐章孝标诗，误。

（赵昱考证）

8. 孔彦舟现存诗句作于宋代考

明嘉靖《湖广图经志书》卷一七"辰州府诗类·保靖宣慰司·宋"下，收孔彦舟诗二首：

北 江

凝眸俄望野云稠，云下人家自一流。山猎水渔无课税，刀耕火种度春秋。等闲出入随刀弩，些小争纷罚马牛。铜柱不磨遗迹在，相逢何必问花绸。

明 溪

郡城北去是明溪，巡检溪头足品题。官制有方凭扼塞，疆场无事息征輂。冻云密密冬天树，清唱迟迟午候鸡。此去云岩还五日，跔趺须拟接仙梯。

孔彦舟其人其诗，《全宋诗》未收。清郭元釪等《全金诗》卷五一、今人薛瑞兆等《全金诗》卷八，均收孔彦舟其人，但未收以上二诗，仅录其佚句一，曰：

南行口号（存句）

苦被杜鹃频唤着，参差兵马过衡阳。

附《三朝北盟会编》：彦舟在潭州屡败于马友，乃退去，欲向南行，因作口号，有云云之句。

据《金史》卷七九本传，孔彦舟（1107—1161）初名彦威，字巨济，相州林虑（今河南林州）人。初"亡命为盗"，"靖康初应募，累官京东西路兵马钤辖"，高宗建炎二年（1128）率部南逃，复受宋招，"以为沿江招捉使"，后降伪齐，又降金，累官至南京留守等要职。可知孔氏生于宋境，先仕宋，后仕金。据《建炎以来系年要录》卷五五，孔彦舟"叛降伪齐"在绍兴二年（1132）六月（《宋史·高宗本纪》同，《三朝北盟会编》卷一五一系于同年七月），而《北江》《明溪》二诗应作于建炎四年前后，《南行口号》应作于绍兴元年，均在仕宋之时，不宜归为金诗。

据嘉靖《湖广图经志书》卷一七，"北江""明溪"均在辰州府沅陵县（今属湖南怀化市）。《建炎以来系年要录》《宋史·高宗本纪》载，建炎四年二月，因钟相作乱,时任湖北制置使傅雱为招孔彦舟平叛,授之以"荆湖南北路捉杀使";同年七月,"以捕钟相功,真拜利州观察使,充辰、沅、靖州镇抚使,兼知辰州"。《明溪》诗中自称"巡检",又云"官制有方凭扼塞,疆场无事息征鼙",正与孔氏平叛后镇抚辰州等处之身份吻合。诗云"冻云密密冬天树",则或作于是年之冬。

《南行口号》佚句,实见于《三朝北盟会编》卷一四七,孔彦舟"在潭州屡败于马友"乃绍兴元年四月事,故此句应作于绍兴元年。此后孔氏退据鄂州,被授以"蕲、黄州镇抚使",基本活动在湖北一带,直至次年六月降齐。叛降之后,孔氏虽曾多次助齐、金南征,但未再涉足湖广地区。

又,今可见《三朝北盟会编》各本所引《南行口号》,与《全金诗》文字有异。明湖东精舍抄本、王氏郁冈斋抄本均作"不被杜鹃频唤省,参差兵马过衡阳",清文渊阁《四库全书》本、许涵度刻本"不"作"又"字,清勤志馆抄本"不"作"每"字、"省"作"醒"字,清袁祖安活字本"不"作"却"、"省"作"醒",均与《全金诗》"苦被杜鹃频唤着"有别。

综上,《全宋诗》可补孔彦舟其人:

孔彦舟(一一〇七——一一六一),初名彦威,字巨济,相州林虑(今河南林州)人。初亡命为盗,钦宗靖康初应募,累官京东西路兵马钤辖。高宗建炎二年(一一二八)率部南逃,复受宋招,为沿江招捉使。建炎四年入鼎州镇压钟相起义军(《建炎以来系年要录》卷三二),绍兴元年(一一三一)与马友战于潭州(《三朝北盟会编》卷一四七)。绍兴二年降伪齐,又降金,累官工、兵部尚书,河南尹,封广平郡王。金海陵王正隆六年卒,年五十五。《金史》卷七九有传。今录诗二首。

并据《湖广图经志书》卷一七收录《北江》《明溪》诗二首,据明湖东精舍抄本《三朝北盟会编》卷一四七收录残句《南行口号》一则。

(蔡紫旸考证)

9. 张耒、邹浩诗误为宋高宗赵构诗

《全宋诗》册三五卷一九八二页二二二二〇宋高宗诗:

题刘松年画团扇二首

南山晴翠入波光,一派溪声绕郭长。最爱早春沙岸暖,东风轻浪拍鸳鸯。

荷叶如钱三月时,幅巾藜杖一追随。尔来胜事知多少,惟有风标公子知。　清卞永誉《式古堂书画汇考》

按:第一首又见《全宋诗》册二〇卷一一七五页一三二七一张耒,题作《洛岸春行二首》(其二),出宋张耒《柯山集》卷二三;第二首又见《全宋诗》册二一卷一二三八页一三九八五邹浩,题作《湖上杂咏》(其一),出《道乡先生邹忠公文集》卷七。核《式古堂书画汇考》,此二诗分属两条,第一首题为"刘松年画(团扇绢本)",末署"思陵题";第二首题为"松年画(团扇绢本)",末署"思陵题"。宋高宗葬思陵,故二诗实为宋高宗在两幅刘松年所画团扇上题写的张耒、邹浩诗作,宋高宗名下当删归存目。

(刘杰考证)

10. 韩琦、张耒、范成大诗重收

《全宋诗》册四一卷卷二二七四页二六〇五八范成大诗:

初冬近饮酒作

天水边陲南接蜀,秦山翠照峨峨绿。世间岂有粪金牛,枉使五丁斧山玉。罢侯置守自蜀始,监郡东来两成毂。至今芙蓉城上土,邦人犹记张仪筑。偏方远僻坐井底,岂知东国穷锋镞。十月为正布时令,方验水行改周木。南征北戍幸息肩,洒洒炰豚贺新属。祖龙妄意一至万,当道已闻神姬哭。炎家天子起编户,政患嬴皇威令酷。急于恩纪缓文法,正岁尚犹传五六。吾民久已作秦民,迄今十月犹遗俗。野人何暇论年代,但忆每逢多稼熟。青裾女子翻茜袖,抽镰获稻腰如束。三时勤苦一时好,自古有年非汝独。七雄争战已遥远,万代兴亡真返复。洛诵徒劳口嗫嚅,不如屡把壶中醁。

予寓邑中与诸子讲学巨山侄孙转示初冬书事因用韵

霜风几夕报初寒,蟋蟀归来已四迁。旧物有毡眠软暖,讲堂逢鳝馈新鲜。功名久已遗清老,征戍何由及晚年。暴客更缘贫见外,时危身老亦悠然。

初冬小园寓目

独树乔松色,闲云淡落晖。新霜黄橘重,久雨翠梧稀。暗雀鸣还啄,高鸟定更飞。散貂犹故在,卒岁免无衣。　　以上宋蒲积中《古今岁时杂咏》卷三八

按:《初冬小园寓目》又见《全宋诗》册六卷三三八页四一二三韩琦,题同,"乔松色"作"翘寒色","暗雀"作"暝雀","鸟"作"鸟",出《永乐大典》卷一一三一三。核原书当为卷一九六三七,引书不详。又见《全宋诗》册二〇卷一一八二页一三三六六张耒,题同,"乔松色"作"翘寒色","淡"作"澹","橘"作"菊","暗"作"暝",出宋张耒《柯山集拾遗》卷四。今考北大图书馆藏道光抄本《古今岁时杂咏》于《初冬近饮酒作》题下署"东溪先生",则此诗连同以下《予寓邑中

与诸(道光抄本作"珏")子讲学巨山侄孙转示初冬书事因用韵》《初冬小园寓目》都应为东溪先生作。四库本《古今岁时杂咏》脱"东溪先生"四字,《全宋诗》则据四库本承前省为范成大作。据包菊香《〈古今岁时杂咏〉版本及其文献价值(上)》(《北京大学中国古文献研究中心集刊》第五辑)考证,道光钞本之底本当为宋本或影宋本,较四库本更为可靠,此三诗为东溪先生作。东溪先生即高登(？—1148),《全宋诗》册三一卷一八〇四页二〇〇九五录其诗一卷,然未收此三诗,当补,并与张耒、韩琦名下重收互注,范成大名下则删归存目。

(刘杰考证)

11. 郑瀛"太平八景"诗可补全

《全宋诗》册五三卷二七七五页三二八四二郑瀛名下收录《丹崖》(出清曹文埏康熙《太平县志》卷一)、《南野暮镕》《伏虎崖》《葛井涵秋》《官塘竞渡》《四泽晓罾》(以上出清庆霖嘉庆《太平县志》卷二)等六诗。

按：明嘉靖《太平县志》卷一称"宋郑进士有《八景诗》,曰丹崖古迹,曰碧沼遗踪,曰双桥秋月,曰四泽晓罾,曰南野暮镕,曰西崖伏虎,曰官塘竞渡,曰葛井涵秋",①即郑瀛《太平八景》诗。此处已据清康熙《太平县志》、嘉庆《太平县志》收录《丹崖》(即"丹崖古迹")、《南野暮镕》、《伏虎崖》(即"西崖伏虎")、《葛井涵秋》、《官塘竞渡》、《四泽晓罾》。另有《碧沼遗踪》《双桥秋月》二首失收,见于《方城遗献》,今可据补：

碧沼遗踪

钓鳌台下旧池沼,万柄芙蓉插晴昊。当年我祖乐遨游,歌管声中不知老。百年兴废理固然,沧海尚变桑麻田。我来抚景问青毡,水光缭绕花无言。

双桥秋月

秋江雨歇净如拭,碧天倒漫琉璃色。九关飞下双玉虹,幻作长桥卧深碧。夜深凉月江上头,江波万顷凝不流。我欲跨虹弄明月,长啸一声惊白鸥。　　以上清李成经《方城遗献》卷一。②

(赵昱考证)

12. 梁柱诗误为梁栋诗

《全宋诗》册六九卷三六四〇页四三六三四梁栋诗：

---

① 〔明〕叶良佩《(嘉靖)太平县志》,《天一阁藏明代方志选刊》本,上海：上海古籍书店,1981年,第17册,第15a页。

② 〔清〕李成经《方城遗献》,《历代地方诗文总集汇编》,北京：国家图书馆出版社,2016年,第197册,第42—43页。

送存书记

一声两声松子落,一片两片枫叶飞。夕阳在山新月上,道人相伴一僧归。　明程敏政《宋遗民录》卷一二

按:元刘大彬《茅山志》卷一五有一诗与此极为相似,"一声两声松子落,三片五片枫叶飞。夕阳下山新月上,道人相送一僧归"。① 作者署"梁大柱",诗题为《与存此山上人山行》,且下有小注云:"吴兴赵公作诗意图。"

梁大柱为何人,与梁栋有何关系?据《宋遗民录》卷一二《梁先生诗集叙录》记载:"先生姓梁,讳栋,字隆吉,其先相州人。……丙子宋亡归武林,闲处守道,安贫淡如也。弟讳柱,字中砥,入茅山,从老氏学。"② 可知梁栋有一弟名柱,字中砥。"梁大柱"很有可能就是梁栋之弟梁柱。

那么这首诗是梁栋所作,还是梁柱所作?明张丑《清河书画舫》波字号第一○下载:

吾家旧藏陈深手书《宁极斋稿》,计四十叶,笔意不减子昂,今归荻溪王氏。内有《题梁中砥诗赵子昂画》古体一篇附此,其序曰:"中砥有《送存书记》诗云:'一声两声松子落,一片两片枫叶飞。夕阳在山新月上,道人相伴一僧归。'赵公子昂画而为图。中砥索诗,漫赋一首……"③

可知,梁中砥尝作《送存书记》一诗,赵子昂为此诗作画,陈深又赋古体一篇,题于赵子昂画上。《茅山志》诗题下小注亦与此段记载吻合。《清河书画舫》《茅山志》皆指作者为梁(大)柱(中砥)。

核明嘉靖刻本《宋遗民录》卷一二却并无《送存书记》诗,《知不足斋丛书》本录于梁栋名下,当为后来窜入。《全宋诗》梁栋名下当删。

又,《全宋诗》未收梁柱,此人并诗当补收:

梁柱,又名梁大柱(《茅山志》卷一五),字中砥,号尘外。兄栋,祖籍相州(今河南安阳)。父定,仕金,金亡寓鄂州,后徙居镇江。入茅山为道士,有《山中吟稿》,今佚。事见《西岩集》卷一四《梁尘外山中吟序》、《宋遗民录》卷一二《梁先生诗集叙》。今录诗二首。

---

① 〔元〕刘大彬编,〔明〕江永年增补,王岗点校《茅山志》卷一五,上海:上海古籍出版社,2016年,第474页。
② 〔明〕程敏政《宋遗民录》卷一二,影印《知不足斋丛书》本,台北:文海出版社,1981年,第317—318页。
③ 〔明〕张丑《清河书画舫》波字号第十,影印清乾隆二十八年池北草堂刻本,北京:北京出版社,2010年,《四库提要著录丛书》子部第52册,第594页。

与存此山上人山行 原注:吴兴赵公作诗意图。

一声两声松子落,三片五片枫叶飞。夕阳下山新月上,道人相送一僧归。

凝 原作疑,据同书卷一〇改 **神庵**

庵庐占胜倚岩扃,中有高人谢俗名。书卷独存标月指,松风疑听喝潮声。衲摩银鼠花生缬,墨洒金鸾草间行。回首浮荣空一梦,湖光蘸碧远山横。　以上元刘大彬《茅山志》卷一五

(陈俊旭考证)

《新平妖传》吴语拾零及其作者考辨

林 嵩*

【内容提要】《新平妖传》是冯梦龙在旧本《三遂平妖传》的基础上增补而成的,但有学者曾对冯梦龙的著作权提出质疑。如果将二十回的《三遂平妖传》与四十回的《新平妖传》加以比较,不难发现《三遂平妖传》在语言上并无明显的方言色彩,而《新平妖传》总体上虽是用官话写成,但存在着鲜明的吴语特色,且吴语因素只出现在新增文字中,这有助于说明《新平妖传》的增补者是苏州籍的冯梦龙。

【关键词】 新平妖传 三遂平妖传 冯梦龙 吴语

一、问题的由来

《新平妖传》是明代通俗文学家冯梦龙在旧本《三遂平妖传》的基础上增补而成的。20世纪80年代,欧阳健曾对《平妖传》的作者与版本问题提出截然相反的看法,他不仅认为二十回本的《三遂平妖传》是删改今本四十回而成,并且指出:"《平妖传》四十回,包括被砍去的二十回,都应该是出自罗贯中的手笔,是罗贯中完整艺术构思的产物。"[①] 不过学界认同这一观点者不多,徐朔方、程毅中等均有辩驳文章,从不同的角度证明《新平妖传》的确是从旧本《三遂平妖传》增补而来。[②]

---

* 本文作者为北京大学中国语言文学系、中国古文献研究中心副教授。

[①] 欧阳健《〈三遂平妖传〉原本考辨》,《中华文史论丛》1985年第3辑(总第三十五辑),上海:上海古籍出版社,1985年,第149—165页。

[②] 如徐朔方《〈平妖传〉的版本以及〈水浒传〉原本七十回说辨正》,《小说考信编》,上海:上海古籍出版社,1997年,第142—150页;程毅中《从语言风格看〈三遂平妖传〉确为旧本》,《中华文史论丛》第五十五辑,上海:上海古籍出版社,1996年;段春旭《〈平妖传〉散论》,《明清小说研究》,1999年第2期,第161—174页;朴明真《〈平妖传〉二十回本与四十回本的先后问题》,《明清小说研究》2001年第4期,第192—203页;程毅中《再谈二十回本〈三遂平妖传〉》,《文学遗产》2004年第6期,第111—116页;林嵩《〈平妖传〉版本考》,《中国典籍与文化》2005年第2期,第25—33页;林嵩《〈平妖传〉异体字与版本研究丛札——兼谈古籍整理研究中的异体字问题》,《文献》2012年第4期,第31—39页;林莹《〈平妖传〉二十回本与四十回本关系再探——以俗字、语法与插图为中心》,《北京大学中国古文献研究中心集刊》第十五辑,北京:北京大学出版社,2016年,第253—269页。

欧阳健质疑冯梦龙的著作权，这在客观上起到了促进大家深入研究的作用。此前从来没有人对《平妖传》的作者问题做过认真的讨论，以往学者们对《平妖传》的时代、作者、版本等问题的认识，都是基于文学史上的"常识"。

二十回的《三遂平妖传》在语言学方面有很高的研究价值，有很多学者把它当做近代汉语的重要语料来加以研究使用。如佐藤晴彦通过对《三遂平妖传》与《新平妖传》的语言使用情况进行比较，确认冯梦龙的某些用语习惯，进而根据这些用语习惯来考察"三言"中有哪些作品是宋元旧话，哪些是经过冯梦龙修改的，哪些是冯梦龙的新作。① 这是一个科学而巧妙的方法，但这一方法的前提是确认《新平妖传》的前十五回是冯梦龙的手笔。如果像欧阳健所说，四十回本的《平妖传》出于罗贯中，那么佐藤的研究便失去了立论的依据。② 这说明在学术研究中不加论证地使用"常识"会有一定的风险。

徐朔方曾根据《新平妖传》中出现的吴语成分，认为事实上存在着冯梦龙的增补：

> 四十回本第四回："欢天喜地介去了"；第七回："每日介成群结队"；第十一回："尽意大碗介吃饱"；第十二回："把眼睛一擦，四围介看道"；第十三回"到此十日半月介住"；这些标准的苏州词汇只出现在四十回本前十五回，即二十回本所缺少的那些部分，计六次；而在后二十五回却从未出现。这分明是苏州人冯梦龙在增补时留下的痕迹。③

就《新平妖传》而言，从方言的角度来论证作者问题，是一个可行的思路。日本学者地藏堂贞二也有专文讨论《平妖传》中的南方方言因素。④

通过研究《水浒传》《金瓶梅》《西游记》《红楼梦》等白话小说中的方言成分来探讨其作者问题的文章已连篇累牍，其中有些文章的结论大相径庭。结论是否可靠，有两个关键环节。第一是方法是否适用。像《水浒传》《西游记》这样的作品，成书时间长，流传范围广，并非一人一时一地的创作（施耐庵、罗贯中、吴承恩等人至多只是做了编纂写定工作），因此在这类作品中，完全可能同时并存多种方言成分。第二是方法使用是否得当，这主要是指对方言的认定。

---

① 〔日〕佐藤晴彦《对〈警世通言〉中冯梦龙作品的窥测——从语言学角度看〈三言〉》，胡竹安、杨耐思、蒋绍愚编：《近代汉语研究》，北京：商务印书馆，1992年。
② 佐藤晴彦另有一文《"三遂平妖传"は何時出版されたか？——文字表記からのアプローチ》（《神户外大论丛》53卷1号，2002年，页1—16.），从异体字的角度，分析讨论了《三遂平妖传》的时代与版本问题。
③ 徐朔方：《〈平妖传〉的版本以及〈水浒传〉原本七十回说辨正》，《小说考信编》，第146页。
④ 〔日〕地藏堂贞二《明代の南方语（Ⅰ）——〈平妖传〉の言语》，《北陆大学外国语学部纪要》第2号（1993），第95—106页。另，陈熙中教授也曾为我指出《平妖传》中存在吴语现象。这直接启发了本文的写作，特此说明。

造成结论多歧的最主要原因是有些研究者在认定方言时过于草率。最常见的误区是"以今例古"：有的学者仅凭十几个眼熟的词汇，便认定了某书是用自己的"乡音"写成，殊不知许多方言词汇实际上是古代通语的遗孑。另一个误区是"以偏概全"：有些语汇不仅甲地有，与甲地相隔百千里的乙地可能也有，而有些学者研究的"目的指向性"过强，内心假定了作者是哪个地方的人，就硬要把文本研究成是哪个地方的方言作品，这样形成的结论自然经不起推敲。

回过头来看《新平妖传》的情况。如果粗将二十回的《三遂平妖传》与四十回的《新平妖传》加以比较，可以发现《三遂平妖传》的作者在叙述过程中不持地域的立场，而《新平妖传》则在行文语气上体现出鲜明的南方特色，如：

> 白云洞法大神通，木凳能令变大虫；不信试从吴地看，西山跳虎是遗踪。（《新平妖传》二十三回/675—676）①

> 他行的是什么月孛之法，各坊各里都要呈报怀孕妇人的年庚。原书眉批："此法北方至今常用。"（《新》十七回/510）

这两个例子显示了作者与批点者是站在"吴地"的立场、以南方人的口吻来叙事的。另外，我们还发现《新平妖传》中有很多典故、歌谣、语汇都能和冯梦龙编辑的《山歌》对上。这里先举两个例子，更多的例子将在下文中涉及：

> 气得赵壹顿口无言，到得村中，你也道赵大调谎，我也道赵大乱说。清平世界，有什么狐精？狐精，则赵大便是个说谎精。至今人遇说谎的，还说是精赵，又说是乱赵的，都为此也。（《新》三回/66）

> 折脚鹭鸶立在沙滩上，眼看鲜鱼忍肚饥。（《新》六回/129）

按《山歌·渔船妇打生人相骂》："昔年有赵谈春者，善诙谐。吴语谓没正经曰赵，因曰赵谈春云。"至今嘉兴话仍有称精神病为"赵"的，"赵"还引申为"举动轻浮、言语不正经"。②《新平妖传》中的赵大郎自云碰到狐狸精，却被同伴误认为在说谎，呼之为"精赵""乱赵"，这实际上是根据吴语"赵"字的含义而追补的故事来源。第二个例子又见于《山歌·小囡儿》："姐道郎啊，你好像折脚鹭鸶躲在沙滩上，眼看子鲜鱼忍肚饥。"③

当然，如果只是简单地把语料对上，还不足以说明问题；但由此进一步考虑，如果能在《新平妖传》的新增部分中找出更多的吴语因素，而这些语言因素

---

① 本文引《新平妖传》根据上海古籍出版社《冯梦龙全集》（1993）中所影印之日本内阁文库藏"墨憨斋本"，引二十回本用影印效果较好的东京八木书店《天理图书馆善本丛书汉籍之部》第十二卷《三遂平妖传》（1981）。下文引用书名，只用首一二字简称替代。

② 《山歌》卷九《杂咏长歌》，南京：江苏古籍出版社，2000年，第107页。又参章一鸣《〈山歌〉所见若干吴语语汇试释》，《语文研究》1986年第4期，第34页。

③ 《山歌》卷七《私情杂体》，第78页。

又是不见于旧本的,那么就非常有助于说明冯梦龙确实是《新平妖传》的增补者。这与前面提到的借助方言成分考察《水浒》《西游》作者的情况有很大不同,不是茫无目标地大海捞针,而是在既有的书目记载相对明确且文字风格上已有比较鲜明的吴语印记的大前提之下,提出合理的假说,而后再寻求更细致的证据加以证实。

二、《新平妖传》所见吴语成分

方言包含语音、词汇和语法三个要素,而许多通过方言来讨论小说作者问题的文章往往只留意到了词汇。其实语音是方言中最容易区别的因素。我们听一个人讲话,有时候可以根据口音一下子判断出他的籍贯。而语法则是语言中最稳定的本质部分,语法上的细微差别最能说明问题。因此下面我们先谈语音,次谈语法,最后再列举一些词汇说明。

1. 语音

从书面材料里找语音方面的例子是比较困难的。我们首先想到的是考察小说中诗赞、歌谣的韵脚。遗憾的是,这方面的例子并不是很多,①我们只找到下面这一条。

> 有一班轻薄子弟闻得这桩故事,制就几篇小词,唱得有趣:
> 去年瞥见多娇面,勾去魂灵呀,勾去魂灵。觑定花容不转睛,喜杀人,爱杀人,忙献殷勤呀,忙献殷勤。(标着重号处为韵脚,引者注)
> 新楼不许凡人寓,特借多情呀,特借多情。朝暮饔飧咱管承,放宽心,慢登程,且待天晴呀,且待天晴。
> 干娘认了为兄妹,添分亲情呀,添分亲情。日渐相知事可成,他有心,咱有心,不用冰人呀,不用冰人。
> 瘸儿使去监工了,一半功程呀,一半功程。只恼虔婆碍眼睛,眼中钉,厌杀人,不肯开身呀,不肯开身。
> 油绿梭布缝衣服,聊表微诚呀,聊表微诚。只怕裁缝不称心,哄娘亲,自监临,私下偷情呀,私下偷情。
> 忙来楼上把多娇抱,一刻千金呀,一刻千金。肯作成时快作成,且稍停,到黄昏,捉空应承呀,捉空应承。

---

① 例如"三遍求真吃尽苦,到头不辨雷文古。这回拼得走天涯,识字之人在何所?"(《新》十一回/307)这首诗用今天的普通话读起来不合辙,但用苏州话读起来就可以押韵,这看来是符合苏州话的特点;但如果回到明代,这就不成其为问题了。因为按平水韵,"苦"和"古"入麌韵,"所"入语韵,而上声的语韵和麌韵本来就是通押的——因此不能证明这是用苏州话写的。

隔墙有耳机关破,拆散张莺呀,拆散张莺。明日多娇又远行,送出门,痛难禁,珠泪偷零呀,珠泪偷零。

烧香约定重来至,专盼回程呀,专盼回程。等待来时续旧盟,感恩情,叫一声,救苦天尊呀,救苦天尊。

清明别去重阳到,辜负光阴呀,辜负光阴。烧香愿了应转程,小妖精,为何因,全没风声呀,全没风声。

此情难与别人道,只自酸辛呀,只自酸辛。索性回咱个决绝音,骂一声,放开心,也倒欢忻呀,也倒欢忻。

关王不管私情事,也去通陈呀,也去通陈。暮想朝思为此人,说无凭,话无凭,全仗神灵呀,全仗神灵。

道人害了相思病,天下奇闻呀,天下奇闻。妄想痴心欠妇人,没正经,老脚根,难见天尊呀,难见天尊。(十二回/372—375)

这段歌谣的韵脚中,出现了"庚青"和"真文"通押的情况,这在诗词与北曲中都是不会出现的。① 歌谣押韵的规矩虽然不必如诗、词、曲那样严格,但总要以上口为原则。而这几篇"小词"在北方人听来,一定是不合辙的,但可合于南方人的口音。

除韵脚之外,有些特定事物的名称提法也隐约可见南北之别。

又把大食笋抬着火烧、馍馍(饆饠),给散我们吃。(《新》七/155)

待来年种出麦来做馍馍(饆饠)送老师父吃。(《新》八回/193)

碗上顶着一簇干菜、两片大豆腐、两个大馍馍(饆饠)……(《新》十一回/334)

二十来个大馍馍(饆饠)和猪肉羊蹄。(《新》十七回/518)

现代汉语里的"馒头",在明清时期,南方人读"馍馍",北方话则读为"饽饽"。《通俗编》云:"《升庵外集》:'饆饠今北人呼为波波,南人谓之磨磨。'按:波当'饆饠'二字反切。或云卢仝诗:'添丁郎小小,脯脯不得吃。'脯脯犹今云波波。或云本为饽饽,北音读入为平,谓之波波。皆未确。磨磨之磨,据《集韵》作麰又一作饆。"②

止无过要几斗麦子,我又不是不舍得与你。(《新》八回/195)

"止无过"是"止不过"一词到了吴语区后在语音上的变体。"止无过"在"三言"中亦多见,如:

---

① 〔元〕周德清《中原音韵》卷下强调了"真文"与"庚青"的分别:"真文(與庚青分别):真有贞,因有英。申有升,嗔有称,欣有兴,新有星……",北京:中华书局(影铁琴铜剑楼本),第63页。

② 〔清〕翟灏《通俗编》卷二七"杂字",北京:商务印书馆,1958年,第613页。

你劝我就贡,止无过道俺年长,不能个科第了。(《警世通言》卷十八/257)①

一日之计,止无过饔飧井臼;终身之计,止无过生男育女。(《醒世恒言》卷十一/227)②

止无过皮儿染皂的,线儿扣缝的,蓝布吊里的。(《醒》卷十三/264)

那十二岁的孩儿,和那十岁的女儿,晓得甚么做作,只无过是顽耍而已。《醒》卷二三/503)

李四嫂谢了唐员外出来,一路上欢欢喜喜,也打帐瞒过了快嘴张三嫂。(《新》二十二回/652)

"打帐"也见于《醒世恒言》,如"汪知县打帐早衙完了就去"(卷二九/668)、"你打帐送他多少东西"(卷三十/708),意为打算、准备。同样的词汇,比冯梦龙时代稍晚、主要活动于江浙地区的文学家李渔,他在《连城璧》里写的是"打桩",吴语小说《海上花列传》中用的也是"打桩"。③"打帐"与"打桩"是同音而异写的吴语词汇。

2. 语法

通语与方言以及不同方言之间的语法差别,我们认为是最有说服力的,是要重点考虑的问题。

2.1 反复问句的使用情况

汉语中的反复问句,主要有"VP 不 VP"或"VP 没有"这两种形式(前者如"去不去",后者如"去了没有")。而在吴语区(主要是苏、锡、常、昆山)还存在一种"可(曾)VP"的形式,朱德熙将其记为"FVP"。而且在苏州话中,只有"FVP"的说法,而没有"VP 不 VP"的说法(即只说"可去",而不说"去勿去")。在现代方言中,"FVP"和"VP 不 VP"也不在同一种方言中共存。④我们在《平妖传》的新增部分里可以找到很多这样的例证。

婆婆可曾起身?(《新》六回/123)

圣姑姑可饥么?(《新》七回/173)

蛋子和尚道:"长者可曾摹得?"(《新》十回/254)

蛋子和尚道:"列位中可有邢孝么?"(《新》十回/282)

---

① 《警世通言》卷十八,上册,北京:人民文学出版社,1956年,第257页。
② 《醒世恒言》卷十一,北京:北京十月文艺出版社,1994年,第227页。
③ 〔明〕李渔《连城璧》寅集:"打桩教我怎么处",清康熙写刻本;〔清〕韩邦庆《海上花列传》第六十一回:"勿是我多说多话,耐早点要打桩好仔末好",《中国近代文学大系·小说集》,册1,第614页,又参《海上花列传》方言简释,《中国近代文学大系·小说集》,册1第642页,上海:上海书店,1991年。
④ 朱德熙《汉语方言里两种反复问句》,《语法丛稿》,上海:上海教育出版社,1999年,第96—113页。

这神庙香火可盛么?(《新》十回/289)

法师可姓左么?(《新》十二回/379)

不知可用得否?(《新》十四、十七回/439、515)

这里可有会说平话的么?(《新》十五回/463—464)

这信可真么?(《新》十七回/509)

可曾到否(《新》十七回/521)

可记得严三点之言乎?(《新》十八回/552)

老将军可姓文么?(《新》三十八回/1065)

将军可是曾入中书拜相、见今领十万大军来讨王则的文招讨么?(《新》三十八回/1065)

诸葛遂智就入碓房周围看了,指着一个碓嘴叫主人家,问道:"这个可是你家物也不是?"(《新》四十回/1120)

如此之多的 FVP 的用法,全出现在新增的部分,在二十回本中一个也找不到。在二十回本的《三遂平妖传》全是 VP 不 VP/ VP 没有的用法,如:

女儿肚里疼也不?(《三遂》三回/52)/ 女儿肚里痛也不?(《新》二十回/599)

你记得上面的言语也不?(《三遂》三回/64,《新》二十回/610)

册儿上变钱米的法你记得也不记得?(《三遂》三回/66)/你记得也不记得?(《新》二十回/620)

不知用得也不?(《三遂》三回/67,《新》二十回/620)

你的葫芦儿在也不在?(《三遂》十回/235,《新》二十八回/801)

今文彦博阵上没一些动静,不知磨盘曾害得他也不?(《三遂》十八回/413,《新》三十八回/1059)

莫非便是征西夏有功的文招讨么。(《三遂》十九回/420)

只见诸葛遂智来道:"等我入去看一看,便知他在也不在。"(《三遂》二十回/453—454)

诸葛遂智叫其人家问道:"这个碓嘴是你家物也不是?"(《三遂》二十回/454)

从以上例子可见,增补者在独立创作的时候,他的语言习惯是苏州话习用的 FVP,而在延用自旧本的回目中则更多地保留了 VP 不 VP 用法(旧本中绝无 FVP 出现)。而尤其能说明问题的是《新平妖传》和旧本所共有的回目中加着重号的几个例子。"老将军可姓文么/可是曾……"等两句在二十回本中对应的文句作"莫非便是征西夏有功的文招讨么","这个可是你家物也不是"在二十回本中对应的文句是"这个碓嘴是你家物也不是"。这说明增补者在编辑旧文的同时，有时也会根据自己的语言习惯改动一些文字，因此二十回本中有个别的 VP 不 VP 被改成了 FVP；特别是《新平妖传》中的"这个可是你家物也不是"，是一种较罕见的"可 VP"与"VP 不 VP"的混合式，这也许就是改动时添了一字又漏删了馀字所致。①

2.2 "包含式"与"排除式"

樵夫指道："向南只管走下了这冈子……你再问便了，天色已晚，喀们还要赶过界口去，没工夫与你细讲。"(《新》十回/256)

蛋子和尚向一群樵夫问路，樵夫说天太晚了，一伙人急着赶路，没工夫讲了。"还要赶过界去"的是樵夫们，这其中显然不包括蛋子和尚，属于"排除式"。在这种情况下，如果作者是北方人(特别是今天北京的人)，他不会使用表"包括式"的"喀们"(咱们)。不妨对比一下："天色已晚，我们还要赶路，你是否和我们一道走"，"我们"之中不包括对方(你)；而"天色已晚，咱们一路同行"，"咱们"则包含对方。这二者在北方话中有严格的区分，但在南方话中却是混用的。②

朱德熙指出：沈德符曾说《金瓶梅》的第五十三—五十七回"时做吴语"，将这几回书视为"赝作"。根据朱德熙与刘一之的观察，"我们"和"我每"在《金瓶梅》中一般用作"排除式"。"我们"用作"包括式"的，《金》书中只有 8 例，其中 6 例见于第五十三、五十四回；"我每"用作"排除式"则只有 1 例，见于第五十三回。如果再结合反复问句的用法观察，就全书看，《金》属于 VP 不 VP 型，但在第五十三—五十七回又集中出现了 12 例可 VP。这两个语法特点在《金》书中的分布可以互相印证，证明沈德符说的第 53—57 回的作者另有其人，是一个南方的作者。③

类似的，我们也把《平妖传》中反复问句与人称代词的分布情况结合起来看，增补者来自吴语区的结论就更明晰了。

2.3 补语的使用情况

2.3.1 "起来"

做开始体用的"起来"，在吴语中的使用范围是很广的。

你便是铁罗汉，我也会销镕你起来。(《新》十回/270)
就把言语调戏我媳妇起来。(《新》十回/276)

---

① 〔日〕地藏堂贞二《明代の南方语（I）——〈平妖传〉の言语》中首先提到可根据"可(曾)VP 型疑问文"判定作者与版本的问题，《北陆大学外国语学部纪要》第 2 号(1993)，第 98—99 页。

② 地藏堂贞二的文中也用到此例，《明代の南方语（I）——〈平妖传〉の言语》，《北陆大学外国语学部纪要》第 2 号(1993)，第 103 页。

③ 朱德熙《汉语方言里两种反复问句》，《语法丛稿》，第 106—110 页。

这雨日日不下,偏是今日与我送行起来。(《新》十回/295)

蛋子和尚听说,流泪起来道:……(《新》十二回/355)

二十回本中"叫起来""哭起来""跳起来""拿起来"之类的说法很多,但像"销镕你起来"这样的说法是找不到的。

2.3.2 "不过"

与"起来"类似的还有"不过"。二十回本中出现的"不过"有:"吃妈妈逼不过"(二回/42)、"吃打不过"(三回/61)、"受苦不过"(五回/119)、"推不过"(八回/187)、"吃拷打不过"(十五回/370)、"王则受不过苦楚"(十五回/371)、"瞒贫僧不过"(二十/454)等。《新平妖传》中出现的"不过"则有更多样的含义与用法。

话说贾道士因看上了胡媚儿,心迷意乱,一夜无眠。……回到房中坐不过,一连出来净了四五遍。(《新》第六回/121)

我别无他事,只受这一班秃驴欺侮不过。(《新》八回/206—207)

他从来懒惰的,到此也精勤起来,因他用心不过,毕竟也被他赶上。(《新》十三回/409)

只是每遍是婆子当前,两个随着脚跟做事。虽只一般,偏有蛋子和尚性急,信心不过,欲得自试一番。(《新》十三回/412)

夜间冷静不过,常想要个对头同睡。(第十五回/454—455)

同样是用在动词后做程度补语,二十回本中的"不过"主要是表示"受不了""无法过关"之意。《新平妖传》中"不过"的使用范围相比要更大一些,其中用在动词后的几个"不过"表示程度上的最高级,可以理解为"至极"(如"用心不过""信心不过"),头一个例子,贾道士因等胡媚儿,"在房中坐不过",此处"坐不过"意同"坐不住",也可以理解为"坐的时间或耐心已极"。而最后一例"冷静不过"是用在形容词后表程度的,这是不见于旧本的用法。

2.4 构词法

2.4.1 "三A两(四)B""A三B四""七A八B"或"没A没B"

这是吴语中常见的构词法,①其总体格式是将原并列关系的双音节词拆分,而后根据描述对象数目之多寡与程度之不同,或用"三两/三四",或用"七

---

① 《山歌》中有:三脚两步(《老人家》)、言三语四(《重往来》)、乌弗三白弗四(《砚》)、不三不四不四不三(《老鼠》)、三兄四弟(《鞋子》)、冤三獭四(《鞋子》)、绯三问四(《破骔帽歌》)、七伶俐八玲珑(《求老公》)、七孔八窍(《竹夫人》)等等(第46、34、58、89、96、102、84、85页)。19世纪英国传教士艾约瑟(J. Edkins)编的《上海方言词汇集》(*A Vocabulary of the Shanghai Dialect*)中将Winding解释成"弯曲,七曲八裒",这可以反推"七曲八裒"(七A八B)是当时吴语所常用的。(上海:上海大学出版社,2016年,第148页。)

八",组合为四字俗语;如表示否定,则用"没 A 没 B"。《新平妖传》中的"三 A 两(四)B"有:三好两歇(一回/1)、三番两次(二回/31、三十三回/930)、三朋四党(三回/48)、三顶四簇(四回/76)、三长两短(五回/94)、三言两语(八回/199)、三心两意(十三回/403、三十三回/936)、三心四意(二十回/600)、三兄四弟(三十一回/889);"A 三 B 四"有:言三语四(二回/34)、不三不四(二十回/599);"七 A 八 B"有:七张八嘴(八回/211)、七死八活(十七回/510)、七颠八倒(十七回/526、二十三回/674)、七断八续(三十四回/968);"没 A 没 B"有:没兴没致(七回/154)、没姓没名(十一回/341)、没俅没睐(十五回/463)、没精没彩(二十一回/638)。这类四字俗语的特点是比较口语化,凝固程度并不特别高,可以相对灵活地进行组合,因此具有鲜活生动的优点。

当然,上述这些词,有的在现代汉语中也很常见,我们这里主要强调的是其构词方法。"A 三 B 四""七 A 八 B"和"没 A 没 B"式的四字俗语,在《三遂平妖传》中各只出现了 1 次;[①]《新平妖传》中至少出现了 11 次的"三 A 两(四)B",《三遂平妖传》中则一次未见。

2.4.2 重叠式+后缀"里"[②]

《新平妖传》中有很多"AA 里"的说法是不见于《三遂平妖传》的,如:"白白里送些补药与你"(六回/137-138)、"急急里跑进去了"(六回/140)、"暗暗里漏个消息"(七回/158)、"蛋子和尚暗暗里惊讶道"(十一回/312)、"暗暗里报应"(三十三回/928)、"明明里招出四个人来"(三十三回/931)等。[③]《三遂平妖传》里有"若明明的舍,怕人罗嗦"(三回/57)的说法,用"明明的",而不用"明明里"。"暗暗里"在《新平妖传》中出现三次,而在《三遂平妖传》中,有"暗暗地"(二回/48、五回/111)、"暗地里"(三回/52、五回/104)、"暗暗"(三回/67)等多种说法,却唯独没有"暗暗里"。

3. 词汇

词汇是以往研究者关注最多的。目前除了可以借助工具书,还可以通过汉语语料库与电脑检索找到许多材料,这给研究工作带来很大便利。为防止"以今例古"或"以偏概全",我们主要是结合《山歌》、"三言两拍"、《海上花列传》(这是真正的主体语言为吴语的小说)以及元曲、明传奇等,对搜集到的语言材料进行比较甄别,务求找出的语例是经得住推敲的吴语。一时不能完全确定是吴语的,至少这些语汇也应该是带有作者个人风格的,或从使用频率上

[①] 分别为:"不三不四"(三回/53)、"七颠八倒"(五回/106)和"没精没彩"(四回/80)。

[②] 吴语中大量使用"AA 里"的形式,详石汝杰、宫田一郎《明清吴语词典·前言》,上海:上海辞书出版社,2003 年,第 7 页。

[③] 参《明代的南方语(Ⅰ)——〈平妖传〉的言语》,《北陆大学外国语学部纪要》第 2 号(1993),第 101 页。另,艾约瑟《上海方言词汇集》中有:"Freely,白白里","Unavailing,白白里",第 41、136 页。

看，能够说明问题的。

我们从以下四个层次来依次说明。第一，有些频见于《新平妖传》新增部分的吴语词汇，在旧本文字中却毫无踪迹，这些词汇我们认为是最能说明问题的。

3.1.1 备细

"备细"即详备、仔细，可以做副词；也可以做名词，指完备、细致的事状。在《新平妖传》的新增部分中"备细"至少出现 10 次，在旧本中却一次也没有用到。

便将黜儿箭疮利害，备细说了一遍。(《新》四回/8)
第二次见了又不能抄写，备细说了一遍。(《新》十回/252—253)
如此如此、这般这般，备细述了一遍。(《新》十回/285)
蛋子和尚到时已知备细。(《新》十一回/336)
许多奇异事迹，备细申文回复。(《新》十八回/548)
张鸾便把十三年前淑景园中风吹媚儿下来，直至胡员外投胎养育，备细叙了一遍。(《新》十八回/551)
便将知州剪坏了原物要他铺中换取事情，备细说了。(《新》三十二回/913)
便有圣明帝主，他在九重之上，那里晓得外边备细。(《新》三十三回/928)
王则教守门的放进，问其备细。(《新》三十四回/959)

3.1.2 扠

说罢便把手扯起那婆子，要扠他出去。(《新》四回/80)
一头说，一头帮着老管家，将手劈胸扠那婆子。(《新》四回/81)
初时推不开，以后用力一扠，扑的一声，棍儿倒地，左一扇门儿早开。(原书批语："扠，音辣。")(《新》十回/266)
先生接伞在手，旋了两旋，蓦地望上一扠，喝声："起！"(《新》七回/527)
癞子呵呵大笑，把头一扠，这顶破头巾望上趱两趱，扑的脱了头去。(《新》十七回/531)
妈妈跨进房门，把员外一扠，骂道："死汉走开！"(《新》二十回/620)

《新平妖传》第二十回在旧本中对应的回目为第三回，旧本第三回里只说"妈妈道：'死汉走开！'"(《三遂》三回/66)，并没有"跨进房门，把员外一扠"的描写，因此这一句也是新增的。

"扠,挺也",①新增部分出现的6个扠字,不仅不见于旧本,在其他白话小说中也不多见。白话小说中用"扠"的只有"三言两拍"②(凌濛初也是吴语区的人,且"二拍"的创作显然受到冯梦龙的影响),以下只在每书中举一例,如:

> 赤条条的扠在三巧儿床上去。(《喻世明言》卷一/21)③
> 你一推我一扠,扠他出了大门。(《醒》卷一/11)
> 便叫两个徒弟,把小道人扠了出来。(《二刻拍案惊奇》卷二/27)④

看来"扠"是冯梦龙很常用的一个吴语词汇。

3.1.3 做张做智

> 既是这老和尚做张做智,你且看出家人分上耐了些罢。(《新》八回/198)
> 做张做智的施设。(《新》九回/240)
> 撒一泼尿,做张做智的擎出房来。(《新》十一回/323)
> 杨巡检喝道:"虎在那里?兀自见神见鬼的做甚张智!"(《新》十四回/430)
> 这县令不肯陪我同行,却做张做智叫我先走。(《新》十七回/524)

"做张做智"盖从"张智"(或作"张致")一词演化而来,"张智"本意为主张、智谋;因慌张而失了主见的,可以说"没张智""失张失智"或"慌张慌智";并不高明却装模作样假扮智者的,就可以说"做张做智",如:

> 便把前夫如此张致、夫妻如此争嚷、如此赌气分别,述了一遍。(《喻》卷一/31)
> 常言人贫智短,他怎地贫困,如何怪得他失张失智?(《喻》卷二/41)
> 闻氏道:"你欺负我妇人家没张智。"(《喻》卷四十/669)
> 见丈夫手慌脚乱,做张做智。(《醒》卷九/201)
> 常言道:痛定思痛。李承祖死时,玉英慌张慌智,不暇致详。(《醒》卷二七/630)
> 莫道人做张做智,步罡踏斗。(《警》卷十五/216)
> 书生料是无张智。(《六十种曲·蕉帕记》二十九出/99)⑤

这一系列由"张智"扩充来的四字俗语,在《新平妖传》及其他一些吴语类文献中都很常见,但不见于《三遂平妖传》。

---

① 《洪武正韵》卷七上声,《景印文渊阁四库全书》本。
② 根据北京爱如生数字化技术研究中心所开发的"中国基本古籍库"检索结果。
③ 《喻世明言》卷一,第21页,北京:中华书局,2014年。
④ 《二刻拍案惊奇》卷二,第27页,上海:上海古籍出版社,1983年。
⑤ 《六十种曲》,册九,北京:中华书局,1958年,第99页。

3.1.4 魆地

却在后边通个私路,弯弯曲曲的,魆地里送东送西。(《新》七回/174)

跫到慈长老房中,魆地里将随身衣服、被单打个包里放着。(《新》八回/208)

那老狐精那里有甚么圣水,魆地里到卧室中,把个磁碗,撒一泼尿……(《新》十一回/323)

"魆地"在《新平妖传》中至少三见(不算"黑魆魆"),不见于旧本。魆地意为暗地、私下。《通俗编》认为"魆"的本字当为"赋":"赋,许月切。《博雅》:疾也;《说文》:轻也;《玉篇》:走貌。按:兼上三义,则《琵琶曲》所谓'魆地里'之'魆',实当为此字也。'魆'不见他书,惟《字汇补》据曲收之。"①

3.1.5 作速

也该作速计较。(《新》十回/286)

要免轮回,作速念佛。(《新》十一回/332)

只是所借母银,望乞作速留意。(《新》十三回/397)

金鼎金鼎,我今相请,作速出来,众人立等。(《新》二十六回/766)

你可领去,照数作速换来,限你明日交割。(《新》三十二回/910)

待妾起身之后,作速逃窜东京。(《新》三十五回/989)

新增部分出现了6次"作速",《三遂平妖传》中却只说"速"或"速即",不说"作速"。

第二,还有一些不见于旧本的词汇,虽然在《平妖传》的新增部分中也只出现一两次,但却频见于其他吴语作品,属于典型的吴语词汇,也很能说明问题。这类词汇以动词居多。

3.2.1 搇

先从左壁上起,将手搇定,通前至后,凡有字处,次第拂过,共一十三章。(《新》十一回/300)

搇,或写作"揿",用手按的意思。② "搇"字不见于《水浒》《金瓶梅》《西游

---

① 《通俗编》卷三六"杂字",第820页。
② 〔清〕陶煦撰《周庄镇志》卷四:"按曰搇。"(清光绪八年元和刻本);又(嘉庆)《直隶太仓州志》卷十七"风土下":"按曰揿(音庆)。"翁寿元认为:"《广韵》未收搇字。《集韵》收搇字,可能当时就是一个表示方言词的字。《集韵》常收方言词的字,至少收吴语的就有不少,有的还指明'吴人云'。另外《集韵》常收同音同义的异体字,但搇字下并未列'揿'字。看来'揿'更是后来新造的形声字。明李诩《戒庵老人漫笔》卷五:'按谓之钦(去声)。'既不写'搇',也不写'揿',用来'钦'这个字。到了明末'搇'和'揿'就同时应用了,甚至同一作者既用搇,又用'揿'。……《现代汉语词典》以'搇'为正体,'揿'为异体。"(《无锡、苏州、常熟方言本字和词语释义》,苏州:苏州大学出版社,2014年,第56页。)

记》等白话通俗小说中,但频见于《海上花列传》《山歌》等吴语作品,在有吴方言区的作者参与创作的"三言两拍"、《官场现形记》等书中也时有出现。

《山歌》里有"揿住子奴身""一揿揿我在箩头里子"的说法。① 江苏武进人李伯元的《官场现形记》中,"揿"至少四见(如"又把表擎在手里,转动表把,旋紧了发条,又揿住关捩,当当的敲了几下。"卷十六/232)。②《海上花列传》中则至少用了九次(如"被阿德保按住阿金鬖髻,只一揿,直揿下去",三回/180)。③

3.2.2 趸

(贾清风)不到天明便起身,开了房门,悄悄的趸到楼下打探。只见癞子在榻上正打鼾睡,楼上绝无动静,回到房中坐不过,一连出来趸了四五遍。(《新》六回/121)

(蛋僧)趸到慈长老房中,魆地里将随身衣服、被单打个包里放着。(《新》八回/208)

趸,根据韵书的解释是"旋倒";④故在表示"走"这一动作时,有盘旋、转悠之类的意思;又可以引申为找寻、踩点儿。趸,虽不是吴语独有的词汇——《水浒》《金瓶梅》《儿女英雄传》这些作品中也用,北京话至今仍说"趸摸"⑤——但不可否认,它在吴语作品中的使用频率特别高,例如《海上花》中至少用了170个"趸"。⑥ 但"趸"在《三遂平妖传》中却没有出现。

3.2.3 唔(氽)

只见圆的溜的一件东西,在水面上半沉半浮,看看唔到桶边,乘着慈长老汲水的手势,扑通的滚到桶里来。(原书批语:"唔,吞上声。")(《新》七回/176)

唔,字当作"氽",是俗体字,一般多写作"氽",浮在水上的意思。⑦《七修类稿》引《字林撮要》云:"人在水上为氽,人在水下为溺。"并认为此字不见于《说

---

① 《山歌》卷六《墨斗》、卷九《鞋子》,第67、96页。
② 李伯元《官场现形记》,《中国近代文学大系·小说集》册2,上海:上海书店,1995年(据宣统二年本排印)。
③ 韩邦庆《海上花列传》,《中国近代文学大系·小说集》,册1,上海:上海书店,1991年。
④ 《康熙字典》酉集中"足部"引《集韵》,北京:中华书局,1958年,第1226页。
⑤ 《现代汉语词典》解释"趸:来回走;中途折回";【趸摸】:〈口〉寻找。(北京:商务印书馆,1983年,第1310页。
⑥ 统计数据根据"中国基本古籍库"检索结果。
⑦ (嘉庆)《直隶太仓州志》卷十七"风土下":"浮曰氽(音吞上声)。"

文》《韵会》等书,"恐乃有音无文者也"。① "有音无文"正是方言词汇的一大特点。"汆"的写法是会意,"㳇"则为形声。"㳇"在"三言"中亦见使用:"在水中半沉半浮,直㳇到向水闸边"(《警》卷十一/147);"有两个徒弟,道我是个㳇来僧,不容住在庵中"。(《醒》卷二七/625)②

第三,有个别吴语词汇只出现于《新平妖传》的早期版本中,在稍晚出现的本子以及现代的排印本中却遭到了改易。正因为方言词难懂,才被改为更常见通语词汇,我们认为这现象本身也有助于说明问题。

3.3.1 静办

> 以后缠得不耐烦了,只拣静办所在方歇。(《新》五回/99)

静办就是安静的意思。③ 近代汉语中表示安静、清静的双音词很多,如"静办""静扮""静密""静便"等等,东北方言现在仍称安静为"静便"或"静面",王云路认为这些字都是方言的记录,是静谧的音变。④ 明刻本此句中的"静办(辦)"一词,在清咸丰十年刊本与映旭斋本中皆形讹为"静辨",⑤古典文学出版社排印本与署名钟夫标点的上海古籍出版社排印本,则把"静办"臆改成"静僻"。⑥静办(辦)——静辨——静僻,之所以产生讹变,正因为"静办"是方言词汇,方言词不是人人都懂的,又经常没有统一的写法,刻工或整理者就想当然地用通语中的同义词把它替换了。

3.3.2 赶

> (蛋僧)赶到慈长老房中,魆地里将随身衣服、被单打个包里放着。

---

① 〔明〕郎瑛《七修类稿》续稿卷四《榫汆》,上海:上海书店出版社,2009 年,第 572 页。又按周去非《岭外代答》卷四"俗字":"广西俗字甚多。……汆音泅,言人在水上也;㚒音魅,言没人在水下也。"(册 1,北京:中华书局,1985 年,第 43 页。)"汆",广西人读为"泅",吴语读"吞(上声)",同形而异字,都是根据方音而造的俗字。

② 《新平妖传》:"他(蛋子和尚,引者注)又没有俗家,原是个倘来僧。"(八回/210)"倘来僧"即"㳇来僧",意为外来的和尚。按:吴语的习惯,古梗摄开口二等字(如庚韵的"生""更"、映韵的"孟"、耕韵的"争")和古曾摄开口一等登韵(如"朋")存在文白异读的现象(参袁家骅《汉语方言概要(第二版)》,北京:语文出版社,2001 年,第 69 页),即冯梦龙《山歌》中所说的:"凡生字、声字、争字,俱从俗入江阳韵。"(页 1)吴语中有"庚青犯真文"的习惯,很可能是"tǔn"的读音先与庚青相混,而后又从俗读为江阳韵的"倘",故将"㳇来僧"写作"倘来僧"。

③ 《海上花列传》:"耐阿是要吓杀人,静办点罢!"(四十三/478);又参《〈海上花列传〉方言简释》,《中国近代文学大系·小说集》,册 1 第 648 页。

④ 王云路《王云路中古汉语词汇史》,下册,北京:商务印书馆,2010 年,第 665—666 页。

⑤ 咸丰庚申(1860)刊《新镌绘像平妖全传》(十八卷本),文德堂藏板;《映旭斋增订北宋三遂平妖全传》(十八卷本),卷三/页 2.

⑥ 《平妖传》,上海:古典文学出版社,1956 年,第 22 页。(据出版说明,乃据道光十年刊本排印,并据嘉庆壬申本校改错字)。钟夫标点《平妖传》,第 26 页,上海:上海古籍出版社,1996 年(整理者号称以明"墨憨斋本"为底本)。

(《新》八回/208)

前文举过的这一例,"趃"字在咸丰十年刊本中被臆改为"复",古典文学出版社排印本与钟夫标点本则改作"走"。①

3.3.3 包荒

望院君凡百包荒,隐恶而扬善。(《新》二十二回/666)

包荒也是一个吴语词,意为包容、包涵,如《海上花列传》第四回的回目"丢眼色吃醋是包荒"(四回/85),②古典文学出版社排印本中改为通语词"包涵"。③

第四,还有些词我们认为不必认定为吴语词,但因为它们在新增部分和旧本中出现的频率悬殊,这至少有助于说明《新平妖传》中存在不同作者的手笔,我们也在这里附带举几个例子。

3.4.1 终不然/终不成

终不然唤个碾玉匠碾开来看?(《新》二回/31)

终不然雨冲得这般干净?(《新》三回/65)

终不然靠着太医活命?(《新》五回/94)

终不然有房子盖着他?(《新》五回/103)

终不然在此处朝朝寒食,夜夜元宵?(《新》五回/119)

终不然锁断了门,抛荒了这片园地……(《新》八回/183)

终不然一点点小厮,许大力气,自会挣扎?(《新》八回/184)

终不然把这寺基废了,都做坟墓罢?(《新》八回/203)

终不然难道他不信佛法,怪我们僧家,哄我到这绝路饿死不成?(《新》九回/232)

终不然阴间设立枉死城为着甚么?(《新》九回/237—238)

终不然这秘法不许人传,又镌他在石壁上怎的?(《新》十回/254)

终不然要做打家劫舍的勾当?(《新》十回/264)

终不然我把个细麻绳儿牵得他来的?(《新》十二回/371)

终不然不见了一个,又要我赔一个不成?(《新》十五回/476)

我今年才四十七岁,还不算老,终不然就养不出了?(《新》十六回/485)

表示反问语气的发语词,《平妖传》的新增文字中多用"终不然",《三遂平

---

① 《平妖传》,第46页;钟夫标点《平妖传》,第52页。
② 又参《〈海上花列传〉方言简释》,第642页。
③ 《平妖传》,第147页。

妖传》则更倾向用"终不成"。只除了上述的最后一例,《三遂平妖传》中的对应文句为"我与你年纪未老,终不然就养不出来?"(一回/15),其余旧本文字部分出现的都是"终不成"。

终不成我三口儿直等饿死?(《三遂》二回/41,《新》十八回/565)

你不出去,终不成我出去?(《三遂》二回/41—42,《新》十八/566)

家中又没钱,不叫爹爹出去,终不成饿得过日了?(《三遂》二回/42,《新》十九回/585)

终不成只在不厮求院里住?(《三遂》三回/70,《新》二十一回/629)

终不成一日不见,到晚如何不问?(《三遂》四回/81,《新》二十一回/638)

终不成只一个下去,了不得公事便罢了?(《三遂》七回/154,《新》二十五回/729)

终不成只说见只石虎来?(《三遂》七回/159,《新》二十五回/733—734)

终不成杀了知州就恁地罢了?(《三遂》八回/197,《新》二十六回/766—767)

佛肚里没有路,你钻入去则甚,终不成罢了?(《三遂》十回/218,《新》二十八回/786)

既到这里,终不成只恁地回去罢了?(《三遂》十回/227,《新》二十八回/795)

终不成和尚自家来出首?(《三遂》十一回/269,《新》二十九回/827)

终不成他真个要你的斋吃?(《三遂》十二回/308,《新》三十回/861)

3.4.2 索(只索、须索)

也只索忍着晦气。(《新》十五回/458)

亲邻朋友处,好意的送了一两遍也索罢休。(《新》十八回/562)

多两个钱的炊饼也饱不得我们一世,只索罢了。(《新》十九回/592)

妈妈被员外乱了一场,不知高低,只索髁他。(《新》二十回/611)

你也须索忍耐(《新》二十三回/672)

这几个例子中的助动词"索",犹"得"也,表示必然、必须或者必要,"须索"就是"须得","只索"就是"只得"。"须索""只索""则索"在"三言两拍"和元明戏曲中用得很多,在《三国演义》与《金瓶梅》中偶有使用,《水浒传》中用得很少,①《三遂平妖传》中则不见使用。

> 这人发怒去了,只索与他厮杀。(《三国》五十二回/650)②
> 西门庆见了,推辞不得,须索让座。(《金》三十五回/914)③
> 若不在,只索休怪了。(《喻》卷一/26)
> 我与你命薄之人,只索忍耐。(《醒》卷一/6)
> 没奈何,只索罢了。(《警》卷十二/163)

同样的意思,《水浒传》与《三遂平妖传》用"只得",④而不用"只索"。因此,这个词即使不认定为吴语,从其在新旧《平妖传》中的不同词频考虑,也能够说明此书存在增补的事实。

3.4.2 踛

> 向那松树傍一株小树踛上去。(原书批语:"踛音陆。"《新》十回/263)
> 正待撇下尸首,踛上去取那衣包。(《新》十回/281)
> 蛋子和尚不慌不忙撇尸在地,早踛上树去了(《新》十回/281)
> 像猢狲踛树一般,踛过了那三丈长、一尺阔、光如镜、滑如油的一条石桥。(《新》十一回/301)

踛,就是跳的意思。一般认为《庄子·马蹄》里"马,蹄可以践霜雪,毛可以御风寒,龁草饮水,翘足而陆"的"陆"就是这个"踛"。⑤ 这是一个文言色彩很重的词汇,不仅古书中鲜见,《平妖传》以外的白话小说中更是不见使用,⑥唯独只在《平妖传》的新增部分出现了四次。我们倾向认为,之所以《新平妖传》中用了这个比较生僻的"踛"字,正因为其增补者是淹通经史、博览多读的冯梦龙。

---

① "只好""只得""只索"的用法及其在《水浒传》中的分布情况,可参〔日〕香板顺一著,〔日〕植田均译《水浒词汇研究(虚词部分)》,北京:文津出版社,1992年,第154—155页。
② 这是根据较通行的毛宗岗本的文字,(《三国演义会评本》,上册,北京:北京大学出版社,1986年,第650页)明代叶逢春本则作"只挤与他厮杀"。(《三国志通俗演义史传》卷十一《赵子龙知取桂阳》,上册,上海:上海古籍出版社,2009年,第589页。)
③ 《金瓶梅词话》,香港:太平书局,1982年(影明万历刊本)。
④ 如"只得出来迎接"(《三遂》一回/33)、"三口儿只得在八角亭上权歇"(《三遂》二回/38),不悉举。
⑤ 《文选》卷十二《江赋》:"夔牛翘踛于夕阳,鸳雏弄翮乎山东。"李善注:"《庄子》曰:'龁草饮水,翘尾而踛,此马之真性也。'司马彪曰:'踛,跳也。'"(册2,上海:上海古籍出版社,1986年,第567页。)
⑥ 根据"中国基本古籍库"检索结果。

曹雪芹与西洋文明的接触及其意义探考*

向 彪**

【内容提要】 曹雪芹与西洋文明存在广泛接触的渠道。与西洋学术文化的接触渠道主要有四：一是通过图书接触西洋学术文化，二是通过与姻戚、友人或特定关系人的交游了解、切磋西洋学术文化，三是通过与西洋传教士的直接接触了解西洋文化，四是通过对北京天主教堂的实地考察了解西洋文化。与西洋器物文明的接触渠道主要有三：一是通过家藏洋货接触、了解西洋器物，二是通过姻戚、友人或特定关系人家藏舶来品接触、了解西洋器物，三是通过天主教堂接触、了解西洋器物。曹雪芹与西洋文明的接触，开阔了曹雪芹的文化视野，丰富了曹雪芹的域外文化知识，使之初步认识到了西方科技之先进、西洋艺术之优长；而其将有关西洋人、西洋物、西洋精神文化知识创造性地融入到小说情节内容之中的创作方法，不仅扩大了《红楼梦》的题材领域，丰富了《红楼梦》的文化内涵，开拓了中国小说创作的新境界，也成为我们考察明清之际西学东渐对中国知识界和社会生活影响广度与深度的一条重要途径。

【关键词】 曹雪芹　接触　西洋学术文化　西洋器物文明

读过《红楼梦》的人都知道，《红楼梦》中存在着大量"用外物、说外语、写外人、叙外事"的描写。[①] 而在曹雪芹生活的雍、乾时代，因中国礼仪之争，基督教已遭官方禁止，在华西洋传教士除少数以技艺之长继续留京服务宫廷者外，其余西教士几乎都（于雍正十年）被逐至澳门，内地公开的传教活动几近绝迹，明清之际盛极一时的西学狂飙基本上烟消云散。那么，曹雪芹的这种世界视野是如何形成的？其有关域外知识尤其是西洋器物文明与精神文化知识是通过何种渠道取得的？笔者曾撰文阐述曹雪芹上世、姻亲与西洋人、西洋物和西洋学术文化的接触对曹雪芹文化视野、知识结构及文化心态产生的重要影响，提

---

* 本文系国家社科基金项目"明末清初西学东渐视阈中的《红楼梦》研究"（项目批准号：16BZW067）阶段性成果。

** 本文作者为湖南怀化学院文学与新闻传播学院教授。

① 李正学《〈红楼梦〉的世界视野——兼论中国小说的世界化道路》，《明清小说研究》2007年第1期。

出曹家上世、姻亲与西洋人、西洋物和西洋学术文化的接触及其对异质西洋文化的受容态度,在曹雪芹与西洋文化之间起到了重要的桥梁作用。① 不过这种影响终究只是间接的。从曹雪芹在小说中对西洋器物知之甚稔,能够任意驱遣于笔端,外语译音词可以脱口而出,融入的基督教伦理思想能够与中国传统伦理思想表达密合无间的程度看,他本人与西洋学术文化、西洋器物文明乃至西洋人应该还有着直接的接触。那么,曹雪芹又是通过何种渠道接触西洋学术文化、西洋器物文明以及西洋人的呢?这种接触对于曹雪芹的文化视野、知识结构及其《红楼梦》创作具有什么重要意义呢?本文试就这两个相互关联的问题做一初步探讨。

一 曹雪芹与西洋学术文化接触探考

结合曹雪芹的家世、社会关系及其所处时代文化环境、生活场域,其与西洋学术文化接触的可能渠道,大概有以下几途。

(一) 通过图书接触西洋学术文化

一是通过自家藏书接触西洋学术文化。曹雪芹祖父曹寅乃清初著名藏书家,在其所藏3200多种书籍中,就包含有比较丰富的西学图书。笔者曾在其《楝亭书目》卷二经济,卷三说部、杂部中,钩稽出五十余种西学书目,这些书目所反映的书籍大致可分为两类:一类是西洋传教士与中国士人合作编译的西学书籍。主要有明末李之藻序辑《天学初函》,徐光启等主编、汤若望删修《西洋新法历书》,利玛窦《交友论》等。其中,《天学初函》分"理""器"二编,"理"编收西方宗教、哲学书籍10种,分别是《西学凡》《畸人十篇》《交友论》《二十五言》《天主实义》《辩学遗牍》《七克》《灵言蠡勺》《景教流行中国碑颂(并序)》《职方外记》;"器"编收西方科学书籍10种,分别是《泰西水法》《浑盖通宪图说》《几何原本》《同文算指》《表度说》《天问略》《简平仪说》《圜容较义》《测量法义》《勾股义》。②《楝亭书目》在《天学初函》条下注明"二函二十册",可见是个足本。《西洋新法历书》由《崇祯历书》修订而来,是明末有关西洋新法历书丛书的总名,主要编译或节译哥白尼、伽利略、第谷、开普勒等欧洲著名天文学家的著作。据《楝亭书目》所列子目可知,该丛书包括天文学图书、数表30种,分别是:《日躔历指》《日躔表》《测天约说》《黄赤正球升度表》《五纬表》《月离历指》

---

① 参见向彪《曹寅与西学的接触及其对曹雪芹的影响》(《红楼梦学刊》2002年第二辑)、《曹雪芹上世与西方的接触对曹雪芹创作〈红楼梦〉的影响》(《国学研究》第三十七卷)。
② 参见〔明〕李之藻《天学初函》,台北:台湾学生书局,1965年。

《交食历指》《月离表》《交食表》《古今交食表》《测食略》《恒星历指》《恒星表》《恒星出没表》《新法表异》《五纬历指》《恒星图》《大测》《浑天仪说》《远镜说》《历引》《治历缘起》《学历小辩》《新历晓惑》《新法西传》《测量全仪》《几何要法》《八线表》《比例规解》《筹算》。① 另一类是中国士人研究西学的学术成果。包括方以智《物理小识》、梅文鼎《勿庵历算书目》《历学疑问》《三角法》《数表》等，此外，还有杨光先为诘难天主教教理及其东来之动机而撰写的《不得已编》（亦名《不得已》）等。这些书籍，都是明清间最有代表性的西学著作。其中，《天学初函》堪称明末清初流传最广的西学丛书，而《西洋新法历书》乃东传天文学之集大成著作，在编成后的一个世纪里，几乎成为中国天文学家传习西方天文学的唯一知识来源。《物理小识》《历学疑问》等则代表了中国学者研究西洋学术的顶尖水平。清初的许多学者，就是通过这些书籍了解西方学术，介入西学研究的。由于研治西学乃明末清初知识界之风尚，喜好追逐时尚的曹雪芹不可能不受这种时代风气的濡染和影响，对家中收藏的这些西学书籍理应有所接触。需要说明的是，曹家曾在雍正五年（1727）因曹頫亏空帑银、骚扰驿站案被撤职抄家，其时雪芹年纪未满十三岁，此前涉猎这些西学书籍的可能性不大。但据雍正上谕透露的讯息，就在雍正于全国范围内兴起清理亏空风暴之时，曹頫为预防皇帝抄家，有藏匿、转移财产之举动；②而据李文藻《琉璃厂书肆记》提供的信息，曹家藏书是被转移至曹寅外甥富察昌龄府中。③ 这样看来，曹家虽遭抄家变故，但家中藏书大概得以保全。曹家在曹頫解除枷号出狱后，④尤其是雍正十三年因乾隆登基发布"恩诏"宽免亏欠后，不排除将藏于昌龄府中的这批藏书取回的可能；即使因担忧当年转移家财事败露而不敢取回藏书，曹頫、曹雪芹等曹家人出于对这批祖产的珍惜之情，经常去光顾这批属于自家的藏书，甚或以"借阅"的形式取出这些书籍自览，也是情理中事。

二是通过特定关系人藏书接触西洋学术文化。据雍正二年《江宁织造曹頫请安折》朱批可知，⑤雍正继位后，曾将曹頫的事交由怡亲王胤祥传奏，怡亲

---

① 〔清〕曹寅《楝亭书目》，金毓黻《辽海丛书》第四册，沈阳：辽沈书社，1985年，第2621—2690页。

② 参见雍正五年十二月二十四日《上谕著江南总督范时绎查封曹頫家产》。故宫博物院明清档案部编《关于江宁织造曹家档案史料》，北京：中华书局，1975年，第185页。

③ 李文藻《琉璃厂书肆记》有云："延庆堂刘氏，夏间从内城买书数十部，每部有曹楝亭印，又有长白敷槎氏堇斋图书记，盖本曹氏物而归于昌龄者。"〔清〕李文藻《南涧文集》卷上，上海：商务印书馆，1936年，第18页。

④ 据雍正七年七月二十九日《刑部移会》引总管内务府同年五月初七日咨文可知，当时"曹頫因骚扰驿站获罪"而被枷号。其解除枷号时间，朱淡文先生推测在雍正七年十一月初八日发布宽释功臣之子孙犯法问罪及亏空拖欠者的上谕之后（详参朱淡文《红楼梦论源》，江苏古籍出版社，1992年版，第84—91页），也有学者怀疑直到乾隆即位发恩诏后才出狱。

⑤ 详见故宫博物院明清档案部编《关于江宁织造曹家档案史料》，第165页。

王因此成为曹家的特定关系人。由于曹家是皇室包衣,一方面需要向怡亲王禀报职事和家事,另一方面自然也企望得到怡亲王的庇护与关照。因此,曹家人必然对怡王殷勤侍奉,与怡府交通频繁。由于怡亲王"甚痛怜"曹家,①曹家因此与怡王府的关系也就格外深厚。从第二代怡亲王弘晓能够成为直接从雪芹手中抄到《红楼梦》稿本(己卯本)的少数几人之一等情形看,即使是在胤祥逝世后,曹家与怡府仍然保持了极其密切的联系。而怡府恰好藏书甚富,震钧《天咫偶闻》谓怡府藏书楼乐善堂"大楼九楹,积书皆满"。②据《怡府书目》《影堂陈设书目录》等两种怡府书目所录,怡府藏书实际超过5000种。③据笔者对两书目初步检索发现,其中包含有徐光启等主编、汤若望删修《新法历书》,南怀仁编撰《灵台仪像志》《坤舆图说》,南怀仁绘制《(新制)仪像图》,戴进贤等编《钦定仪象考成》,傅圣泽编译《历法问答》,汤若望等撰《历象考成》《赤道星图》《黄赤正求(升度表)》《月离表》《日躔表》《八线表》《交食表》《比例规解》《远镜说》,庞迪我、孙元化撰著《日晷图法》,欧几里得原著、利玛窦口授、徐光启笔录《几何原本》,白晋撰著《天学本义》,李之藻翻译《名理探》,胤祉等编纂《御制数理精蕴》,梅文鼎撰绘《历学疑问》《几何补编》《堑堵测量》《三角法》《三角(法)举要》《狐三角举要》《数表》《中西算法通》,王锡阐撰著《历法》,杜知耕撰著《几何论约》等西学著作40余种,如果加上重出者,总数当在150种以上。另收有《西洋人物册页》1种。由于雪芹与弘晓年龄相仿,又同具诗文小说书画方面的爱好,④因此,两人关系至密,雪芹完全可能从怡府乐善堂的丰富收藏中接触到西洋学术文化。

三是通过教堂藏书接触西洋学术文化。明末清初来华西教士经过几代人

---

① 雍正帝在《江宁织造曹頫请安折》朱批中有"王子甚痛怜你"等语。另据朱淡文推测,雍正元年秋冬间,雍正帝曾欲就曹頫亏空案对其进行某种处置,为同情曹頫的怡亲王所救。详朱淡文《曹頫小考》,《红楼梦学刊》1987年第一辑。

② 〔清〕震钧《天咫偶闻》卷三,北京:北京古籍出版社,1982年,第70页。

③ 目前发现的怡府书目有两种:一种是国家图书馆藏《怡府书目》(可能为弘晓之子怡恭亲王永琅编成于乾隆末年),收目4500余种;一种是南京图书馆藏《影堂陈设书目录》(韩梅据书目避"玄""祥""晓""宁"字讳推断,亦为怡府藏书目,较国图藏晚出,又据"宁"字前不讳后不讳的现象,推测书目可能为乾嘉间原抄,道光以后又做了补录。侯印国认为该书目是《怡府书目》编成之后一段时间,怡府对其藏书重新检点之后编写的书目,可能编成于咸丰十一年第五代怡亲王载垣被慈禧赐死后怡府藏书散出前夕。详韩梅《清宫〈影堂陈设书目录〉与怡府藏书》(《紫禁城》2005年第4期)、侯印国《影堂陈设书目录与怡府藏本〈红楼梦〉》(《红楼梦学刊》2013年第四辑),收目除残缺模糊者不计外,尚有5308种。

④ 怡府藏书中收藏有《西游记》《金瓶梅》《封神榜演义》《今古奇观》《警世通言》《醒世恒言》《聊斋志异》《红楼梦》《一夕话》《豆棚闲话》《剪灯丛话》等小说数十种,《西厢记》(包括满汉合璧本)《白兔记》《玉茗堂四种》《红拂记》《升仙记》《仙缘会》《桃花扇》《笠翁传奇十种》等戏曲剧本近六百种,《四松堂集》《潇湘馆诗抄》等诗文集,以及众多法帖、画册等。弘晓还批点刊行了《平山冷燕》,并撰写有题词,表达了他对小说、传奇的正面肯定态度。由此可见,乐善堂的主人弘晓与雪芹同具诗文小说书画方面的爱好。详见南图藏《影堂陈设书目录》。

的努力,在北京先后建起了东堂、西堂、南堂、北堂等四大天主教堂(下文并称"四堂"),并尝试建立附属图书馆。据有关史料提供的线索,四堂的藏书曾经颇为可观。仅法国传教士金尼阁等人于1620年(万历四十八年)来华时,就一次携来"有装潢图书七千余部"。① 这批图书包括了水法、算法、医理、乐器、格物穷理以及万国图志等"非吾国书传所有"之内容,② 几涉及当时西方的各门学科。这些图书由金尼阁一行携至澳门后进入内陆,辗转流传,历经劫难,大多汇聚北京四堂,最终成为著名的北堂藏书,加上其他西士携来中国汇聚北堂的书籍,其数量尚在3000种以上。③ 在中国士人的协助下,这些西书被大量翻译成中文。因此,明末清初时人不仅可以看到印刷精美的原版西洋图籍,也可以看到汉译欧洲书籍。《利玛窦中国札记》就记载葡萄牙传教士费奇观来京时,曾携来一部精美、豪华的八卷本多语种对照本《圣经》。"很多人到教堂来参观这些书籍,对印刷和装帧大感惊异……"④ 中国士人谈迁在《北游录》中记述其于南堂所见西洋图书有曰:"其书迭架,茧纸精莹。劈鹅翎注墨横书,自左而右,汉人不能辨。"⑤ 毕拱辰在其《泰西人身说概序》中也提到他在南堂所见《西洋人身图》《人身说》等书的情形,称其"缕析条分,无微不彻;其间如皮肤、骨节诸类,昭然人目者,已堪解颐","使千年云雾顿尔披豁"。⑥ 对西洋文化怀有浓厚兴趣的曹雪芹,去教堂观览、接触这些外来"秘籍"也不是不可能的。

　　四是通过姻戚友人藏书接触西洋学术文化。曹家姻戚中不乏嗜书、藏书者。如曹寅妹夫、雪芹姑祖富察傅鼐所居稻香草堂,就积书万卷。⑦ 傅鼐长子昌龄更以藏书之富与纳兰性德、揆叙昆季并称清代满族藏书三大家。昭梿《啸亭杂录》谓其"性耽书史,筑谦益堂。丹铅万卷,锦轴牙签,为一时之盛"。⑧ 虽然目前无法确知傅鼐父子藏书内容,但从当时"西风"劲吹、知识界普遍热衷西

---

① 〔清〕杨廷筠《代疑篇述略》,载杨振锷著,方豪校《杨淇园先生年谱》,上海:商务印书馆,1943年,第70页。
② 〔明〕徐光启《徐文定公集》卷六十,上海:上海慈母堂本,北大图书馆藏。
③ 汤若望在顺治元年五月十一日的《悬乞格外施恩疏》中提到,李自成退出北京时,"臣住居宣武门内城下,中城地方房屋半为贼火焚毁,仅存天主、圣母二堂,并小屋数椽"。但教堂中的那批"西方带来经书,不下三千余部",及"翻译已刻、修历书板数架充栋",一点也未散失。参见《汤若望奏疏》奏疏部分第1—3页,顺治刻本,中国科学院图书馆藏。
④ 〔意〕利玛窦、〔法〕金尼阁著,何高济、王遵仲、李申译,何兆武校《利玛窦中国札记》,北京:中华书局,2001年,第481—482页。
⑤ 〔明〕谈迁《北游录》,北京:中华书局,1981年,第46页。
⑥ 〔明〕毕拱辰《泰西人身说概序》,徐宗泽《明清间耶稣会士译著提要》,中华书局,1989年,第304页。
⑦ 〔清〕袁枚著,周本淳标校《小仓山房诗文集三·刑部尚书富察公神道碑》,上海:上海古籍出版社,1988年,第1186页。
⑧ 详见〔清〕昭梿《啸亭杂录》卷四"昌龄藏书"条,北京:中华书局,1980年,第86页。

学、藏书家普遍搜藏西学图籍的时代风尚推测,其巨量藏书中应包含有西学书籍。另外,雪芹友人如敦敏、敦诚、明义、张宜泉等均为文化造诣颇高之人,他们也可能因嗜好西学而收藏有西学书籍。喜欢杂学旁搜的曹雪芹,通过借阅表叔昌龄等姻戚友人藏书中的西学书籍接触、了解西洋学术文化,也是完全可能的。

(二) 通过与姻戚、朋友或特定关系人的交游了解、切磋西洋学术文化

一是通过与姻戚的往来了解、切磋西洋学术文化。

雪芹与傅鼐父子可能存在涉及西学问题的探讨。傅鼐不仅喜藏书,亦好读书。袁枚《刑部尚书富察公神道碑》谓其"读书目数行下",即使在谪戍黑龙江途中,亦"负书一箧步往"。平素喜"招四方人与游,性理、经史、诗文、医人、日者悉萃集焉",①可见其交游之广泛,学识之博杂。昌龄为雍正癸卯进士,曾官翰林院编修、侍讲学士,能诗善文,广览群籍。相较乃父,更为渊博。傅鼐次子科占,亦曾任内阁中书等职,袁枚谓其与兄昌龄、弟查讷"俱有父风",可知科占、查讷均为饱学之士。这样一个累世书香之家,对时尚西学应有所涉及。雪芹在与这门姻戚的谈学论文中,很可能涉及西学问题的讨论。

雪芹与福彭也可能存在关于西洋学术文化问题的研讨。雪芹表兄福彭为努尔哈赤第二子和硕礼亲王代善裔孙,曹寅长女曹佳氏长子。因聪明伶俐、才能出众,深受康、雍两代君王欣赏,自幼及长均被安排与皇子皇孙们一起读书。雍正六年,还因品学兼优,被雍正挑为弘历伴读。清初皇室为了把皇子皇孙们培养成"文武全才",不仅严格贯彻"课以诗书,兼习骑射",满(文)汉(文)并重、文武兼修的教育方针,还注重西学知识的兼收并蓄。据意大利传教士德理格、马国贤上教皇书等文献记述,康熙在位时,就曾安排德理格为皇子们讲授西洋音乐。② 法国传教士白晋在《康熙帝传》中提到,康熙本人也常常亲自为皇子们讲解西学,或带他们到天文台观测天象。③ 雍正帝继位后回忆:"昔年遇日食四五分之时,日光照耀,难以仰视。皇考亲率朕同诸兄弟在乾清宫,用千里镜,四周用夹纸遮蔽日光,然后看出考验所亏分数。此朕身经试验者。"④福彭因长期与皇子皇孙

---

① 〔清〕袁枚著,周本淳标校《小仓山房诗文集·刑部尚书富察公神道碑》,第1184—1186页。
② 方豪《中国天主教史人物传(中)》"德理格"本传转引德理格、马国贤上教皇书稿中有云:"至于律吕一学,大皇帝犹彻其根源,命臣德理格在皇三子、皇十五子、皇十六子殿下前,每日讲究其精微。"同传还记载意大利传教士毕天祥于康熙五十二年致函罗马同会士的信中也提到,康熙帝对德氏的音乐才能颇为欣赏,德氏因此"奉命为二皇子讲授音乐",同时也派其他学生随德氏学习。北京:中华书局,1988年,第351—352页。
③ 详见〔法〕白晋著,马绪祥译《康熙帝传》,《清史资料》第1辑,北京:中华书局,1980年,第227页,第243—244页。
④ 《清世宗实录》卷九十五,雍正八年六月丁卯。

们一道读书，长时间耳濡目染，对西学知识和西方科学仪器及其使用方法应有一定了解。雪芹随家自江宁返京后，常"往老平郡王家行走"，无疑有较多机会与福彭及其幕僚、宾客谈学论艺，其中不免涉及西学话题。

二是通过与特定关系人的交往了解、切磋西洋学术文化。前已述及，在曹家特定关系人中，胤祥一门至为重要。而胤祥与西人、西学颇有接触。他在雍正朝前八年的政治生涯中，曾以总理事务大臣、议政大臣、军机大臣等身份管理过内务府、理藩院、四译馆及外国传教士等诸多事务。① 而理藩院不仅管理蒙古、回、藏等少数民族事务，还兼管对俄外交和贸易事务；内务府养心殿造办处"掌制造器用"，其中涉及自鸣钟等器物的制造与修理，绘制出版地图等事务；四译馆负责培养和聘用译员；外国传教士事务涉及西教士的管理与任用。这数项职司都离不开西洋传教士的协助和参与。因此，交接、任用西教士就成为他日常工作中的重要内容。例如法国传教士巴多明就曾担任过他的外交翻译，协助他处理清廷与葡萄牙、俄国及罗马教廷的外交关系，并主持四译馆事务。② 法国传教士宋君荣也曾担任他的拉丁语翻译，并备边界地理顾问，协助处理与俄国的外交事务。③ 因公务之需，胤祥不仅常召传教士前来王府议事，有时也在王府接见外国使节。雍正四年，葡萄牙专使来京，为了方便在圆明园谒见雍正帝，还曾一度下榻于怡王府的交辉园（即绮春园的前身）④。在雍正严行禁教后，由于"这位十三世子很尊重欧洲宗教和人士"⑤，因此，西教士也往往通过他来协调与皇帝及诸衙门的关系。因受父皇康熙的影响，胤祥对西学也颇感兴趣。严嘉乐（捷克人）、宋君荣等传教士在寄往欧洲的信中就提到，这位王爷与他们讨论过西方音乐、中国犹太人及其希伯来文经书等问题⑥。胤祥与

---

① 《耶稣会传教士巴多明神父致尊敬的本会尼埃尔神父的信（1927年10月8日于北京）》中提到："十三皇弟受雍正皇帝之命处理重要国家事务及有关我们的事务。"参见〔法〕杜赫德编，朱静译《耶稣会士中国书简集——中国回忆录》第三卷，郑州：大象出版社，2001年，第229页。

② 参见〔法〕费赖之著，冯承钧译《在华耶稣会士列传及书目（上）》"巴多明"本传，北京：中华书局，1995年，第511—515页）、《耶稣会传教士巴多明神父致尊敬的本会尼埃尔神父的信（1927年10月8日于北京）》(〔法〕杜赫德编，朱静译《耶稣会士中国书简集——中国回忆录》第3卷，第228—240页）。

③ 参见〔法〕费赖之著，冯承钧译《在华耶稣会士列传及书目（下）》"宋君荣"本传，第690—691页。

④ 参见〔法〕杜赫德编，朱静译《耶稣会士中国书简集——中国回忆录》第3卷，第238页。

⑤ 《宋君荣1749年11月8日致梅兰先生的书简》，〔法〕荣镇华、〔澳〕莱斯利著，耿昇译《中国的犹太人》，郑州：大象出版社，2005年，第178页。

⑥ 捷克传教士严嘉乐在寄给捷克教区区长尤利乌斯·兹维克尔的信中就提到，1726年10月16日，为了商讨迎接葡萄牙专使来华事宜，"这位十三王爷召德里格先生和我进王府，在深夜领我们进他的房间，表现了对我们特殊的恩宠。他谈起音乐，给我们提了许多问题，像是认真想向我们请教。但由于他国务十分繁忙，再加上这一地区的防治水灾问题，他这异常亲切的学习、谈心也不得不早早结束了。"参见〔捷克〕严嘉乐著，丛林译《中国来信（1716—1725）》，郑州：大象出版社，2002年，第59页。《宋君荣1749年11月8日致梅兰先生的书简》中则述及胤祥与"我们"探讨中国开封的犹太人及其希伯来文经书问题。〔法〕荣镇华、〔澳〕莱斯利著，耿昇译《中国的犹太人》，第178页。

西士的频繁接触,长期的外交实践,以及对西洋文化的浓厚兴趣,理应对西洋学术文化有较深的了解。而弘晓等王子不仅有丰富的家藏西学书籍可读,也应有机会参与乃父在府中接见外国专使,向西教士征询涉外事务意见、请益西学问题等活动。父王在与西人、西学接触过程中所获得的对西人、西学的认知,也会以家学形式传承给弘晓等后人。因此,弘晓等人对西学也应有一定的了解。弘晓本人也曾于乾隆四年(1739)底至七年初主管理藩院事务三年,期间当然也离不开西教士的协助。这种亲身经历,更会深化其对西洋文化的认识。雪芹在与弘晓等人讲论学艺中,应有涉及西洋学术文化的研讨。

三是通过与友人的交游了解、切磋西洋学术文化。据敦敏《瓶湖懋斋记盛》记载,乾隆二十三年腊月二十四日,雪芹曾与乾隆朝名臣、著名书画家董邦达等会于敦敏之懋斋,有鉴定字画之事,①董邦达还为雪芹新著《南鹞北鸢考工志》作序。② 董邦达虽以山水画擅名,但对乾隆帝热衷的西洋画也应有所研习。其书画家身份和内阁学士兼礼部侍郎衔的职务,也便于他与如意馆的西洋画师们交游。吴恩裕先生还推测他曾于乾隆二十四年前后"主持皇帝画苑的事"。③ 因此,其对中西绘事应都很熟悉。作为画家的曹雪芹与其鉴定字画,纵论画艺,其间涉及西洋绘画话题,也是自然之事。雪芹在与其他友人的交游中,也可能涉及西学问题的探讨。但因文献阙如,一时还难以稽考。

(三) 通过与西洋传教士的直接接触了解西洋文化

关于曹雪芹是否接触过西洋人的问题,学界一直存在不同看法:一种观点认为曹雪芹不太可能与西洋人发生直接接触。如方豪《红楼梦考证之新史料——为胡适之顾颉刚二先生作补正》一文就推测《红楼梦》"作者本人或未能遇见西人"。④ 他后来在《红楼梦新考》一文中再次提出,"曹雪芹生时,家道已中落,或不能及见西人,况康熙南巡时,雪芹(宝玉)未生……然其祖曹寅,曾祖曹玺则俱有晤见西人之机会"。⑤ 另一种观点则认为曹雪芹应该接触过西洋人。如黄龙《曹家的外事活动——兼填〈红楼梦〉中译音词还译原文之空白》就有感于《红楼梦》对西洋物与"真真国"女孩的逼真描绘,认为"曹雪芹自必亲睹

---

① 参见〔清〕敦敏《瓶湖懋斋记盛》,吴恩裕《曹雪芹丛考》卷二,上海:上海古籍出版社,1980年,第29—39页。
② 参见〔清〕董邦达《南鹞北鸢考工志序》,吴恩裕《曹雪芹丛考》卷二,第27—28页。
③ 吴恩裕《曹雪芹丛考》卷三,第72页。
④ 方豪《红楼梦考证之新史料——为胡适之顾颉刚二先生作补正》,原载重庆《东方杂志》第二十九卷第二号,1943年3月。转引自吕启祥、林东海主编《红楼梦研究稀见资料汇编(下)》,北京:人民文学出版社,2001年,第867—870页。
⑤ 方豪《红楼梦新考》,《说文月刊》第四卷合刊本,1944年5月版。转引自吕启祥、林东海主编《红楼梦研究稀见资料汇编(下)》,第1003—1004页。

或亲用其物,及至弄墨时,方能涌上心头,再上笔头","曹氏本人如未亲睹目击'黄发''联垂',身披'洋锦'之'外国女子',怎能描绘得如此栩栩如生,跃然纸上?"①

这两种截然相反的看法,到底哪一种可能性更大呢?笔者认为后一种可能性更大。

在曹雪芹生活时代,基督教在中国内地公开的传教活动虽已遭禁止,在各省传教的西教士也已被驱逐;但仍有一批以技艺见长的西教士留用于清廷。严嘉乐在雍正三年从北京寄给布拉格尤利乌斯·兹维克尔的信中提到,雍正二年驱逐西教士后,继续留京的西士有:

> 传信部的乐师德理格、圣衣会的神父格利马尔蒂(视察员)和那永福(乐师)、巴伐利亚的雕塑家希佩尔,还有康和之神父,此人私自住在北京,宫廷并不知晓。
>
> 住在(葡萄牙)耶稣会住院的人有:70岁的葡萄牙人苏霖,他是望远镜专家;奥地利尊贵的神父费隐,他已任住院道长两年多,他是测地学家;巴伐利亚人戴进贤,他任钦天监监正;葡萄牙人徐懋德,他是住院总管和视察员;还有我,摩拉维亚人,搞音乐;林济各教士,他是瑞士人,但归属于修会的捷克教省,是钟表师;那不勒斯的教士罗怀忠,他是外科医生;米兰的教士郎世宁,他是一名杰出的画家,深受皇帝及其他官员的宠爱,一直在宫中供职;佛罗伦萨的教士利博明,他是铜雕刻专家;还有一名佛罗伦萨人佛贝利,他是作为军事建筑师来中国的,是住院的副总管。
>
> 居住在属于我们住院的"圣徒约瑟夫住宅"的有:视察员高嘉乐神父,不久以前他曾任教省副会长,他不在宫廷服务;……郎世宁教士(上文中我误将他列为居住在住院的人之一)。
>
> 居住在属于法国神父的"圣徒萨尔瓦多住宅"的人有:视察员殷弘绪,他不在宫廷服务;白晋,这位七十高龄的老人以阅览中国书籍自娱;翻译家巴多明;测地学家雷孝思和冯秉正;神父宋君荣和雅嘉禄,他们等待着作为数学家到宫中供职;还有安泰教士,他是外科医生。②

---

① 参见黄龙《曹家的外事活动——兼填〈红楼梦〉中译音词还译原文之空白》,《社会科学战线》1985年第2期。黄龙先生还提供资料:英人威廉·温斯顿在其《龙之帝国》一书中,提到他的祖父腓立普曾赴华经商,"有缘结识曹颙君,当时彼任'江宁织造';并应曹君之请,为该厂传授纺织工艺。曹君极其好客殷情,常即兴赋诗以抒情道谊。余祖亦常宣教《圣经》,纵谈邪剧,以资酬和;但听众之中却无妇孺,曹君之娇女竟因窃听而受答责"。黄龙先生疑此"曹君之娇子"即系幼年曹雪芹。参见黄龙《曹雪芹与莎士比亚》,《文教资料简报》1982年第2期。
② 详见《严嘉乐从北京寄给布拉格尤利乌斯·兹维克尔的信(1725年11月20日)》,〔捷克〕严嘉乐著,丛林译《中国来信(1716—1725)》,第45—46页。

剔除重复统计的郎世宁,严嘉乐信中提到雍正初年在京的西士尚有24人之多。

据汤开建统计,雍正禁教期间在北京居留的各会教士共有39人,其中,"系精通历数及有技能"合法居留者33人,非技艺人而非法居留者6人。① 笔者通过查检法国耶稣会士费赖之《在华耶稣会士列传及书目》、方豪《中国天主教史人物传》、严嘉乐《中国来信(1716—1725)》等在华传教士传记、书简发现,自乾隆元年至雪芹逝世的乾隆二十八年,至少有56名西士先后在北京生活过。② 他们或任职于钦天监,或供奉内廷,或私自留居北京,且绝大多数都老死北京。这使当时居京、来京人士乃至外国使节仍有机会接触到这些西士。在雍、乾两朝,虽禁止"满洲人及旗营里的官兵们进基督教","不准本国人民学习"天主教,③但因留京西士多供职于清廷,需要承担办理诸多方面的事务,故清廷不便对国人与西士的正常交往加以限制。

曹雪芹早年曾任内廷侍卫,④后来可能就职于右翼宗学,迁居西山之前,又居住在四堂附近(详后),且雅好西洋文化,不仅具有接触西士的趣尚与动机,也具有直接接触西士的条件与便利。其所著《红楼梦》虽未正面写及西洋人(第五十二回借宝琴之口,述及"真真国女孩",借宝玉之口,提及"哦啰斯国的裁缝"),但正如黄龙所说,其笔下癞头和尚"鼻如悬胆两眉长,目似明星有宝光"的形貌特征,却是照着大鼻子蓝眼睛的西洋人描画的。⑤ 如果雪芹未曾亲睹西洋人形容,是不会描绘得如此生动逼真的。另外,《红楼梦》中很自如地使用了多种外语音译词(详后),这些词不像是从书本中学到的,而应是在与西洋人的频繁接触中所习得。否则,作者在借笔下人物"秀"外语时,是不会如此熟

---

① 汤开建《雍正教难期间驱逐传教士至广州事件始末考》,《清史研究》2014年第2期。
② 他们是属于耶稣会的法国人巴多明、冯秉正、雷孝思、殷弘绪、宋若翰、安泰、宋君荣、沙如玉、孙璋、赵加彼、吴君、赵圣修、王致诚、钱德明、杨自新、汤执中、纪文、蒋友仁、韩国英、方守义,葡萄牙人张安多、习展、陈善策、索智能、苏霖、徐懋德、傅作霖、林德瑶、习若望、马德昭、吴方直、高慎思、罗启明、张舒、索德超、安国宁、阿瓜多、范大讷、高嘉乐、李若望,意大利人德理格、郎世宁、罗怀忠、利博明、任重道、安德义、傅方济,德国人戴进贤、魏继晋、鲍友管,奥地利人费隐、刘松龄,波西米亚(捷克)人严嘉乐、鲁仲贤、艾启蒙,瑞士人林济各;属于圣母圣衣会的意大利人格利马尔蒂、那永福、康和之,德国人希佩尔。另外,属于耶稣会的意大利人佛贝利等,也有可能在京居住到乾隆时代。
③ 参见《巴多明神父致本会杜赫德神父的信(1736年10月22日于北京)》〔〔法〕杜赫德编,朱静译《耶稣会士中国书简集——中国回忆录》第3卷,第173—174页。方豪《中国天主教史人物传(下)》"郎世宁、王致诚、艾启蒙"本传,第89页。
④ 关于曹雪芹成年以后在宫廷当差任职情况,主要有两种说法:一种是"内廷侍卫"说。此说源于张永海所述北京西山地区有关曹雪芹的传说(详见吴恩裕《张永海谈曹雪芹的事迹》,《曹雪芹丛考》卷四,第146页)。另一种是"内务府堂主事"说。根据是英浩《长白艺文志·小说部集类》中的一则材料:"《红楼梦》,又名《石头记》,四函□册。曹雪名□□编。或云内务府旗人,堂主事。"转引自朱一玄编《红楼梦资料汇编》,天津:南开大学出版社,2001年,第36页。
⑤ 黄龙《红楼梦涉外新考》,南京:东南大学出版社,1989年,第72—73页。

惯的。如果这一推论符合实际,那么,曹雪芹对西洋文化的接触、了解,就有了更直接的渠道。

(四) 通过对北京天主教堂的实地考察了解西洋文化

教堂既是举行宗教活动的场所,也是宗教文化的载体与展示平台。因此通过对教堂建筑装潢及其所举办宗教活动的考察,可以窥见宗教文化的多个侧面。

首先,天主教堂的建筑造型与装潢风格往往蕴含了丰富的西洋元素与宗教文化信息。例如,由汤若望于顺治七年(1650)在利玛窦所购首善书院原址上重建的南堂,就是17世纪中叶以后欧洲盛行的巴洛克式建筑,德国学者魏特在《汤若望传》中根据汤若望的回忆和书信资料对南堂作了详细记述,其中提到南堂的内外造型特征时说:

> 这座教堂是按照当时欧洲所盛行的纤缛瑰奇建筑式样(Bnroekstil)所修盖的,全部地基作十字形。……教堂内部都借立柱之行列,把教堂之顶格辟为三部,各部皆发圈,作穹窿形,有若三只下覆之船身。其中间顶格之末端作圆阁状,高出全部教堂,圆阁上更绘种种圣像。中部顶格两边之顶格为一块一块方板所张盖。教堂正面门额上,用拉丁文大字母简书救世主名字IHS三字,四周更以神光彩饰。①

教堂地基作十字形,在造型上大量使用曲面("发圈"),有高耸雄伟的"穹隆"顶,"穹隆"顶作"圆阁状",风格"纤缛瑰奇",这正是巴洛克教堂建筑艺术的特征,符合天主教会炫耀财富、追求新奇和神秘感的建筑旨趣。

魏特《汤若望传》对南堂的内部陈设也作了记述:

> 教堂内筑祭坛五座。正中大祭坛上供奉救世主大圣像,周围为天使与曲膝跪地上之宗徒所围绕,救世主一手托地球,一手伸出作降福状。正坛左面即光荣的方面,设圣母玛利亚祭坛。坛上供罗马圣母玛利亚大教堂(Maria Maggiore)内所供奉施乃(Schnee)所制圣母慈悲大圣像之复本。右面祭坛上供圣弥协尔(hl. Michael)大天使和其他天使。立柱之间设伊格纳爵和方济各·沙勿略祭坛(Ignatius und- Franz-Xaver-Altar)。各祭坛前方皆以栏杆围绕……

> 在墙上一律皆挂镀金方牌,上面或绘或写教义中之主要部分,譬如:基督和圣母之一生事迹,天使之历史,天主之戒条,真福八端,慈悲善行,

---

① 〔德〕魏特著,杨丙辰译《汤若望传(第一册)》,上海:商务印书馆,1949年,第251页。

等等情形。①

在主堂内筑祭坛、置圣器，供奉或塑或雕的耶稣、圣母、圣父(若瑟)、圣徒及天使圣像，于墙上悬挂耶稣走过的十四处苦路像，以及写有天主十诫、真福八端等文字的牌匾，以体现基督教义与精神，也是一般天主教堂堂内陈设与装饰的常见内容。

中国士人则对堂内的西洋装饰壁画更感兴趣，并作了生动的描述。如乾隆间诗人赵翼在其《檐曝杂记》卷二中就描绘了他于南堂所见的天主画像：

> 所供天主，如美少年，名邪稣，彼中圣人也。像绘于壁而突出，似离立不着壁者。②

乾嘉间书画家姚元之在其《竹叶亭杂记》卷三中，则对其于南堂所见"郎士宁线法画"作了更详尽的描绘：

> 南堂内有郎士宁线法画二张，张于厅事东、西壁，高大一如其壁。立西壁下，闭一目以觑东壁，则曲房洞敞，珠帘尽卷，南窗半启，日光在地，牙签玉轴，森然满架。有多宝阁焉，古玩纷陈，陆离高下。北偏设高几，几上有瓶，插孔雀羽于中，灿然羽扇。日光所及，扇影、瓶影、几影，不爽毫发。壁上所张字幅篆联，一一陈列。穿房而东，有大院落，北首长廊连属，列柱如排，石砌一律光润。又东则隐然有屋焉，屏门犹未启也。低首视曲房外，二犬方戏于地矣。再立东壁下，以觑西壁，又见外堂三间，堂之南窗，窗日掩映，三鼎列置三几，金色迷离。堂柱上悬大镜三。其堂北墙，树以楅扇，东西两案，案铺红锦，一置自鸣钟，一置仪器。案之间设两椅，柱上有灯盘，四银烛矗其上，仰视承尘，雕木作花，中凸如蕊，下垂若倒置状。俯视其地，光明如镜，方砖一一可数。砖之中路，白色一条，似甃以白石者。由堂而内，寝室两重，门户帘栊，窅然深静。室内几案，遥而望之，饬如也，可以入矣。即之，则犹然壁也。③

赵翼所述天主像，姚元之所谓"线法画"，实际上都是一种绘于墙壁上的大型油画。这是一种诞生于15世纪、完善于17世纪的西洋绘画。由于油画颜料不透明，覆盖力强，故绘画时，可以由浅入深，逐层覆盖，加上运用近大远小的透视原理，从而使画面产生极强的立体感。所以，才会产生一种"像绘于壁……似离立不着壁"，"遥而望之……可以入矣。即之，则犹然壁也"的艺术效果。这种用油质颜料和焦点透视法绘制的尚真写实的西洋画，与用毛笔、墨

---

① 〔德〕魏特著，杨丙辰译《汤若望传(第一册)》，第251—252页。
② 〔清〕赵翼撰，李解民点校《檐曝杂记》，北京：中华书局，1982年，第36页。
③ 〔清〕姚元之《竹叶亭杂记》卷三，北京：中华书局，1982年，第66—67页。

水和散点透视法绘制的注重传神写意的中国画,在风格上显然有着很大的不同。因此,它格外能够吸引中国人的目光。

其次,天主教堂中举行的名目繁多的宗教活动与仪式,则凸显了天主教的教义、礼仪和戒律。天主教于教堂中举办的常规活动,除教徒星期日到教堂望弥撒外,还有复活节、圣诞节、圣神降临节、圣母升天节等四大瞻礼,常用的圣事礼仪有洗礼圣事、坚振圣事、忏悔圣事、圣体圣事、神品圣事、婚姻圣事、病人敷油等七件圣事。这些宗教活动与仪式,集中体现了天主教的教理、仪轨与精神。

因此,游览过天主教堂,亲历亲见过天主教宗教活动的教内外人士,无疑会对西洋建筑艺术、基督教文化等获得某些感性认识,对西方人的宗教精神获得某种真切的感受。

曹家于雍正六年自江宁迁回北京后,先居住在崇文门外蒜市口地方(位置大约在今广渠门内大街 207 号),①距离东堂约 2.7 公里,距离南堂约 4 公里,距离(原蚕池口)北堂约 4 公里,距离最远的西堂也在 6.5 公里以内。雪芹婚后,移居西单牌楼旧刑部街(位置在今复兴门内大街东段北部),②此处距离南堂 1 公里,距离北堂 2 公里,距离东堂约 3.8 公里,距离西堂约 4 公里。他曾经供职的右翼宗学,距离东、西、北三堂更近。他好奇的秉性,尤其是对异质西洋文化的浓厚兴趣,驱使他游览北京的天主教堂(曹雪芹时代的北京四堂,均已建成欧式建筑),是理所当然的。虽然,曹雪芹在京生活的年代,天主教在中国的传教活动在政策上已被禁止,但留京教士内部的宗教活动却照常进行,③尤其是进入乾隆朝,皇帝出于"收其人必尽其用,安其俗不存其教"的目的,④对传教士的传教活动常常网开一面,禁教令时紧时松,传教活动也时隐时现。⑤

---

① 参见雍正七年七月二十九日《刑部移会》引总管内务府同年五月初七日咨文。
② 见周汝昌《曹雪芹小传》第 86 页注⑩,百花文艺出版社 1980 年版。另外,吴恩裕也记载了一则类似传说:"其友人某,谓曹雪芹曾住北京西单牌楼旧刑部街某宅内,盖右翼宗学在西牌楼北之石虎胡同,家居其地,固亦甚便。"详吴恩裕《曹雪芹佚著浅探》,天津:天津人民出版社,1979 年,第 129 页。
③ 晚清教会史家萧若瑟就指出,雍正时期,"虽京外各省之西洋人,尽行驱逐,而在京之西洋人,于行教立堂诸事,仍听其自便,一遵先朝成规"(萧若瑟第七卷,台北:辅仁大学出版社,2003 年,第 202 页)。历史学者张泽也指出,雍正帝鉴于对西洋传教士才能和技艺的依赖,"不但让他们拥有四座教堂,可以在里边祈祷举祭,而且北京的教友们也可以进堂祈祷行圣事"。张泽《清代禁教期的天主教》,台北:光启出版社,1992 年,第 29 页。
④ 〔清〕刘锦藻编纂《清朝文献通考》卷二九八,杭州:浙江古籍出版社,1988 年,第 7471 页。
⑤ 据有关史料记载,雍正十三年,虽有上谕禁止教友进堂,但因耶稣会士初不愿教友进传信部教堂,乃不称西堂为"堂",故教友于上谕发布后,仍可以进入西堂从事宗教活动(参见方豪《中国天主教史人物传》中册,第 359 页)。萧若瑟《天主教传行中国考》则提到,"自乾隆十年以后,西洋神父亦能照常传教,北京三堂瞻礼日,鸣钟集众,教友济济登堂,神父宣讲圣道,一如平日,六部大员,近在咫尺,皆熟视若无睹也"(《天主教传行中国考》,第 214 页)。

因此,生活在北京教堂周边的人们,要想游观天主堂,窥视堂内举办的宗教活动,从而获得有关西洋建筑、西洋美术、西洋音乐、基督教文化的知识,并不是什么难事。

二 曹雪芹与西洋器物文明接触探考

从《红楼梦》涉及西洋器物种类之多,描写之细致可以看出,在西洋学术、西洋器物和西洋人三者之中,曹雪芹接触最多、感慨最多,也最为熟悉的还是西洋器物。根据他的家世、社会关系以及生活场域,其接触、了解西洋器物的渠道,大致有以下几途:

(一) 通过家中洋货接触、了解西洋器物

曹家为织造世家,负有为皇室搜求采购奇珍异物之职,鼎盛时期的曹寅又与西教士颇有交往,自述曾获得过西洋人的馈赠,①兼有管理过广东对外贸易李士桢、担任过粤海关监督的孙文成等姻戚(详后),因此,曹家获得、拥有一定数量的洋货是可以肯定的。曹寅《楝亭集》中收有《玻璃杯赋》《夜饮和培山眼镜歌》等吟咏玻璃制品的诗赋。其中,《玻璃杯赋》有"涅之弗污,刻之不伤"之句,②说明曹寅对玻璃杯之坚硬剔透做过实验,该玻璃杯应为曹家自有。曹寅舅氏顾景星曾在《玻璃方镜曹子清赠》诗中写及曹寅送给他的一面西洋玻璃方镜(照面镜)。③ 由此可证曹家的确拥有小玻璃镜、玻璃杯、眼镜之类的西洋器物。因此,曹雪芹自小就有接触西洋货的机会。我们从《红楼梦》对穿衣镜、自鸣钟、怀表、西洋药依弗哪等西洋物品的描写中也可以看出,曹雪芹对这些洋货的性状、功用和特点非常熟悉,如果不是旦夕接触、摩挲这些舶来品,描写起来是不会如此绘声绘色、如数家珍的。

(二) 通过姻戚、朋友或特定关系人家藏舶来品接触、了解西洋器物

一是通过姻戚家藏舶来品接触、了解西洋器物。

曹寅内兄、雪芹舅祖李煦家族应该拥有西洋器物。李煦父亲李士桢曾于康熙二十一(1682)至二十六年担任广东巡抚。在康熙二十三年开海禁之前,

---

① 曹寅《砚山歌》中有"泰西郭髯持赠我,十砚陪列如排星"之句,其中透露出他不仅与"泰西"人即欧洲人存在密切交往,而且还获得过"泰西郭髯"的馈赠。参见〔清〕曹寅《楝亭诗钞》卷四,上海:上海古籍出版社,1978年影印本,第199—200页。
② 〔清〕曹寅《楝亭诗钞》卷四,第221页。
③ 〔清〕顾景星撰,〔清〕顾昌辑《白茅堂集》卷二十二。清康熙四十三年刻,光绪二十八年(1902)修补。

管理过广东的贡舶贸易;开海禁后,又受命筹设粤海关,创办广州洋行组织即"广州十三行",并负有为皇室采办海外珍物尤其是西洋奇器之使命。这使他易于猎取包括西洋器物在内的各种洋货。由于广东为清廷指定的西洋、南洋来华国家的所谓"贡道",作为粤抚的李士桢,负有迎送、宴请过往广东"贡使"之职。这也使他有机会获取洋货。①《红楼梦》第十六回凤姐所说"那时我爷爷专管各国进贡朝贺的事,凡有外国人来,都是我们家养活。粤、闽、滇、浙所有的洋船货物都是我们家的",②即隐指李士桢粤抚职任。深知个中奥秘的脂砚斋就在凤姐"那时我爷爷单管各国进贡朝贺的事"一语后批道:"点出阿凤所有外国奇玩等物(出处)。"③其子李煦曾于康熙二十六年宁波知府任上接待过从宁波登陆来华的洪若翰、白晋、李明、刘应、张诚等五名法国传教士。任畅春园郎中(康熙二十七至三十二年)期间,接待过众多进园陛见、朝贺或奉召进园授课、宴饮、游赏的西教士。还曾奉旨与法国传教士安多一同前往澳门迎接闵明我。出任苏州织造(康熙三十二年)后,仍与西教士存在接触。④ 在与西教士的广泛而频繁的接触中,也有可能获得西教士的西洋器物馈赠。因此,李家应有较多洋货。我们从李煦在京家产的查抄清单中,也的确发现有"哆罗呢毡褂""羽缎褂"等西洋织品。⑤ 只是李家被抄时,已在苏州居住了30年,李家所拥有的珍稀之物,应主要存放于苏州家中;但遗憾的是,李煦在江南家产的查抄清单迄今尚未发现,因此,暂时还难以确知李家所拥有的西洋器物实况。由于曹、李两家"谊属至亲"(李煦语),来往密切,雪芹自有机会从苏州李家接触其家藏西洋器物。

曹家姻戚孙文成家应该拥有西洋器物。孙文成,满洲正黄旗人,生卒年不详。据周汝昌、张书才先生推考,大概是曹寅嫡母孙氏的内侄或堂内侄,⑥算起来,与曹寅应该属于姑表兄弟。由于存在这种亲戚关系,所以曹寅任内务府广

---

① 详参向彪《曹雪芹上世与西方的接触对曹雪芹创作〈红楼梦〉的影响》。
② 本文所引小说原文及涉及的小说内容均以中国艺术研究院红楼梦研究所校注、人民文学出版社1982年版《红楼梦》为准,讨论范围仅限《红楼梦》前八十回书。下文所引《红楼梦》中原文,只在文中述明(或引文后注明)回次,不再赘注版本。
③ 《脂砚斋重评石头记》(庚辰本)第十六回夹批。北京:人民文学出版社,2006年,第一册,第333页。
④ 详参向彪《李煦与西洋传教士的接触及其对曹雪芹创作〈红楼梦〉的影响》,《中国文学研究》2017年第3期。
⑤ 转引自王利器《李士桢李煦父子年谱》,北京:北京出版社,1983年,第505页。
⑥ 参见周汝昌《红楼梦新证》第七章《史事稽年》(华艺出版社1998年版,第364页)、张书才《〈"丰润说"论证〉平议(续三)》(《红楼梦学刊》1998年第三辑)。

储司郎中时,曾加以"保举"。① 据梁廷枏《粤海关志》卷七"设官·职官表"可知,②孙文成曾于康熙四十二年外放粤海关监督一年,这使他具有与来广州贸易的欧洲商人直接接触并获取洋货的便利。粤海关监督的职责,除负责征收广东地区的进出口关税外,也负有"采办官物"之职,采购的物品主要是西洋钟表、穿衣镜之类的西洋奇器。其利用"采办官物"之机,顺便为自家采买一些珍稀洋货,也是情理中事。③ 雪芹通过孙家,也可以接触、了解西洋器物。

曹家姻亲平郡王府上也可能拥有西洋器物。平郡王为清初八个世袭罔替的铁帽子王之一,始封祖为礼亲王代善长子岳托。第六代平郡王纳尔苏为曹寅女婿、雪芹姑父,曾于康熙五十七年从抚远大将军允禵收西藏,六十年,摄大将军事。长子福彭袭平郡王爵。雍正十年,管理镶蓝旗满洲都统事务。十一年,在军机处行走,并被任命为定边大将军,指挥清军与准噶尔的战争。乾隆元年,管理正白旗满洲都统事务。二年,管理正黄旗满洲都统事务。平郡王府的显赫家世,朝廷重臣的高贵身份,颇有资格享用珍稀洋货。《红楼梦》第二十六回写到"又是谁家有奇货,又是谁有异物"处,庚辰本有脂批曰:"几个谁家,自北静王公侯驸马诸大家,包括尽矣……"红学家们普遍认为,北静王的人物原型即是雪芹表哥、第七代平郡王福彭。脂批作者均为雪芹至亲好友,了解雪芹及其姻亲内情,他们所作的批语,可以作为平郡王府确实拥有诸多"奇货""异物"的旁证。而在当时,堪称"奇货""异物"的恐怕首推西洋奇器了。雪芹回京后,家庭及个人的政治前程主要仰赖这位表兄打理,因此,与表兄往来频繁,有较多机会鉴赏平郡王府中的西洋奇物。

另外,雪芹小姑父亦为"王子",身份地位特殊。姑祖傅鼐则是雍正帝"藩邸旧人",与雍正帝关系特殊,较受雍、乾二帝信任和重用,历任镶黄旗汉军副都统、兵部右侍郎、盛京户部侍郎、镶黄旗都统、署兵部尚书、刑部尚书、正蓝旗满洲都统等职,并一度担任内务府总管,他们的政治经济地位,决定了他们府上也可能拥有西洋货。雪芹在这两门姻亲府上接触到西洋器物也是可能的。据黄一农先生考证,雪芹表兄福秀因娶永寿(纳兰明珠孙)长女,遂与弘历、弘庆、永寚、希布禅、傅恒等帝王、宗室、外戚成为连襟。④ 又据樊志斌考证,雪芹因其姻亲平郡王家族与礼王(康王)府家族同为代善之裔,因此与礼王(康王)府家族也可能存在交往。⑤ 雪芹因为某种机缘,在这类虽为远亲,却极显贵的

---

① 曹寅康熙四十五年七月初一日《覆奏奉到口传谕旨折》中提到"孙文成系臣在库上时曾经保举"之人。见故宫博物院明清档案部编《关于江宁织造曹家档案史料》,第41页。
② 〔清〕梁廷枏总纂,袁钟仁校注《粤海关志》,广州:广东人民出版社,2002年,第125页。
③ 详见向彪《曹雪芹上世与西方的接触对曹雪芹创作〈红楼梦〉的影响》。
④ 参见黄一农《二重奏——红学与清史的对话(上)》,北京:中华书局2015年,第182、242页。
⑤ 参见樊志斌《曹雪芹与亲戚们的交游》,《文史知识》2015年第10期。

王公贵族府上接触到西洋奇器,也不是不可能的。

二是通过特定关系人或友人接触、了解西洋器物。

雪芹交往的友人和特定关系人中,不乏天潢贵胄、家世显赫者。如前述胤祥、弘晓父子贵为亲王,分别为雍、乾两朝重臣,无论政治地位还是经济实力,均具有获取西洋奇器的条件。康熙帝《庭训格言》就曾提及给皇子们每人分了十几座宫中保存下来的自鸣钟,使"如斯少年皆得自鸣钟十数以为玩器"。① 由于胤祥管理传教士事务,是传教士与皇帝沟通的桥梁人物,传教士们为了求得皇帝对传教活动的宽容,也往往会将他们居为奇货的西洋器物馈赠给这位能够跟皇帝说得上话的亲王。法国传教士巴多明在寄往欧洲的信中就提到:"张安多神父送了几样礼物给这位亲王,亲王推了好久才收下一部分。"②因曹家与怡王府尤其是雪芹与弘晓的特殊关系,雪芹从怡王府中目睹、接触西洋奇珍也是完全可能的。

再如雪芹友人、宗室敦敏《懋斋诗钞》中有"咏玻璃瓮金鱼,限花字"七律一首,专门吟咏盛养金鱼的玻璃瓮。另有《分咏得套杯》七律一首,其中有"浅深层迭侵玻璃,雅制偏宜到处携"句,可知所咏套杯乃玻璃杯。③ 如果诗中所咏玻璃瓮、玻璃杯为作者家用器物,雪芹自有机会从敦敏府中接触、研究这些西洋奇器。

(三) 通过天主教堂接触、了解西洋器物

自利玛窦以来,天主教在中国的传教活动就形成了学术传教、科学传教的传统,因而,其教堂往往也是西洋科技文明的展示中心。如历史上的北京四堂,除主堂外,例有观星台、仪器馆、藏书楼等建筑设施。主堂顶多设钟楼,楼内装有提醒教徒勿忘神并召唤他们祈祷的乐钟。主堂内一般会安装有举办宗教仪式时用的管风琴。观星台、仪器馆则往往陈列有天文、地理、水利等方面的科学仪器,以吸引文人士大夫游观,实现其科学传教的目的。明代散文家刘侗、于奕正《帝京景物略》曾对早期南堂内所安装、陈列的西洋仪器作了这样的记载:

其国俗工奇器,若简平仪(仪有天盘,有地盘,有极线,有赤道线,有黄道圈,本名范天图,为测验根本),龙尾车(下水可用以上,取义龙尾,象水之尾尾上升也。其物有六:曰轴、曰墙、曰围、曰枢、曰轮、曰架。潦以出

---

① 〔清〕康熙撰,查洪德注译《庭训格言》"自鸣钟"条,郑州:中州古籍出版社,1994年,第135页。
② 参见《耶稣会传教士巴多明神父致尊敬的本会尼埃尔神父的信(1927年10月8日于北京)》,(法)杜赫德编,朱静译《耶稣会士中国书简集——中国回忆录》第3卷,第230页。
③ 参见〔清〕爱新觉罗·敦敏《懋斋诗钞》影印本,台北:新文丰出版公司,1978年。

水,旱以入,力资风水,功与人牛等),沙漏(鹅卵状,实沙其中,颠倒漏之,沙尽则时尽,沙之铢两准于时也,以候时),远镜(状如尺许竹笋,抽而出,出五尺许,节节玻璃,眼光过此,则视小大,视远近),候钟(应时自击有节),天琴(铁丝弦,随所按,音调如谱)之属。①

《帝京景物略》刊行于崇祯八年(1635),其所记南堂应为利玛窦于万历三十三年(1605)所建南堂。可见,南堂自利玛窦首建,就形成了陈列包括科学仪器在内的西洋奇器的传统。

谈迁《北游录·记邮上》则记述了他于清初拜访汤若望时在南堂所见西洋仪器:

> 登其楼,简平仪、候钟、远镜、天琴之属。钟仪俱铜质,远镜以玻璃,琴以铁丝。琴匣纵五尺,衡一尺,高九寸,中板隔之。上列铁丝四十五,斜系于左右柱。又斜梁,梁下隐水筹,数如弦。缀板之下底,列雁柱四十五。手按之,音节如谱。②

谈迁是应弘文院编修朱之锡聘,于顺治十年携书稿《国榷》赴京校补厘定,十三年南归海宁。其所记南堂应为顺治七年汤若望重建后的南堂。所记仪器与刘侗记述基本相同(只是少了龙尾车、沙漏,大概因这两件仪器经年累月已经朽坏,重建后的南堂不再陈列),说明西教士在教堂中安装、陈列西洋奇器的传统不会因教堂的改建、扩建和重建而有所改变。

赵翼《檐曝杂记》卷二"西洋千里镜及乐器"条则对南堂中陈设的望远镜、乐钟及其原理与功能作了更为详细的描述:

> 堂之旁有观星台,列架以贮千里镜。镜以木为筒,长七八尺。中空之而嵌以玻璃,有一层者、两层者、三层者。余尝登其台以镜视天,赤日中亦见星斗。视城外,则玉泉山宝塔近在咫尺间,砖缝亦历历可数。而玻璃之单层者,所照山河人物皆正,两层者悉倒,三层者则又正矣。……又有乐钟,并不烦人挑拨,而按时自鸣,亦备诸乐之声,尤为绝巧。③

赵翼于乾隆十四年北上投奔在京作幕的亲戚,三十一年赴广西任职,三十八年告假回乡,此后,再未进入京城,因此,其所记南堂,应为雍正八年重修后的南堂。可见,在厉行禁教后的雍乾时代,在教堂建造和内部陈设方面,仍然延续了过去一贯的风格传统。

费赖之《在华耶稣会士列传及书目》"徐日升"本传则记载了日升在南堂中

---

① 〔明〕刘侗、于奕正《帝京景物略》,北京:北京古籍出版社,1983年,第153页。
② 〔清〕谈迁《北游录》,第46页。
③ 〔清〕赵翼撰,李解民点校《檐曝杂记》,第36—37页。

安装大风琴、大报时钟之事；

据教会方面的有关文献记述，北堂也陈列有"数学仪器和乐器"①。东堂有"自鸣钟楼"，楼下有"日晷石一双"，还有一个三层楼的观星台，内置各种西洋仪器②。可以说，在明末清初的一百多年间，北京四堂既是教堂，也是各种西洋仪器的陈列馆。

北京四堂中安装、陈列的这些新奇的西洋器物，对居京、来京之人的确产生了磁石效应。徐光启《泰西水法序》就提到"都下诸公闻而亟赏之"，不少人还"募巧工，从受其法。器成即又人人亟赏之"③。费赖之《在华耶稣会士列传及书目》"徐日升"本传记载说："朝野贵贱争往观之，莫不惊异。"徐日升本人在寄往欧洲的一封信中也提到，他在南堂安装的管风琴"受到空前的欢迎，无数人前往观看。我们不得不（要求）加派兵士在教堂及天井维持秩序。人们听到了在皇宫里从未听过的东西。制琴者不得不整整一个月每天弹奏许多小时。……我们的琴声在当地人的耳际中回荡"④。素喜猎奇的曹雪芹对四堂中安装、陈列的这些新奇玩意儿不可能无动于衷，更何况他曾长时间生活在四堂周边，在游观四堂方面具有近水楼台之便。

三　曹雪芹与西洋文明接触意义探寻

曹雪芹与西洋人、西洋物、西洋学术文化的接触，对曹雪芹的文化视野、知识结构、文化心态及其《红楼梦》创作具有重要的意义。

（一）开阔了曹雪芹的文化视野，丰富了曹雪芹的域外文化知识

首先，是开阔了曹雪芹的视野，使之具有了初步的世界意识。在与西洋学术文化、西洋器物乃至西洋人的广泛接触中，无疑使曹雪芹眼界大开，对世界之大、国家之多、文化之多样性有了一定程度的认识，并形成了比较初步的世界意识。如在以庚辰本为底本的《红楼梦》前八十回书中，"洋"字出现 31 次（不包括"洋洋喜气""意趣洋洋"之"洋"），"西洋"一词出现 11 次，"东洋"一词出现 1 次，"海""海外""海西""西海"等词各出现 1 次，"外国"一词出现 7 次。

---

① 《在华耶稣会传教士杜德美神父致本会洪若翰神父的信(1704 年 8 月 20 日于北京)》，〔法〕杜赫德编、郑德弟译《耶稣会士中国书简集——中国回忆录》第 2 卷，第 2 页。
② 汤开建、吴艳玲《葡萄牙传教士安文思在华活动考述》，《华中师范大学学报（人文社会科学版）》2006 年第 2 期。
③ 〔明〕徐光启《泰西水法序》，徐宗泽编《明清间耶稣会士译著提要》，第 309 页。
④ 〔葡〕佛朗西斯·罗德里杰斯(Francisco Rodrigues)《葡萄牙耶稣会天文学家在中国 1583—1805》(*Jesultas Portugueses astronomos na China*，1583—1805)，波尔图 1925 年，第 16 页。转引自 Joel Ganhao《徐日升神父——17 世纪在中国皇宫的葡萄牙乐师》，（澳门）《文化杂志》1988 年第 11 期。

提及的外国名有"交趾""爪哇国""暹罗国""波斯国""哦啰斯国""福朗思牙"（法兰西）"真真国""女儿国""茜香国""西天大树国"等10余国，其中，既有"暹罗国""爪哇国""交趾"等亚洲国家，也有"波斯国"等中东国家，还有"福朗思牙""哦啰斯国"等欧洲国家。就所涉国家数量上的丰富性与地理空间分布上的广阔性而言，在此前的小说中是十分罕见的。尽管由于传统的因袭，小说中仍然存在着"女儿国""茜香国"之类的不根之谈；但不可否认的是，曹雪芹已经具有了比较开阔的世界视野，形成了初步的世界意识。这与那些局守一隅、坐井观天的传统文人已经有了质的区别。

其次，是丰富了曹雪芹有关域外文化尤其是西洋文化的知识，形成了曹雪芹兼容中西的知识体系。

一是丰富了曹雪芹有关西洋器物文明的知识。透过其创作的《红楼梦》小说，可以窥见曹雪芹对西洋器物有着较多的了解。据笔者初步统计，《红楼梦》中至少涉及以下七大类约30多种西洋器物的描写：①呢布服饰类，有洋缎、洋绉、洋绉裙、洋绉银鼠皮裙、洋巾、西洋布手巾、哆啰呢、哆啰呢包袱、洋线番耙丝的鹤氅、凫靥裘、雀金呢等；②玻璃制品类，有穿衣镜、玻璃镜（照面镜）、眼镜、玻璃醢、玻璃盏、玻璃缸、玻璃炕屏、玻璃围屏、玻璃绣球灯、玻璃芙蓉彩穗灯、水晶玻璃灯等；③钟表玩器类，有自鸣钟、怀表、波斯国玩器等；④西洋机件类，有西洋机括、西洋自行船、自行人、西洋小剪子等；⑤工艺器皿类，有西洋珐琅鼻烟盒、洋錾自斟壶等；⑥西洋药品类，有汪恰洋烟、西洋贴头痛的膏子药"依弗哪"等；⑦西洋饮品类，有西洋葡萄酒、木樨清露、玫瑰清露（玫瑰露）等。可以说，曹雪芹通过小说创作对明末清初流入中土的西洋奇珍作了比较全面的反映，也显示出他丰富的西洋器物知识。

二是丰富了曹雪芹有关西洋精神文化的知识。透过《红楼梦》小说，也可以看出雪芹对西洋精神文化的某些方面也有一定程度的了解。例如小说中就较多涉及西洋美术的描写。写到的西洋画就有宝玉房中的西洋油画、宝琴见过的西洋女孩肖像画以及汪恰洋烟盒里盖上镶嵌的珐琅画（安琪儿（Angel）画像，详后）。民间艺术家孔祥泽在其《〈废艺斋集稿〉追记前言》中曾经提到，曹雪芹《废艺斋集稿》中收有一幅自绘的墨蝶图，国画名宿金钟年览后，认为雪芹这幅图画"已跳出旧法之境，和郎世宁以西法中的途径有异曲同工之妙"，早年留学英国、娴熟西洋画法的水彩画家关广志"也说雪芹先生作画乃冶中西之法于一炉者。如果不是精通两者之长，是不能临摹到他那种高深境界的"[①]。由此可知曹雪芹不单了解西洋画的常见类型和特点，还能将某些西洋画法运用

[①] 详见孔祥泽《〈废艺斋集稿〉追记前言》，胡德平《说不尽的红楼梦——曹雪芹在香山》，北京：中华书局，2004年，第87页。

于自己的创作之中。

再如,曹雪芹在逞才炫学中,也显示出他对外国语言的熟悉。在《红楼梦》中,就大量使用了"哦啰斯""福朗思牙""温都里纳""汪恰""依弗哪""哔叽""哆啰呢""珐琅""消息"等外来语和外语音译词,直接引用过梵文的"卍"字,还涉及"温都里纳"一词的解释。这些外来语和外语音译词,大多来自于当时欧洲国家的语言。只是由于时间久隔,语言已经发生了较大变化,加上小说中使用过的外来语和外语音译词又混杂着多种欧洲语言,因此,现在解读已经比较困难。这也从一个侧面反映出,曹雪芹即使是在所接触的外国语言方面,也显得那么的博杂。

(二) 初步认识到西方科技之先进、西洋艺术之优长

一是初步认识到了西方科技之先进。曹雪芹在《红楼梦》中为我们分别描写了一中一西两个机件。对中国机件的描写在第十五回,写宝玉在给秦可卿送殡途中,见到路旁农家停放着一辆老式的中国纺车,便走"上来拧转作耍,自为有趣"。西洋机件在第四十一回,写刘姥姥酒醉后,无意中闯入了怡红院。她想寻路找门出去,却被一面穿衣镜拦住,"因自言自语说:'这已经拦住,如何走出去?'一面说,一面只管用手摸。这镜子原是西洋机括,可以开合。不意刘姥姥乱摸之间,其力巧合,便撞开消息(机关——引者注),掩过镜子,露出门来"。应该说,对这两个机件,作者同样是抱着盎然的兴味来描写的;但作者于古老中国纺车的新奇中,流露出的是谐谑与轻蔑,而于"可以开合"的"自动化"西洋机括,流露出的则是赞叹与歆羡!其对这两个不同机件落后与先进的判别是不言自明的。小说也分别写到了中药、西药中的膏药。第七十九、八十回写薛蟠新娶的媳妇夏金桂因为对先进屋的"才貌俱全"的香菱很是嫉妒,便变着法子百般折磨她。宝玉出于对香菱不幸遭际的怜惜,便去找人称"王一贴"的王道士寻求"贴女人妒病的方子"。王道士回说贴妒的膏药没有,但有一种名为"疗妒羹"的汤药或者可医。宝玉问明配方后,怀疑该药未必有效。王道士遂坦白说:"实告诉你们说,连膏药也是假的。我有真药,我还吃了做神仙呢。有真的,跑到这里来混?"王道士的坦率之语,折射出的是作者曹雪芹对中医药膏疗效的怀疑态度。但其对西医药膏的疗效,信任度却更高。小说第五十一、五十二回写晴雯患风寒感冒,先用中药调理,老不见好。宝玉便命麝月取"(西洋)鼻烟来,给他嗅些",认为"痛打几个嚏喷,就通了关窍"。又令麝月到凤姐那里去要"西洋贴头痛的膏子药""依弗哪"给晴雯治头痛,并说道:"越性尽用西洋药治一治,只怕就好了。"宝玉对西洋药膏疗效的首肯,体现出的当然也是作者的观念,从中映现出曹雪芹对西方科技先进性的初步认识。这也应是他在贾府日常生活中融入大量西洋器物描写,以彰显贾府器用之名

贵,烘托贾府生活之豪奢,夸耀贾府管理工具(如钟表)之科学的重要原因。

二是初步认识到了西洋艺术的某些优长。这集中反映在小说第四十一回对宝玉房中那幅西洋油画浓墨重彩的描绘之中。小说写刘姥姥因酒醉误入怡红院,不慎闯入宝玉房中,这时——

> 只见迎面一个女孩儿,满面含笑迎了出来。刘姥姥忙笑道:"姑娘们把我丢下来了,要我碰头碰到这里来?"说了,只见那女孩儿不答。刘姥姥便赶来拉他的手,"咕咚"一声,便撞到板壁上,把头碰的生疼。细瞧了一瞧,原来是幅画儿。刘姥姥自忖道:"原来画儿有这样凸出来的。"一面想,一面看,一面又用手摸去,却是一色平的⋯⋯

显然,刘姥姥"碰"到的是一幅西洋油画,而且是一幅与房壁浑然一体的大型壁画,画面上人物的身体结构比例与真人相仿佛,设色也十分逼真。虽然画面"用手摸去,是一色平的",但由于采用了西方绘画技法中的焦点透视法和明暗凸凹处理,因而造成一种很强的立体感与三维空间效果,人物形象栩栩如生,呼之欲出。这就难怪刘姥姥会把画上女孩儿误会成真人,并不慎把头撞到板壁上了。这种艺术效果,显然是以散点透视为基本技法的中国绘画难以实现的。因此,作为画家的曹雪芹,于这幅西洋油画的精细描摹中,流露出的是赞叹与欣赏,折射出曹雪芹对西洋艺术某些优长的体认与肯定。

(三) 拓宽了《红楼梦》的题材领域,丰富了《红楼梦》的文化内涵

首先,是拓宽了《红楼梦》的题材领域。这主要体现在小说涉及以下三类西洋物事的描写。

一是涉及欧洲国家描写。《红楼梦》之前的小说,已经较多涉及域外国家描写,如唐代志怪小说集《广异记》提及波斯,明代小说《水浒传》提及暹罗,《西游记》写及西域、天竺诸国①,《扫魅敦伦东度记》写及南印度、东印度,《三宝太监西洋记》写及南洋30余国(其中可考的有爪哇、古里、苏门答剌、柯枝、大葛兰、小葛兰等国),《戚南塘剿平倭寇志传》《胡少保平倭记》以及《西湖二集》中的《胡少保平倭战功》篇写及日本,《隋史遗文》《辽海丹忠录》写及朝鲜,《醒世恒言》中的《大树坡义虎送亲》写及安南,清初小说《水浒后传》《隋唐演义》《说唐后传》《说唐演义全传》《说唐薛家府传》(即《薛仁贵征东全传》)等写及高丽,《水浒后传》还写及暹罗,《女仙外史》写(提)及朝鲜、新罗、日本、琉球诸国。不

---

① "西域"这一地理概念,在不同时代所涵盖的地理范围并不相同:两汉时,"西域"专指天山南麓诸国;隋唐时大为扩张,裴矩所撰《西域图记》北道至拂林(《隋书》《唐书》等中国史书对东罗马帝国及其所属西亚地中海沿岸一带的称谓。以君士坦丁堡一带为大拂林,小亚细亚为小拂林),中道至波斯,南道至婆罗门(印度),几乎涵盖了整个亚洲;明清时,又将欧洲、非洲一部分包括在内,范围变得更大。

过,这些国家基本上没有超出亚洲版图。《红楼梦》则将域外国家的描写延展到了欧洲。在所提及的10余个外国国名中,可考的欧洲国家有"哦啰斯国""福朗思牙"等。特别值得一提的是,第五十二回所写的"真真国"虽不可考,但其原型很可能是欧洲某国。作者对该国地理环境的描述是:"昨夜朱楼梦,今宵水国吟。岛云蒸大海,岚气接丛林。"有人根据"岛云蒸大海,岚气接丛林"的地理环境特征分析,认为符合台湾岛的地理气候情况,真真国女孩身上挂的"倭刀",也接近台湾风俗。也有人疑为荷兰国,因为荷兰与清廷较早建立了政治商贸联系,在我国东南沿海一带的贸易较多。笔者认为,诗中所述是一"水国",作诗的"真真国女孩子"又是"披着黄头发"(金发女郎),身上穿的是"洋锦袖袄",且作者明言是"外国美人",并用"西洋画上的美人"相比附,因此,此一"水国"很可能是西欧的某个海岛或海岸国家,荷兰、葡萄牙、英国的可能性都有(这三个国家在清初都与清廷有政治或贸易关系),其中以英国的可能性较大。因为英国与中国通商虽然晚于荷兰、葡萄牙,但却后来居上,到曹雪芹生活的时代,与中国经贸往来最多的就是英国人;而英国正是个典型的海岛国家(清人陈伦炯《海国闻见录》对"英机黎"地理特征的描绘是"悬三岛于吝因〔丹麦——引者注〕、黄祁〔德国——引者注〕、荷兰、佛兰西〔法兰西——引者注〕四国之外海"①),又多雾,正符合"岛云蒸大海,岚气接丛林"的地理气候特征。如果笔者这一推论成立,那么,《红楼梦》不仅已提及多个欧洲国名,而且已涉及欧洲国家的地理想象。

二是涉及西洋人形象描写。《红楼梦》之前的小说也已经涉及外国人形象描写,如唐代传奇小说集《传奇》《剧谈录》写及来自南洋的昆仑奴形象,唐代传奇小说集《宣室志》《原化记》、唐代轶事小说集《逸史》以及《广异记》等写及来自中亚、西亚的胡商形象,明代小说《初刻拍案惊奇》中的《转运汉遇巧洞庭红 波斯胡指破鼍龙壳》写及波斯商人(玛宝哈)形象,《戚南塘剿平倭寇志传》《胡少保平倭记》以及《喻世明言》中的《杨八老越国奇逢》写及倭主、倭寇形象,《辽海丹忠录》写及朝鲜人(前国王李晖、篡弑李晖获明朝册封的新国主李倧等)形象,清初小说《隋唐演义》《说唐后传》《说唐演义全传》《说唐薛家府传》写及高丽(元帅盖苏文、高丽王)形象,《水浒后传》写及暹罗国国王(马赛真)、宰相(共涛)、妖僧(萨头陀)以及倭兵等形象。不过,这些形象都还是东方人形象。而《红楼梦》则已扩展到西方人形象描写。如第五十二回中借宝琴之口所述"真真国女孩"就是典型的欧洲白人形象:"那脸面就和那西洋画上的美人一样,也披着黄头发,打着联垂,满头带的都是珊瑚、猫儿眼、祖母绿这些宝石;身

---

① 〔清〕陈伦炯撰,李长傅校注,陈代光整理《海国闻见录》,郑州:中州古籍出版社,1984年,第68页。

上穿着金丝织的锁子甲洋锦袄袖;带着倭刀,也是镶金嵌宝的,实在画儿上的也没他好看。"另外,黄龙认为小说第二十五回所写"鼻如悬胆两眉长,目似明星有宝光"的癞头和尚和"相逢若问家何处,却在蓬莱弱水西"的跛足道人都是隐写"大鼻子蓝眼睛"的西洋传教士。他针对"弱水西"一词解释说,蓬莱在东方,而弱水在西方。《后汉书·西域传》就记载:"大秦国'西有弱水流沙,近西王母所居处'。"因此他认为,"'弱水西'泛指'西洋'。试问:'西洋'哪有'道士'? 故此'西方道人'非传教士莫属"①。如果黄先生的这种推论符合曹雪芹的构思原意,那么可以说,《红楼梦》实际上已经写到了西洋传教士。虽然小说对这些西洋人的描写还停留在写"形"的层面,没有深入到写"神"的层面,但无疑进一步丰富了中国古代小说艺术的人物画廊。

三是涉及西洋器物描写。《红楼梦》之前的神话传说和小说热衷于描写各种宝物。诸如明月珠、五曜神珠、骊龙之珠、玄珠、清水珠、径寸珠、玉玺、和氏璧、夜光杯之类的珠宝玉石,夔牛鼓、五弦琴、石鼓之类的钟鼓乐器,照妖镜、宝镜、大方镜、葫芦、宝扇、宝罩、乾坤圈、捆仙索、神针、霹雳车之类的法宝神器,干将、莫邪之类的宝剑兵器,不死药、五色露、神芝仙草之类的灵丹妙药,玉醴泉、玉馈酒、甘露之类的琼浆玉液,聚宝盆之类的神异灵物,成为常见的描写内容。这些宝物的存在和发现地域,基本上未超出亚洲疆界。在《红楼梦》之前的小说中,唯有李渔《十二楼》中的《夏宜楼》写及"西洋千里镜"(望远镜)。但《红楼梦》所写西洋器物则剧增到数十种之多(见前述)。这无疑极大地丰富了中国古代小说中的器物描写类型。还有一个重要变化是,《红楼梦》之前的神话传说和小说所写宝物多为想象的产物(从其来源上看,有来自于神话想象,有来自于佛教想象,有来自于道教想象);而《红楼梦》中所写西洋器物则均为现实社会中的实有物品。从《红楼梦》器物描写上的这一性质特点,也可以看出中国古代小说中的器物描写由虚向实的发展态势。

小说中涉及的西洋国、西洋人、西洋器物描写,无疑扩大了《红楼梦》的题材内容,客观上拓宽了古代小说的题材表现领域,也给读者以强烈的新奇感。

其次,是丰富了《红楼梦》的文化内涵。《红楼梦》乃中华文化的集成之作,被誉为中国封建社会的百科全书,而大量西洋器物和精神文化产品的阑入,则进一步丰富了小说的文化内涵。

一是丰富了《红楼梦》的科技文化内涵。与主要通过人工雕琢出来的中国传统工艺品不同,《红楼梦》所写的各种西洋器物,大多有一定的科技含量。如

---

① 黄先生认为作者之所以不敢正面描写西教士形象,乃是因为"乾隆年间,官方对传教活动控制甚严,有些基督徒因马朝柱事件而被捕",故不得不避"洋教"之讳。详见黄龙《红楼梦涉外新考》第73页。

其中的各种西洋金属钟表、自行船、自行人等，是一种以发条或重锤驱动齿轮以推动机器运行的装置，构件包括齿轮、发条、游丝、棘轮、螺旋等，其中钟表多由二至三套动力系统组成一个机芯，最多的有七套动力源，各套不同的组件、凸轮，经多种连杆、拉杆、拨销，不同的连接穿插，构成一个非常紧凑复杂的结构，各套动力系统既独立而又相互牵制，共同受走时系统的指挥。[①] 这种装置，不仅蕴含有复杂的力学原理，也反映出当时欧洲机械制造水平的高超。再如小说第四十一回所写的可以自动开合的西洋机括，也应是内设弹簧装置，利用弹簧释放出来的动能与杠杆原理，通过撞击开关将门自动打开，其中也蕴含了将势能转换为动能的力学原理。《红楼梦》对这些舶来品的描写，不仅丰富了小说的科技文化内涵，也透露了西方生产技术已优于中国的讯息。

二是丰富了《红楼梦》的艺术文化内涵。这主要体现在小说对西洋画和西洋工艺品的描写上。由于中、西方文化传统、审美风尚的差异，中、西方艺术在题材内容、创作方法、艺术风格上也就表现出很大的不同。即以绘画为例，在题材内容上，中国画以山水、人物（佛教、仕女、帝王肖像）、花鸟为主；而西洋画以静物、风景、人物（肖像）、故事、宗教典故为主。在绘画材料和工具上，中国画采用中国特制的毛笔、墨或颜料，在宣纸或绢帛上作画；而西洋画采用铅笔、油画笔、油质颜料，在布、木板或厚纸板上画成。在构图上，中国画采用多点透视，能够打破时空局限，多层次表达不同空间的事物；而西洋画则采用焦点透视，遵守时空界限，只是从某一个固定视角去审视和描绘所能见到的物象。在表现手法上，中国画把形体化为飞动的线条，以线条为主，颜色为辅，极少考虑明暗；西洋画从光影中凸现有形的浮雕，要求笔触、色调、线条、明暗面面俱到。在艺术追求上，中国画重视的是物象内在精神的传达和作者主观情感的表现，注重表现与写意；而西洋画则追求对象的真实和环境的真实，注重再现与写实。西洋画的这些特征，在《红楼梦》所写三幅西洋画（尤其是宝玉房中大型油画）中，都得到了一定程度的反映。小说中融入的这些西洋美术元素，无疑丰富了小说的艺术文化内涵，并给读者带来了耳目一新的艺术感受。

三是丰富了《红楼梦》的宗教文化内涵。小说第五十二回曾写到一幅镶嵌在鼻烟盒里盖中的"西洋珐琅的黄发赤身女子，两肋又有肉翅"画像，此乃西方人观念中的天使安琪儿形象，也是欧洲中世纪和文艺复兴时期宗教绘画中的常见题材。《葬花吟》中"愿得胁下生双翼"的诗句，也应该是受"两肋又有肉翅"的安琪儿画像的启发创作出来的。康熙五十九年，康熙帝在接见教皇特使嘉乐时，曾当面问及安琪儿"两肋又有肉翅"的宗教寓意："朕览尔西洋图画内，有生羽翼之人，是何道理？"嘉乐回答说："此系寓意天神灵速，如有羽翼，非真

---

① 参见王津、秦世明、亓昊楠《清代御制钟表探微》，《中国历史文物》2008年第2期。

有生羽翼之人。"①在西方基督教文化中,安琪儿形象体现着纯洁、美丽、安详、灵素,她既能激发人的理想,亦能给人带来吉祥,她从某些方面折射出基督教的文化理想与精神。《红楼梦》有关安琪儿形象的描绘,无疑为小说注入了基督教文化元素。

此外,《红楼梦》写及用"汪恰洋烟"(一种鼻烟)治疗感冒、用西洋膏药"依弗哪"治头痛,这无疑为小说注入了西医文化元素;还述及宝玉平时饮用西洋葡萄酒、木樨清露、玫瑰清露等,这又使小说融入了西洋饮食文化元素。

这多种西洋异质文化素质的融入,无疑极大地丰富了《红楼梦》的文化内涵,也在一定程度地改变了中国传统小说文化内涵的组成元素与结构。

综上所述,曹雪芹无论是与西洋学术文化还是西洋器物文明,都存在着广泛的接触渠道。曹雪芹与西洋文明的这种接触,极大地开阔了他的文化视野,丰富了他的西洋文化知识,并使之初步认识到了西方科技之先进、西洋艺术之优长;而其将有关西洋人、西洋物、西洋精神文化知识创造性地融入到小说情节内容之中的创作方法,不仅扩大了《红楼梦》的题材领域,丰富了《红楼梦》的文化内涵,开拓了中国小说创作的新境界,也成为我们考察明清之际西学东渐对中国知识界和社会生活影响广度与深度的一条重要途径。

---

① 转引自方豪《中国天主教史人物传(中)》"嘉乐"本传,第332页。

新见竹垞书札释证

张宗友

【内容提要】 朱彝尊文学、学术兼长,是学界研究较多的清初大家之一,其集外书札也得到较多的发掘与利用。龙野新发现朱彝尊致宋荦书札(《竹垞致漫堂书札》,凡十三通)、致马思赞等书札(《朱彝尊致马思赞等书札》,凡二十二通),胡愚新辑出《新见朱彝尊信札五通》,均有疏释,颇有助于对朱彝尊及清初学术相关问题的深入研究。唯龙、胡二氏之释读,其中难免有误。兹对其中错讹之处(尤其系年问题)予以考订,未尽之处予以补释,部分史实予以疏证,以进一步提高上述书信的利用价值。释证涉及书札,凡二十二通。

【关键词】 朱彝尊 书札 宋荦 马思赞 查慎行

朱彝尊(1629—1709),字锡鬯,号竹垞。秀水(今浙江嘉兴)人,清初大家之一。顾炎武曾激赏其"文章尔雅,宅心和厚",谦称"不如"。[①] 四库馆臣认为朱氏于诗、词、古文、考据,"事事皆工","核其著作,实不愧一代之词宗"。[②] 朱彝尊同时受到士林与清廷的重视,也是当前学界关注较多的清初人物之一,研究成果递有问世。除利用朱氏本人诗文集(《曝书亭集》)及学术著作(如《经义考》《明诗综》等)之外,学人还广泛利用其他文献材料,作为研究朱氏文学与学术成就的依据,集外书札就是其中一类重要文献。刘玉才先生首及于此,对朱氏书札加以考订与介绍,[③] 堪称导夫先路;于翠玲、朱丽霞等学者亦利用罕见之

---

* 本文系国家社会科学基金项目"朱彝尊论学诗研究"(项目批准号:17BZW118)阶段性成果,入驻孔学堂研修成果。

** 本文作者为南京大学文学院、古典文献研究所副教授,人文社会科学高级研究院驻院学者,孔学堂入驻研修学者。

① 〔清〕顾炎武《亭林文集·广师》,《顾亭林诗文集》(华忱之点校),北京:中华书局,1983年,第134页。

② 《四库全书简明目录》卷十八"《曝书亭集》八十卷《附录》一卷"条提要,上海:华东师范大学出版社,2012年,第820页。

③ 刘玉才《朱彝尊晚年手牍考录》,《北京大学古文献研究所集刊》第1辑,北京:北京燕山出版社,1999年,第332—342页。

若干通家信,从事朱氏文学思想等方面的研究。① 笔者从事朱彝尊专题研究,亦撰有专文二篇,对其二十余通书札予以考释。② 在朱彝尊书札之搜集、整理方面,胡愚、王利民等学者贡献最巨,在二氏所集《曝书亭集外诗文补辑》中,③朱氏书札即有三卷,每卷三十通,凡九十通。鉴于书信所具有之私密性与真实性,对此类文献予以发掘、利用,无疑将大大促进相关研究的拓展与深化。

本文题中"新见竹垞书札",是指如下三组新近得以刊布之书信:(一)《朱彝尊致宋荦书札》,见于《宝鉴斋录存所藏宋牧仲存札》(宋荦编,上海图书馆藏吴县郑志潮嘉庆庚辰[1820]抄本)。存札中朱彝尊致宋荦部分,凡十三通(本文称为"《竹垞致漫堂书札》"),由龙野博士辑出并予以释读(详氏撰《新见朱彝尊致宋荦书札及相关问题考释》[以下简称"《考释》"]一文)。④ (二)《朱彝尊致马思赞等书札》,凡二十二通,龙野博士自合众图书馆抄本中辑出并加考释(详氏撰《题朱彝尊、查慎行致马思赞等四十九通书札考录》[以下简称"《考录》"]一文)。⑤ (三)《新见朱彝尊信札五通》,由胡愚辑出并作释读。⑥ 以上合四十通。

古人书札,往往因信息量有限,极难索解。上述三组新见书札,龙野、胡愚二氏已经尽力加以考释,疏通人物,揭橥史实,其有功于竹垞及清初学术研究自不待言。唯二氏考释之误读、错解处,亦复不少。笔者近年从事朱氏生平事行之研求,撰有竹垞年谱(《朱彝尊年谱》[以下简称"朱《谱》"],南京:凤凰出版社,2014 年。正文五卷,全谱五十五万馀言);对上述三组书札亦加意研读,对其中部分书札之既有解读、系年,颇有发现,能补龙、胡二氏之未备,订正其中之误识。兹不揣冒昧,谨按新考所得次序,加以释证。(释证时,谨仿杨谦撰写《朱竹垞先生年谱》之例,于行文中称朱彝尊为"先生",以示传承。)

一、《新见朱彝尊信札五通》第三通

景企风仪,历有星岁。虽芝光未觏,而枌井攸同。侧闻露冕南临,骏

---

① 于翠玲《朱彝尊〈词综〉研究》,北京:中华书局,2005 年;朱丽霞《明清之交文人游幕与文学生态——以徐渭、方文、朱彝尊为个案》,上海:上海古籍出版社,2008 年。
② 张宗友《竹垞尺牍十通考释》,《古典文献研究》第 16 辑,南京:凤凰出版社,2013 年,第 446—462 页;《竹垞老人晚年手牍考释》,《中国典籍与文化论丛》第 16 辑,南京:凤凰出版社,2014 年,第 298—313 页。
③ 见〔清〕朱彝尊《曝书亭全集》,王利民、胡愚等整理,长春:吉林文史出版社,2009 年。
④ 龙野《新见朱彝尊致宋荦书札及相关问题考释》,《中国典籍与文化论丛》第 16 辑,南京:凤凰出版社,2014 年,第 314—328 页。
⑤ 龙野《题朱彝尊、查慎行致马思赞等四十九通书札考录》,《中国典籍与文化论丛》第 17 辑,南京:凤凰出版社,2015 年,第 123—141 页。
⑥ 胡愚《新见朱彝尊信札五通》,《嘉兴学院学报》2018 年第 3 期,第 11—15 页。

誉兰发。新安江水，未足喻其澄清，可胜荣羡。启者。泾县新令，蒋名云翼，武塘望族，早腾声于艺林。兹获依樾荫，所冀老年台加意拂拭之。弟缘情关亲懿，遂忘冒昧之请。老年台笃念乡间，知必能垂照也。临颖驰溯。弟名另肃。（左睿）。（页13）①

按：此札系胡愚据拍品（中国嘉德国际拍卖有限公司2013秋季拍卖会第1799号拍品"朱彝尊、尤侗等《清初名人尺牍》册页"）录得，并判定为先生之作（拍卖者原定其作者为钱名夏），书札时间为康熙十九年（1680），所论极确。惜于先生同蒋氏之关系、收信者系何人等，尚未论及。同此札相关者，尚有另一通书札："泾县令蒋名云翼，订交杵臼有年，又侍之姊母舅也。其人敏慎而慈悌，以之宰百里余，特牵丝伊始，唯望老先生加意培植，百凡指诲。"②考先生家族世系，有堂叔父朱茂暕，"字子蓉，号东溪，戚孺人出。邑庠生。迁居真如寺西，曰东溪草堂。著有《镜云亭诗集》《松溪唱和诗》《东溪草堂诗馀》。天启甲子（1624）九月十五日生，康熙庚午（1690）三月初九日殁，寿六十七"。③ 茂暕系先生从祖父朱大启第六子，先生称为十五叔（参朱《谱》22.11条）。"配嘉善蒋氏，万历庚戌进士、兵备副使英瞻云女。天启癸亥（1623）九月二十七日生，康熙戊辰（1688）十二月二十七日殁，寿六十六。合葬三成圩戚孺人墓左。"④蒋云翼盖即蒋英之子，先生称其"姊母舅"者以此。明置嘉善县，定治魏塘（又名魏里、武塘），先生称蒋氏为"武塘望族"者以此。收信者当即龚佳育（1622—1685）。龚氏初名佳允，字祖锡、介岑，仁和人。历官山东按察使司佥事，分巡直隶通永道（康熙十二年至康熙十六年在任），擢安徽布政使（康熙十六年至康熙二十二年在任），举天下卓异第一人，至光禄寺卿。（参朱《谱》45.11条。）先生于康熙十二年（1673）在龚氏分巡直隶通永道时，即客其幕，并在龚氏升任安徽布政使时，追随至江宁（参朱《谱》49.8条）。蒋云翼本年到任，龚氏正其上司，先生此札，当因蒋氏之请托而作。

二、《新见朱彝尊信札五通》第一通

自别履绚，恒深离索之感。酉冬入粤，道出封溪，渴欲一趋铃下，而篙工不肯纡途，遂失嘉观。归晤电发，述老先生清苦之状，诚史册《循吏传》

---

① 按：本文于所揭书札文字之末，附注原文所登载刊物之页码，以免频繁出注。
② 〔清〕朱彝尊《竹垞老人尺牍·与龚》，王利民、胡愚等《曝书亭集外诗文补辑》卷九，载《曝书亭全集》，第1000页。
③ 〔清〕朱荣等修《秀水朱氏家谱·世系表三》，咸丰三年刻本，《清代民国名人家谱选刊续编》第67册，北京：北京燕山出版社，2006年，第115—116页。
④ 〔清〕朱荣等修《秀水朱氏家谱·世系表三》，第115—116页。

所希。吾师乎,吾师乎!道里迢遥,远承惠问,荣戢实多。重拜纤绤,服之无斁,岂曰无衣,不若君子之赐安且吉也。旧闻附正,凭颖瞻依。侍名正肃。(夽余)

侍年来辑《经义考》一书,已得十九,但卷帙繁重,剞劂为难。颙盼老先生衡文敝省,庶几不至覆酱耳。侍再顿首。(页11)

按:此札胡愚曾予释读,要点有:(一)关于收信者。"此通信札从墨迹图片录出,未署名款,收信者应为广东人氏","封溪,即今广东封开县江口镇一带,是西江流经广东和广西交界的地方"。(二)关于入粤时间。"'酉冬入粤',当是指康熙三十一年(1692,壬申)岁末……此处,朱彝尊误记了一年干支,应该是申冬酉春的时候客游粤东"。(三)关于此札写作时间。"电发,为朱彝尊老友徐釚(字电发,号虹亭)。朱稻孙《中村诗草序》:'岁在著雍摄提格冬,吴江徐先生虹亭归自南粤,扁舟访先大父于小长芦,持赠罗浮蝴蝶茧一,悬之帐中。'著雍摄提格是康熙三十七年(1698)戊寅。此年冬,徐釚游南粤归,过访朱彝尊,谈及这位广东的老先生。""《经义考》为朱彝尊晚年归田后着意编纂的经学文献目录,总三百卷,堪称巨著。大约在康熙三十八年(1699)基本编成。信札中说'已得十九',则此札写作时间应在稍前之时。"① 胡氏所释,其中第(二)点确凿无疑(参朱《谱》64.27条、65.1至65.7条),而第(一)(三)两点,均有可议。胡氏将收信者判断为"广东人氏"者,重要依据是将收信者所居之封溪判定为西江支流,以其流经封开县江口镇一带。考先生此次入粤,主要活动于广州,未尝西至肇庆府之西境(今封开县于清初分属封川、开建二县,同广西梧州府苍梧县相邻),故札中封溪,当另有其地。先生此次南下,仍是自赣入粤,同顺治十三年丙申(1646)入粤路线相同(参朱《谱》28.9至28.13诸条);在赣期间,仍由南昌溯赣江而南,中经临江府封溪(顺治丙申,先生有《封溪聂侯庙》诗)。札中"道出封溪"者即此,并同"篙工不肯纡途"相应。收信者盖江西人(或即临江人),而非广东人氏。由《循吏传》所希"云云,知收信者曾于前明为官。先生入粤于康熙三十一年壬申(1692),返里于癸酉(1693),是年冬即访徐釚于吴江,并同访潘耒(参朱《谱》65.16条),其时先生必已向徐氏"述老先生清苦之状"。"重拜纤绤,服之无斁"云云,明书札之前,"老先生"尚有馈赠(织物),则此札当作于是冬同徐釚相会之后不久。《经义考》系先生重要学术著作,虽编成于康熙三十八年(1699),但以卷帙重大(凡三百卷),必有长期编纂之历程。此札所叙,恰为明证。徐釚(1636—1708),字电发,号拙存,自号垂虹亭长(同先生并称"二亭"),吴江人。与先生同应鸿博征,授检讨,与修《明史》

---

① 胡愚《新见朱彝尊信札五通》,第11—12页。

(详参朱《谱》50.13条)。

三、《竹垞致漫堂书札》第二通

湘兄度已到馆,幸致。小儿前有砚铭一册求跋,幸题掷是荷。前奉和论画诗吟未竟,而使适至,牵率成章,致多纰缪,幸老先生直谅,肯纠其讹。陈思王称吴季重言"后世谁相知定吾文者",是所贵乎执友耳。"宣和小印"更作"印文纪察",何如?若"营丘"则竟更"李唐"可也。小儿不解事,乃荷长者奖及之,但有惶汗也。借书抄写,感不可言,跂予望之。湘兄望致意。弟名笺肃。(页317)

按:龙野《考释》推此札"似写于康熙三十四年三月初",其实尚可进一步推论。考先生和宋荦《论画绝句》诗凡二十六首,载于《曝书亭集》卷十六者有十二首(题《论画和宋中丞十二首》),次在《二月二十日》诗之后;另有十四首,收入《曝书亭外集》。据此札"前奉和论画诗吟未竟,而使适至,牵率成章,致多纰缪,幸老先生直谅,肯纠其讹"云云,知先生奉宋氏之命和其论画诗(或在北游会面之时),全部二十六首,创作尚费时日,未能一时完成;宋荦倩人取回,其后又有修改之举。据《考释》所考,"湘兄"指邵长蘅。邵氏其时入宋氏幕,是春有西湖之游,于三月初八日回到苏州。^① 此札首云"湘兄度已到馆",则邵氏自杭返吴,必经嘉兴,度其或曾与先生相会,故先生能推断其归期。若此推测不误,则先生同邵氏相见,盖是三月六日或七日;此札则作于二人相别之后、初八日之前。其时先生和诗业已写就。《竹垞致漫堂书札》第一通云:"每诣吟窝,辄费春厨樱笋,老先生之遇弟厚矣",其中"'樱笋'时节为农历三月"(《考释》,页318),则和诗初成,当在三月初。邵长蘅(1637—1704),字子湘,号青门山人。武进人。以古文辞名。先生授翰林检讨时,邵氏曾作长诗《五月十七日喜闻诸公同官翰林赋赠五十韵》相贺(参朱《谱》51.20条)。

又按:《竹垞致漫堂书札》第二通,尚及和诗写作、修改事宜,而第一通则言"悉和佳章,并缀跋语"等风雅酬和之事(见本文第四条),度其时诗已写定,故此两通书札,第二通应在第一通之前,编次因此须予调整。

四、《竹垞致漫堂书札》第一通

每诣吟窝,辄费春厨樱笋,老先生之遇弟厚矣。迩来弟贫到骨,典衣

---

① 〔清〕邵长蘅《奉酬漫堂先生〈久雨忽晴,喜子湘、心壁道人同日至〉垂示之作》:"江路才晴逢谷雨,客帆沿岸落枫桥。"(《青门剩稿》卷二)详龙野《新见朱彝尊致宋荦书札及相关问题考释》(页318)。

得旧地志十余,可证经义,终日抄撮,始信衡门之下,饥亦可乐也。老先生为热官,乃肯作冷淡生活,且乐与菰芦中人风雅酬和,弟因不揣固陋,悉和佳章,并缀跋语,此如三家邨夫子就所见闻遽诠之米友仁、柯敬仲之前,多见其不知量矣。《声画集》录得副本奉送。第太觉潦草,或更命胥钞以纳香厨可耳。陆其清藏有顾阿瑛所辑《玉山雅集》九册,望老先生借钞第一卷至七卷见赐,至感。若遵王处《皇元风雅》暨《元诗正体》二卷亦得借钞,尤所感也。又前所恳毛应龙《周礼》等序,得觅便见示,尤祷。诸不既。小弟彝尊顿首。(页 315—316)

按:关于写作时间,龙野《考释》未予论定;此札所涉人物,龙氏已作初步介绍,而于其中史实之拟测,尚有未尽。由"每诣吟窝,辄费春厨樱笋,老先生之遇弟厚矣",知先生常至苏州,受到宋氏礼遇。所谓"衡门""菰芦中人"等语,实先生自况,颇切合其归田里居之身份。"热官",指宋氏官江苏巡抚,为一方大员;"肯作冷淡生活",指宋氏居官之暇,醉心风雅,于诗画之道颇有追求,所作《论画绝句》二十六首,影响颇巨,一时名流如王士禛等,皆有和作。"悉和佳章"者,先生撰《论画和宋中丞》诗,步韵论学,凡二十六首;"并缀跋语"者,先生为宋氏《论画绝句》撰跋,推其能于"古今画家雅俗工拙高下之殊、流派之别,尽括其要"。跋文首云:"孙绍远辑《声画集》,分题画、观画门,而无论画之作。"继而赞扬宋氏论画之诗,有"金针度人"之效(参朱《谱》67.7 条)。宋氏盖因此向先生求孙氏《声画集》,先生遂录副本以赠。盖先生游吴、和诗在前,录赠副本在后。先生本年有诗五首入本集:《二月二十日》《论画和宋中丞十二首》《答徐舍人(永宁)上舍(永宣)五十韵》《乔孝廉(崇烈)居父丧每泣则庭乌尽下禹鸿胪为画饲乌图率题三首》《雨舟联句》(载《曝书亭集》卷十六),第一首日期较为确定,第三首诗作于是冬十二月(参朱谱 67.15 条),则第四首、第五首亦当作于十二月,而《论画和宋中丞十二首》,当作于春、冬之间(其实当作于三月初,见下文第五条所考)。由"每诣吟窝,辄费春厨樱笋"一句,知先生是春屡有游吴之旅。嘉兴府同苏州府相邻,相距不远,水路通达。以先生同宋荦交游之密切,度先生录《声画集》副本相赠,当在撰诗相和后不久,或即在是春之内。

五、《竹垞致漫堂书札》第五通

老先生方谢客之时,乃惓惓于故人,连扰珍厨,携游胜地,快披名迹,愈觉乐郊之可乐矣。《年谱》读竟,文章功业唯韩魏公君臣相遇庶几比伦,此岂张肖甫所能及耶? 谨端力赍缴。刻下即解维出城,不及再诣星门踵谢,恃高怀澄鉴也。拙诗乏副本,乞即掷下。诸容嗣布,不备。弟名笺肃。(页 322)

按：龙野《考释》："朱彝尊于康熙三十六年（1697）九月访宋荦，并同游苏州名胜，宴集于沧浪亭。竹垞有《九月八日沧浪亭怀古二十四韵》、《九日宋中丞招集沧浪亭观韩滉〈五牛图〉，复成二十四韵》诗，朱彝尊此札似写于此次会面告别之时。"（页322）此一判断，盖基于先生二诗《曝书亭集》编次于"强圉赤奋若"（丁丑．1697）之事实。其实此二诗编次有误，不足为据。考先生本集卷六十八有《夋山题壁》文："予避地梅会，距夋山一十三里。居未定，南至于端州，西北穷乎云朔，东放琅琊。兹山在户牖之外，历四十九载未之游焉。岁在丁丑（1697）九月九日，期谭十一给事兄践登高之约，舍舟而陆，杖藜偕行。……乃分书于寺壁下山。"知丁丑重九，先生同谭瑄杖藜登山。据朱《谱》21.1条（"携妻至塘桥侍养本生父安度先生朱茂曙。岳父冯镇鼎以田券相赠，妻辞不受，鬻饰持家。因所居隘小，复移居梅会里。先赁道南茅亭之居，旋移居接连桥。"），知先生移居梅会里，乃在顺治六年（1649）。"历四十九载"，乃在丁丑（1697）。该岁重九，既登夋山，则沧浪亭怀古之游，必不在该岁。考先生归田后，壬申（1692）九月，有杭州之游；癸酉（1693）九月，有平湖、杭州之行；甲戌（1694）九月，里居；丙子（1696）九月，至杭州、平湖；戊寅（1698）九月，经历福建之游后，养病在家；己卯（1699）重九，访高士奇。前后近十年间，唯乙亥岁（1695）九月空白。是春，先生屡有北游苏州之举，且书札数通，同宋荦过往甚密。因此，先生应邀游沧浪亭、观《五牛图》，当在此岁。故先生此札，当作于康熙三十四年（1695）九月。"携游胜地"，指游沧浪亭；"快披名迹"，指观《五牛图》。

六、《朱彝尊致马思赞等书札》第八通

十三之期，已订舟子，昨查田相约联袂入苕，业与订廿五日至横涨桥，度定相闻耳。仇画初见时气韵颇佳，为刘君挂壁数年，风神顿减，正恐未真。今如命附到，千闻不如一见，自古然矣。其余俟吴回赍览，并面领此图也。《鼓吹续编》所收诗庸熟太甚，刮眼者绝少，俟抄出数首面缴。醺舫手泐。十一日。冲。

明集先完四家：董萝石一卷；许云村四册；马仲房四册；丁吏部四册。（页132）

按：龙野《考释》，未考此札写作于何时。检《曝书亭集》卷十四《紫藤花下醉歌同查上舍（嗣瑮）弟赋》诗，有句云"明年期尔横涨桥"，自注："上舍所居。"查嗣瑮（1653—1734）。德尹，查浦。详朱《谱》59.15条），查慎行弟。知横涨桥在查氏兄弟居处附近。先生于札内自陈同查慎行有"联袂入苕"之约，又"订廿五日至横涨桥"，结合查氏行止，应为康熙三十七年春之事（是岁正月初六日，查氏同先生过宿秀水徐功燮之听莺斋；二月中下旬，同先生在嘉兴谭瑄宅看两

树海棠。详朱《谱》7.01条、7.02条),而此札当作于是岁入闽之前,即写于三月十一日。考《查他山先生年谱》云:"(康熙三十七年戊寅。)春,至禾中,复游苕上。"①查慎行《近游集》有《自入春来往返嘉兴湖州两郡凡六十馀日谷雨后还家花事尽矣》诗:"累月扁舟碧水浔,归来三径已眷深。楼头一带槎牙树,多为黄鹂换绿阴。"②是岁谷雨,在三月十日(公历4月20日),即先生作此札前一日。查慎行《近游集》又有《重至湖州戏简许舜功张桐轩两学博》《雨中游飞英寺次东坡稀字韵》等诗,③知查氏自正月初六日至三月十日,均在嘉兴、湖州两地游历,凡六十馀日。查氏自言"谷雨后还家",从其还家后所作诗题来看(《题又微侄载花图小影》《再题种菜图二首》《题族孙恒宏看舞图》),查氏并未再度北上,故二人"联袂入苕"之约,极有可能未予践行。"苕"指苕溪,自湖州入太湖,先生盖用以指湖州。札中还提及明人诗集四种(董漂、许相卿、马汝骥、丁奉,见龙野《考录》(页132)所考)者,盖先生其时正编《明诗综》,用备采择。

七、《竹垞致漫堂书札》第六通

  每诣星门,既费笋厨,复颁禄米,当之者真有逾分之荣。此去闽山,安得更有脱官样,若老先生者敦簦笠之交者耶?金大将军陛见回,必过吴苑,晤间幸一齿及,感感。弟年来闭户,俗事全不相关,唯借小儿馆谷以为家食之计,今辞幕者逾年,未免困乏,此番封疆大老多所更易,倘有从老先生处商及幕友者,祈一留神。小儿于章奏刑名书札亦颇细心,至于硁硁自守,不可以利夺,尤知之深者,可以不辱老先生提携也。新诗句句好,不揣梼昧,妄为点抹,开罪寔多。扇并书上。弟入秋必归,当奉陪行春看月之燕耳。解缆匆匆,未及觇缕。弟名笺肃。(页323)

  按:龙野《考释》云:"由札中提及'此去闽山',则书札似写于朱彝尊、查慎行结伴入闽时,当为康熙三十七年(1698)四月。"(页323)但据札中"年来闭户"云云,此札当写于南下之前;又据朱《谱》70.5条所引查慎行《得树楼杂钞》卷一之文("戊寅三月,曾同朱竹垞先生步入大成殿后摩挲壁闲石刻,合计八十七片。竹垞有跋刻集中"),知先生同查慎行南下,实启程于三月,故此札当作于是岁三月。

---

 ① 陈敬璋《查他山先生年谱》,载《查继佐年谱 查慎行年谱》,北京:中华书局,1992年,第23页。
 ② 〔清〕查慎行《敬业堂诗集》卷二十三,上海:上海古籍出版社,1986年,第661页。
 ③ 同上书,第657页。

八、《竹垞致漫堂书札》第七通

幢节远驻维扬，日盼老先生旋吴，冀展嘉觌，兼与山兄称贺，而改岁尚按三城，唯有翘企，遥祝春祺也。客冬与舍亲钱介老约，拟买小舫一艘共赦雷塘，上颂南山之寿，奈家累纷纠，未果前诺。末微之玕即托介老赍上，自恃簦笠旧知，不复以杯币袭套，老先生万毋固却，一哂存之，光荣多矣。介老夙荷培埏，衔感实切，第渠久暌色笑，近又席砚摩依，中有欲吐于左右者，老先生笃念旧雨，必能鉴察而俯慰之耳。至弟近状，烟楮难宣，倘垂问介老，亦可得其百一也。八骕何日抵金阊？尚图叩晤。未既欲言，凭颖依切。弟名笺肃。（页323）

按：龙野《考释》断此札"似写于康熙三十八年（1699）正月"。自康熙三十六年（1697）起，江苏各地（淮、扬、徐、海州等），天灾频仍，宋荦作为巡抚，须常至各地赈灾（宋氏自定《漫堂年谱》多有记载），先生札中所谓"幢节远驻维扬""改岁尚按三城"者以此。先生自归田后，同宋荦过从甚密，由此札可知，欲为宋氏生日（正月二十六日）道贺，"上颂南山之寿"。宋荦本年六十六岁。康熙三十七年（1698），先生游闽返里，未抵家即已染病（见朱《谱》70.51条），子昆田亦病（见朱《谱》70.53条），弟彝玠去世（见朱《谱》70.55条），札中所谓"家累纷纠"者以此。故此札当作于康熙三十八年（1699）春。是年正月，康熙帝玄烨"以淮、扬河决，地方屡被灾伤，亲临阅视"，"（宋）荦于二十一日，发棹吴门，二月二十五日，会同督提学院盐院总兵诸臣，于山东台儿庄地方跪迎"。① 札中"八骕何日抵金阊""尚图叩晤"者，盖欲探听玄烨抵苏州消息，以便迎驾。故此札写作时间，可进一步推定为正月下旬。

九、《竹垞致漫堂书札》第八通

戟门二八，屡结平原布衣之欢，所论莫非古人，所谭不涉时事，如此胜引，恐六合所仅有耳。醉酒饱德而还，中藏无斁。今年暑甚，坚卧庄窝，足迹不入城府，亦思一访二世兄为沧浪纳凉之客，而惫未能也。宣纸草草书上，仓猝不成字。诗容搜索枯肠、捧心拥鼻，青门兄册亦暂留，统俟诗成献丑耳。前席间语及大理石新材，模糊者多，弟家藏一片，黑白差觉分明，唯是屏匡已坏，尚须更制，兹附来伻赍到，无异田家之献老瓦盆也。诸容嗣

---

① 〔清〕宋荦《漫堂年谱》，漫堂抄本，《续修四库全书》第554册，上海：上海古籍出版社，2002年，第219页。

馨,不备欲宣。二世兄、青兄、山兄均致。弟名笺肃。

又启:新海防李郡丞士征,系同年石台先生之子,求老先生青眼视之。
(页324)

按:龙野《考释》,推此札作于康熙三十九年(1700)"盛暑时"。"戟门",代指宋荦官署。先生于康熙三十九年(1700)暑前数至苏州(参朱《谱》72.4条、72.7条等),以二人之交谊,宋荦当有接引,札中所谓"前席间语及大理石新材""屡结平原布衣之欢"者以此。是岁,"淮、扬二属"之海州等十五州县,"三春霪雨,仍罹水灾"。[1] 水灾之后,往往酷暑,"今年暑甚""不入城府"者以此。据此札,先生与牧仲过往频繁,往往受宋氏之请,吟诗作文。此札盖因宋荦有信来催促而作。结合先生是夏行止,及札中"今年暑甚"等语,度此札或作于秋初。

十、《竹垞致漫堂书札》第十二通

琳札遥颁,偶过查田、查浦,有失裁答,负疚实多。贱辰复蒙记忆,忆本不敢承,欲存老先生一段古谊,被奇温于冰壑之中,留为山村嘉话,遂靦颜拜嘉矣。三签书上,安氏《墨林快事》六册并附呈,思得老先生命小胥抄一副本见惠,原本存之邺架,何如?山、稚两世兄暨邵、冯、吴诸兄均希道念。凭颖丹铭。弟名另肃。(页325)

按:龙野《考释》,推此札作于康熙四十年(1701)"秋冬之间"。检朱《谱》,先生于康熙四十年(1701)尝过访查慎行(别号查田)、查嗣瑮(号查浦)兄弟(见朱《谱》73.29条、73.30条),札中"偶过查田、查浦,有失裁答"者以此。先生应宋荦要求,以《墨林快事》原书相赠,足见二氏交谊之笃。"贱辰复蒙记忆"云云,明此札为答谢宋荦生日贺仪而作,当写于八月二十一日或其后数日,即中秋节后不久。

十一、《朱彝尊致马思赞等书札》第十通

查浦过寺夜谭,悉老侄近履清适,甚慰。愚于望日始下榻招提,写样、镂板二人均为修端先生罗致,但有静坐以俟其来,《诗综》印行,正无日矣。汲古书单,《说文》真本价甚昂,已购得一部存案头,当觅当人方可奉耳。《翰苑群书》翼得观,如渴羌之望酒。又曹氏《松隐集》,亟欲还果亭前辈,幸留神是祷。茗客郑书目中有曾穜《大易粹言》,虽阙《乾》《坤》二卦,然的

---

[1] 〔清〕宋荦《漫堂年谱》,漫堂抄本,《续修四库全书》第554册,第230页。

系宋椠。此书唯传是楼有完本,业已进呈。老侄亟宜收之。特嘱其造红叶山房,或嘱素村存之,何如?勿使空返,幸甚。衍斋老侄。醖舫手泐。

外吴江一友有《东国医鉴》一部,阙其二本,皆高丽纸,用国中钉法,尚存二十六册。此书欲得,幸寄信付我。二卦,蔏圃処有旧抄本,可借。(页133—134)

按:龙野《考录》云:"此诗盖作于康熙四十一年(1702)春,时朱彝尊率弟子寓居苏州白莲泾之慧庆寺僧房,准备刊刻《明诗综》。此札盖写于初到慧庆寺不久。"(页134)札中未录有诗句,"此诗"不知何指。考先生《曝书亭集》卷二十有《慧庆僧房雪中联句三首》,第一首《柏》内有"我来七月留"句;先生是岁岁末致书陈廷敬,有"晚因刊诗,留吴下者七月"之语(《竹垞老人尺牍·与陈说岩》),①故朱《谱》据此,将先生至苏州赁慧庆寺僧房、刊刻《明诗综》,系于是岁六月。据此札"愚于望日始下榻招提"云云,可进一步推断,先生入住慧庆寺,即在是月十五日,此札亦当作于是日之后。查浦,查嗣瑮。"老侄",马思赞。修端先生,未详。汲古书单,应指常熟毛氏汲古阁图书目录。明年(康熙四十二年)三月,先生在苏州曾会毛扆(参朱《谱》75.5条),此书单,盖从别途获得者。先生尝欲编《瀛洲道古录》(参朱《谱》51.40条),遭劾未果。此次欲向马氏所借之《翰苑群书》(宋儒洪遵撰),先生后来得之,有跋以记(载《曝书亭集》卷四十四)。先生《潜采堂宋人集目录》,载有宋人曹勋《松隐集》四十卷、五册,知此集确为先生所藏。《大易粹言》,先生据《宋史·艺文志》著录于《经义考》卷二十九,而四库馆臣辨此书作者为方闻一而非曾穜(见《四库全书总目》卷三是书提要)。《东国医鉴》,未详。

十二、《竹垞致漫堂书札》第十三通

拙作书上。蚓窍蝇鸣,何足当老先生过誉?荣与赧并矣。附缴八世兄《松风图轴》,亦甚愧潦草也。《名臣氏族类考》十册,意欲借抄《元和姓纂》诸条,知老先生不靳,得检发来力,感感。旋里日即当奉纳香厨耳。率布不一。期弟彝尊顿首。(页327—328)

按:此札写作时间,龙野《考释》未予讨论。由先生自署"期弟",明其时家有丧事。又云"旋里日既当奉纳香厨",知其时未居里第。考康熙四十一年(1702),先生子妇沈氏卒于三月十三日(参朱《谱》74.11条);先生六月十五日至慧庆寺开雕《明诗综》(参本文上条及朱《谱》74.21条),则此札当作于此际。

---

① 王利民、胡愚等《曝书亭集外诗文补辑》卷九,载《曝书亭全集》,第1002页。

八世兄,指宋荦第五子宋致。据考(详龙野给作者《考释》梓稿[页 327]上新作之题识),札中《松风图轴》,即柳遇写照、王翚补绘古松之《静听松风图》,见收于《明清肖像画·故宫博物院藏文物珍品大系》。手卷后有朱彝尊题七言绝句二首:"五鬣长松一亩阴,马麞旧迹王翚临。千年直干江南少,除是梁园雪后寻。""片石疏篁拂袂青,披图已觉风泠泠。沉思此景百分好,可许弹冠客坐听。穉佳世兄将补观察,故末句云然。小长芦钓鱼师朱彝尊。"王翚补图作于"康熙庚辰(1700)六月十八日";另有冯景题跋,署题"康熙壬午(1702)冬十一月望日"。故可以进一步推知,先生此跋当作于王翚补图(六月十八日)之后。

十三、《朱彝尊致马思赞等书札》第一通

匆匆别去,未得剧谭,且简略滋訾,恃次公不见督耳。老年书无人肯读,取割赐书相贻,可谓得所,岂计值之多寡乎?《款识》属赏鉴家,更幸。特附使贵〔费〕上《庚〔唐〕子西集》二册附览。《梦粱录》果开雕否?与其刊樊川习见之书,不数〔若〕此可新人耳目也。旋府日,得便,望以石仓《明诗》第一集见借,阅过即奉还。其铁厓、孝肃二集尚须少留耳。惠米,更感吹尘视甑,全家皆颂德矣。谢谢。衎斋次公。期尊顿首。(页 126)

按:龙野《考录》将此札作年定为康熙四十年(1701)。先生自署"期尊",明其时家有丧事。考康熙四十一年(1702),先生子妇沈氏卒于三月十三日(参朱《谱》74.11 条),此札当作于是岁。先生是岁曾同马思赞相见,并互通消息,借览书籍。次公,对马思赞之敬称(思赞行二)。吴自牧《梦粱录》,先生昨岁寓杭州昭庆僧楼时,取读一过(参朱《谱》73.12 条),嫌其"用笔拖沓,不知所裁",然而又云:"虽然,自曾端伯编《类说》、朱藏一编《绀珠集》、陶九成编《说郛》,皆千百而取一,说部之完书存焉者,寡矣。因赞徐舍人镂板于吴下。"(《曝书亭集》卷四十四《梦粱录跋》)札中问"《梦粱录》果开雕否"者以此,则马思赞亦熟知其事。"徐舍人",龙野以其人为徐惇复(《考录》,页 126)。先生同徐惇复(字七来,震泽人)交往较晚(朱《谱》中有记载者最早在康熙四十三年[见 76.3 条],尚在先生书写此札之后)。考武进徐元琪二子徐永宁、徐永宣,同先生交游较早:康熙三十三年(1694)秋,徐永宣至梅会里来访(参朱《谱》66.20 条);次年秋,徐永宁、永宣兄弟又同来拜访(参朱《谱》67.10 条);同年十一月十一日,徐永宣更奉寄长诗(《冬至前五日奉寄竹垞先生求为先中丞表墓》),求为其父表墓(参朱《谱》67.14 条)。先生则有《答徐舍人(永宁)上舍(永宣)五十韵》诗及《通议大夫都察院左副都御史徐公神道碑》文(《曝书亭集》卷十六、卷七十)。因此,此札中"徐舍人",应指徐永宁。《唐子西集》,北宋诗人唐庚(1070—1120。字子西)所撰。樊川,指唐代诗人杜牧(803—852。字牧之,号樊川居

士),有《樊川文集》。"石仓《明诗》",指曹学佺(1574—1646)所编《石仓历代诗选》中的明诗部分(初集八十六卷、次集一百四十卷)。"铁厓、孝肃",指杨维桢(1296—1370)、包拯(999—1062)。(以上诸人,参龙野《考录》,页 126)

十四、《朱彝尊致马思赞等书札》第二通

别后领上忽生一疮,今藉芘已愈,故多时笔墨俱辍也。《东莱全集》向有宋椠,后王俨老见之,欲进呈,因推与之,仅留得《丽泽集》,已亡之矣。袭远至今未来,所需诸书无从检奉。《叠山集》已对[封]书两促之,容取得即寄上耳。猷堂《家语》得补入《经考》,幸甚。阅《画谱》,得王晋卿和苏诗二长篇,试询查田曾录入注否?素邨致意。衎斋主人,尊顿首。冲。(页127)

按:龙野《考录》以为"此札或即作于康熙四十二年四月之前"(页127)。先生晚年同马思赞交往频繁,互相流通图书。所谓"别后",明二人此前曾有相会。检先生三月十四日致马氏札(《竹垞老人晚年手牍(其二)》),邀请马氏同往汲古阁观书(参朱《谱》75.5条、75.6条),或竟因此成行。札中所举诸书,盖二人会面之时,马氏向先生索求,先生因逐一回复。《东莱全集》《丽泽集》,系宋儒吕祖谦著述。考《竹垞老人晚年手牍》第三通中有"《丽泽讲说》,记置宋人集中,而查觅不见,容足痛愈遍寻之"等语,①盖即因马氏之请而遍检所藏。而该通书信作于是岁四月二十四日(见朱《谱》75.11条),则先生此札当作于二十四日之前。由"领上忽生一疮"之事实,推知此札或作于是夏之初。是夏苦热(见朱《谱》75.10条),易于生疮。王俨老,指王鸿绪(1645—1723。俨斋其号。参朱《谱》74.37条)。袭远,指朱甫田(1660—1741。袭远其字),先生从子(参朱《谱》73.3条)。《叠山集》,谢枋得(1226—1289。叠山其号)诗文集。"猷堂《家语》",指王广谋(字景猷,别字猷堂)《家语句解》(三卷),先生著录于《经义考》卷二七八。《经考》,即《经义考》。札中所谓《画谱》,"《初白庵苏诗补注》卷三十《书王定国所藏烟江叠嶂图》诗后附有王晋卿两篇次韵七古,札中所指盖即此。查慎行据《式古堂书画考》辑得此二诗。札中'《画谱》',或是误记"(龙野《考录》,页127)。查田,查慎行(1650—1727)别号。素邨,思赞弟马翼赞(1672—1727)之号。

---

① 王利民、胡愚等《曝书亭集外诗文补辑》卷十,载《曝书亭全集》,第1004页。

十五、《朱彝尊致马思赞等书札》第十一通

愚于初九日旋里,二十后仍欲到吴关,非不欲过红叶山房,而琐事纠纷,未能也。衎斋有兴于数日内鼓棹来一话,甚妙。无暇,则不敢强耳。吴中新刊《白香山集》购得,奉插架。健庵所刻《读礼通考》百二十卷,佳纸一篓,可印二部。此番去,纠分往刷,衎斋能印一篓否?此地印书,每篓不过三星,吴中浮二星,纸佳者得一两三钱,则系仁风号矣。便中附询。醓舫手泐衎斋主人。十五日。(页134—135)

按:龙野《考录》以为此札作于康熙四十二年(1703)六月后。札中《白香山集》,即汪立名编刻之《白香山诗集》。据汪立名《年谱旧本》一文(见朱《谱》75.12条所引),知此集刻竣于五月,汪氏所撰《白香山年谱》附刻以行;而先生即以陈振孙《白文公年谱》相授,得附刻并行。前后相参,知此札当作于康熙四十二年(1703)五月十五日;而先生本月行止,亦可得其大概。健庵,指徐乾学(1631—1694。原一,健庵。参朱《谱》45.8条)。

十六、《朱彝尊致马思赞等书札》第七通

数月之别,极思登堂一晤,奈明后日即往同〔桐〕乡借观裘杼楼之书,返便入吴,再久则剞劂工必散,非袭远一人所能留矣。或深秋初冬,谋践海滨之约,可乎?书单所开,半在僧舍。曾端伯《雅词》委恺仲抄,四月未竟,《天下同文》侠君借抄未还,当("当"字,疑衍)归当觅便奉寄可也。伻旋学〔率〕复,不尽欲陈。醓舫手复衎斋主人。廿一日灯下。(页130)

按:龙野《考录》以为"此札似作于康熙四十二年(1703)五月二十一日晚"(页132)。由此札可知,马思赞曾有书札,询问《明诗综》刊刻事宜,并邀约先生前往海宁("海滨之约");另开有书单,向先生求书。先生遂修此书以复。先生三月十四日致马氏札(《竹垞老人晚年手牍(其二)》),邀请马氏同往汲古阁观书(参朱《谱》75.5条、75.6条),或竟因此成行,札中所称"数月之别"者以此。朱丕戬(1677—1734。恺仲其字)受命抄《乐府雅词》,"四月未竟";合以"数月之别",则此札当写于七月二十一日;"海滨之约",因此后推至"深秋初冬"。裘杼楼,系汪森藏书楼。汪森(1653—1726。晋贤,碧巢。桐乡人),筑有碧巢书屋及裘杼楼,藏书数万卷。曾助先生选《词综》(参朱《谱》41.17条)。袭远,朱甫田(1660—1741)之字。侠君,指顾嗣立(1665—1722。侠君其字。参朱《谱》70.3条)。僧舍,盖指苏州慧庆寺。"曾端伯《雅词》",指宋人曾慥所辑《乐府雅

词》;《天下同文》,指元人周南瑞所辑《天下同文集》。是岁三月,毛扆至吴,借先生书四种,此即其中二种(参朱《谱》75.5条)。

十七、《朱彝尊致马思赞等书札》第六通

　　准拟十九日造晤,届期忽雨,继以穷阴积雪,势难冲淖而前,只得中止。入春正当于甲子朝坐舴艋奉贺新祺耳。岁事匆忙,乃承记忆,过损椒酒之资,当之不安,然又不敢却也。查浦人日前,度未必出门,便希预订同乘小篮过衍斋,兴尤不浅,敬谢示〔不〕宣。醒舫手复衍斋主人。

　　汲古阁主人扎至,欲以纸笺画轴相售,兼以秘书携至,期以元宵左右。如果来,老侄能过梅会一晤之否?(页130)

　　按:龙野《考录》将此札同第七通同观,以为作于康熙四十二年。查浦,即查嗣瑮(1653—1734。查浦其号),慎行之弟(参朱《谱》59.15条)。考康熙四十五年(1706)正月初七日("人日"),先生同查嗣瑮在马思赞处,因雪受阻,同观汉武梁祠碑拓本(参朱《谱》78.1条),所记同此札之预期(先生同查氏往访衍斋)相合,则此札当作于康熙四十四年(1705)十二月。先生原拟十九日造访,因雨雪不能成行,则此札必作于是月下旬之内。汲古阁主人,指毛扆(1640—1713),毛晋第三子(参朱《谱》75.5条)。

十八、《朱彝尊致马思赞等书札》第五通

　　龙山回舟,谓抵硖石必曛黑,是日返里,才秉烛也。咸三来,不相值,怅怅而归。岁宴冗集,复邀鱼酒之惠,俾我春堂生色,谢谢。次孙已采芹,献岁元辰次日,即欲往禾一谢学者。大约初十左右始能过红叶〔药〕山房也。《续大事纪〔记〕》必有以报,第刻下心烦意乱,未及检查了,亮之。素村并致。醒舫手复衍斋主人。小除日。(页129)

　　按:此札所作时间,龙野《考录》未予推定。小除日,即小除夕日,除夕前一日。龙山,在海宁,查慎行家在焉(今袁花镇。镇北有龙山路等)。硖石,在海宁东北、袁花之北。自龙山至梅会里,水路必经硖石。先生龙山之行,大约即是访问查慎行、查嗣瑮兄弟,且必在归田里居之后。自康熙三十一年(1692)南归,先生同查慎行兄弟同时在家过除夕者,仅有康熙三十七年(戊寅。1698)、四十五年(丙戌。1706)、四十六年(丁亥。1707)。但康熙三十七年,先生同查慎行结伴游闽,八月返里时即已抱疴(参朱《谱》70.51条);是岁十二月十八日,先生以弟朱彝玠卒,经纪其丧,悲悼不止(参朱《谱》70.55条),是岁当无于小除

日前南访查氏之可能。康熙四十五年(1706)九月,查慎行"乞假葬亲";①是月,先生即同查氏往访马思赞,连榻斋中(参朱《谱》78.22条)。十一月五日,先生致书查氏,托其向马氏借《剡源集》《太仓稊米集》(参朱《谱》78.24条)。是冬,查慎行"葬逸远公暨钟太君于龙山西阡。先生与两弟德尹、浚安焚黄祭告,哀感行路"。② 康熙四十六年(1707)春,查慎行"渡江迎銮",买舟渡江,自淮扬抵江宁,达杭州,直至五月送驾于高邮。③ 是岁,先生先于三月十五日,至无锡迎驾,复南下杭州,于四月上旬朝见于西湖行殿;十二日,送驾于五里亭(分见朱《谱》79.7条、79.17条、79.18条等)。其间,先生同查慎行、马思赞等颇有交游,如立夏日(四月五日),查慎行举行樱笋之会,先生同查嗣瑮及马思赞、马翼赞等参与相会(参朱《谱》79.16条)。康熙四十七年(1708)春,查慎行"家居一年,展限已满,州县敦迫就道",再度入都。④ 在此期间,先生同查慎行、马思赞仍频有交游:康熙四十六年六月,先生跋朱子《周易本义》于道古堂(参朱《谱》79.26条);十二月,同查慎行等共观汉武梁祠碑拓本(参朱《谱》79.49条);康熙四十七年正月(十八日至二十五日之间),查慎行北上过访,先生因为送行,"送至杉青闸,值风雪交作,诵'无将故人酒,不敌石尤风'二语送别。"(参朱《谱》80.5条)。综上所考,知自康熙四十五年九月查慎行乞假葬亲、返里家居以来,先生同查慎行兄弟、马思赞兄弟,均频有交游。故先生于康熙四十五年、四十六年岁末往访查氏,均有可能。检先生康熙四十七年春致马思赞书札,有云:"残年摒挡拙文,中多未安,辄翻阅故籍,眼昏金甚,终日劳劳,不觉岁聿其除也。土锉萧然,忽荷珍味之贶,全家获一饱矣。谢谢。查田闻改岁即入都,尚思一聚,或□过山斋,未定耳。"(《竹垞尺牍五通(其三)》。⑤ 参朱《谱》80.1条。)知先生于康熙四十六年岁末,在家翻阅故籍,未尝出门。每逢春节,马思赞例有馈赠,此次则在"岁聿其除"之后,"忽荷珍味之贶"。据上揭小除日书札,先生返家后发现有"鱼酒之惠",则马氏馈赠于除夕之前。由此可证,先生此次南访查氏,必在康熙四十五年岁末无疑。是岁小除在腊月二十八日(公历1707年2月11日)。咸三,顾仲清(参《谱》59.6条),先生弟子。次孙,即朱稻孙,昆田次子(参朱《谱》54.18条)。采芹,谓入府学(龙野《考录》,页129)。红药山房,马思赞书斋。《续大事记》,明儒王祎所撰,以续吕祖谦《大事记》。素村,马翼赞。

---

① 陈敬璋《查他山先生年谱》,第28页。
② 同上。
③ 同上书,第29页。
④ 同上。
⑤ 王利民、胡愚等《曝书亭集外诗文补辑》卷十一,《曝书亭全集》,第1013页。

十九、《朱彝尊致马思赞等书札》第十三通

查浦返棹,谓老侄必以古林藏书置怀,第此事图之甚难。而宝藏在前,机不可失,宜贤昆友熟筹之,须载宝而来,庶无失着耳。大小二策,白兄能悉之,其中委曲,得过镇居面商为妙。醒舫手泐衍斋主人。素村不另札。(页135)

按:龙野《考录》,未推绎此札写于何时。读札可知,查嗣瑮(查浦其号)来告马思赞("老侄")欲购曹溶藏书,其意颇决,因写札向先生求助。考康熙四十六年(1707)冬,先生有致马氏(《竹垞老人晚年手牍(其十一)》),中云:"穗石浼陈甥昭远,请力任交易倦圃书,愚以贤昆友必兴阑,谢之。"① 知先生积极介入其事。又查嗣瑮于是岁三月,曾同先生过龚翔麟田居(参朱《谱》79.12 条),则此札当作于此际。古林藏书,指曹溶(1613—1685)藏书。曹氏曾撰《古林金石表》(参朱《谱》23.3 条)。

二十、《朱彝尊致马思赞等书札》第十九通

左顾,虽留信宿,仍未□□□□,研铭究未及书,至今抱歉。今为宝灵通书大幅,寄上。别后尘务劳劳,卒岁奇窘之策,万不获已,求次公通融廿金,余年倘延,尚可以笔墨书籍图报。次公爱我,虽无馀力,亦必恳如数见济,真同续命之膏矣。端力挈舟上控,勿容凝望,感感。外有徽友书目一纸,中亦有可采者,圈出与议值何如?湖菱一篓,颇胜市者,奉啖。醒舫手泐红药主人。十八日灯下。(页137)

按:此札所作时间,龙野《考录》未予拟测。读此札,知先生同马思赞("次公""红药主人")不久前相聚,且马氏请先生为书研铭等。先生晚境困顿,故有"余年倘延"之叹;由"卒岁奇窘",知书札时乃近岁末;由致谢马思赞札中"忽荷珍味之贶,全家获一饱矣"(《竹垞尺牍五通(其三)》。参朱《谱》80.1 条),知此札当作于康熙四十六年(1707)十二月十八日,且马氏果有援手之举。宝灵通,即马思赞之子马之复(1675—1729)。之复字心阳,号养微,太学生。有《养微诗集》。(宝灵通身份,见龙野《考录》,页137)先生求助之时,仅能以"湖菱一篓"相奉,其困顿可见一斑。

---

① 王利民、胡愚等《曝书亭集外诗文补辑》卷十,《曝书亭全集》,第1005—1006页。

二十一、《朱彝尊致马思赞等书札》第二十二通

翰至,简《建元考》,中间夹纸条甚多。又《舆地碑目》中有五六则当入,刻下正在补缀。昨见城中有售书,目内有《越峤志》,亦须补抄。且少需时日,竢订正无误,然后录副本,可无遗憾矣。此书若成,愚意欲募刻之,不敢秘之笥箧耳。《枣林杂俎》二月初旬当录完,容即邮赵。衍斋希致意。醒舫手复咸三年兄。十九日午刻。(页139)

按:此札所作时间,龙野《考录》未予判定。康熙四十六年(1707)八月二十二日,先生致马思赞信中云:"《枣林杂俎》,正在抄录,不至迟延,容陆续完上,断不遗失耳。咸三处书尚未见面,俟晤后再复。"(《竹垞老人晚年手牍(其七)》)①此札告以《枣林杂俎》可录竣之期("二月初旬"),当在八月二十二日致马思赞书札之后,也即应作于四十七年(1708)正月十九日。咸三,指顾仲清(参朱《谱》59.6条)。《建元考》,指钟渊映《历代建元考》,先生尝取朝鲜人申叔舟《海东诸国纪》以补之(《书海东诸国纪后》,《曝书亭集》卷四十四)。此书"中间夹纸条甚多",正先生补缀其书之证。《舆地碑目》,指宋人王象之《舆地纪胜》(二百卷)中《碑志》部分,明人曾辑出单行(凡四卷。参龙野《考录》,页139—140)。《越峤志》,盖即明人李文凤《越峤书》,"皆记安南事迹"(《四库全书总目》卷六十六是书提要)。先生有《越峤书跋》(《曝书亭集》卷四十四)。以上诸书,盖应顾仲清之请而加董理,故先期书札以告。

二十二、《新见朱彝尊信札五通》第四通

小婿又持还,述老弟礼遇之优,深荷推分。闻铃下繁剧,时动菇鲙之思。然此时家居甚难,武昌之鱼何必不食,尚宜审计也。愚年来局处,窘况日甚一日。颙望繁阳可以相济,奈音问稀疏。春间已决计入荆,得繁阳信,期以夏秋,有以慰衰老。若竢之不至,秋高不得不鼓夏口之棹。虽意在繁阳,正恐兼累老弟南道之谊。繁阳度时相见,幸怂恿之,早周旋及愚。在愚衰年可免风波之苦,在繁阳亦省礼数之烦,不亦可乎?兹因表弟谭泗友来楚之便,附此。泗友为攘城表兄之亲弟。伏谒时祈优遇之,谅老弟必能推爱耳。率泐不备。名笺具。四月六日。(冲)(愚兄彝尊拜)(页13)

按:此札胡愚曾予释读:"此札收信人应当是在荆楚任官的某位友人","信

---

① 王利民、胡愚等《曝书亭集外诗文补辑》卷十,《曝书亭全集》,第1005页。

中所言'小婿又持'是朱彝尊的女婿钱琰（字又持）","'表弟谭泗友'为谭吉球（字泗友），谭贞良四子；'蘐城表兄'为谭瑄（原名吉瑄，字蘐城，又字左羽），谭贞良次子。谭贞良系朱彝尊姑父，故谭氏兄弟为其表兄弟。""朱彝尊生平中未曾游楚。在此札中虽有入楚之想，却并没有成行。"①所论皆确。唯此札作于何时，未能探究。先生晚年，为两孙析箸（即分家）之后，奔波于苏州、嘉兴、杭州之间，以流通图书（编书、刻书、售书乃至贩书）为业，而生计问题并不容乐观。康熙四十六年（1707）十二月十八日，致书查马思赞，自言"卒岁奇窘"，欲借二十金，比于"续命之膏"，读之心酸（见上文第二十条）。知先生暮年，窘况愈重。此札亦坦陈"家居甚难"，欲往游依附。度前后数岁四月之行止，此札或即作于此年四月六日。

  以上就龙野、胡愚二氏新近发现并刊布、释读之竹垞书札中之二十二通，予以释证，或推定所作之时间，或补释所论之事实，或以二氏既有释读为基础，作进一步之推绎。但囿于文献难征，书札索解难度较大（例如，龙野《考录》中第十四通、第十六通等，文字较少，释读时即难于措手）；本文所释，虽建立在龙氏、胡氏已有成果之上，亦难免有误，尚祈方家及同道不吝是正。

---

① 胡愚《新见朱彝尊信札五通》，《嘉兴学院学报》2018年第3期，第13—14页。

朝鲜燕行使与乾嘉考据学人交流考论

陈俊谕*

【内容提要】 本文在反省近代乾嘉考据学东传朝鲜的相关研究上,对十八世纪中国考据学东传朝鲜的时间、重要推手、两国学术背景,以及具体交流情况、交流论题做了详细聚焦的考论,补充过往对此议题只着重在韩儒金正喜(1786—1856)之中朝学术情缘介绍的严重不足。中国明、清考据学的东传,上可追溯自晚明杨慎的考据学,延及清初乃有顾炎武、朱彝尊、毛奇龄的启迪。迄于乾嘉之际考据学的全面兴盛,在纪昀、阮元、翁方纲的引领下,开始全面地对朝鲜学界进行考据学的倡导与输出,尤其是《四库全书总目提要》与《皇清经解》的问世,对日、朝两国的考据学发展造成了实质上的深远影响。在中、朝两国考据学交流的过程中,朝鲜金石学与数学、历算之学,同时也对乾嘉学人带来相当重要的学术反馈,开阔了中国学人的东亚学术视野。中国乾嘉考据学的兴盛与东传,不仅重建了明王朝覆亡以来朝鲜学界对于清代学术的偏差印象,还使得中朝两国学术从十七世纪末的歧异路线上,逐渐回到相近的发展道路。

【关键词】 乾嘉考据学　东传　朝鲜实学　学术受容

一、问题缘起

关于18世纪末考据学在东亚的兴起,无论近代中国的乾嘉考据学研究抑或朝鲜实学研究都已有一定的共识,那就是朝鲜考据学的兴起与乾嘉学术的东传存在密切关系。就在乾嘉之际,中朝学人透过朝鲜学者的燕行进行诸多的学术文化交流,结下了不少令人感动的跨国情谊。然而,有关"乾嘉考据学东传朝鲜"的议题,仍有一些问题尚待具体讨论,目前相关看法,大抵延续了20世纪初日本学者藤冢邻对于"清朝文化东传"的研究,关注始终锁定在金正喜、李尚迪和中国学人的文艺往来。至于这些往来对于乾嘉考据学的东传究竟有何学术史意义,仍待具体细论商讨。众所周知,乾嘉考据学的兴起是一个学术发展的动态过程,经过考据学人半世纪的经营,终于在乾嘉之际达到极

---

* 本文作者为北京大学中文系古典文献专业2016级博士研究生。

盛。而所谓"乾嘉考据学的东传",也正是伴随着"乾嘉考据学的兴起",并非是两条无关的学术史。是故,想要完整了解中、朝两国考据学在历史上的交流情况,对于阮元、金正喜以前的中、朝考据学交流还须予以重视。在探论乾嘉考据学东传的过程中,笔者也发现两国的考据学交流并非是乾嘉学术完全单向的东传输出,韩国自身的金石学发展也给清代的金石考订带来新领域、新视野的开拓。

二、乾隆中叶前的中朝考据学交流

谈到18世纪的李朝学术,最重要的转向莫过于洪大容、朴趾源、朴齐家等人所倡导的"北学议"。继朝鲜性理学双璧李滉、李珥后,朝鲜朱子学昌盛了一百余年,直到18世纪"实学思潮"的兴起,开始在反省性理学的基础上倡导"利用厚生"与"北学中国"。由于自清朝崛起以来,朝、清两国连年交战,丁卯胡乱(1627)、丙子胡乱(1636)更两度签订城下之盟,双方关系始终十分紧张。明王朝灭亡后,朝鲜举国兴起"尊周思明"思潮,并对胡皇治下剃发易服的清国采取蔑视态度,认为"虽有陆陇其、李光地之学问,魏禧、汪琬、王士禛之文章,顾炎武、朱彝尊之博识,一薙发则胡虏也,胡虏则犬羊也"。[①] 对于清初学术的接触不仅不积极,甚至抱持歧视眼光。然而,就在乾隆中叶朝鲜北学派兴起之际,朝、清间的学术交流开始有了正向的转变,乾嘉考据学在中国逐步发展成熟的同时,也获得了东传朝鲜的契机。

对于"乾嘉考据学的东传",承前所述,我们还应同时着重中朝两国考据学的演变情况。乾嘉考据学的发展,在乾隆初期经由官方奖掖经术的提倡下,考据学人才开始跃上科举舞台,正如艾尔曼与徐雁平所言:"乾嘉学人在某些特殊进士榜的集体亮相,后来透过学术著作、乡试主考、地方学政等途径对乾嘉学术的传播起到学术影响。"[②]最终在18世纪末的乾嘉之际,考据学对经典的看法在中国全面形成主流风气。[③] 那么,关于中朝间考据学的交流,我们要问的是,相对于中国而言,在朝鲜的学术传统中,乾嘉以前的朝鲜有考据学吗?所谓"乾嘉考据学的东传",是单方面的传播吗?

关于中国考据学对于朝鲜的影响,实际上应从晚明考据学谈起,这点目前在学界尚乏人注意。朝鲜学者徐滢修《从弟景博墓志铭》提到:"(弟)及从余读

[①] 〔朝鲜〕朴趾源《热河日记》,《燕行录全集》,首尔:东国大学校出版,2001年,第53册,第450页。

[②] 徐雁平:《清代科举中的策问与乾嘉学术的展开》,《国学研究》第27卷,北京:北京大学出版社,2011年,第305—348页。

[③] 同上。

书,始有志于名物考证之学。常喜杨升庵、朱竹垞之为儒。"①其从弟徐潞修(1766—1802)在年轻时已表现出喜好杨慎、朱彝尊等偏好考证的学问。而在明清之际朝鲜学人著作里,我们不难发现杨慎经说的踪影,洪大容、朴趾源、李德懋等对《升庵集》亦相当熟悉。晚明时期朝鲜学人申钦(1566—1628)《铁网馀枝序》称赞杨慎的学术成就云:"文章博赡,地负海涵,无可不可。欲秦汉则秦汉,欲唐宋则唐宋,间作建安六朝语,生色烨然,一代奇才也。以一代伟人,抱一代奇才,而竟为盛明之屈贾。噫!冤矣哉。王司寇世贞著《艺苑卮言》,其所考据,多祖升庵而模之。"②申钦所著《铁网馀枝》,正是辑录杨慎古诗考订之作。徐滢修作《纪晓岚传》,更自述对于中国考据学发展的认识:"考证之学,盛于明末,其源盖出于杨升庵。而及至顾亭林、朱竹垞,虽谓之郑服之青蓝,不是过也。晓岚为学亦主考证者,……以其储蓄之富,文之以绚烂之才,而衷然成一家轨范。"③此足证17世纪的李朝学者对于晚明以来的考据学早有接触,虽然其主流学术仍为性理学。

清初考据学影响朝鲜较大者,要属朱彝尊、顾炎武,而毛奇龄则是毁誉参半。史地考证方面,朱氏《日下旧闻》、顾氏《昌平山水记》,对乾隆中叶以后的朝鲜《燕行录》在北京周遭的地理认识上,起到"按图索骥"的重要导览作用,如朴趾源《热河日记》、李在学《燕行日记》、徐长辅《蓟山纪程》都能见到相关引述。经史考证方面,朱氏《经义考》,顾氏《日知录》《音学五书》《金石文字记》则启迪了李德懋、朴齐家等北学派的经学考据思想,尤其是《音学五书》带动朝鲜学界重视汉语的上古音问题。毛奇龄则以《西河集》《续诗传鸟名卷》《四书賸言》攻伐朱熹而扬名中、朝,李德懋称"其所辩驳《集传》,多有可取,往往考据该洽,而亦多穿凿傅会之病"。④正祖亦称"毛奇龄亦当世之巨儒,名物之博综,考据之该洽,实不易得。而独于朱子,訾斥无余地,其学何所从来而如是偏蔽乎!"⑤由于毛氏"反朱斥朱"的立场太过偏激,以致朝鲜学人在推崇之余,或有"斯文之贼"的批评。

大致看来,在乾嘉考据学尚未全面兴盛的18世纪中叶,透过朝鲜北学派学者洪大容、李德懋、朴齐家、朴趾源、徐滢修等人的燕行,已有部分晚明、清初的考据学思想率先传入朝鲜。从正祖经筵频繁论及毛奇龄经说,朱彝尊、毛奇龄《诗经》尊序说在朝鲜引起的热议,古文尚书辨伪问题的东传重启朝鲜人对

---

① 〔朝鲜〕徐滢修《明皋全集》卷十六,《韩国文集丛刊》,首尔:民族文化推进会,1996年,第261册,第346页。
② 〔朝鲜〕申钦《象村稿》卷二十一,《韩国文集丛刊》,第72册,第12页。
③ 〔朝鲜〕徐滢修《明皋全集》卷十四,《韩国文集丛刊》,第261册,第300页。
④ 〔朝鲜〕李德懋《青庄馆全书》卷五十四,《韩国文集丛刊》,第258册,第483页。
⑤ 〔朝鲜〕徐滢修《明皋全集》卷十七,《韩国文集丛刊》,第261册,第354页。

朱熹《尚书》辨疑的再重视、李德懋杂考笔记《盎叶记》对顾炎武、毛奇龄的大量讨论，以及李朝官修《内阁访书录》《奎章总目》大量学习、抄录《经义考》《日知录》的情况，可以看到短短二十年间，中朝学术交流在涣然冰释后的高度活跃与积极对话。

三、纪昀的考据学倡导与《四库总目》的东传朝鲜

18世纪末乾嘉考据学的东传朝鲜，实际上并非偶发的历史事件，其中的关键因素，首要还取决于乾嘉考据学本身的发展成熟，其次归功于礼部尚书纪昀的学术倡导。乾嘉考据学人在继承清初考据学的基础上，在乾隆中叶逐渐地从地方到中央，开始在地方学政、乡会试主考中发挥个人影响，有意识地提拔考据学专长的相关人才。辅以后来三礼馆、四库馆的推波助澜，以及地方幕府的汉学倡导，终于乾隆朝最后十年，考据学的开展盛况空前。当此之时，伴随着中朝关系的破冰与热络，乾嘉考据学东传的时机已然到来。而从学术受容的一方来看，由于朝鲜燕行使的活动区域局限于北京周遭，因此乾嘉考据学也势必要在北京地区形成学术风尚，才能取得"东传朝鲜"的关键条件。

有关乾嘉考据学的发展成熟与东传朝鲜，嘉庆六年（1801）柳得恭的第三次燕行相当重要，其《燕台再游录》记载了当时北京地区学术风气的骤变：

> 入燕京之次日，访纪晓岚尚书昀。引入书堂中，茶讫，余曰："拜别已逾一纪矣，先生年德兼邵，松柏益茂，实幸再瞻。曾有诗扇之赐，至今庄诵。"晓岚曰："别来政忆，蒙提往事，又不胜今昔之感。"余曰："生为购朱子书而来，大约《语类》《类编》等帙。外此，如《读书记》载在《简明书目》，此来可见否？"晓岚曰："此皆通行之书，而迩来风气趋《尔雅》《说文》一派，此等书遂为坊间所无久。为贵副使四处托人购之，略有着落矣。"①

柳得恭此行的特别之处，在于该时间距其上次燕行恰好十年（1790—1801），②也就是艾尔曼所谓乾嘉考据学正式成为全国性学术风尚的关键十年。由于上回燕行已结识纪昀，简单寒暄过后，话题很快进入"购求朱子书"的学术任务，事实上这工作是前年徐滢修奉朝鲜正祖之命前来搜购"朱子书徽闽古本"所遗留的。当时徐氏找上纪昀，得到答复是："《朱子文集大全类篇（编）》，此板刊于建阳，其序即匀（昀）所作，现在市中者绝无，尚可购求于闽人。《朱子五经语类》系故友程征君春菓之家刻其文，皆采自《语类》中，但以经分编耳，当札索之

---

① 〔朝鲜〕柳得恭《燕台再游录》，《燕行录全集》，第60册，第265页。
② 柳得恭三次燕行分别在1778、1790、1801年。

其子。《翁季录》久无其本。"①一直到两年后（1801）柳氏到访，这两部书依然是"略有着落"。对此，纪昀告诉柳得恭，这是受到近来《尔雅》《说文》之学兴起的影响，导致部分朱子学书籍在全国出版业的严重消退。

此行访书未果的柳得恭，不日竟在琉璃厂书肆结识了陈鳣（1753—1817）与钱东垣（？—1824）。根据柳氏《燕台再游录》记载，与陈鳣等人几日内的谈话大概都围绕着文字音韵学，这是柳得恭等人头一次在北京受到乾嘉考据学人正面而深入的小学洗礼，不禁抑郁感叹："多见南方诸子，所究心者六书，所尊慕者郑康成。相誉必曰通儒、曰通人。程朱之书不讲似已久矣，中国学术之如此，良可叹也。"②反映了其作为一个朱子学背景的朝鲜学人对于考据学某种程度的心理抗拒。有趣的是，俟柳氏回国不久，其心态又再经一番转变，很快反过来肯定乾嘉考据学的发展。其《咏燕中诸子七首》即赞颂陈鳣云："考古家分讲学家，迩来风气变中华。《说文》《尔雅》休开口，陈仲鱼来诵不差。"推崇钱大昕家族云："可庐十种书曾闻，便有佳儿字既勤。《郑志》刊行家学畅，晓岚宗伯独推君。"③值此乾嘉考据学大盛的关键时刻，柳氏是亲眼目睹的见证者，而其先忧后喜的心情反差，也正是朝鲜学人接触、容受乾嘉考据学的最佳心情写照。在此之前，依据1792年正祖召开"六书策问"的相关纪录，柳得恭、朴齐家当时虽已知晓戴震《声韵考》"依声托事"的转注说，不过对于文字、声韵之学，显然只是略知一二，仅止于宋代"叶音说"的古音学认识。先前其所结识、听闻过的乾嘉考据学者，也仅限于纪昀、翁方纲、钱大昕、王鸣盛、孙星衍、洪亮吉等从事经史考据者，古音学家亦唯透过纪昀得以知晓戴震一人，而对于陈鳣所论及的段玉裁、王念孙是闻所未闻的。

如就乾嘉考据学的发展成熟与东传朝鲜的情况严格来说，倘若要把乾嘉考据学的东传找出关键的时间点，笔者认为，上限应该从纪昀担任礼部尚书算起（1787），下限迄于阮元逝世为止（1849），这六十余年也正是乾嘉考据学最辉煌鼎盛的时期。何以乾嘉考据学的东传应从纪昀主持礼部谈起呢？可以说，遍查清代以来所有的朝鲜《燕行录》，我们很难找到第二个在学术水平、学术声望上可以与纪昀相比的礼部尚书，也很难再找到第二个像纪昀这般热衷学术交流的礼部尚书。一般礼部官员多半只限于公务往来的外交接待。因此，纪氏之于"乾嘉考据学东传朝鲜"的关键意义是非同一般的，并非寻常的学人交游可以比拟。纪昀在完成《四库全书》编纂工作后，乾隆五十二年调任礼部尚书，自此开始十九年（1787—1805）和朝鲜燕行使的来往。纪昀对于乾嘉考据

---

① 〔朝鲜〕徐滢修《明皋全集》卷十七，《韩国文集丛刊》，第261册，第300页。
② 〔朝鲜〕柳得恭《燕台再游录》，《燕行录全集》，第60册，第270页。
③ 〔朝鲜〕柳得恭《泠斋集》卷五，《韩国文集丛刊》，第260册，第91页。

学东传朝鲜的贡献，其一在于"学术讯息的交流引介"，位于虎坊桥的纪府是当时朝鲜士人必须造访的情报中心。以柳得恭嘉庆六年造访为例，除了访书以外，还探问了翁方纲、孙星衍、王鸣盛、钱大昕、钱东壁、韦谦恒等学者的近况，尤其是关心南归二十五年的钱大昕之《廿二史考异》完帙与否。① 时王鸣盛早已病卒于嘉庆二年。由于纪昀长年担任礼部尚书，不似其他学者往往因人事异动调往外地，辅以职务之便得以与外国使臣频繁交流，可以说乾嘉之际考据学的东传朝鲜，纪昀的作用至为关键。1790 年朴齐家再度使燕，纪昀向其大力推荐了戴震的小学成就，②并促成《戴氏遗书》东传朝鲜，使朴氏感受"辩能诎亭林，戴氏东原出"的考据学魅力。③ 同行的柳得恭，纪昀则致赠王鸣盛高弟金曰追前年刻成的《仪礼注疏正讹》。为此，柳氏乃和诗云："菊秀兰衰日，惭无可采诗。秩宗推雅望，昭代擅宏词。方曲公应记，曲台吾所师。为怜文物在，清泪绕箕祠。"④1800 年，弘文馆大提学洪良浩返国五年后，将其 1777 年的文字学专著《六书妙契》修订成《六书经纬》一书，转托贡使交与纪昀，希望能够"俾此海外管见，得传于中国书肆"。⑤ 纪昀盛赞之余，更复函已将该书示与"东原高足"王念孙进行学术交流。⑥

其二，纪昀所纂《四库全书简明目录》《四库全书总目》东传朝鲜的考据学启迪，影响李朝晚期学界甚广。正祖初年（1776—）朝鲜国肇建皇室藏书阁"奎章阁"时，即令提学徐命膺同步编纂皇家藏书目录《奎章总目》，来年并让内阁检书官参考《浙江采集遗书总录》编成《内阁访书录》作为燕行访书依据。⑦ 1784 年清内阁中书赵怀玉南归，刻成《四库简明目录》（杭州小字本），尔后数年内《四库简明目录》遂东传朝鲜。1799 年前后，徐滢修等访购朱子书，即多受益于《简明目录》的提示。《四库全书总目》的东传，则稍晚于《简明目录》，乾隆六十年（1795）《四库总目》浙本、殿本刻成后，在 1803 年至 1810 年间，《四库总

---

① 〔朝鲜〕柳得恭《燕台再游录》作《廿三史刊误》，或为《廿二史考异》之误。
② 《怀人诗纪晓岚》云："晓岚今龙门，胸涵四库富。溧阳说鬼榘，鬼亦嘲学究。推毂戴东原，遗书为我购。"〔朝鲜〕朴齐家《贞蕤阁三集》，《怀人诗》，《韩国文集丛刊》，第 261 册，第 527 页。
③ 据该诗小序言纪昀时年七十三，知为 1796 年所作。〔朝鲜〕朴齐家《贞蕤阁四集》，《燕京杂绝》，《韩国文集丛刊》，第 261 册，第 549 页。
④ 〔朝鲜〕柳得恭《和赠纪晓岚尚书》，《冷斋集》卷四，《韩国文集丛刊》，第 260 册，第 72 页。
⑤ 〔朝鲜〕洪良浩《耳溪集》卷十五，《韩国文集丛刊》，第 241 册，第 267 页。
⑥ 同上。
⑦ 据李德懋《人燕记》："来此后先得《浙江书目》，近日所刊者见之，已是瑰观。陶氏书船之目，亦有《浙江书目》所未有者，故誊其目。"此知《浙江采集遗书总录》东时时间为 1778 年，李德懋正是奎章阁内阁检书官之一。《内阁访书录》成书当在 1778 年后，最迟不晚于 1799 年以前《四库简明书目》的东传。〔朝鲜〕李德懋《人燕记》，《青庄馆全书》卷六十七，《韩国文集丛刊》，第 259 册，第 219 页。

目》方东传朝鲜。① 《奎章总目》评价《简明目录》:"略举作者之指归,精核简当,往往中綮。……评骘之际,右汉左宋,于濂洛诸贤则阳尊阴抑,屡示不满于朱门诸子。"② 徐滢修之侄徐有榘亦赞扬《四库总目》云:"其考据之淹贯,识解之精诣,虽谓之前无古人后无敌手,非过语笑矣。"③ 感叹纪昀总纂四库的成就,绝非过去一人一家之藏书目录可以比拟。透过《四库总目》的东传,朝鲜学界遂对"扬汉抑宋"的乾嘉考据学有了全面理解的门径,同时朝鲜的目录学发展亦深受启发。在《浙江采集遗书总录》《四库简明目录》《四库总目》东传朝鲜以前,李朝虽然也有几本藏书目录解题的出现,如金烋(1597—1638)的《海东文献总录》与正祖(1752—1800)御纂《群书标记》,但都限于陈述作者生平介绍、书籍内容概述、成书年代、成书经过而已,未能如《四库总目》达到"辨章学术,考镜源流"的学术水平,图书分类亦类例不明。这样的情况,一直到了正祖时期徐命膺、徐滢修纂修的《奎章总目》方才体例大备。在图书分类上,《奎章总目》借鉴了《浙江采集遗书总录》的四部分类,此据其史部之"掌故类"、子部之"艺玩类""丛书类"可以明确两者间的继承关系;题要撰写方面,经过相关文句比对,可以发现《奎章总目》是在阅读、抄录马端临《文献通考·经籍考》、朱彝尊《经义考》、顾炎武《日知录》,及《浙江采集遗书总录》《四库总目》的基础上,辅以内阁检书官只字片语的案断所写成。这与同时期李朝所编纂的《内阁访书录》如出一辙,都有大量抄录《浙江采集遗书总录》《经义考》的情况,只不过《奎章总目》因为经过较长时间的补充修订,而得以等到《四库总目》东传朝鲜的机缘,在参酌《经义考》《四库总目》的背景下,取得了更好的目录学成就。

---

① 按:《四库全书简明目录》东传朝鲜的时间早于《四库全书总目》是可确定的,从正祖初期的《奎章总目》只收录《简明目录》的情况,以及1799、1801徐滢修、柳得恭的访书只能依靠《简明目录》足以证明。《四库全书总目》的东传,据洪奭周1810年成书的《洪氏读书录》记载《四库全书简明目录》,"《总目》凡二百卷,删其书而存其目者又居其半,舛谬阙漏,殆不可胜捃也。"可知当时《四库总目》当已东传朝鲜。韩致奫(1765—1814)晚年所撰《海东绎史》引用不少四库提要也可资佐证《四库总目》的东传。因此,关于现存韩国《奎章总目》《大畜观书目》的版本年代,当定于纯祖以后无疑(1800),前人所论今存本《奎章总目》成书于徐滢修在正祖晚年修订,年代下限以《四库全书简明目录》在中国的刊刻时间是错误的。据笔者考察《奎章总目》所引述"陆锡熊曰"正是引自《四库总目》,故《奎章总目》当于纯祖年间再经修订。今存本《大畜观书目》同时录有《四库简明目录》与《四库全书总目》,成书下限当确为纯祖年间无疑,不可能在正祖中期以前。又查正祖朝目录学者徐滢修、徐有榘叔侄关于徐滢修所撰《纪晓岚传》的讨论,据徐有榘《上仲父明皋先生论纪晓岚传书》所言"往在辛巳冬"曾借阅《四库总目》两百卷一事,撰写时间当在1821—1824年之间,而徐滢修《纪晓岚传》记叙纪昀著作竟只言《简明目录》,徐有榘则言及《四库总目》,恐怕《奎章总目》的最后修订者也不是徐滢修,其晚年是否见过《四库总目》未能知晓。另,中国海外较早的《四库总目》刊本,当属日本文化二年(1805)、文化十一年刊本。整体看来,《四库总目》东传日本、朝鲜的时间应该是一致的。徐滢修:《明皋全集》卷十四,《韩国文集丛刊》,第261册,页300。徐有榘:《金华知非集》卷二,《韩国文集丛刊》,第288册,第321页。

② 《奎章总目》,《朝鲜时代书目丛刊》,北京:中华书局,2004年。

③ 〔朝鲜〕徐有榘《金华知非集》卷二,《韩国文集丛刊》,第288册,第321页。

另外，纪昀带有考证风格的笔记著作同样受到朝鲜等人注意，朴齐家即称云："《滦阳》说鬼蜮，鬼亦嘲学究。"①《缟纻集》亦云："昀学问渊博，考证精详，至是益得扩其见闻，俱见所著《如是我闻》中。又奉命作《四库全书目录》，凡所拟序跋皆出其手。其考订最为赅博。"②徐滢修并评论纪氏《滦阳销夏录》"尤称博物巨观"，③如此种种，可知纪昀于乾嘉之际，挟海内崇高之声望，对乾嘉考据学东传朝鲜作出的重要贡献。

四、阮元、翁方纲与金正喜学派的考据学交流

纪昀1805年逝世后，继而对乾嘉考据学东传起到重大贡献的是阮元与翁方纲，从汉学考据、金石、碑帖、书法等广泛影响金正喜学派。④ 朝鲜《燕行录》关于阮元的记载，最早有乾隆五十五年（1790）柳得恭的《热河纪行诗》。1789年阮元举进士，任国史纂修官，来年适逢柳氏燕行，阮元与刘镮之前往拜访而结识。柳得恭赞许其《考工记车制图解》云："车制新编考据该，已令先辈叹奇才。玉河无一桃花片，那引天台二客来。"⑤随后，乾隆五十八年阮元离京，历任山东、浙江学政，此间《燕行录》几无记录，直到嘉庆四年正月调任礼部侍郎、会试副总裁，短暂出现在1798年徐有闻的《戊午燕行录》，十月又旋调浙江巡抚。嘉庆十四年秋（1809）刘凤诰案发，阮元返京寓居衍圣公第，在此因缘际会下，

---

① 〔朝鲜〕朴齐家《贞蕤阁三集》，《怀人诗》，《韩国文集丛刊》第261册，第527页。
② 〔朝鲜〕朴齐家《缟纻集》，《楚亭全书》，首尔：亚细亚文化社，1992年。
③ 〔朝鲜〕徐滢修《明皋全集》卷十四，《韩国文集丛刊》，第261册，第300页。
④ 关于阮元、翁方纲与金正喜的师生情谊，近世研究在文献材料上，很难超出20世纪初日本学者藤冢邻（1879—1948）的相关研究，其东京帝国大学的博士论文《李朝にすける清朝文化の移入と金阮堂》对于嘉庆初期朝清学者的文化交流有相当详细全面的考辨，发掘了李朝晚期学者金正喜作为"清朝学第一人"的学术地位。韩国学界对于"实学"的研究起点虽早，但着眼多在北学派实证实用、利用厚生的思想研究，崔南善（1890—1957）、文一平（1888—1939）、郑寅普（1892—1950）等对于金正喜的清代学术成就关注甚少，直到1970年李佑成先生《实学研究序说》一文，首度将朝鲜实学分为三大流派：李瀷代表的经世致用派，朴趾源代表的利用厚生派，金正喜代表的实事求是派。尔后所有的韩国实学研究，大概都是延用李佑成"朝鲜实学三派说"的框架，金正喜与清代考据学的关系逐渐受到重视。关于朝鲜实学的研究综述，李苏平《中国、日本、朝鲜实学比较》一书介绍甚详。中国学人近来对中朝文化交流的研究堪称成果丰硕，葛兆光、李苏平、孙卫国、张伯伟、牛林杰、徐毅、温兆海等先生都对中朝学者交流做了诸多考辨。两岸经学界的彭林、叶国良、赖贵三先生，美国的艾尔曼先生，对金正喜的中韩学术情缘亦有相关介绍。沈津《翁方纲年谱》、王章涛《阮元年谱》都运用了韩国文献材料补充金正喜与翁、阮二师的相关交游。翁方纲与金氏的书画交流方面，南洋理工大学衣若芬先生也有若干文章。本文正是在这些前人研究的基础上，希望对"乾嘉考据学的东传"有更集中的考论。
⑤ 〔朝鲜〕柳得恭《热河纪行诗》，《冷斋集》卷四，《韩国文集丛刊》，第260册，第76页。

有了来年正月(1810)朝鲜青年金正喜造访"泰华双碑之馆"的历史性相遇。①
阮元推动乾嘉学术的东传,其一在对金正喜考据学的直接指点。藤冢邻所见东京大学高田真冶教授(1893—1975)藏金氏家藏本《揅经室集》金正喜亲笔题识云:

> 此《揅经室文集》第六卷,庚午春,谒芸台先生于泰华双碑之馆,抽赠此卷,时原集未尽校勘矣。又赠《十三经注疏校勘记》《经籍籑诂》、泰华二碑拓本,又获观贞观铜牌、宋尤延之旧藏《文选》,又辨真《考工记》轫制。卷内校讹,皆属芸台原笔。②

阮元几乎将其所接触过的乾嘉考据学相关研究热点倾囊相授,并与金氏畅谈十三经注疏校勘、《经籍籑诂》、秦代泰山碑、汉代延熹西岳华山庙碑、《考工记》车制、山井鼎《七经孟子考文》③、《四库全书未收书目》与日本《佚存丛书》④,以及《兰亭序帖》版本辨伪⑤等等经史、金石考据方面相关议题,同时还引领金正喜鉴赏贞观古铜牌、尤袤本《昭明文选》,使其由衷赞叹泰华双碑之馆堪称"经籍之海金石府"。⑥ 而阮元在考据学相关理论方面的"实事求是说""南

---

① 按:嘉庆十三年阮元得钱东壁《汉延熹华岳庙碑》四明本,来年携泰华二碑拓本返京,故命其室为泰华双碑之馆。王章涛《阮元年谱》引用《金正喜年谱》,嘉庆十四年十月二十八日条"朝鲜青年学者金正喜随父亲金鲁敬来北京,与翁方纲、阮元等结交问学"失确,据金正喜藏《揅经室集》亲笔题识,金氏拜访阮元当在嘉庆十五年正月,二月初一即返回朝鲜。金氏弟子李尚迪曾再访衍圣公府,题赠孔宪彝诗有云"双碑曾我读,积古怆前尘",又云"阮文达尝寓此衍圣公府,有泰华双碑之馆扁,至今犹存"。详参〔朝鲜〕李尚迪《恩诵堂集》,《阮斋雅集图,题寄绣山舍人》,《韩国文集丛刊》第 312 册,第 258 页。
② 〔日〕藤冢邻《清朝文化东传の研究:嘉庆、道光学坛と李朝の金阮堂》,东京:国书刊行会,1975年,第 114 页。
③ 〔朝鲜〕金正喜《仿怀人诗体》:"七经与孟子,考文析楼(缕)细。昔见阮夫子,啧啧叹精诣。随月楼中本,翻雕行之世。"注云:"余入中国,谒阮芸台先生,盛称《七经孟子考文》,以扬州随月读书楼本板刻通行。"《阮堂先生全集》,《韩国文集丛刊》,第 301 册,第 162 页。
④ 〔朝鲜〕金正喜《仿怀人诗体》:"隋唐残本书。中国之所遗。并收佚存中。片羽亦珍奇。嗟哉孝经注。同归梅颐伪。"注云:"《佚存丛书》收辑隋唐残本书,《孝经注》是伪书也。"《阮堂先生全集》,《韩国文集丛刊》,第 301 册,第 162 页。
⑤ 〔朝鲜〕金正喜《书兰亭后》:"《兰亭》一百二十种,已收入内府裕王邸中,曾一借出,有字画绝异出人意表者,外人无由见之。人间尚有赵子固落水本、赵吴兴十三跋烬馀残本、古木兰院本、国学天师庵本、王文惠本、商丘陈氏宋拓旧本、颖井本、王秋坪神龙旧拓本,皆可得寻溯山阴真影者。至伪绛之第一、第二本、秘阁续帖之刘无言所摹神龙本、孙退谷知止阁本、陈刻藏真阙三行本、戏鸿秋碧快雪诸本,虽各转翻,真讹互杂,亦皆有祖本系流之可觅。……昔从苏斋、芸台诸名硕,闻其绪馀。又于诸本,颇有目及者,重溯前梦,略记于此。"《阮堂先生全集》,《韩国文集丛刊》第 301 册,页 122。又《阮堂先生全集·杂识》:"颖井、王文惠二本,苏斋不甚许可,此必苏斋正法眼,可以审定,浅人又无以妄论矣。商丘陈氏宋拓旧本芸台以为定武原石,苏斋以为宋翻,苏斋之精确,当具特识,非凡眼所能透到也。芸台尝刻古木兰院本二石,一置古木兰院,一置文选楼家塾。"《阮堂先生全集》,《韩国文集丛刊》,第 301 册,第 145 页。
⑥ 〔朝鲜〕金正喜《阮堂先生全集》,《我入京与诸公相交,未曾以诗订契,临归不禁怅触,漫笔口号》,《韩国文集丛刊》,第 301 册,第 166 页。

北书派论",后来也被金氏在韩国继承光大。其二,嘉道年间考据学相关著作的刊刻与东传朝鲜。众所周知,乾嘉学者文集、著作之刊刻流传,阮元刻书贡献良多,在各地任职同时,对于各地金石文献的搜罗整理更是不遗余力。而凭借着阮元、金正喜的中朝师生缘分,《十三经注疏校勘记》《经籍籑诂》、泰华双碑拓本、《皇清经解》《积古斋钟鼎款识》、薛尚功《历代钟鼎彝器款识法帖》、《仪礼石经校勘记》《诂经精舍文集》等等考据学相关书籍,遂得以先后东传朝鲜,此中又尤以《皇清经解》对日、朝学术影响巨大。1829年《皇清经解》刻成后,金正喜随即向阮常生表达索书意愿,阮元遂透过刘喜海转交金氏门人李尚迪,《皇清经解》就此迅速传入朝鲜,推动朝鲜考据学的深化发展。① 而翁方纲(1733—1818)和朝鲜士人的来往,最早是在1790年前后结识朴齐家、柳得恭、徐浩修等人。当时翁氏江西学政任满返京,补授内阁学士兼礼部侍郎,②通过纪昀、铁保介绍,朝鲜人很快知道这位精通律历、考据、金石、书法的翁阁学,③当时柳氏还受邀参与翁氏的"寿苏会"。④ 翁方纲推动乾嘉考据学的东传,同样体现在"金石书法"与"经史考据"对金正喜的影响。是时两人会于石墨书楼,金氏得以一见宋拓《化度寺碑》、苏轼《天际乌云帖》、宋椠《苏诗》施注残本、唐拓《孔子庙堂碑》《汉武梁祠拓像》,并谈论《兰亭序》版本、东坡画像考订等相关问题。金氏归国后,随即力荐其友申纬前往北京一定要拜访翁方纲,⑤认为:"金石一学,自有一门户,东人皆不知有此。如近篆隶诸家,但就其原本,誊过一通,而何尝有考究于羽翼经史?"⑥申纬亦歌咏:"阎、毛、王、汪擅场殊,惟有兼工竹垞朱。近日覃溪比秀水,更添金石别工夫。"⑦仰慕拜服翁方纲的金石学造诣。经史考据方面,翁氏"汉学商量兼宋学"⑧的路线亦广泛地影响了金正喜、申纬、丁若镛、成海应等李朝晚期学者,金正喜即主张"为学之道,不必分汉

---

① 按:与朝鲜相比,《皇清经解》东传日本要晚数年,据长崎图书馆《书籍元帐》记载,至迟在1841年以前《皇清经解》已东传日本,受到安井息轩等学者重视。另,据金正喜门人闵奎镐《阮堂金公小传》"阮元撰《经解》,海内诸大家莫见之见,而特先寄公抄本也",疑似在刊本寄送给金氏之前,可能有部分资料率先抄寄。

② 沈津《翁方纲年谱》,台北:"中央研究院"中国文哲研究所,2002年,第269页。

③ 〔朝鲜〕徐浩修《燕行记》,《韩国文集丛刊》,第51册,第234页。

④ 〔朝鲜〕柳得恭《并世集》,《韩国文集丛刊》,第60册,第92页。

⑤ 〔朝鲜〕金正喜《送紫霞入燕》,《阮堂先生全集》卷十,《韩国文集丛刊》,第301册,第182页。

⑥ 〔朝鲜〕金正喜《与申威堂》,《阮堂先生全集》卷二,《韩国文集丛刊》,第301册,第47页。

⑦ 〔朝鲜〕申纬《次韵筱斋夏日山居杂咏》,《警修堂全稿》卷七,《韩国文集丛刊》,第291册,第153页。该诗注云:"王士禛工诗而疏于文,汪琬工文而疏于诗。阎若璩、毛奇龄工于考证而诗文皆下乘,独朱彝尊事事皆工,虽未必凌跨诸人,而兼有诸人之胜,此纪晓岚之说也。近日翁方纲考证诗文,兼擅其长,世称竹垞之后劲,而其金石精核,又非竹垞可及也。"

⑧ 〔朝鲜〕金正喜《送紫霞入燕》,《阮堂先生全集》卷十,《韩国文集丛刊》,第301册,第182页。

宋之界,不必较郑、王、程、朱之短长,不必争朱、陆、薛、王之门户。"①并评论乾嘉学术云:"覃翁亦存古之学也,段(玉裁)、刘(台拱)亦存古之学也。覃翁存古而不泥于古,段、刘存古而泥于古。覃翁之不泥于古者,亦有可议处。段、刘之泥于古者,亦有可议处。后辈之折衷,亦在于是。"②翁方纲生前未及刊行的《诸经附记》,金正喜通过叶志诜的抄寄,遂得以抢先研读、收藏。翁氏考订之《经义考补正》《通志堂经解目录》,在东传后亦甚获朝鲜学人重视。这与当时翁氏在乾嘉之际汉学大盛的本国环境下,学术评价一般的境遇有所差异。而朝鲜李朝对于乾嘉考据学东传的受容,同样并非照单全收,由于自身性理学的学术背景,最终选择以"汉宋折中"为其主流路线,这尤其表现在不少朝鲜学者对于乾嘉学术"汉宋之争"的批判。

整体来说,乾嘉考据学的东传朝鲜,可谓兴于纪昀的引介,成就于翁方纲、阮元学派在考据学上的全方面交流。纪昀与阮元以其过人的文坛威望与学术成就,得利于地利、职务之便,对于乾嘉考据学东传的推动起到了关键作用,此非一般中朝学者的私人交往所能比拟。阮元虽于嘉庆十七年后出任封疆大吏二十余年,然其在中朝文化交流的影响却透过其子阮常生长年在京得以延续。从乾隆中叶到嘉道年间,吾人也可以观察到中朝文人的交流来往更趋密切热络,逐渐由琉璃厂的随机结识,进展成文人群体间的密切交流。

五、中朝考据学的双向交流

虽然乾嘉考据学的东传是影响19世纪朝鲜经学转向的关键事件,但实际上中朝的考据学交流并不只有清代学术单向的文化输出,朝鲜学人也有数学历算和金石文献方面的反馈。乾隆三十年燕行的洪大容,由于精通天文历算,当时即把握机会与钦天监的西洋教士刘松龄、鲍友官等切磋交流。1790年徐浩修使燕,即携其历数著作《浑盖图说集笺》请益翁方纲,两人争论了《大衍历》、春秋朔闰的历数附会问题。对此,徐氏批判中国古代历法"朔望不明,交食不合",③不若西历的实测精确,抨击翁氏历学"不解新法",流于空疏,并认为研究春秋朔闰不应据杜预《长历》、一行《大衍历》着手,当从较精确的西方历学去溯往考古。金正喜1810年访华归国后,给阮元寄来元代朱松庭《算学启蒙》,还寄赠了翁方纲和刻《秦峄山碑》,翁氏据此印证唐以后重刻《峄山碑》作"咸思攸长",与《说文》所见秦碑"汝"字不同,"攸"字是后世板刻误刻所致。④

---

① 〔朝鲜〕金正喜《实事求是说》,《阮堂先生全集》卷一,《韩国文集丛刊》,第301册,第21页。
② 〔朝鲜〕金正喜《与李月汀》,《阮堂先生全集》卷五,《韩国文集丛刊》,第301册,第98页。
③ 〔朝鲜〕徐浩修《燕行纪》卷三,《燕行录全集》第50册,第217页。
④ 〔清〕翁方纲《复初斋集》卷二十,台北:文海出版社,1974年。

刘墉侄孙刘喜海后来在朝鲜友人赵寅永《海东金石存考》基础上，编成著名的《海东金石苑》。其他如翁方纲《海东金石零记》、吴庆锡《三韩金石录》都是中朝金石学交流的结果，开拓了中国学者对于朝鲜金石文献的研究认识。

朝鲜学人之所以能在数学历算和金石文献两方面作出反馈，一方面归因于北学派学者的"利用厚生"实学发展，对于西洋历算多有钻研；另一方面，十八世纪以前朝鲜的金石文献整理早已略有规模，非如金正喜所批评朝鲜人对于金石文献一无所知。李德懋《寒竹堂涉笔》追溯朝鲜"罗丽石刻"文献有云："成士执大中，尝录示星湖李氏瀷僿说中所记古碑，使我求岭南古迹。有曰：'三韩以前无所考，近世王孙朗善君所辑《大东金石录》，殆无遗漏。'"①李朝中叶对于书道有浓厚兴趣的宣祖之孙李俁（1637—1693），即遍访朝鲜境内"山碑、海碣、陵寝、群祠、浮屠、古迹、古今墟墓之文"，②纂成朝鲜首部金石集成《大东金石目》。英祖朝学者俞拓基（1691—1767）自述撰有《金石录》数百卷，正祖朝学者洪良浩、洪敬谟、李德懋等，也都留下不少朝鲜碑石的考订题记，虽未能"正经"，但绝对足以"补史"。尔后，经过嘉庆朝中朝考据学的互动交流，朝鲜金石学的发展在吸取阮元、翁方纲的学术经验下，最终在书法篆刻和文字研究两方面取得了更好的突破，此中转折又以朝鲜书圣金正喜的引介贡献尤为重要。实学家朴趾源之孙朴瑄寿（1821—1899）即是鉴于《宣和博古图》与阮元《积古斋钟鼎款识》的金文文献，撰成了韩国历史上首部以金文订正《说文解字》篆文的文字学著作《说文解字翼徵》，并于1872年访华时携带草稿给正在撰写《说文古籀补》的吴大澂相互交流，获得了王轩、董文灿、吴大澂等人的肯定。

最后，如果我们对比乾嘉学术东传前后对于朝鲜的影响，显而易见乾嘉考据学的"经史考据"和"文字音韵学"在中、朝之间开创了学术风气之先。关于正祖朝的经学发展，郑寅普《阮堂先生全集序》提到："正庙右文稽古，发《尚书》古文之疑，士大夫浸渐膏泽。石泉、茶山、雅亭、贞蕤诸经师，骎骎驾郑、许。"③承前所述，18世纪中叶由于受到顾炎武、朱彝尊、毛奇龄著作的启发，李朝经学的考据学风气逐渐萌芽，申绰、丁若镛、李德懋、朴齐家等都展现了对经史考据的浓厚兴趣。虽然如此，在乾嘉考据学相关著作尚未大量梓行东传以前，朝鲜的文字声韵之学始终进展有限，例如1792年8月成书的《御定奎章全韵》，由当时擅长考据的学者李德懋总纂，朴齐家、柳得恭、李书九等分校，编纂目的在于作为科场指南之用，以订正世宗朝以来《三韵通考》入声失考、训诂简

---

① 〔朝鲜〕李德懋《罗丽石刻》，《青庄馆全书》卷六十九，《韩国文集丛刊》，第259册，第270页。
② 〔朝鲜〕许穆《王孙朗善君金石贴序》，《记言》，《韩国文集丛刊》，第98册，第194页。
③ 〔朝鲜〕金正喜《阮堂先生全集》卷一，《韩国文集丛刊》，第301册，第5页。

陋的问题,并对"古韵通转"进行补充。相较于清代学者顾炎武、江永、戴震、段玉裁"离析唐韵"以求古韵的先进做法,《奎章全韵》竟选择了吴棫《韵补》、邵长蘅《古今韵略》的"古韵通转",显示其思维依旧局限于朱熹的"叶音说"。文字学方面,1800年弘文馆大提学洪良浩寄赠纪昀的文字学著作《六书经纬》,其研究方法竟是直接以楷书字形望文生义:"天者,一大无上也。地者,土中包池也。"① 此较之晚明一些搜罗古文奇字为训的字书更显简陋,很难想象纪昀在回信中的答复,提到王念孙见到此书能够给予大加赞赏,笔者认为或为一客套应对之语而已。以此观之,朝鲜19世纪初的文字学认识,显然仍停留在王安石《字说》的阶段。因此,年代稍晚的朴瑄寿《说文解字翼徵》之所以能够在字学研究取得研究观念上的突破,还须归功于他大量参考了段玉裁《说文解字注》,以及阮元所整理的薛尚功《历代钟鼎彝器款识法帖》、《积古斋钟鼎款识》的东传。由此可见,乾嘉学术著作的梓行传播,对于乾嘉考据学东传日、朝具有关键意义。

六、结语

诚如艾尔曼《朝鲜鸿儒金正喜与乾嘉学术》所言:"十八世纪末十九世纪初,考据之学席卷清代中国、江户日本和李氏朝鲜,成为经学界的前沿显学。"② 然而,如果将中、日、朝三国的考据学分别审视,可以看到中国乾嘉考据学、日本古学与朝鲜实学,各有不同的发展脉络。朝鲜自14世纪以来,始终以性理学为其学术主干,直到乾嘉考据学18世纪的东传,才刺激朝鲜经学走向汉宋折中的路线,从专主宋学开始投入到汉学、文字声韵之学的关注。是故,乾嘉考据学的发展,不只是18世纪清代学术的重要事件,更对东亚地区学术发展造成关键影响,"乾嘉考据学的东传"无疑是十八九世纪东亚学术史的重要课题。通过本文一系列的论述,可以了解到"乾嘉考据学的东传"的要素,首先取决于乾嘉考据学的发展成熟,尤其是考据学在北京地区学术风气的全面兴盛,具有相当关键的意义。其次得助于学术推手的推波助澜,纪昀、阮元、翁方纲正是这样的关键旗手。其三,乾嘉考据学的东传还仰赖于相关著作的梓行传播,此中以阮元贡献尤大,任何学术潮流的传播流行都离不开相关学术著作梓行流布的实体化影响。其四,乾嘉考据学东传的有利环境,还适逢于两国外交关系的宽松明朗,给中朝学人的往来提供宽阔自在的交流空间。

---

① 〔朝鲜〕洪良浩:《耳溪集·外集》卷十,《韩国文集丛刊》,第242册,第319页。
② 艾尔曼:《朝鲜鸿儒金正喜与乾嘉学术》,《世界汉学》第十四卷,北京:中国人民大学出版社,2014年,第35—48页。

关于中朝考据学的交流,目前学界一般认为乾嘉学术的东传对朝鲜学界起到绝对的作用,不过"考据学"的定义何其广泛,考据学的发展又何其悠远,讨论"乾嘉考据学的东传",还是必须将中朝两国各自的学术特长分析清楚。固然如李朝晚期学者成海应所言"汉学考证乃东人所不能及",[①]但在金石方面,朝鲜学人对乾嘉学者的反馈确实不容忽视。通过乾嘉考据学的东传朝鲜,也可以看到相关经学议题不同的思索,古文《尚书》辨伪、《诗经》尊序废序问题,对于李朝学者来说这并不只是汉学考据的学术议题,更是朱子学内部的经学课题。总体看来,在乾嘉考据学东传朝鲜以前,17世纪末中朝的学术发展完全是不同的两个路线,当时清代学术已逐渐走向朴学考据,李朝学术却仍持续发展性理之学,并对清初学术采取鄙夷的排斥态度。赖于18世纪乾嘉考据学的东传与发展,乾嘉学者以其深厚的考据学素养赢得了朝鲜学人的推崇与向往,彻底扭转朝鲜学人对于清代学术的偏差印象,自此中朝的学术又逐渐走回到相近的发展道路上。在此之后,很快又随着道咸以降乾嘉考据学的急转直下,今文经学的骤然兴起,李朝经学亦随之转入了清代今文经学的受容阶段。

---

① 成海应《研经斋全集》卷十三,《韩国文集丛刊》,第273册,第292页。

征稿启事

《北京大学中国古文献研究中心集刊》由教育部人文社会科学重点研究基地北京大学中国古文献研究中心主办。本刊从第七辑(2008年)开始,一直是中文社会科学引文索引(CSSCI)来源集刊。自2019年始,为半年刊,每年六月底左右和十二月底左右各出版一辑。收稿范围为古文献学理论研究、传世文献整理与研究、古文字与出土文献研究、海外汉籍与汉学研究等中国古文献研究相关领域的学术论文。

来稿格式要求如下:

一、文章请用 microsoft word 文档格式。

二、文章一律横排,用通行规范简化字书写和打印。

三、作者姓名置于论文题目下,居中书写。作者工作单位、职称等用"＊"号注释在文章首页下端。

四、每篇文章皆需500字以内"内容提要"以及关键词3—5个。

五、文章各章节或内容层次的序号,一般依一、(一)、1、(1)等顺序表示。

六、文章一律使用新式标点符号。凡书籍、报刊、文章篇名等,均用书名号《》;书名与篇名连用时,中间加间隔号,如《论语·学而》;书名或篇名中又含书名或篇名的,后者加单角括号〈 〉,如《〈论语〉新考》。

七、正文每段第一行起空两格。文中独立段落的引文,首行另起空四格,回行空两格排齐,独立段落的引文首尾不必加引号。独立段落的引文字体变为仿宋体。

八、注释一律采用当页脚注,每页单独编号,注释号码用阿拉伯数字①、②、③……表示。

九、注释格式与顺序为著者(含整理者、点校者)、书名(章节数)、卷数(章节名)、版本(出版社与出版年月)及页码等。如:〔清〕钱大昕撰,吕友仁校点《潜研堂文集》卷三八《惠先生士奇传》,上海:上海古籍出版社,1989年,第687页。

十、为避免重复,再次征引同一文献时可略去出版社与出版年月,只注出著者、书名、卷数、页码。

十一、每篇稿件字数原则上不超过3万字。

本集刊上半年辑的截稿日期为前一年的11月30日,下半年辑的截稿日期为当年5月31日。

　　本集刊实行双向匿名审稿制度,编委会根据评审意见,决定是否采用。来稿一经采用,编辑部将尽快通知作者。如超过半年仍未收到采用通知,作者可自行处理。

　　本集刊每辑正式出版后,编辑部将向论文作者寄赠样刊两册,并薄致稿酬。

　　欢迎学界同仁积极投稿。

　　《北京大学中国古文献研究中心集刊》编辑部通信地址:

　　北京市海淀区颐和园路5号北京大学哲学楼三层《北京大学中国古文献研究中心集刊》编辑部

　　邮编:100871

　　E-mail:gwxzx@pku.edu.cn